하나님께서
이끄시는 삶

하나님께서 이끄시는 삶

초판1쇄 인쇄 2016년 11월 19일
초판1쇄 발행 2016년 11월 22일

지은이 서울의대기독동문회
발행인 이왕재

펴낸곳 건강과생명(www.healthlife.co.kr)
주 소 110-744 서울시 종로구 연건동 67번지 1층
전 화 02-3673-3421~2 팩 스 02-3673-3423
이메일 healthlife@healthlife.co.kr
등 록 제 300-2004-27호

총 판 예영커뮤니케이션
전 화 02-766-7912 팩 스 02-766-8934

정 가 18,000원

ⓒ건강과생명 2016
ISBN 978-89-86767-39-1 03230

'라온누리' 는 '건강과 생명' 의 새로운 출판브랜드입니다.

서울의대를 졸업한 기독의사들의 간증과 에세이

하나님께서
이끄시는 삶

목차

발간사 -최현림 _ 9

격려사 -강대희 _ 13

1부 – 기독의사들의 간증 **눈동자 같이 지켜 주신 하나님**

1장 에벤에셀 하나님 ······ 19

에벤에셀 하나님 -강준희 _ 21

오직 하나님의 은혜로 -고영박 _ 24

메르스 의사에게 역사하신 하나님 -김계현 _ 28

아, 말라리아! -김선영 _ 35

일등은 꼴등의 손을 잡고 가야 -박국양 _ 41

열여덟 해 동안이나 -박길홍 _ 47

나의 성경공부 모임 -박도준 _ 52

이집트-중동의 정치변동과 이집트교회의 마지막 선교운동 -박바울 _ 57

나의 하나님 -박세영 _ 76

내가 누구냐고? 박영실이잖아! -박영실 _ 86

하나님께서 이끄신 삶 -박영태 _ 92

2장 살아서 역사하시는 하나님 ······ 97

신앙의 위기 −박재형 _ 99

기도와 치유 −박행렬 _ 111

서사모아에서의 은혜 −박행렬 _ 116

자신이 좋아하는 일과 하나님의 일 −백남선 _ 120

호롱불 마을에서 필리핀까지 −송요섭 _ 126

살아서 역사하시는 하나님 −원종수 _ 153

새벽 기도 −유형준 _ 165

문서선교(건강과 생명)와 나의 신앙 −이왕재 _ 174

3장 우리를 사랑하시되 끝까지 사랑하신 하나님 ······ 179

우리를 사랑하시되 끝까지 사랑하신 하나님 −이왕재 _ 181

하나님 나라를 이 땅위에 −이용식 _ 188

만남의 기적, 그 현장에서… −이정희 _ 194

만남, 그리고 동행 −이준영 _ 198

가기, 보내기, 불러오기 −이진학 _ 203

값없이 주신 선물 −이춘호 _ 214

나를 향한 하나님의 뜻 −장철호 _ 222

평생 안 갈 것 같았던 인도 데칸고원으로 의료선교를 가다 −조광열 _ 234

하늘의 비전 −차 한 _ 242

기도의 응답 −최규완 _ 252

4장 눈동자같이 지켜 주신 하나님 …… 257

편안하고 욕심없는 마음가짐 −최규완 _ 259

뻔뻔하고 끈질기게 −최성호 _ 270

믿음이란?! −최연현 _ 277

이주민 노동자 전도하기 −최연현 _ 280

절망 속의 희망 −최의성 _ 283

나의 이력서 −최지원 _ 287

하나님과 연건 크리스천 연합 −최지은 _ 311

눈동자같이 지켜 주신 하나님 −최현림 _ 315

내 신앙의 힘이 분명했던 그 시절, 파키스탄 −최형진 _ 322

찬송가 495장: 내 영혼이 은총 입어 중한 죄짐 벗고 보니 −한만동 _ 327

5장 나를 인도하시고 나와 동행하시는 하나님 …… 333

정년 후의 제2의 인생 −허봉렬 _ 335

나를 인도하시고 나와 동행하시는 하나님 −허주선 _ 356

하나님과 동행하는 광야는 현재 진행형 −홍경택 _ 366

그저 주어진 대로 산다 −홍창의 _ 378

목사와 의사로 만드신 주님의 은혜 −황승주 _ 384

받은 복을 세어보아라 −황현상 _ 408

2부 − 기독의사들의 에세이 **눈이 흐릿해져도 감사**

눈이 흐릿해져도 감사 ······ 415

찰스턴에서의 연수기 −권형민 _ 417

눈이 흐릿해져도 감사 −김종철 _ 424

학회를 참석하고 나서 −남상윤 _ 429

콘트라베이스 −신현호 _ 434

나는 장애인입니다 −원장원 _ 439

1970년대 빈민 진료의 추억 −이건재 _ 444

그의 나라와 그의 의를 구하는 기도 −이진학 _ 450

진료실에서 만난 나그네들 −이충형 _ 456

꿈을 이룬 배경식 목사님 이야기 −장영길 _ 463

꼭 추천해 주고 싶은 영화, 심야식당 −조광열 _ 469

우리나라 일주여행 −최규완 _ 475

빅테이터 시대 −최현림 _ 482

발간사

책을 내면서

서울의대기독동문회가 창립된 지 어느덧 22년의 세월이 흘러갑니다. 그동안 서울의대를 졸업하고 신앙생활을 하는 기독인의 수가 750여 명에 달합니다. 1994년 11월 15일 여전도회관에 모여 창립총회를 가진 지 20주년이 되던 2014년 11월 창립 20주년 기념행사를 마치고 동문들이 각자 '나의 삶을 이끄시는 하나님' 에 대한 글을 남겨보자는 의견들이 나와 작은 책자를 만들기로 결정하였습니다.

서울의대기독동문회의 창립은 서울대학교병원 병원교회 설립에 기금을 모아 힘을 보태고 학교를 졸업하였지만 사회에 나아가 활동하는 동문 기독 의료인들이 예수님의 사랑으로 교통하자는 취지였습니다. 인간적인 생각으로는 도저히 불가능하게 보였던 국립서울대학교 울타리에 교회를 세워달라고 기도운동을 시작한 선배 동문들의 바램이 1997년 9월에 입당예배를 드림으로써 기적같이 이루어졌습니다.

그 후에도 김용태, 장영길 증경회장님의 제안으로 가정 형편이 어려운 기독인 재학생 후배들에게 장학금을 마련하여 주자는 운동이 시작되어 2004년부터 매년 몇 명의 후배들에게 장학금을 지급할 수 있게 된 것도 동문회의 주요 사업이 되었고, 2015년부터 시작된 정기적으로 선교사를 후원하는 일과 연건기독인 홈커밍데이 행사도 동문들의 교통에 많은 기여를 하리라고 생각합니다. 2002년부터 시작된 박재형 장로님이 책임자로 계시는 대길사회복지재단의 중국동포 무료의료지원사업에 동문들이 적극 참여하여 후원하게 된 것도 기독 의료인으로서 동문들이 단합하여 몸으로 봉사하는 뜻깊은 사업이라 생각합니다.

서울의대를 졸업한 많은 동문들이 목사로, 선교사로 세계 곳곳에서 사역하는 분들도 계시고, 각 교회에서 장로로, 집사로 우리나라 교계의 중추적인 역할을 하고 있습니다. 이왕재 교수를 비롯한 박도준, 박상민, 손대원, 오병모, 정중기 등 의대 교수들이 연건캠퍼스에서 학생들의 신앙생활을 지도하고 있어 캠퍼스 사역에 큰 힘이 되고 있고, 병원교회 이대건 담임목사님이 신앙생활을 잘 인도하고 계셔서 연건캠퍼스에서 믿음의 형제들이 많이 배출되어 이 사회에 빛과 소금의 역할을 하리라고 믿어 마지 않습니다.

이 작은 책자를 발간하기까지의 여정은 쉽지만은 않았습니다. 창립 20주년 기념행사 이후 원고 모집이 시작되었지만 원고가 몇 편밖에 들어오지 않아 책의 발간이 미루어졌고, 이번 집행부의 임기를 얼마 남겨두지 않고 책의 발간을 마무리 사업으로 여기고 추진하게 되었습니다. 간혹 이미 다른 책자에 실렸거나 인터넷에 알려진 간증이나 수필도 있지만 저자들의 양해를 얻어 실리게 되었습니다. 이 글에는 자랑스러운 간증도 있지만 동문 목사님의 설교 말씀, 동문 선교사님의 현지 상황, 기독의사로의 체험, 개인과 가족에게 불어 닥친 시련, 고뇌와 신념, 교회활동으로부터 의료선교 활동 등 여러 가지의 글들이 실려 있습니다. 특히 서울의대 제1회 졸업생이시고, 초대 동문회 회장이신 올해 93세의 홍창의 선배님께서 옥고를 주서서 이 작은 책자가 더욱 빛나리라고 생각합니다.

이제 이 작은 책자가 동문들에게는 다른 분들의 간증과 수필을 통하여 나를 되돌아보는 계기가 되고 후배들에게는 믿음으로 산 선배들의 간증을 통하여 낙담하지 말고 세상을 살아갈 때 예수 안에서 승리하는 삶을 누릴 수 있는 작은 밑거름이 되기를 기원합니다.

바쁜 시간을 쪼개어 글을 써 주신 동문들께 감사드리며, 편집을 맡아 수고하여 주신 이치훈 총무, 노태성 부회장, 이왕재 교수님과 어려운 여건 가운데서도 이 책자의 발간을 실비로 맡아주기로 한 '건강과 생명'의 이왕재 대표와 제작과 교정에 심혈을 기울여주신 이승훈 편집부장과 실무자 여러분들께 깊은 감사를 드립니다.

2016년 11월
서울의대기독동문회 회장
최현림

서울의대기독동문회는 서울대학교 의과대학을 졸업하고, 예수 그리스도의 사랑으로 서로 교제하고, 그 사랑을 사회에 실천하고자 하는 동문들의 모임입니다. 의과대학을 다닐 때부터 어려운 생활 여건 속에 살아가는 우리의 이웃들을 위하여 주말마다, 방학 때마다 서울의 판자촌 동네를 비롯해 전국 각지를 다니면서 의료봉사를 해 왔습니다. 시간이 될 때마다 점심시간을 이용하여 혹은 방과 후에 '베다니' 라 불리는 기독학생회 동아리 방에서 성경을 공부하고 찬송을 하였습니다.

때로는 의과대학을 졸업 후에 바쁜 의료인으로서의 삶 때문에 신앙생활에서 멀어진 동문들도 있고, 졸업 후에 새로이 예수 그리스도를 영접하고 그리스도의 삶을 실천하면서 감사생활을 하는 동문들도 있습니다. 졸업을 하고 전국으로, 세계로 뿔뿔이 흩어져 살아가고 있지만 서울대학교 의과대학을 나와 예수 그리스도를 믿는다는 사실 하나만으로 서로 교통하고 격려하고, 경제적으로 어려운 여건에 있는 후학들을 위해 장학금을 지급하고 믿음 생활을 잘 할 수 있도록 신앙적으로 지도하고 있습니다.

이번에 동문들이 그동안 살아오면서 겪은 역경, 고뇌, 감사… 그 가운데서도 하나님이 인도하신다는 믿음을 바탕으로 '서울의대를 졸업한 기독의사들의 간증과 에세이, 하나님께서 이끄시는 삶'을 발간하게 된 것을 진심으로 축하드립니다. 진료 현장에서, 학교나 병원에서, 선교 현장에서 바쁜 일상 가운데 시간을 내어 기독인으로서의 역할과 책임을 돌아볼 수 있는 글을 쓸 수 있는 좋은 기회를 주신 하나님께 깊이 감사드립니다.

매일 숨 쉬고 있는 공기의 고마움을 잊고 살듯이 하나님께서 주시는 대가없는 큰 사랑을 우리는 제대로 느끼지 못하면서 살고 있습니다. 저 또한 기독교 집안에서 태어나고 자라왔음에도 참 신앙인으로서 어떻게 살아야 할지에 대한 확신이 없는 삶을 살고 있는 것 같습니다. 그러던 중에 2004년에서 2년간 미국 국립보건원에 연수를 가서 접하게 된 릭 워렌 목사님의 '목적이 이끄는 삶'에서 큰 감동을 받았습니다. 연로하신 부모님을 서울에 두고 저희 가족만 미국 생활을 하게 되면서 마음 한구석에 죄송스러움이 있었는데, 우연한 기회에 접하게 된 릭 워렌 목사님의 책 속에서 나를 돌아보고 참 신앙인으로서의 자세를 새롭게 가다듬을 수 있는 좋은 계기가 되었습니다. 릭 워렌 목사님은 나는 왜 태어났는가? 그것은 바로 하나님께 기쁨을 드리기 위해 태어났음을 얘기하시면서 우리는 모두 하나님 가족의 구성원으로서 예수님을 닮아 가기 위해 창조되었음을 강조하십니다. 자주 들어왔고 내용도 아주 단순하고 명료합니다만 저는 스스로를 다시 돌이켜 볼 수 있는 귀중한 경험을 하게 되었습니다.

하지만 10년이 지난 지금 그때 밑줄 그어가면서 읽었던 책을 다시 꺼내 보고는 지난 10년간 헌신과 결단의 다짐을 지켜가면서 살아왔는지를 생각하게 됩니다. 물질 만능주의 사회에서, 비인간화를 넘어 탈인간화로 빠르게 변화되는 미래를 대비하고, 더욱 복잡하고 힘들어지는 사람 관계 속에서 의사로서, 교육자로서, 신앙인으로서 어떻게 살아야 할지에 대한 고민과 성찰이 더욱 필요한 시기입니다.

이 책을 통하여도 많은 독자들이 하나님에 대한 사랑을 깨닫고, 나의 신앙 생활을 뒤돌아보고, 하나님 앞으로 더 나아가는 삶이 되었으면 좋겠습니다.

원고를 모으고 책을 내는데 큰 수고를 하신 최현림 회장님, 노태성 부회장님, 이치훈 총무님, 이왕재 교수님에게 깊은 감사의 말씀을 드립니다. 기독 의사로서 어지러운 사회에서 빛과 소금의 역할을 할 수 있도록 우리 주님의 큰 사랑이 서울의대 기독동문들과 가족 모두에게 풍성하게 함께 하시길 기도합니다.

2016년 11월
서울대학교 의과대학 학장
강대희

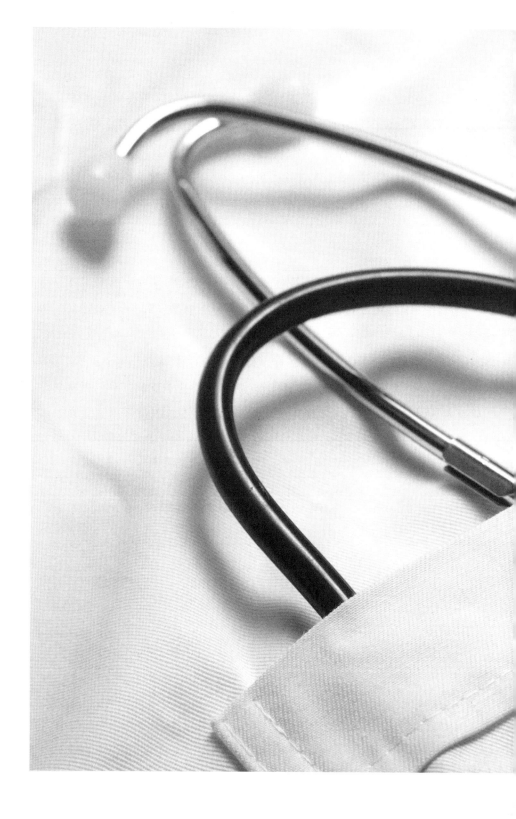

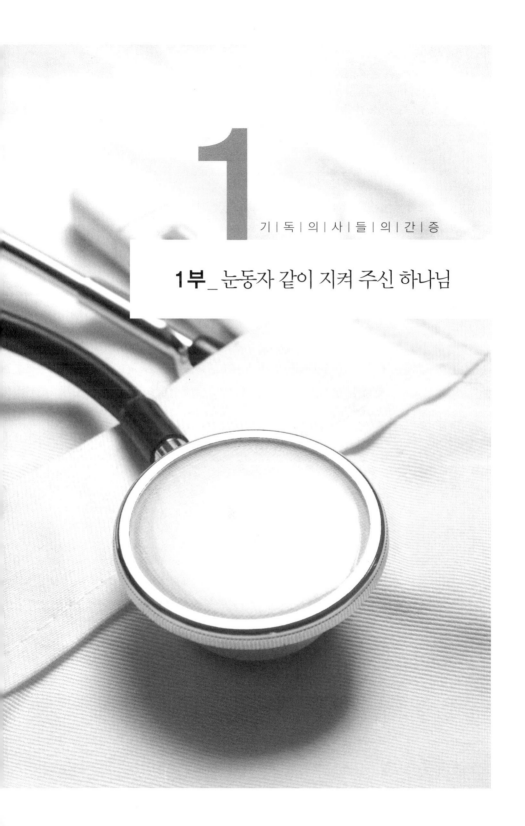

1

1부_ 눈동자 같이 지켜 주신 하나님

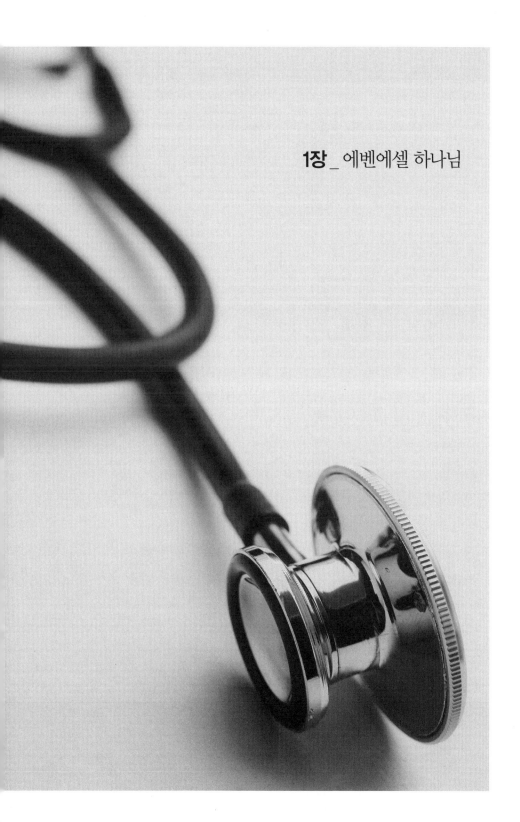

1장 _ 에벤에셀 하나님

에벤에셀 하나님

강준희

(소아청소년과 전문의, 재미)

학창시절에 기독학생회와 ECF가 신앙에 큰 도움을 주었는데 수련을 받기 시작하면서 하나님과 멀어지기 시작하였고 수련 마치고 경제적으로 나아지니까 더 멀어졌습니다. 표면적인 신자처럼 지내면서도 미국에서 신생아학(neonatology)을 공부하고 싶어서 아내를 미국에 간호사로 취업시켜 영주권을 얻을 준비를 하고 있었습니다.

어느 날 갑자기 오른쪽 눈이 유리창에 흙탕물을 튀긴 것 같이 잘 보이지 않아 안과에 가니 망막출혈이라며 기다려 보자고 했습니다. 두 달쯤 지나니 희미하게 보이기 시작했는데 곧바로 다시 출혈이 생겨 보이지 않고 하는 것을 몇 번을 반복했습니다. 안과에서 일스병(Eales disease)일 것 같다고 해서 안과책을 찾아보니 10년 내에 반대쪽 눈도 출혈하여 장님이 될 가능성이 아주 높다고 되어있어, 모든 것을 포기하고 하나님께 매달릴 수밖에 없었습니다. 가장 힘들었던 것은 장님이 된다는 공포였는데, 장님이 될 거라는 이 공포만큼은 제발 없애달라고 기도하였습니다. 미국에서 공부하기 위해 준비하던 것들은 다 포기했지만 그래도 미국이 장애인에 대한 배려가 잘 되어 있어 미국에 먼저 가 있는 아내에게 영주권 수속은 계속하자고 했습니다. 그러면서 남포교회 박영선 목사님 말씀으로 새로 힘을 얻고 죄인이지만 우리를 향한 하나님의 열심을 깨달았습니다.

안과에서 치료에 대해 말이 없다가 전기소작법(electrocauterization)과 유리체절제술(vitrectomy)을 권유해서 수술을 받고 3달 뒤에 미국으로 아들과 함께 1986년 11월 1일에 왔습니다.

수술 뒤 일부 주변 시야가 손상되긴 했지만 보이기 시작해 수련과정을 지원하여 하나님의 은혜로 아틀란타 조지아(Atlanta Georgia)에 있는 에모리(Emory) 대학 소아과에 우연히 자리가 있어 들어가게 되었습니다.

수련을 마치고 신생아학 전공자(neonatologist)로 버지니아(Virginia)에 정착하게 되었습니다. 교회에서 가는 단기의료선교로 중미와 남미를 다녔는데 미국기독의사회 CMDA에 가입하여 Global mission health conference에 가게 되었습니다. Louisville KY에서 1996년부터 매년 11월에 열리는데 2000년에 Dr. Dan Fountain의 의료선교의 새로운 패러다임(New paradigm of medical mission)을 듣고 의료선교에 대해 새롭게 눈을 떴습니다. 1,000명 정도 모였는데 한국 사람은 10명도 안 되어 이 좋은 것을 의료 선교하는 Korean-American 들에게 알리면 참 좋을 것 같아 그 선교대회 하루 전 날 preconference로 2003년부터 Korean-American이 따로 모이기 시작했습니다.

그곳에 한국 의료선교대회를 하시는 이건오 장로님 팀이 오셔서 한국처럼 대회를 할 수 있도록 여러 가지로 도와주셔서 2006년에 캘리포니아 얼바인 (Irvine CA)에 있는 베델교회에서 Korean American mission health conference 를 시작하여 2년 마다 한 번씩 하여 지난 6월에 6차 대회를 하나님의 은혜로 가졌습니다. 이제는 우리 2세들이 주역이 돼야 하기 때문에 대학생 사역을 열심히 하시는 심장외과의사 정수영 박사를 하나님께서 보내 주셔서 미국 전역에 학생 chapter를 만들게 되었습니다. 이번 대회는 2세들이 500명 정도 참석하여 절반 가까이가 2세들이었습니다.

하나님께서 한국적인 것에 국한되게 하지 않으시고 미국교회를 다니게 하시고 미국선교기관 Medsend 이사로 일하며 많은 것을 배우게 하셔서 대회를 하는데 도움이 되게 하셨습니다.

에벤에셀, 지금까지 인도하시고 아무것도 내세울 것 없지만 들어 쓰시는 하나님 은혜에 감사할 수밖에 없습니다.

강준희
> 서울의대를 1977년에 졸업하고, 간호학과를 졸업한 부인 이근순 간호사와 함께 미국으로 건너가 에모리대학병원에서 신생아학을 전공하고, 미국 교민 의료인들의 복음화 사역에 헌신하고 있다.

오직 하나님의 은혜로

고영박

(전 한림의대 순환기내과 교수, 여의도 침례교회)

저는 증조부 때부터 하나님을 믿는 가정에서 태어나 자라면서 자연스럽게 교회라는 성도의 공동체 안에 속해 있었습니다. 이곳은 어떻게 보면 가족공동체라고 할 정도로 저희 집안의 많은 친인척이 중심이 되어 평신도의 직분을 감당하는 곳이었습니다.

그런데 성도간의 긴밀한 교제와 봉사는 주일마다 이어졌지만 기도와 말씀에는 열심이 없이 그저 '예배'라는 이름의 습관적이고 형식적인 예배를 드리는 생활뿐이었다고 기억됩니다. 이것도 제가 고등학교 2학년 때까지였고 그 후에는 대학 입시 공부로 인하여 주일도 지키지 않게 되었습니다. 이러한 생활은 제가 대학을 졸업하고 결혼하여 세 아이들을 낳고 큰 아들이 대학 입시를 준비할 때까지 이어졌는데, 일반적으로 우리나라 대부분의 가정이 그렇듯이 저도 큰 아들의 대학 입시 기간을 통하여 큰 어려움을 겪게 되었습니다.

이 기간 동안 많은 환난 끝에 하나님 안에서 거듭남을 먼저 체험한 아내의 제안으로 성경 공부를 함께 시작했습니다. 2년여에 걸쳐 비디오 강의를 통하여 하나님의 말씀을 체계적으로 보고 들으면서 배울 수가 있었는데, 그때 비로소 내가 구원받았다는 확신이 없음을 알게 되었고, 또한 성도의 공동체 생활이 얼마나 중요한가를 알았습니다. 그래서 그 당시 대학 입시에 실패한 큰 아들의 장래를 하나님께서 인도하여 주실 것과 우리가 섬길 성도의 공동체인 교회를 지정해 주시기를 원하는 간절함을 갖고, 이 두 가지 기도제목으로 40일 동안 아침과 저녁을 금식하는 작정 금식기도를 시작하였습니다.

1993년 8월 20일은 금식기도의 마지막 날이었는데, 이 날은 큰 아들이 우리나라에서 처음으로 실시되는 수학능력시험을 치르는 날이었습니다. 저는 40일간의 금식기도로 체중이 많이 감소한 가운데 이 날만은 휴가를 내어 수능시험이 시작되는 시간부터 안방에서 기도와 찬양을 하나님께 드리고 있었습니다. 이렇게 하루해가 지면서 수능시험이 끝나갈 무렵 마감 기도를 드리려고 묵상하는 가운데 온전히 하나님의 은혜로 저에게 회개의 역사가 일어났습니다.

모태에서부터 하나님을 믿는 가정에서 자라나게 해 주신 그 은혜를 모르고, 성경은 읽지 않고 세상 공부를 더욱 좋아했는데도, 내가 원하는 대학과 의학도의 길을 가도록 허락해 주시고 끝까지 공부하여 의과대학 교수의 자리로 인도하여 주신 이 모든 것이 다 내가 잘해서 이루어졌다고 생각했던 저의 교만이 제 가슴을 무너뜨리기 시작했습니다.

순간, 하나님의 말씀을 멀리 한 것이 얼마나 큰 죄인지를 절감하였고 제가 제 아들의 장래를 위하여 금식하며 마음과 몸의 고통을 감수하고 있다는 사실 앞에서 제 자신이 마치 부모님의 마음에 걱정을 끼쳐드린 아들의 심정이 되었습니다. 그동안 하나님을 멀리하며 살아온 나로 인하여 마음 아파하셨을 주님의 마음이 느껴지면서 통한의 눈물이 쏟아지기 시작했습니다.

그때까지 살아오면서, 비록 여섯 살 되던 해에 6.25 전쟁으로 친어머니를 잃었어도 눈물 없이 꿋꿋하게 지내왔는데, 그 날 제 안에 있는 모든 눈물을 하나님께 다 쏟으면서 하나님을 떠나 살아온 저의 죄를 회개하게 되었습니다.

나 중심으로 살아온 것이 하나님 앞에서 큰 죄라는 사실을 깨닫게 되었고, 나 같은 죄인을 위해서 예수님께서 육신의 고통을 받으며 십자가 위에서 죽으셨다는 사실이 비로소 진심으로 믿어지면서 예수님을 내 마음에 모셔 들였습니다. 얼마 후 제 심령이 잔잔한 호수와도 같은 평안함으로 덮였고 두 가지 기도 제목에 대한 응답이 기쁨으로 들려왔습니다.

"네가 사랑하는 큰 아들은 시험을 잘 보았고, 너희는 예전에 인도하였던 여의도 침례교회로 돌아가라."는 말씀이 안방에 있었던 저와 또 기도실에서 기도하고 있던 아내에게 동일하게 임했습니다.

저희는 9월 첫 주일에 여의도 침례교회에 출석하여 그 해 11월에 침례를 받고 교회의 새 신자 성경 공부를 시작하면서 성도의 공동체 생활로 들어가게 되었습니다. 큰 아들 또한 그 시험으로 의과대학에 들어가게 됨으로써 기도 제목 2가지를 확실하게 응답하시고 인도하여 주셨습니다.

그러나 주님의 은혜의 손길도 너무나 감사하지만, 무엇보다도 저를 인격적으로 만나주시고 거듭나게 하여 주신 구원의 하나님이 나의 하나님이 되어 주셨다는 이 엄청난 사실 앞에 제 삶의 가치관이 확실하게 바뀌었습니다.

성경 공부를 통하여 하나님의 크신 사랑과 은혜를 깨달아가며 하루의 첫 시간에 주님과 교제하는 기도와 경건의 시간을 갖고 신앙의 공동체인 교회에서 이루어지는 신앙훈련에 임하기 시작하는 가운데, 제 영혼이 하나님 안에서 다듬어져가며 제 삶이 하나님 중심의 삶으로 변하게 되었습니다.

그러나 이러한 삶 가운데서도 수시로 찾아오는 고난은 이제 은퇴장로의 길에 들어선 저희 부부로서는 매일매일의 경건생활 가운데 내려주시는 주님의 축복으로 오히려 감사드리며 오래 참고 겸손한 믿음으로 하나님께서 부르시는 날까지 찬양과 영광을 끊임없이 올려드리며 살아가기를 원합니다.

고영박

서울의대를 1970년에 졸업하고, 내과 전문의 및 순환기 분과 전문의로 한림의대 순환기 내과 교수로 근무하였으며, 미즈메디병원에서 순환기내과 과장을 역임하였다. 서울의대기독동문회 회장을 역임하였으며, 여의도 침례교회 원로상로로 있다.

메르스 의사에게 역사하신 하나님

김계현

(삼성서울병원 내과 전공의, 오창대교회)

삼성병원 메르스 상태도 일단락되고, 병원도 정상적으로 돌아가게 된 8월, 근무지는 다시 내과 중환자실이 되었고, 나는 또 잊을 수 없는 환자 한 분과 마주하게 되었다. 바로 35번 환자로 잘 알려진 메르스 의사와의 만남이었다. 메르스 확진 후 국가 지정 병원인 서울대병원으로 옮겨졌고, 상태가 악화됨에 따라 에크모(체외순환기)를 달고 있는 채로 치료받다가, 메르스 음성 전환 후 다시 삼성병원으로 옮겨왔다.

내가 8월에 내과 중환자실에 부임하며 그를 처음 만났을 때, 그는 에크모를 달고 있었고 목에는 기관 절개 후 인공호흡기를 달고 있는 상태였으며, 기력이 없어 침대에 누워만 있는 상태였다. 얼마 전까지 삼성병원에서 진료를 보던 혈관외과 의사의 모습이 아니었고, 모두가 그를 지켜주지 못했음에 너무나도 미안하고, 죄송한 마음을 가지고 있었다. 나에게 그는 정치사상이 어떠한지, 박원순 시장과 무슨 일이 있었는지 등은 전혀 중요하지 않았다. 그냥 나와 함께 일하던 동료였고, 일주일에 3, 4일을 병원에서 머물며, 응급진료, 응급수술을 하며, 환자를 최우선으로 생각하던 외과 의사였다. 그런 그가 진료를 보다가 메르스에 전염이 되었고, 지금은 체외순환기를 달고, 말도 못 하는 채로 중환자실 침대에 누워 있는 것이다.

과연 이것은 누구의 잘못이란 말인가? 그가 이토록 고통을 받아야 할 이유는 무엇이란 말인가?

물론 나는 주치의이고 그는 나의 환자였지만, 그는 내 동료였기에, 반드시 이전의 모습으로 돌아가게 해야 한다는 사명감을 가지고 주치의 업무를 시작했다. 기록 정리, 회진, 처방은 의사로서 당연한 일이었고, 내 동료를 위해 아침, 저녁으로 기도하고, 또 시간 날 때마다 그를 찾아 "할 수 있다. 완치할 수 있다."라는 확신을 주었다.

메르스는 음성 전환되었지만, 엑스레이 · CT촬영에서 보이는 메르스의 흔적들은 치유되지 못한 채 남아 있었고, 이제 섬유화가 진행되려 하고 있었다. 아직 폐렴도 남아 있는 상태로, 항생제도 계속 써야만 했고, 심리적인 두려움에 대해서도 치료를 해야 했다. 그때 그는 저녁에 혼자 있으면 두려움 때문에 잠을 못 이룰 정도로 극심한 스트레스로 고통을 받고 있었다. 격리된 방에 혼자만 누워 있었고, 숨이 계속 차는데 주위에는 아무도 없고 결국 심정지, 에크모 삽입까지 갔던 그 순간을 그는 너무나도 생생하게 기억하고 있는 것이다. 흔히 '외상 후 스트레스 장애(PTSD)' 라고 하는데, 외상에 대한 재경험 증상이 나타나며 그 순간마다 극도의 공포를 느끼고 있는 것이었다. 그래도 다행인 것은 그에게는 너무나도 헌신적인 부인이 있었다는 사실이다. 항상 옆에서 환자와 함께했으며, 괜찮다고, 아무 일도 없을 거라고 안심시키는 역할은 부인이 담당하곤 했다. PTSD에 대해 정신과 교수님 상담을 주기적으로 진행하며, 약도 투여하고 있었지만, 부인의 헌신이 그를 훨씬 더 강하게 만들어주고 있었던 것 같다. 지나친 모습으로 의료진을 힘들게 할 때도 있었지만, 그래도 정말로 감동적인 아름다운 부부의 모습을 볼 수가 있었다.

혹시라도 감염이 진행될까 봐 매일 피검사, 엑스레이를 체크하며 항생제를 조정하였고, 그런 노력이 점점 그의 퍼포먼스를 좋게 만들었다. 치료와 동시에 재활도 같이 진행하였고, 워낙 의지가 강한 분이라, 재활에서도 큰 성과를 내었다. 원래 쿵푸를 했을 정도로 운동신경이 좋은 분이기도 했지만, 무엇보다 의지와 열정이 누구보다도 뛰어났다. 그러나 그렇게 열심히 치료와 재활을 진행하고 있었음에도 산소 요구량이 생각보다 줄어들지 않아 내 마음속에 불안한 마음은 계속되고 있었다. 8월도 중반이 넘어갈 무렵 우리는 호전된 상태를 기대하며, 폐가 얼마나 좋아졌는지 보기 위해 가슴 CT를 찍었는데, 우리는 다시 좌절할 수밖에 없었다. 오랫동안 치료를 해 왔음에도 불구하고 가슴 CT촬영에서 호전 소견이 전혀 보이지 않는 것이었다. 교수님과 나는 당황할 수밖에 없었고, 우리의 치료에 대한 회의감이 들기 시작했다. 에크모를 계속 달고 있는 것도 결국은 나중에 더 큰 부작용을 가져올 수 있기 때문에 우리에게는 결단을 내려야하는 순간이 온 것이다.

그날 저녁 중환자실 교수님과 함께 회진을 갔고 우리는 환자에게 CT촬영 결과를 설명했다.

"오늘 CT를 찍었는데, 별로 호전 소견이 없습니다. 잘 알고 계시듯이 에크모는 오랫동안 유지할 수 없고, 이제 폐 이식도 고려해야 할 것 같습니다."

"저는 삶과 죽음에 연연하지 않습니다. 폐 이식을 할 바에는 그냥 하나님 곁으로 가는 것이 좋습니다. 폐 이식은 안 하겠습니다."

그리고 그날 저녁 언론에는 어이없게도 메르스 의사가 사망했다는 오보가 났다.

나는 주치의로서 죽음 앞에서 너무나도 태연한 그의 모습에 놀랄 수밖에 없었다. 아무리 나이가 많은 환자들도 이런 상황이 되면 마지막 대안에라도 의지를 하려고 하는 것이 일반적이다. 그러나 이 젊은 의사는 폐 이식이라는 마지막 대안이 있음에도 불구하고 너무나도 차분하고 냉정한 목소리로 폐 이식을 거부했다. 그리고 지금부터 더 열심히 재활을 진행해보겠다는 말을 하며, 다시는 폐 이식이라는 단어를 꺼내지 않았으면 좋겠다는 당부를 남겼다. 솔직히 속이 많이 상했다. 우리는 어떻게든 그를 살려보고자 최선을 다하고 있는데, 차라리 죽음을 선택하겠다니⋯ 그러나 누구보다도 힘든 것은 자기 자신이라는 것을 알기에 그날 나는 아무 말도 하지 않았다.

그 주 주말 나는 한 달에 한 번 집에 가는 날이었고, 집에 가는 나에게 그는 처음으로 한 가지 부탁을 했다.

"집에 가시면, 가족들과 함께 꼭 저를 위해 기도해주십시오."

"알겠습니다. 그 약속 꼭 지키겠습니다."

그리고 기도를 드린 일주일 뒤 바로 기적 같은 일이 일어났다. 가망이 없을 것 같았는데, 폐 이식 이야기를 한지 정확히 일주일 만에 에크모를 뺄 수 있었고, 그 후 3일 만에 인공호흡기를 뗄 수 있었다. 그리고 그 다음 달인 9월 초에 그는 일반 병동으로 올라갔다. 폐 이식을 고려해야 하는 심각한 상황이었으나, 기도를 드린 지 단 7일 만에 그는 산소가 필요 없을 정도의 폐 상태로 회복하는 기적 같은 일이 일어난 것이다.

한 번씩 당시 지정의 교수님과 그때의 상황을 이야기하곤 한다. 아무리 생각해도 설명이 안 되는 부분이 많다. 의료진으로서 우리는 환자가 젊고, 적극적으로 재활에 임했기에 그런 일이 가능했다고 설명할 수밖에 없다. 그러나 그 일주일 사이의 기적에 대해서는 의료진의 논리로는 지금도 명쾌히 설명을 할 수가 없는 것이 사실이다.

그러나 사실 믿음이 있는 나와 메르스 의사 OOO 선생님은 그 답을 알고 있다. 말로 설명할 수 없는 이 과정의 답은 결국 하나님이라는 것을, 우리가 두 손을 잡고 하나님께 드렸던 그 간절한 기도에 응답하여 하나님께서 그 실재하심을 보여주셨다는 것을. 그렇기에 우리는 더 하나님을 믿고 의지할 수밖에 없으며, 많은 사람들에게 이 이야기를 전해야 한다는 것을….

그가 인공호흡기까지 뺐을 때 나는 그에게 전투기 레고를 선물했다. 그는 외과의사이고, 손이 너무나도 중요하기에, 미세한 손의 움직임을 연습시키는데 조금이라도 레고가 도움이 될 것 같아서였다. 물론 온전한 예전의 모습으로 돌아갈 수 있다는 확신이 있었기 때문에. 그리고 그는 보답하듯 3일 만에 전투기를 만들어 나에게 보냈다.

"아! 선생님, 부품이 너무 많아서 힘들었어요!"

밝게 웃는 그의 모습에 다시 한 번 미안한 마음이 들었다.

월말이 되면, 다음 주치의에게 환자를 인계하기 위해 인계 노트를 쓴다. 양은 보통 A4 2장 정도. 그러나 나는 너무나도 할 얘기가 많았기에 8장에 걸쳐 인계 노트를 썼다.
그리고 내가 적었던 마지막 노트를 소개하고자 한다.

『7일 중에 4일을 병원에서 자면서 헌신했는데, 어느 순간 눈을 떠보니 침대에 누워 있고, 에크모가 달려 있고, 내 목소리가 나오지 않는다면 누구라도 감당할 수 없는 고통에 미쳐 버릴 것입니다. 어린애같이 행동하는 것 같지만, 사실 어린애인 척하고 다른 사람들을 힘들게 하면서 그 고통을 이겨 나가고 있는 단계입니다. 하나님에 대한 믿음, 부인에 대한 의지로 많은 어려움을 이겨내 가고 있지만, 가족 외에 다른 사람들이 끝까지 할 수 있다는 믿음을 주고 응원해준다면 좀더 의지를 가지고 이겨낼 수 있을 것이라 생각합니다. 그 역할을 교수님을 비롯하여, 중환자실 가족들이 해 왔고, 그런 노력들이 에크모를 뗄 수 있는 긍정적인 결과를 가져왔습니다. 지금부터는 환자의 치료에 있어서 비의료적인 측면이 더 큰 영향을 끼칠 것이라 생각합니다. 주치의로서 온전한 예전의 모습으로 돌아갈 수 있다고 확신하고 있습니다. 만날 때마다 할 수 있다는 믿음을 주고, 응원을 해주시기 바랍니다.

제 환자 잘 부탁드립니다.

감사합니다.』

그리고 의료 기록이기에 덧붙이지 못한 말이 있다.

'내가 그랬듯, 매일 환자의 손을 잡고 기도해 달라고…'

지금도 가끔 메르스 의사와 식사를 같이 하며, 그때의 이야기를 하면서 감사의 기도를 드리곤 한다. 그리고 그때의 이야기를 담아 '가슴 뛰는 삶' 이란 책을 출판하였고, 하나님의 실재하심을 많은 사람들에게 전하려 노력하고 있다.

김계현

서울의대를 2010년에 졸업하고, 현재 삼성서울병원 내과전공의 3년차다. 서울의대에 입학하기 전 일본사관학교를 졸업하였고, 의과대학 다닐 때는 CMF 활동을 하였다. 오창대교회에 출석하고 있으며 일본 마보리카이간교회에서 세례를 받은 연고로 한일선교회 활동을 같이 하고 있다.

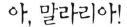

아, 말라리아!

김선영

(전 충남의대 내과 교수, 대덕한빛교회)

2012 년 우간다 진료봉사를 위해 다른 해와는 달리, 남상윤 교수님과 나는 1월 17일에 팀원들보다 며칠 먼저 떠나서 남아프리카공화국에서 열리는 스와질란드 의과대학 설립을 위한 제6차 워킹그룹 회의에 참석하였다. 이 모임은 이응진 동문이 참여해 일하고 있었는데 우리들에게 협조를 요청하였기에 우리들이 진행하고 있는 우간다에서의 준비상황을 소개하고 도움을 주고자 참석한 것이다. 그전부터 요청이 있었지만 우간다를 준비하는 입장에서 그리 여유가 없었다. 그러다가 지금은 우리들의 준비가 거의 된 시점이라 가능한 부분에서 협력하고자 방문하였고, 또 스와질란드는 어떤 식으로 준비하고 있는지 알아보고자 하는 마음도 있었다. 3박 4

일간의 모임을 잘 마치고 우간다로 들어와 팀원들과 합류하여 2012년도 우간다 일정을 잘 마치고 31일에 귀국하였다.

귀국 후 며칠 지난 주일날 오후(2월 5일)부터 몸이 좀 시큰거린다 싶어 '아! 이번에 좀 무리가 되었나? 우간다 일정 중 위 앞니가 부러진 것 때문에 금요일(2월 3일)에 치과에 가서 잇몸도 좀 잘라내고 손봐서 그런가 보다.' 하고 타이레놀을 먹고 났더니 좀 개운해졌다. 그런데 월요일(2월 6일) 외래를 보는데 몸이 다시 좀 으스스 해지는 것 같아 점심 먹고 열을 재니 37도 조금 더 된단다. 그래서 몸살 감기겠거니 하고 회진하고, 남 교수님과 의논도 좀 하고, 5시부터의 폐암 집담회에도 참석했는데, 열이 좀 더 나는 것 같아 다시 재보니 거의 39도라며 간호사가 걱정스러운 얼굴을 한다. 부랴부랴 그제서야 검사실로 가서 검사를 하려는데, 거의 6시가 다 되어가는 퇴근시간이 아닌가? 그래도 이젠 좀 원로 축에 든다고 우리 검사실 선생님께서 흔쾌히 해 주시겠다고 해서 채혈한 다음 결과를 기다리는 동안에, '만일 말라리아로 나온다면? 뭐 약 먹고 치료하면 되지….'

약 1시간 쯤 후에 전화가 왔는데, "교수님, 말라리아에 감염된 적혈구가 보이는데요." "아! 예, 고맙습니다. 잘 알겠습니다." 감염내과 선생님을 수소문해서 의논을 하니 우선 투약을 하고 입원을 하잖다. 근데 문제는 메파퀸이 우리병원에도 없고 그리고 지금 시간에 약국도 다 닫았으니 구할 수가 없단다. "그래요? 메파퀸은 우리가 가지고 있으니 걱정하지 마세요."라고 하니, 우선 "3알, 2알 이렇게 쓰고 해열제 등을 쓰면서 필요하면 수액제도 쓰시지요."라고 하면서 입원하자고 한다. "그런데? 지금 당장은 입원할 수가 없네요. 병실 마련도 어렵고, 내일 오전 외래도 봐야하고, 내일 오후엔 유성캠퍼스에서 국제교류본부장님과 교환교수제 도입에 대한 의논도 하기로 했고… 하여튼 약도 집에 있으니 집에 가서 시키는 대로 약도 잘 먹을테니 내일 보십시다." 하고 와 버렸다.

메파퀸 3알과 이번에는 타이레놀 2알을 함께 먹고 식욕도 없어서 그냥 잠이 들었다. 밤새 땀이 흠뻑 나면서 열이 조금 잡히는 것 같아 다시 메파퀸 2알과 타이레놀 2알을 함께 먹고 자는 데 속이 계속 부글거리더니 거의 2시간 정도 지나서는 구토가 막 난다. 몇 번 토했는데 시간이 좀 지나서인지 약 같은 것은 보이지 않아서, '다행히 약은 다 흡수되었겠지?' 라고 생각하고 그냥 지냈다. 만일 구토 때문에 약이 흡수되지 않을 가능성이 있다면 다시 약을 먹어야 된다고 했는데… 아침에 일어나니 견딜만 했다. 근데 오전 중에 외래를 보는데 입이 바짝 타들어 가는데 오늘따라 설명해 줘야 할 부분들이 왜 그렇게 더 많은지… 11시쯤 되니까 열이 다시 오르는지 오한이 슬슬 나기 시작했다. 얼른 타이레놀 1알을 먹고 외래를 겨우 마쳤는데, 수액을 맞는 것이 좋을 것 같아 연구실에서 맞으며, 점심으로 밥 대신 죽을 겨우 좀 먹고 버텼다. 메파퀸 1알을 마저 먹고 2시쯤 되니 조금 지낼만 해졌다. 그래서 남 교수님과 함께 국제교류본부장님을 만나러 유성캠퍼스로 출발하는데 또 몸이 좀 스멀거리는 것 같더니만 오한이 생기기 시작했다. 유성캠퍼스 도착해서 얼른 타이레놀 1알을 먹었다. 덜덜 떨면서도 나름 남 교수님과 함께 할 말은 다했다. 본부장님으로부터 "적극적으로 검토해보겠습니다. 교환학생(국비유학생)도 우리학교에 티오(TO)가 많으니 적극 활용해 봅시다." 란 말씀을 듣고 면담 마무리. 임무 끝!! "난 이제 입원하러 갈 테니, 내일 잡혀있는 총장님의 MOU 서류 사인 문제는 남 교수님 혼자 잘 처리해 주세요."

겨우 수소문해 만든 병실에 와서 우리병원에서 일한지 30여 년 만에 처음으로 병원에 입원하게 되었다.

아, 근데 이게 열이 장난이 아니다. '네가 39.5도가 뭔지 알아?' 머리는 아프지, 목은 마른데 물은 왜 이리도 맛이 없고, 몇 모금도 못 마시겠는지, 몸은 여기저기 딱 뭐라 꼬집지는 못하지만 편치 않지, 이젠 타이레놀을 먹어도 열이 38도 이하로 떨어지지도 않지, AST/ALT(간 기능을 나타내는 효소) 수치들은 점점 올라가고, 혈소판 수치는 점점 떨어지고, 식사는커녕 주스 마시기도 어렵지, 잠자기도 쉽지 않지, 아~ 아~ 아~ 그 중에서도 다행히 감염 적혈구수는 더 이상 증가하지는 않는단다.

불행히도 우간다에서 오면서, 혹시 문제가 생길 때 치료제로 써야 할 아르테미시닌 복합제를 챙겨오지 못한 탓도 있지만, 일단 치료제를 나름 썼는데 수요일까지 열이 안 떨어지고 검사수치는 점점 나빠지니까, 나보다 감염내과 선생님이 더 초조해하시면서 국립의료원에 사람을 보내서 희귀의약품에 속하는 주사제인 키니네를 구해 와서 좀 써 보잖다. "콘텐츠, 하나님! 제가 잘못했습니다. 너무 교만했지요. 불쌍히 여겨 주시옵소서. 불쌍히 여겨 주시옵소서."

근데 이건 또 무슨 생각에서 그랬을까?

"하나님! 목요일까지 열이 잡히지 않으면 더 이상 다른 치료는 안 하겠습니다. 알아서 하세요."라고 기도하면서 턱없이 배짱을 부렸다.

목요일 하루 종일 비몽사몽간에 지낸 것 같다.

심방오신 교회 담임목사님과 인사도 잘 못 나눌 정도로… 그래서 더 쎈 기도를 해 주셨으리라.

올해는 유난히 우간다 날씨도 오히려 쌀쌀함을 느낄 정도였고, 모기도 별로 없고, 모기에 물린 것 같은 기억도 전혀 없었다.

초창기에는 열심히 말라리아 예방약인 메파퀸을 일주일에 1알씩 열심히 챙겨 먹고, 또 팀원들 것도 열심히 챙겼었다. 그러다가 10년쯤 되니까 좀 건방진(?) 생각을 하면서 '지금껏 말라리아 안 걸렸으니, 이제는 안 먹고도 지내 봐야지.' 하는 마음이 들어서 소홀히 했는데도 아무 탈 없이 지나가기를 몇 번 했었다. 그리고 이번 여정에서도 역시 약을 안 먹었다. 내가 지금 생각해도 이상하리만큼 나 자신에게도 그리고 팀원들에게도 "너무 말라리아 겁내지 말고, 걸리면 즉시 진단하고 약 먹으면 된다."라고 자주 말했던 것 같다.

"그래? 그러면 어디 한번 걸려서 약 먹어 봐. 이놈아!"

이렇게 하나님께서 말씀하시는 것 같았다. "아이쿠, 하나님! 잘못했습니다. 기도로 더 준비하고 하나님을 더 전적으로 의뢰해야 하는데…, 마치 우간다, 아프리카 전문가가 된 것처럼 교만을 떤 제가 잘못했습니다. 이런 생각으로 우간다 가겠다는 어리석은 마음이 제 가운데 똬리를 틀고 있었음을 고백하오니, 용서하여 주옵소서! 불쌍히 여겨 주시옵소서!"

이렇게 애걸도 하고 협박(?)해서인지 하나님께서 불쌍히 여기셨음에는 틀림없다.

목요일 밤부터 더 이상 열이 오르지 않고 해열제에도 조금씩 반응하면서 금요일이 되니까 열이 잡힌다는 신호가 나타나기 시작하였다. 할렐루야! 이제 열도 다 잡히고 말라리아 감염 적혈구도 없고, 다만 간수치만 올라간 것이 회복되기를 기다리는 중이다. 퇴원하여 집에 와 일주일여 만에 밥을 먹는데 입맛이 예전같이 완전하지는 않지만 그래도 많이 회복되었다. "좋으신 아버지 하나님! 그래도 불쌍히 여기시어 3월에 사역자로서 우간다로 다시 출발하기 전에 깨우쳐주시고, 다시 한 번 전적으로 당신만을 의뢰해야 함을 체험케 하시니 감사를 드립니다." 아울러 함께 기도해 주신 우간다 선교사님들, 교회 담임목사님과 성도님들, 병원교회 목사님과 사역자들 그리고 무엇보다도 2012 우간다 팀원들 모두에게 감사를 드린다.

※ 추신 : 그 후에도 2년간의 우간다 사역 기간 중 몇 차례 더 말라리아를 앓았지만 그때마다 겸손(?)하게 열 나는 다음날 얼른 치료제를 먹음으로 그 다음날 바로 열이 떨어져 더 이상 고생하는 일 없이 치료되는 경험을 하면서, 또 지금은 말라리아 걱정 없는 스와질란드에서 사역하게 하심은 아마도 처음에 너무 힘들고 위험한 지경까지 고생하였기에 하나님께서 봐 주신 것이라고 믿고 있다.

김선영

서울의대를 1976년에 졸업하고, 서울대학교병원에서 내과 전공의 과정을 수료하고 전문의가 되었다. 그후 충남대학교 의학전문대학원 호흡기내과 교수로 근무 중 2012년 대덕한빛교회와 골드클럽 파송으로 아프리카 우간다와 스와질란드 의료선교사로 파송되었다. 2016년 8월 말 충남의대를 정년퇴직하고 스와질란드로 가서 의료선교 사역을 하고 있다. 대전 대덕한빛교회 장로로 섬겨 왔다.

일등은 꼴등의 손을 잡고 가야

박국양

(가천대 의학전문대학원장, 고척교회)

친구 황성주를 만나 예수를 믿다

1975년도에 처음 서울대 의예과에 입학할 때 나는 기독교가 무엇인지 몰랐다. 교회라고는 초등학교 때 마을에서 안식일교회 선생님 집에서 하는 주일학교에 한두 번 가본 적이 있었던 것 같고, 고등학교 때는 크리스마스 때 친구 따라 한두 번 가본 것이 전부였던 것 같다. 고등학교는 광주제일고등학교를 다녔는데 고등학교 2학년 때 황성주생식의 황성주가 같은 반 친구였다. 당시 그 친구는 미화부장을 맡아서 각 반의 교실을 아름답게 꾸미는 일을 하곤 했는데 심사 전날까지 혼자 교실에 남아서 벽에 스티로폼을 붙이고 글씨를 만드는 모습을 보면서 어떻게 저런 희생적인 학생이 있나 하고 마음속으로 생각만 하고 있었다. 수학여행을 가게 되었을 때 집안이 어려워 수학 여행비를 부담스러워하고 있는 내 이야기를 듣고 수학여행비를 선뜻 부담해주던 학생이었다. 황성주는 공부를 못하지는 않았지만 서울대 의대를 지원하겠다고 했을 때 모두들 가당치 않은 성적이라고 비웃었고 당연히 입시에서 떨어졌다. 그런데 또 재수를 하겠다고 했다. 재수를 해도 힘들 것이라고 모두들 말하곤 했는데 이번에는 예상을 뒤엎고 당당하게 합격을 해서 일 년 늦게 의예과를 다니게 되었다. 듣기로는 그렇게 좋아하던 전도도 안하고 대성학원에서 공부만해서 거의 톱수준의 성적을 냈다고 했다. 그러던 그가 입학 후 봄눈이 채 녹기도 전에 중앙대 앞에 있던 하숙방으로 나를 찾아와 사영리를 전하였고 나는 예수를 영접하였다. 그리고 그를 따라 CCC에 다니게 되었고 학교에서는 기독학생회를 알게 되었다. 그는 친구지만 나의 영적 아버지인 셈이다.

관악산과 연건동에서의 생활

입학식이 치러지던 날부터 내성적인 나는 데모를 겪어야 했다. 고등학교 시절 거의 모든 학생들이 종소리에 맞추어 데모를 하러 나가던 그날 우리 반에서 데모를 나가지 않고 남아있는 학생이 딱 두 명 있었는데 그 중 한 사람이 나였다. 육영수 여사가 고등학교 3학년 때인 1974년 8월 15일 문세광의 총에 맞아 사망하는 사건이 발생하자 할머니는 내 손을 잡고 시골 보성에서 올라와 청와대까지 가서 문상을 했는데 그때 할머니도 울고 나도 울었다. 입학식 날 학생들이 관악산 정문에서 데모할 때 '박씨 하야, 박씨 하야' 하는 외침에 그 박씨가 '박정희 박씨'라는 것은 상상도 못하고 누구를 하야하라는 건가하고 잠깐 의문을 가졌던 무식한(?) 학생이었다. 예과 일학년은 3분의 일이나 학교에 다녔을까? 관악산 입구는 거의 매일 데모 학생들을 진압하는 최루탄 가스로 덮여있었다. 입학식 첫날부터 데모하는 학생들과 진압하는 경찰들의 대치로 정문을 통과할 수 없게 되자 행정직원들은 정문 옆에 철조망을 뚫고 데모에 참가하지 않는 학생들을 내보내주기도 했다. 나는 그 철조망을 뚫고 나와 동숭동에 있는 선배들과의 입학 환영모임에 나갔는데 이때는 한술 더 떠서 '로바(Rover)'라는 운동권 서클을 소개하고 있었다. 물론 성격도 소극적인데다가 운동권에는 숙맥인 내가 이 서클에 가입을 하지는 않았지만 박정희 독재정권 말기에 그나마 학생들의 순수함과 박정희 정권의 연장음모가 대립하는 현장에서 예과생활은 짓밟혔다고 할 수 있다. 나는 무엇보다도 현실이 슬펐고 적응이 힘들었다. 이때 나를 위로해 준 것이 CCC의 신앙 안에서의 친구들이요, 학교에서의 성경공부였던 것 같다. 가만있지 못하고 무언가 빠져들어야 견디는 나의 내성적이고 사회 전체를 잘 알지 못했던 비현실적 성격은 자연스럽게 교회의 성경공부로 나를 이끌어내게 되었다. 나의 사회현실에 대한 탈출구가 학교에서의 무서운 현실참여와 데모보다는 좋은 친구들과의 교회생활, 성경공부였다고나 할까. 그렇게 만난 기독학생회를 따라 수련회도 가고 좋은 친구들을 만나 평생 신앙의 선후배를 만나게 된 것은 큰 축복이 아닐 수 없다. 지금도 길병원 신우회 모임에서 2년 선배인 이영돈, 이범구 교수를 만나 예배를 드리고 있는데 기독학생회 때 만난 분들이다. 서울대 의대 기독학생회의 신앙역사를 이야기할 때 세월이 흘러도 변하지 않을 뿐만 아니라 너무나 모범적인 이분들의 이야기를 하고 싶다. 이러한 신앙의 선배, CCC, 기독학생회의 활동을 통해 나는 환자를 사랑하는 것을 배웠고 의사로서

인술의 모범이 되시는 성산 장기려 박사님을 알게 되었고 영상의학과 박재형 선생님의 사랑의 집에 얽힌 사모님과의 감동적인 이야기를 듣게 되었다. 이 분들이 우리의 선배라는 것이 자랑스럽고, 이런 훌륭한 분들을 만나 그들의 삶을 배우고 실천하려고 노력하게 되었음은 정말 행운이라고 할 수 있다. 사람은 보고 들으며 배운대로 자란다고 하지 않는가?

나의 호는 '심수가행' 이다. 해석하자면 '심장수술 할 때 가장 행복한 사람' 이다. '의사는 24시간 환자용이며 히포크라테스 선서를 한 이후부터 환자를 위한 공인이어야 한다. 주말이든 크리스마스이브이든 환자가 부르면 가야 한다.' 는 것이 나의 신념인데 그런 생각 때문에 남들이 안하는 흉부외과를 선택했고 중환자실을 지키고 살아왔다. 내가 살려야 하는 환자가 없는 의사가 무슨 의미인가? 데모를 배웠으면 데모만 했을 것이고, 돈버는 것을 배웠으면 돈을 벌었을 지도 모르는 인생이 이런 훌륭한 선배 분들을 통해 부족하지만 지금의 좌우명을 만든 것이다.

푸른들 사회적 협동조합을 만들면서

지난 인생 이야기를 다 여기에서 할 수는 없고 현재를 이야기하려고 한다. 졸업 후 집사람(충현교회 청년부 때 나와 결혼함)과 만든 푸른들 사회적 협동조합 이야기를 하고 마칠까 한다. 집사람과 나는 인생의 종착역을 향해 달려가면서 우리가 받은 은혜를 어떻게 갚을 수 있을까 상의를 하다가 노숙자와 출소자를 위한 공동체를 만들기로 하였다.

노숙자와 출소자는 서울역에서 주로 생활을 한다. 그들의 하루는 그냥 의식주 해결에 있다. 요즘은 정부나 서울시, 교회나 복지단체에서 도움이 많아 대부분의 경우 해결이 어렵지 않게 된다. 심지어 일부교회에서는 적지만 용돈을 주기도 한다. 그러나 그들에게는 단순히 먹고자는 문제 외에 해결해야 할 내면의 문제가 있다. 인간적으로 대우받고 싶고 낙인에서 벗어나고 싶고 사회적으로 인정을 받고 싶은 것이다. 인간으로서 일을 하고 가족처럼 대우를 받고 싶고 미래가 있는 삶을 갖고 싶다는 것이다. 그들에게 의식주 해결은 본질적 해결이 아니라 미봉책일 뿐이며 보다 근본적으로는 직업을 통한 자활이 되어야 한다고 믿는다. 이들의 이러한 무기력, 알코올 중독, 사회적 냉대를 이겨내기 위한 협동조합이 필요하다고 보고 1년 전 당진에 '푸른들 공동체 및 협동조합'을 만들어 운영하고 있다.

푸른들에 들어온 이후 어떤 출소자는 출소하고 나서 3개월이 못되어 재범을 하고 다시 교도소를 출입한지가 여러 번이었는데 이 "푸른들 협동조합원"이 되고 나서 그동안 교도소에 들어가지 않았다고 간증하기도 하였으며, 하루도 빠지지 않고 술을 마시던 알코올 중독자가 푸른들에 들어와서 술을 끊었다고 말하기도 하였다. 비록 재정적으로 힘들기는 하지만 가족애를 느끼고 이제는 서울역으로 다시는 돌아가지 않겠다고 하는 그들을 바라보는 것은 큰 기쁨이다.

작년부터는 푸른들 공동체 가족들(노숙자, 출소자분들)이 당진에 있는 협동조합 부지에 처음으로 고구마, 고추, 깨를 심었으며 향초도 만들고 돼지감자 차도 만들어 팔았다. 처음이라 그런지 많은 적자를 보았지만 그래도 감사했다. 조합원들이 일을 통해서 처음으로 일하는 보람을 느끼고 협동하는 의미를 깨달을 수 있었다고 고백했기 때문이다. 이들이 처한 환경은 누구의 잘못이든 간에 혼자 힘으로는 빠져나오기 힘든 수렁이지만 내가 속한 가족이 있고 의지할 수 있는 공동체가 있다는 사실을 한사람 한사람 느끼고 있다.

우리사회는 일등도 필요하지만 일등이 꼴등의 손을 잡고 가야 하는 사회이다.

서울대 기독학생 출신 여러분들에게 죽는 날까지 하나님께서 천사를 보내주셔서 끝까지 길을 인도해주시리라 믿는다.

박국양

서울의대를 1981년에 졸업하고, 국립의료원에서 흉부외과 수련과정을 마치고 흉부외과 전문의가 되었다. 서울대학교 대학원에서 박사학위를 수여받았으며, 세종병원 흉부외과 과장, 인제대학 백병원 흉부외과 교수를 거쳐 가천대 길병원에서 심장센터 소장을 역임하였으며 현재 가천대 의학전문대학원장으로 있다. 푸른들 협동조합의 대표, 하나반도의료연합이사장으로 있으며, 구로동 고척교회에서 집사로 섬기고 있다.

열여덟 해 동안이나

박길홍

(미8군 121병원 가정의학과, 남산골교회 담임목사)

의과대학에 다닐 때의 일입니다. 소아과를 돌고 있었습니다. 벌써 거의 40년 가까이 지났군요. 홍창의 교수님과 함께 병실에 갔을 때였습니다. 교수님의 환자들 가운데는 백혈병으로 치료를 받고 있는 어린이들이 있었습니다. 어느 환자의 어머니 한 분이 선생님께 말합니다. 아이가 자꾸 침대에서 바닥으로 뛴다고요. 자신의 혈소판이 떨어져서 출혈의 위험이 있는 것을 전혀 알 길이 없던 그 아이는 아마 열 살이 못되었던 것으로 기억합니다. 선생님께서 걱정스런 얼굴을 하시고 아이에게 "큰일 나지" 하십니다. 그때 선생님의 걱정스러워하시는 표정과 목소리가 아직까지 제 기억 속에 남아있습니다.

기억에 생생하게 남아있는 또 하나의 장면이 있습니다. 정신과를 돌고 있었으니까 아마 4학년 때였을 겁니다. 옛 교사에 있던 계단식 강의실에서입니다. 수련의들은 앞줄에, 학생들은 옆에 앉아 있습니다. 잠시 후 교수가 환자와 그 어머니와 함께 들어옵니다. 어머니는 저기 한 옆으로 가서 앉습니다. 교수가 그 환자와 이야기를 나눕니다. 의학 교육의 한 장면입니다. 교수가 물어봅니다. "만약 길을 가다가 우체통 옆에 우표가 붙은 편지가 떨어져 있는 것을 보면 어떻게 하겠습니까?" 환자는 이렇게 대답합니다. "그거 청와대로 가는 편지지요?" 이런 문답이 몇 번 오갑니다. 자리에 앉아있는 학생들과 수련의들 가운데 몇몇은 킥킥대고 웃습니다. 교수는 차분하게 문답을 계속합니다. 그런가 하면 그 같은 엉뚱한 대답을 들으며 한 옆에서 눈물을 닦아내는 사람도 있습니다. 환자의 어머니입니다. 수십 년 전의 일이 성경을 보면서 떠올랐습니다.

누가복음 13장 10절에서 17절을 보면 예수께서 안식일에 회당에서 가르치시다가 18년 동안 병마에 시달려 허리가 굽은 채로 지내야 했던 여인을 고쳐 주신 이야기가 나옵니다.

그것을 본 회당장이 분개하며 반발하여 무리더러 말합니다. "일을 해야 할 날이 엿새가 있으니, 엿새 가운데서 어느 날에든지 와서, 고침을 받으시오. 그러나 안식일에는 그렇게 하지 마시오." 그가 그렇게 분개하는 것도 무리가 아닌 듯합니다. 이 여자는 이미 18년을 그렇게 살아오지 않았습니까? 그렇다면 단 하루를 더 기다리는 것이 무엇이 그리 어렵겠습니까?

어쩌면 회당장 뿐 아니라 거기에 있던 모든 사람들, 아니 심지어 그 여자 본인도 그렇게 생각할 수 있었을 것 같습니다. "18년 동안이나 이렇게 지냈는데 뭘." 회당장은 '종교적' 인 이유로, 다른 사람들은 무관심으로, 그 여자는 포기한 심정으로 말입니다. 만약 예수께서 다음 날 만나서 고쳐주시기로 그 여자와 약속을 하고 그날은 그냥 가르치는 일만 계속하셨더라면 그 여자는 그 하루를 오히려 반신반의 가운데서도 어떤 설렘을 안고 지냈을지 모르겠습니다.

그러나 그런 식으로 생각할 수 없었던 사람이 한 분 있었습니다. 그에게 떠오른 생각도 같은 말로 표현할 수 있습니다. "18년 동안이나!" 그러나 18년 동안이나 그 여자가 그렇게 고통을 받아왔다는 사실이 다른 이들에게는 거기서 하루를 더 기다린들 무엇이 그리 큰일이겠느냐는 이유가 되었던 반면, 그분에게는 똑같은 사실이 오히려 하루라도 더 기다릴 수 없는 이유가 되었습니다. 그의 심정이 이 말에 잘 나타나 있습니다. "아브라함의 딸인 이 여자가 열여덟 해 동안이나 사탄에게 매여 있었으니, 안식일에라도 이 매임을 풀어주어야 하지 않겠느냐?"

한때 해방신학이라는 것이 유행이 되다시피 한 적이 있었고 아직도 적지 않은 영향을 끼치고 있는 것 같습니다. 깊이 공부를 해본 것은 아니지만 제가 받은 인상으로는 해방신학의 이름으로 행해진 운동이 어떤 면에서는 '근본적' 인 해방에 대한 이해를 약화 내지는 왜곡시킨 면도 없지 않았나 싶습니다. 해방신학의 대두에는 아마 많은 교회가 자꾸만 '근본적' 인 해방만을 되뇌이면서 인간의 사회 경제적인 질곡을 외면하는데 대한, 아니 어쩌면 고통 받는 이웃의 편이 되어주는 것을 모면하려는 핑계로 '근본적인 죄로부터의 해방'

을 내세우곤 하는데 대한 반발이 작용했는지 모르겠습니다.

그러나 어떤 형태로든지 사탄과 악의 세력에게 매여 있는 사람들을 예수께서 풀어주신다는 의미에서라면, 또 그런 예수를 따른다는 의미에서라면 '해방'은 우리에게 언제나 가장 절실한 주제일 것입니다.

그 해방의 시작은 고통 중에 있는 인간을 귀하게 여기는 예수의 마음("아브라함의 딸인 이 여자")을 본받는 것이라고 믿습니다. 예수께서는 이 여자가 귀한 만큼 그가 겪고 있는 고통이 절실하고 그로부터 놓아주는 일이 긴급하게 여겨진 것이 아니겠습니까? "열여덟 해 동안이나" 하는 말씀에는 얼마나 참된 사랑이 담겨있습니까?

안식일을 지키는 것이 유대인들의 신앙에서 특히 중요한 의미를 지니게 된 것은 주전 6세기에 유대인들이 바빌론으로 끌려갔을 때였던 것 같습니다. 바빌론에는 그들에게 거룩한 곳으로 여겨지던 성전이 없었습니다. 장소를 통해 거룩함을 체험하던 이들이 이제는 시간을 통해 거룩함을 체험한 듯합니다. 그런데 안식일을 거룩하게 여기려면 무엇보다 그날에야말로 하나님의 마음을 품어야 하지 않겠습니까? "열여덟 해 동안이나" 하는 거룩한 시간 감각은 바로 예수께서 품으신 하나님의 마음에서 비롯됐을 것입니다.

회당장의 "안식일에는"과 주님의 "안식일에라도" 사이에는 거의 죽음과 삶의 차이만큼 엄청난 차이가 있습니다. 나 스스로와 남을 아브라함의 자녀로 여기는 훈련, 이웃에게 자비를 베푸는 실천은 언제나 절실하며 긴급한 일

입니다. 그것이 결핍된 순간 '종교'라는 것이 우리(저 자신을 포함한)를 해방
시키는 것이 아니라 오히려 사탄의 얽어맴을 강화하며 연장시키는 도구가 된
다는 것을 저는 이 이야기에서 배웁니다.

박길홍

서울의대를 1983년에 졸업하고, 서울백병원에서 외과 수련을 받고 외과 전
문의가 되었다. 서산시의료원장을 역임하였으며, 한국에서 외과 전문의로
환자들을 돌보다가 미국으로 건너가 신학대학을 졸업하고 목사 안수를 받
았다. 다시 가정의학과 수련을 받고 가정의학과 전문의가 되었다. 워싱턴
주 벨뷰에서 가정의와 침례교 목사로 일하다가 미국 군의무관으로 한국에
다시 돌아와 미8군 121병원에 근무하면서 남산골교회를 담임하고 있다.

나의 성경공부 모임

박도준

(국립보건연구원장, 영락교회)

"그들이 사도의 가르침을 받아 서로 교제하고 떡을 떼며 오로지 기도하기를 힘쓰느니라." (사도행전 2:42)

나의 고등학교 시절은 영락교회 고등부 영어성경반을 떼어놓고는 생각할 수가 없다. 우리끼리는 그냥 "영성반" 이라고 불러서 다른 사람들로 하여금 '영성 훈련을 하는 반' 이라는 오해 아닌 즐거운 오해도 받았고, 또 지금도 받고 있다. 요즈음에는 각 학교에 원어민 교사가 있어 제대로 된 영어를 듣고 배울 수 있지만 내가 고등학교에 처음 입학했던 1976년도만 하더라도 외국인을 만나 영어로 대화를 한다는 것은 현실적으로 거의 불가능하였다. 그런데 당시 영락교회 고등부에는 영어성경반을 특별활동 반으로 운영하고 있었고, 그곳에서는 원어민 선교사들이 영어로 성경을 가르치고 있었다. 당시 영락교회에 출석하고 있었던 나는 고등부에 올라가면서 자연스럽게 영어성경반에 가입을 했다. 그리고 이곳에서 나는 평생 신앙생활을 같이 할 친구들을 만났고, 나를 영어성경반으로 인도해 주신 하나님께 지금도 감사드린다.

나도 원어민 선교사님으로부터 영어성경을 배우고 싶다는 마음으로 영어성경반에 갔지만 실제로 영어성경반에 가보니 다양한 친구들이 있었다. 원래 영락교회에 다니던 친구도 있었지만 다른 교회에 다니던 친구, 심지어는 교회에 한 번도 출석해 보지 않다가 영락교회에 원어민 선교사가 영어로 성경을 가르치는 영어성경반이 있다는 말을 듣고 찾아온 친구도 있었다. 이렇게 다양한 친구들이 모이면서 고등학교 생활은 학교보다는 교회를 중심으로 돌아갔던 것 같다. 당시 지도를 맡으셨던 집사님들도 학생들의 신앙적인 고민에 대해 항상 전향적으로 대화를 해 주셨고, 직접 지도해 주신 선교사님들(1학년 때는 호주 출신, 이후에는 미국에서 오신 선교사님)께서는 정말로 성심껏 성경을 가르쳐 주셨다. 이전에 교회를 다니지 않았던 친구들도 있어서 신앙의 기초적인 것부터 시작해서 평소에 교회에서는 질문하기 어려운 신앙적인 문제에 대해서 우리들은 거침없이 질문을 했고, 선교사님들은 정말로 진지하게 대답해 주셨다. 어떤 친구는 마리아의 처녀 잉태설을 믿지 못하겠다고 질문을 했고, 어떤 친구는 삼위일체설이 무엇이며, 이해가 되지 않는다고 질문하기도 했다. 선교사님께서는 삼위일체설은 신학교에서도 한 학기동안 가르치는 것인데, 어떻게 한 번에, 그것도 영어가 모국어가 아닌 학생들에게 설명할 수 있겠느냐고 하시면서도 가능한 모든 방법을 동원하여 설명을 해 주셨다.

당시 선생님들의 설명 내용이 어떤 것이었는지 지금은 기억이 나지 않지만 황당한 질문을 하는 한국의 고등학생들에게, 정말로 신실하게 답해 주려고 애쓰시던 그분들의 모습은 지금도 생생하다. 우리는 토요일에는 모여서 교재를 가지고 영어성경공부를 하고, 또 주제를 정해 토론을 하였고, 주일날에는 영어 예배를 드리는 등, 한 주일에 두 번씩 만나 모임을 가졌다. 이렇게 해서 고등학교 1학년 때 만난 친구들과 방학 때면 새벽에 같이 단과학원도 다니고, 방학 때는 같이 놀러 다니기도 하면서 학교생활보다는 주말에 교회에 가서 친구들과 지내는 것이 고등학교 생활의 중심이 되었다.

이렇게 만났던 친구들은 이제는 평생의 친구가 되어 어느 동창생보다도, 어느 모임의 친구들보다도 더욱 친한 친구들이 되었다. 고등학교를 졸업하고, 학교는 달라졌어도, 결혼을 하고 가정을 이룬 후에도 우리는 종종 만나서 즐거운 시간을 가지곤 한다. 그러던 중, 지금부터 10여 년 전에 한 친구가 이제는 다들 사회에서 자리를 잡고 어느 정도 안정이 되어 이전보다는 정기적으로 모일 수 있는 상황이 되었으니 이제 우리 같이 모여서 성경공부를 해보자는 제안을 하였다. 다들 사회생활을 하면서 영적으로 목마름을 조금씩 느껴가던 때라 모든 친구들이 찬성을 하여 성경공부를 시작하게 되었다. 친구들 중에는 그동안 선교훈련도 많이 받고, 매년 단기선교도 나가는 반 선교사 같은 친구가 있어 리더가 되어 성경공부를 시작하게 되었다.

이렇게 다시 모인 모임이 벌써 10여 년이 훌쩍 지났다. 이전에는 영어성경반(英語聖經班)의 영성반(英聖班)으로 모였다면 지금은 영성반(靈性班)이라고 해도 어색하지 않은 모임이 되었다. 각자 교회는 다르지만 매주일 저녁 7

시에 모여 각 가정에서 돌아가면서 준비하는 간단한 간식을 한 후 성경공부를 한다. 그동안 성경책을 통독하기도, 교재를 가지고 성경을 공부하기도, 또 신앙서적을 읽으며 토의하기도 하면서 10여 년을 매주일 모이고 있다. 성경공부 후에는 각 가정의 기도제목을 돌아가면서 내어놓고, 서로를 위해서 중보기도를 한다. 그러다 보면 10시 가까이 되어서야 모임을 마치게 된다. 매주 모여 기도제목을 내놓다 보니 이제는 각 가정의 상황을 가족처럼 알고, 기도를 하게 되었고, 그날의 기도제목을 정리 하여 이메일로 보내며 모임에 참석하지 못한 친구들과도 공유를 한다. 항상 네다섯 가정은 모이고, 국내, 해외에 거주하는 친구들의 기도 제목까지 모아 정리를 하여 같이 기도를 한다.

우리끼리 생각해 보아도 40대 초반에 모임을 시작하여 50대 중반을 넘긴 지금까지 10여 년 이상을 모일 수 있는 것이 참 대단하다는 생각이 든다. 모두 고등학교 때에는 영락교회 고등부에 출석을 하였지만 신기하게도 지금은 모두 다 각기 다른 교회에 출석을 하고 있다. 그럼에도 불구하고 이렇게 모이는 것이 신기하기도 하다. 지금도 꾸준히 모일 수 있는 이유는 몇 가지가 있는 것 같다. 우선 모두들 영적으로 갈급함을 느끼고, 말씀을 사모하여 공부하고 싶고, 또 중보기도의 필요성을 느끼는 것이 첫 번째 이유일 것 같다. 그 다음 이유는 부부가 같이 모인다는 점이다. 남자들이 각자의 부인을 데리고 나오는 것 뿐 아니라 여자들도 각자의 남편을 데리고 나오면서 모임이 시작되었고 그렇게 10여 년을 지내다 보니 이제는 부부 중 누가 원래 멤버인지도 모호해질 정도가 되어 남자들끼리도, 여자들끼리도 친한 친구가 되었다. 그래서 요즘은 남자들끼리도, 여자들끼리도 주말이나 주중에도 각기 모여 운동을 하기도, 식사를 하면서 즐거운 시간을 가지기도 한다. 마지막으로 꾸준히 모일 수 있는 요인은 매 주일 빠지지 않고 모이기 때문이다. 처음에는 매주 모인다는 것이 불가능할 것이라고 생각하여 2주에 한 번 모이기도 했으나, 곧 매주 모이게 되었고, 오히려 매주 모이면서 서로에 대해 더 많이 알고, 더 중보를 하게 되었다. 10여 년을 매주 모여 말씀을 공부하고 서로를 위해 기도하면서 점점 더 말씀과 기도가 주는 힘과 위로를 얻는 경험은 앞으로도 신앙 안에서의 교제를 지속해 나가는 원동력이 될 것이라고 생각한다.

박도준

서울의대를 1985년에 졸업하고, 서울대학교병원에서 내과 전공의 과정을 마치고 내과 전문의가 되었다. 서울의대 교수로 재직하면서 서울대학교병원에서 내분비대사내과 진료를 담당하다가 2016년 4월 국립보건원장으로 발령을 받고 근무 중이다. 하버드대 조슬린 당뇨병센터 연구원, 미국 국립보건연구원 과학자문관, 서울의대 대학원 분자유전체 전공 주임교수, 서울대병원 갑상선센터장 등을 역임하였다. 한국기독의사회와 서울의대기독동문회 이사로 있으면서 영락교회에서 집사로 베드로반(재수생 예배)을 섬기고 있다.

이집트 - 중동의 정치변동과 이집트교회의 마지막 선교운동

박바울

(서울대학교 연건IVF, 인터콥 이집트 선교사)

2013년 8월, 이집트 전역이 최소 1,000명 이상의 사망자가 속출된 유혈사태로 들끓었다. 어떤 사람들은 이집트의 민주화에 대해 논하고 있고, 어떤 사람들은 세속주의자와 이슬람주의자의 대결구도에 관하여 토론하고 있다. 이집트의 변화가 주는 중동국제정치질서의 재편에 대해 긴장하기도 하고, 일부 좌파주의자들은 이집트의 정치적 현상을 계급투쟁으로 설명해 보려 노력하기도 한다. 이집트의 현 상황에 관한 여러 설명의 가능성에도 불구하고, 우리는 우선 오랜 역사적 영적 전쟁의 관점에서 이집트를 이해할 필요가 있다.

깊지는 않지만 필자는 직간접적으로 이슬람권을 15년 가까이 경험하고 있다. 그중에서 이집트는 가장 중요한 영적 대접전지 혹은 대격전지 중 하나라고 생각한다. 전쟁에는 수많은 전투들이 있다. 그 많은 전투들 중, 전략적으로 가장 중요하고 결정적이어서 양쪽 진영이 수많은 인적, 물적 자원을 투입하여 승리를 따내려고 노력하는 전투지를 우리는 그 전쟁의 "접전지" 혹은 "격전지"라고 부른다. 이러한 격전지는 많은 자원을 투입하고 전략적으로 중요한 만큼, 이 전투에서 패배하여 물러날 경우, 패배한 그 진영은 전체 전쟁에서 치명타를 입게 되는 것이다. 이집트는 전 지구적인 영적전쟁의 구도 속에서 가장 중요한 영적 격전전투지 중 하나이다. 이는 즉, 중동 여러 나라 중, 하나님의 사랑과 정성이 가장 많이 들어간 나라 중 하나라는 뜻인 동시에, 사탄 역시 살아서 이곳에 강하게 역사해 왔음을 의미한다.

1. 사탄의 전략적 교두보 : 강력한 이슬람의 진

이집트에 투입한 사탄의 영적 자원은 뭐니 뭐니 해도 강력한 이슬람의 진을 구축해 온 것이다. 그는 전 세계에서 가장 강력한 이슬람의 진을 이 나라에 구축해 왔다. 현재 이집트의 이슬람의 진은 세 가지 역사-사회적 세력에 의해 지탱되고 있다.

1) 알아즈하르대학교 : 정통순니신학의 전 지구적 중심지
흔히 많은 사람들은 무슬림이 꾸란을 믿고 있다고 오해하고 있다. 무슬림 자신들도 꾸란을 믿고 있다고 생각하지만, 사실은 무슬림들은 이슬람신학을 믿고 있다. 기독신앙 역시 성경을 기초로 한 기독교신학을 믿고 있는 것이라고 볼 수도 있지만, 기독교의 경우에는 성경과 신학 자체가 크게 차이가 나는 것이 아니고, 실제로 대부분의 신학적 해석이 성경을 잘 이해할 수 있도록 돕는 기능을 잘 하고 있기 때문에 기독교신학을 믿는다고 해서 우리가 성경을 믿지 않는다고 보기는 어렵다. 그러나 이슬람의 경우에는 이와는 큰 차이를 보인다. 꾸란은 적절한 권위를 가진 사람들의 신학적 해석 없이는 상식적으로 이해하기에는 지나치게 난해한 책이다. 꾸란은 메카계시와 메디나계시로 나뉘는데, 특히 종교적 계시 성격이 강한 초기의 메카계시의 경우에는 영적 카타르시스 속에서 뿜어내는 것 같은 시적 문장들이 대부분이기 때문에 신학적 해석 없이는 해석이 불가능한 것이다. 그래서 무슬림들은 역사적으로 이슬람신학이라는 것을 체계화시켜왔고, 이것은 꾸란과 같은 거의 절대적 권위를 갖는다. 이러한 역사적 해석들은 하디스라는 모음집에 집결되어 있고, 이것은 꾸란이라는 공식적 권위 하에 있다고 하지만, 실제로 하디스의 가르침과 해석이 무슬림의 실제 삶과 사고방식, 신앙을 지배하고 있는 것이다. 이러한 가르침의 역사적, 신학적 스펙트럼에 따라 순니파와 시아파가 나뉘어 있고, 다시 순니파 내에 여러 분파들이 존재하게 되는 것이다. 그중에서 가장 영향력 있고, 권위있는 정통순니신학의 중심지가 바로 이집트 카이로에 위치하고 있는 알아즈하르대학교 신학부이다. 10세기에 설립된 이 대학교는 세계 최초의 근대적 의미의 대학교이고, 신학부, 법학부를 중심으로 시작하여 지금은 종합대학으로 발전해 있다. 무슬림 신앙고백이 없는 자는 입학이 불가능한 이 학교는 말레이시아, 인도네시아 등의 동남아시아, 키르키즈스탄, 우즈벡키스탄 등의 중앙아시아, 프랑스, 영국 등의 유럽, 그리고 타아랍 국가 등 전 세계의 아랍-비아랍권의 이슬람지도자 후보자들이 유학생으로 와서 정통순니 이슬람

신학을 배우고 있는 전 세계 신학체계의 중심지인 것이다. 특히 비아랍권 무슬림들의 경우에는 이 학교에 입학하기 위해 표준아랍어 학습에만 5년가량을 이곳에서 투자한다. 알아즈하르대학교에서 유학을 마치고 본국으로 돌아간 자들은, 알아즈하르대학교 출신이라는 것 하나만으로 본국의 이슬람 사회 내에서 최상위권의 종교권력을 획득하게 되는 것이다. 전 세계 순니무슬림들을 신학체계로 움직여 나가는 이 대학의 영향력은 당연히 이집트 내부에서 또한 강력하다. 그래서 이집트의 이슬람은 이 정통순니신학에 의해 최상층 엘리트에서부터 일반노동자에 이르기까지 강력한 체계를 이루고 있다. 이집트 무슬림에게 그리스도의 복음을 증거해 본 사역자라면, 계층을 불문하고 이들이 타아랍국이나, 비아랍국의 무슬림과는 다른 상당히 탄탄한 이슬람의 신학체계로 훈련되어 있다는 것에 동의할 것이다. 이 대학은 역사적으로 순니이슬람세계의 지도자들을 배출해 왔고, 순니이슬람신학의 정신적 기둥이 되어 왔다. 그 영향력은 가히 전 지구적이다.

2) 무슬림형제단 : 전세계 근본주의 이슬람 운동의 모체

이집트의 이슬람세력은 이론적 신학체계에 제한되지 않는다. 1928년, 초등학교 교사출신인 '하산 알반나'라는 20대 초반의 청년은, 서구 세계와 세속가치에 유린당하는 이집트를 바라보며, 강력한 이슬람 근본주의 사회운동을 시작했다. 전 세계적인 이슬람 근본주의 운동이 1970년대부터 본격적으로 가동된 것을 생각하면, 이집트에서의 이 운동이 얼마나 선구적이었는지를 가늠할 수 있을 것이다. 대부분의 이슬람 운동이 사회 고위층을 겨냥하여 소위 "상층으로부터 하층으로(top-down)" 방식의 사회변혁을 추구한다면, 하산 알반나의 운동은 처음부터 풀뿌리 운동(grass-root movement)의 성격을 가진 "하층으로부터 상층으로(bottom-up)" 방식을 추구했다. 그는 이스마일리아라는 지방의 한 소도시에서 하층민들이 모여들었던 커피숍을 중심으로 서민들을 이슬람으로 복귀하고 이슬람 사회를 건설해 나가야 할 것을 설득하기 시작했고, 불과 수년 만에 수도 카이로까지 지부를 개척하는 놀라운 확장력을 보이기 시작했다. 하층에서 시작한 운동은 결국 사회의 엘리트층까지 가세하였고, 의사, 변호사, 비즈니스맨, 교수, 교사, 종교지도자 등 사회 내 모든 계층이 이 운동의 네트워크 안에 들어오게 되었다. 순식간에 이 운동은 이집트 사회 전반을 장악해 갔고, 이에 위협을 느낀 군부와 비종교적 민족주의 세력은 이들을 불법단체로 규정하거나 정치활동을 공식적으로 하지 못하도록 규제해 오게 되었다. 사회 내에선 가장 영향력 있는 세력이었지만, 거의 60년 동안 정치 세력화하는 것이 탄압되어 온 이 조직은 오히려 운동조직 특유의 생명력을 유지시키며 이집트 사회를 장악해 오고 그들의 정신을 강화시켜온 것이다. 이들의 운동은 즉각 이집트 외부에도 영향을 미치기 시작하여, 각 국가에 지부를 개척하기 시작했다. 리비아, 튀니지, 시리아, 요르단, 팔레스타인 등지에 지부를 개척하였고, 팔레스타인 지부는 이후 하마스로 발전했고, 이들의 제자들은 알카에다 등 국제근본주의 운동의 지도자들이 되었다. 이들 지부는 현재 유럽 내, 심지어 미국 내에서도 활발히 개척되어 있고, 가히 중동과 서방을 가로지르는 전 지구적인 근본주의 네트워크를 형성하고 있는 것이다.

2011년 무바라크의 40년 독재체제가 무너지자 모든 전문가들은 70% 이상의 지지를 이 무슬림형제단이 독식할 것으로 예상할 정도로 이들의 영향력은 절대적이었다. 결국 그들은 의회다수를 차지하였고, 이집트 근대사의 첫 민선 대통령까지 배출하게 되었다. 그러나 이미 무너진 이집트 사회·경제적 상황에서의 이들의 정치권력 획득은 결과적으로 이들에게 독이 되어 집권 1년만인 지난 7월, 이들은 자유주의자들과 군부에 의해 축출되었고, 이윽고 지금과 같은 폭력진압에 의해 테러조직처럼 이곳에서 다루어지기 시작하게 되었다. 1,000명 이상이 죽어가는 대형 살상의 상황에서도 이들은 전국적인 시위를 조직하고 실행하고 있다. 이들의 사회조직이 얼마나 강한지를 반증하는 것이고, 이집트의 권력을 유지하려는 어떤 세력도 무슬림 형제단 조직을 무시할 수 없다는 것을 보여주는 것이기도 하다. 그리고 수많은 국제세력들은 이집트의 무슬림 형제단 지휘부에 조응하여 움직이고 있다.

3) 살라피스트 : 극보수 이슬람종교주의 세력

그러나 세계 근본주의 운동의 모체인 무슬림형제단 운동은 이집트에서는 최고 과격 이슬람주의자로 분류되지는 않는다. 왜냐하면 살라피스트 세력이 강력하게 모스크를 중심으로 형성되어 있기 때문이다. 살라피스트는 무슬림 형제단보다 훨씬 종교 근본주의 성향이 강하여 소위 "무함마드 시대로의 복귀(back to Muhammad)"를 주장하는 자들이다. 이들의 극단적인 정치 성향으로 인하여, 무슬림형제단은 온건주의 중도 이슬람주의자로 분류되며, 이들 살라피스트들이 극단 이슬람주의자로 분류되곤 한다.

이들 역시 2011년 혁명 이후, 즉각 정당조직을 출범시켰고, 정식 당 강령으로, 정식 이슬람 신정국가체제 출범을 선포하였다. 즉, 자신들이 집권할 경우, 1978년에 맺은 이스라엘과의 평화협정을 정식으로 파기하고, 이스라엘과의 즉각적인 전쟁에 돌입할 것을 천명하였다. 그리고 이집트의 모든 헌법은 이슬람법인 샤리아로 대치될 것이며, 이슬람에서 기독교로 개종하는 자는 즉각 사형에 처하게 될 것임을 분명히 하였다. 이집트의 사회적 체제가 이미 강력한 이슬람화가 되어 있지만, 국가 체제를 이슬람 공화국으로 정식 출범시키겠다는 이들의 공약은 또 다른 차원의 과격함인 것이다.

실제로 이들의 사회적인 지지층 또한 만만치 않다. 2011년 70% 이상이 무슬림형제단을 지지할 것이라는 전문가들의 예상을 깨고, 무슬림형제단은 45% 정도의 의회선거 지지를 획득한 한편, 살라피스트가 나머지 이슬람주의자 25%를 장악하였고 이것은 필자에게도 큰 충격이었다. 이집트인의 1/4이 위에서 열거한 최극단의 이슬람 정책을 지지하는 것이다. 사회적으로 극단 종교 세력이 많다고 하는 이스라엘조차도 소위 "극보수주의(ultra-conservative)" 유대인이 전체인구의 10% 정도를 크게 벗어나지는 않는다. 이집트의 살라피스트들은 종교기관들을 강력하게 장악하고 있고, 이들의 가르침은 매주 금요일 모스크를 통해 강력하게 모든 이집트 무슬림들에게 설파되고 있다.

2. 본론 : 이집트로부터 시작되는 중동 정치질서의 재편

중동의 정치질서변동은 이스라엘과 아랍세계 간의 평화프로세스의 일환으로 해석해야 한다. 그리고 중동의 사태를 논평하는 어떤 국가의 태도 역시, 각 국가의 정치세력의 이익과 더불어 이 평화프로세스 상에 미리 짜여진 역할 배분에 따른다는 것을 명심할 필요가 있다. 지난 7월 무슬림형제단 출신 무함마드 모르시 대통령에 대한 자유주의자들과 군부의 강제하야 조치는 무슬림형제단의 경제정책실패와 독단적으로 비추인 배타적 이슬람주의 정책에 불만을 품은 대다수 국민들의 여론에 힘입은 것이다(모르시 대통령의 당선표수가 1,300만 표 가량이었고, 6~7월에 거리로 쏟아져 나온 반모르시 시위대 규모가 3,000만 명을 넘어섰다). 집권 1년 만에 무슬림형제단이 70년 이상 쌓아온 사회적 신뢰가 급격하게 무너진 것이다. 그러나 이러한 국내적 과정과 관계없이 중동국제정치의 논평은 즉각 위에 말한 "각본 아닌 각본" 대로 쏟아졌다.

지난 7월의 사태는 민주주의 절차에 의하면 명백한 쿠데타 작업이었음에도 불구하고 미국은 "쿠데타"라는 말을 쓰지 못했다. 왜냐하면 미국 내 법에 의하면 쿠데타로 정부를 장악한 국가를 상대로는 대외원조를 할 수 없게 되어 있는데, 이집트는 중동 평화프로세스에 가장 중요한 미국의 도구로서 군부에 대한 막대한 원조를 해왔기 때문이었다. 지난 한 주간 막대한 유혈사태가 발생하자 이를 규탄한다는 발표만 할 뿐이었다. 미국은 이러한 공식입장을 취하지만, 미국의 진짜 의도는 항상 걸프국가 등을 통해 중동에 실현되어 왔다. 카타르를 제외한 사우디아라비아와 모든 걸프국가들은 즉각 군부를 지지하고 나섰고, 무슬림형제단을 테러세력으로서 제거해야 됨을 천명하였다. 반면, 터키와 팔레스타인 하마스, 이란 측은 강력하게 이집트군부의 학살조치를 비난하며 무함마드 모르시 대통령이 복귀해야 함을 주장하였다. 특히 여기서 우리는 터키의 역할에 대해 주목할 필요가 있다. 터키의 경우는 이슬람정당조직을 기반으로 하면서도 국제자본 세력과 손을 잡고 지난 10년간 경제개발을 성공시켜온 자신감을 기반으로 중동의 리더요, 중동경제발전의 모델로서 자리매김하던 터라, 이들의 발언은 매우 중요했는데, 터키 국내에서는 이집트 국기까지 등장한 대규모 시위를 통해 이집트의 국내문제에 압박을 가하고 있다. 왜냐하면 터키는 앞으로도 중동개발의 모델로서 그 정치적 정당성과 영향력을 유지해야하기 때문이다. 그래서 정치적 정당성 문제에 대해 유럽과 미국보다도 오히려 터키가 가장 큰 목소리로 리더십을 가지고 이 문제에 나서는 것이다. 중동의 절대 다수인 무슬림들의 인정, 민주적 절차의 정당성, 그리고 경제개발성공의 리더십의 3대축을 훼손시키지 않으면서 중동의 리더로서 터키는 모델화되어 가는 것이 글로벌 엘리트들[1]의 구상이다. 그리고 유럽과 미국은 유혈사태만을 규탄하며 상대적으로 뒤편으로 물러나 정치적으로 상대적 중립을 유지하고 있다.

2010~2011년을 기점으로 기존의 중동 독재체제가 이슬람주의자들에 의해 여러 나라에서 차례로 무너졌다. 지금도 시리아 등지에서 그 작업은 진행 중이다. 그리고 이 이슬람주의자들의 정치세력은 이곳 이집트를 시작으로 다시 퇴출되는 과정에 들어선 것으로 보인다. 그 결과 군부나 자유주의 경제세력들이 중동을 점차 장악해 갈 것이며, 터키식의 국제자본에 의한 경제개발이 중동에 가동되리라 조심스레 예상해 본다. 그리고 이제부터 정권을 장악하는 어떤 정치세력도 결정적 권한은 거세된 채 글로벌 엘리트 세력에게 더 쉽게 종속되는 약한 정부가 될 수밖에 없다. 이로부터 추진될 자유주의화의 물결은 사람들이 흔히 생각하는 낭만적 경제개발이 아니라, 이스라엘과의 평화라는 가장 큰 주제를 향해 나아가는 것이다. 이집트가 유혈사태로 들끓는 와중에, 한편으로 이스라엘에서는 팔레스타인과의 평화회담이 극적으로 시작되었다. 그러나 회담 당사자들을 비롯한 대부분의 사람들은 회담이 성공적일 것이라

---

1) 지금 세계는 단일정부창출을 위해 정치, 경제, 종교, 문화적으로 여러 층의 작업이 진행 중이다. 국가를 초월한 국제자본 세력을 중심으로 이러한 단일정부의 신세계질서를 추구하는 집단을 통칭하여 이 글에서는 글로벌 엘리트로 칭하기로 한다. 이들은 특정 국가의 이데올로기 세력이라기보다는 경제적 자유주의를 추구하며, 각국 정부의 부채를 증가시키는 방향으로 금융 경제정책을 펴고 있는 다국적 연합세력이며, 그 결과 서방을 비롯한 각 국가의 정치적 자율권은 상당부분 이미 훼손되어 있다.

고 생각하지 않는다. 왜냐하면 당사자들에 의해서가 아니라, 중동에 터키식의 자본주의 운동을 일으키는 국제 엘리트들이 나중에 이 평화과정을 주도하고 그들이 정치적 영향력을 확보하도록 하기 위함이다. 어찌되었든, 이제 중동에서 무슬림형제단을 중심으로 한 이슬람 정치세력의 정치적 영향력은 현저하게 감소하게 될 것이며, 이미 시작되었다. 2010년 혁명의 시작점이었던 튀니지에서도 불과 2~3년 만에 반이슬람 정치적 성향이 전국을 뒤덮고 있다. 이러한 현상은 곧 더 큰 어둠의 세력인 경제적 자유주의가 이 땅을 조금씩 덮어갈 것임을 의미한다. 독재정권들의 붕괴 → 이슬람 정치세력 → 경제적 자유주의 세력(약화된 정치주체 하에서의)을 향해 중동이 재편되고 있는 것이다. 그리고 그 어둠의 끝은 "중동의 정치적 평화"이며, 이것은 하나님의 "샬롬"이 아닌, 사람들을 미혹하고 하나님을 대적해 온 어둠의 글로벌 엘리트세력이 중동을 장악하는 과정인 것이다.

3. 하나님의 전략 : 마지막 아랍의 영적대군 이집트교회

이러한 모든 사탄의 역사에도 불구하고, 하나님은 살아서 지금도 그분의 재림을 향해 전진하신다. 중동지역, 특히 중동의 아랍지역은 강력한 순니무슬림 집중지역이고, 이것은 마지막 유대인들의 복음화 직전의 가장 중요하고 광범위한 복음화 대상지역이다. 아랍에는 토착 기독교 세력이 전체 인구의 5~10% 가량을 꾸준히 유지해 왔지만, 복음전도에 있어 이들은 주변의 무슬림들과 철저히 역사적으로 분리되어 있어 왔기에, 사실상 아랍 순니무슬림들은 복음화율 0%의 민족들이라 보고 접근해야 하는 것이다.

1) 중동 아랍교회의 역사적 계약관계와 이집트교회의 특이성

세계교회는 크게 2종류의 역사적 과정을 통해 형성되어 왔다. 하나는 서방교회이며, 다른 하나는 동방교회이다. 예루살렘을 중심으로 서방으로 향해 나아갔던 교회는 사도 바울을 시작으로 소아시아지역, 그리스, 유럽 남부를 지나 유럽 전체, 아메리카 대륙과 아프리카 그리고 동아시아지역에 정착해 왔다. 그런데 서방으로 나아갔던 이 초대교회를 관할하고 있던 정치세력은 로마제국이었다. 이 로마제국의 기독교인들을 향한 정책은, "예수를 믿으면 죽인다!" 였다. 왜냐하면 그들의 사상에서 오직 황제는 그들의 시저뿐이었고, 천국의 왕인 예수를 그들은 인정할 수 없다고 생각했기 때문이다. 그리고 서방을 공략했던 초기의 그리스도인들은 죽임당하는 것을 선택하였고, 그 결과 수많은 순교자의 피가 흘렀다. 그리고 그것이 서방교회의 역사적인 기반이 되어 그 위에 교회가 개척되어 갔던 것이다. 그래서 이 서방교회의 역사적 전통을 따랐던 교회는 항상 순교를 그 시작으로 민족들의 문을 열어갔다. 아프리카교회도 그리했고, 중국, 일본, 한국의 교회도 수많은 순교자들을 기반으로 역사적 교회들이 시작되었다. 그렇게 이 순교를 기반으로 한 서방의 교회는 글로벌 리더십을 가지게 되었고, 이 복음의 역사적 리더십은 꾸준히 서쪽으로 진행하여, 오늘날 한국-중국을 지나 몽골, 카자흐스탄, 인도 등까지 이른 것이다.

그러나 예루살렘을 기점으로 하여 동방으로 나아갔던 교회들도 있었다. 중동과 페르시아, 그리고 멀리는 중국서쪽에까지도 이른 이른바 동방교회들이다. 이들을 지배했던 정치세력은 서방과는 달리 페르시아제국이었다. 정면으로 대응하며 교회들을 죽이고자 했던 로마제국과는 달리, 페르시아제국의 정책은 훨씬 정교하고 교묘해서, 기독교를 인정하되 그들만 절대진리라고 주장하지 못하도록 하는 일종의 종교다원주의를 채택하였다. 즉 광대한 페르시아 제국 내에는 다양한 종교 세력이 존재하니, 기독신앙 자체를 그들과 그들의 자손이 가지는 것은 상관없지만 그 종족들 밖으로 "전도"하지 말라는 것이었다. 그리고 초기의 동방교회 지도자들은 이 제국과 타협할 수밖에 없었고, 이것이 동방교회의 역사적 전통이 된 것이다. 이후 이슬람의 운동이 중동, 북아프리카, 아시아의 상당 지역을 뒤덮게 되었고, 사막에서의 통치기술 밖에 없었던 아랍 정복인들은 페르시아의 이 종교정책을 그대로 답습하게 된다. 그래서 이슬람체제 내에서 기독인들은 사회적으로 그 존재는 인정되었지만, 전도 사역은 엄격하게 금지되어 왔고, 이것은 기독교가 중동에 살아남게 되는 일종의 "역사적 계약관계"였던 것이다. 그 결과 아랍 기독인들은 아랍 무슬림들과 분리 아닌 분리 속에서 지금까지 공존해 왔던 것이다. 아랍교회는 2,000년을 이어 내려온 깊은 역사적 정통성에도 불구하고 복음전도의 역동성이 철저하게 거세된, 영적 도전정신이 마비된 교회로 살아온 것이다.

그러나 이러한 동방교회 중, 약간은 예외적인 교회가 있었으니, 이것이 곧 이집트교회이다. 이집트교회는 마가의 순교로부터 시작된 교회이다. 그리고 이슬람이 들어왔을 때에도 저 유명한 모까담의 일화[2]처럼, 이슬람의 개종 요구를 믿음으로 저항했던 역사를 가진 교회이다. 지금도 카이로의 모까담에 가

---

2) 겨자씨만한 믿음만 있으면 산을 옮길 수 있다는 예수님의 가르침을 꼬투리 잡아 예수가 진짜라면 기도해서 산을 옮겨보라고 요구했던 이슬람지도자의 요구에 대해, 실제로 그리스도인들이 기도하여 산을 옮겼다는 일화이다. 산이 옮겨진 그 자리는 모까담 산으로 불리고 있고, 20세기 들어 기독인들은 그곳에 대형 동굴교회를 만들어 여러 연합기도회 장소로 활용하고 있다.

보면 신기할 정도로 거대한 평지 위에 정말로 산이 옮겨와서 세워진 듯, 큰 산이 불쑥 솟아있다. 이 모까담의 일화가 역사적 사실인지 여부를 떠나, 이집트의 그리스도인들은 그것을 자신들의 정체성으로 여기고 있다는 것이다. 이들은 대부분 아랍교회에서는 거세된, 일종의 "저항영성"을 그들은 유지시키고 있는 것이다. 그리고 이들의 "저항영성"은 결과적으로 10% 가량, 즉 1,000만의 이집트교회[3]를 아랍 한복판에 형성시켜 온 것이다. 이들의 대부분은 콥틱정교회이고, 이들의 "역사적 버팀 작업"의 기반 위에 개신교도 형성되어 1% 가량이 활동하며 중동 최대의 개신교 세력을 형성하고 있다. 이들은 레바논교회[4]와 더불어, 중동 내 기독운동의 리더 역할을 감당하고 있고, 위성방송, 성경을 비롯한 각종 기독출판물, 찬양사역, 말씀훈련 등에 있어서 중동 내 기독인들이 훈련받을 수 있는 아랍어 콘텐츠 등을 지속적으로 제공하는 진원지가 되고 있는 것이다.

2) 최근 이집트교회의 연합과 각성의 움직임

2011년 정권이 붕괴되자마자 이집트교회 내에서 또한 놀라운 움직임이 시작되었다. 같은 해 11월 11일은 이집트교회 현대 역사상 최초의 콥틱-개신교

---

3) 이집트 콥틱정교회의 공식주장에 따르면, 대략 이집트인구의 17~20% 가량이 기독교인이라고 하지만, 이 숫자는 이집트 정부의 통계를 따르면 8~9%에 그친다. 인구통계가 정확하지 않은 이집트의 사정 상 누구도 정확한 숫자를 맞추기는 어려우나 2011년 이후 진행된 국회의원 선거 결과를 통해 추정해보면, 대략 10% 정도의 기독인들이 있다고 보는 것이 적절한 듯 보인다. 이 글에선 대략 1,000만 명의 기독인들이 이집트에 있는 것으로 추정하도록 한다.

4) 레바논은 아랍국가 중 유일하게 공식적으로 기독교 국가를 표방하는 국가이다. 출산율로 인해 무슬림 인구수가 기독인 인구수를 앞지르게 되었지만, 여전히 통치체제 자체는 기독교 배경을 유지하고 있다. 그렇게 때문에 레바논은 공개전도사역이 가능한 곳이며, 엄청난 사역적 잠재력을 가지고 있다. 그러나 워낙 총 인구수가 작아 중동 내 그 영향력을 절대적으로 확보하진 못하고 있다.

연합철야기도회가 열린 날이었다. 콥틱정교회[5]는 본래 개신교 신자를 그리스도인으로 인정하긴 하지만, "교회"로서 인정하지 않기 때문에 그들 입장에서 개신교는 연합의 대상이 되지 않는다. 그러나 이집트 내 시위사태를 거치면서, 최대 개신교 장로교회인 까스르 일 두바라교회의 정치-사회적 리더십이 인정되기 시작한 것이다. 이 장로교회는 위치도 시위의 진원지인 타흐리르 광장 한복판에 자리 잡고 있어서 시위가 있을 때마다 군부에 의해 다치는 무슬림들을 치료해 주었고, 시위현장에서 인간 띠까지 만들면서 무슬림들을 위해 기도하곤 했다. 본래 자신들이 이집트사회의 기독인들의 버팀목이라 여겨왔던 콥틱의 젊은 지도자들은 이들 개신교 또한 함께 기도할 동역자임을 고백하기 시작했고, 11월 11일 역사적인 연합집회가 성사된 것이다. 80,000명 이상이 모인 모까담교회는 예수 그리스도를 외치는 외침으로 차고 넘쳤고, 이들은 이집트의 무너진 현실 앞에 하나님의 부흥을 간구하였다. 이미 오랫동안 이집트를 위해 기도해오고, 하나님 나라의 역사를 간구해오던 수많은 지하의 중보자들이 한 마음으로 연합하기 시작한 것이다.

---

5) 정교회(orthodox church)란, 자신들의 내부의 통일된 교회만이 교회이고, 그 울타리 밖은 교회가 아니라고 주장하는 모든 분파를 일컫는다. 앗시리아 정교회, 러시아 정교회, 그리스 정교회 등이 그 예이고, 가톨릭 또한 로마 지역을 중심으로하는 정교회의 일종이라 할 수 있다. "콥틱"이라는 말은 "이집트"라는 말과 완전히 같은 말이지만 번역 상 발음만 다르게 한 말이기에, 이집트에 있는 정교회를 콥틱정교회라고 부르는 것이다. 일부에서 콥틱정교회가 단신론을 주장한다 하여 이단을 주장하기도 하지만, 이것은 역사 속에 있었던 일부의 신학적 논쟁이었고, 현재의 대부분 콥틱정교회 신부들과 비숍, 교황은 정확한 삼위일체와 완전한 인간이요, 완전한 하나님이신 예수 그리스도를 고백하고 있다. 더욱 분명한 것은 이집트 현지의 개신교 지도자들마저도 이들은 신학적으로 전혀 문제가 없는 동역자임을 공표하고 있다는 사실이다. 현상적으로 대부분의 정교회들은 미신과 기복주의에 의해 영적으로 죽어있지만, 콥틱정교회의 경우에는 매우 예외적으로 활발한 영적 훈련이 지속되고 있다.

3) 역사적 계약관계를 파기하라 : 이집트교회의 청년 선교운동

우리 사역 팀은 이러한 맥락도 모른 채, 하나님의 절대주권을 따라 2011년 여름에 이집트에 정착하기 시작했다. 1월에 터진 혁명 직후였고, 11월의 연합 집회 직전의 시기였다. 이미 아랍권 사역의 경험이 있던 우리 팀은 처음부터 우리만의 개척사역을 고집하는 것보다는 이집트교회가 본래 하고 있었고, 하려고 하는 것을 잘 돕는 것이 우리 선교사들의 중요한 임무임을 절감하고 있었다. 이집트에는 이미 기독세력이 잘 성장해온 것을 알았던 우리는 두 달간 집중적으로 이곳의 기독리더들과 청년들을 만나 우리의 역할이 무엇일지를 고민하였다. 특히 앞에서 언급한 까스르 일 두바라교회의 풀타임 장로님과의 면담이 매우 인상적이었는데, 그분은 이집트교회의 영적 리더십이 얼마나 살아있는지를 우리 눈앞에 확인시켜 주었다. 그분은 자기 교회의 영적 부흥에는 관심이 없었고, 오직 살아서 역사하는 하나님나라의 도래에 모든 초점이 맞추어져 있었다. 어떻게 그동안 이집트 사회를 공략해 왔으며, 하나님이 어떻게 수많은 이집트의 지하 곳곳에서 역사하고 계신지를 들려주었다. 그리고 우리는 기적적으로 짧은 시간동안 신실하게 지하에서 몰래 사역하고 있는 귀한 팀들과 연결될 수 있었다. 이들을 통해 우리는 공식적이면서도 실질적인 이집트의 영적 지형을 그릴 수 있었고, 그 영적 진단들의 결론은 이제 이집트 청년들 사이에 본격적인 선교운동이 시작될 때라는 것이었다.

아무리 저항영성이 살아있다고 해도, 이집트교회 역시 무슬림과의 역사적 계약관계 속에서 생존해 온 교회라 무슬림들을 사역적 대상으로 여기고 공략하는 일은 매우 드물다. 그래서 이집트교회의 영성은 교회 내부를 깨우고 훈련하는 데에 집중되어 왔고, 이집트를 중동과 아랍의 전략적 관문이라고 여겨왔던 수많은 단체의 신실한 사역자들이 이 훈련을 도와왔다. 그래서 이집트교회는 수많은 훈련프로그램들이 가동되어 왔으며 컨퍼런스와 수련회가 매우 활성화되어 있다. 그러나 이 수많은 컨퍼런스와 훈련들 중, 무슬림들을 사역대상으로 여기고 가르치는 곳은 거의 전무하다시피 했다. 왜냐하면 이것은 "사회적 금기"이기 때문이고, 이것이 무슬림과의 역사적 계약관계의 본질이기 때문이다. 지하에서 몰래 이 사역을 해 온 몇몇 리더들과 조직이 있을 뿐이었다. 우리는 이것이 우리 팀을 향한 하나님의 부르심이라고 확신하기 시작했고, 몇몇 이집트교회 지도자들로부터 분명한 확증을 받고 이 운동을 시작하였다. 청년들이 모여들기 시작했고, 이들은 아랍권의 전도자, 선교사들로 훈련받기를 간절히 원했다. 지난 2,000년간 하나님께서 유독 이집트의 교회만 중동에서 이렇게 보호하시고 성장시켜주신 이유가, 자신의 가족이나 이집트만을 위한 것이 아니라, 전 세계 기독리더들이 고전을 면치 못하고 있는 마지막 아랍순니무슬림 전역을 위한 것이었음을 이곳 청년들이 확신하기 시작한 것이다. 22개국 4억의 아랍 무슬림들이 우리에게 펼쳐져 있고 이것이 마지막 이집트교회의 영적 유업이며, 동시에 이것은 역사를 마감하는 마지막 운동이 될 것이라는 도전이 이곳 청년들 심령에 울려 퍼지기 시작했다. 이들은 그동안 자신들이 받아왔던 훈련이, 무슬림들을 향한 전도현장에서 터져 나오기를 바랐다.

그래서 우리의 모든 훈련에서 이들 무슬림을 대상으로 한 현장의 전도자와 교회 개척자로 세우는데 집중시키기 시작했다. 이들에겐 이론이 필요한 것이 아니라, 현장에서 입을 열기 시작하는 것이 필요했다. 왜냐하면 이것은 1,500년간의 이슬람과의 타협을 깨는 것이기 때문에 우리가 상상하는 것보다 훨씬 어려운 일이었다. 우리도 가끔 이슬람권 사역에 두려움을 느끼지만, 우리는 상대적으로 아랍의 외부인들이기에 위험을 인지하지 않고 쉽게 무슬림에게 복음을 전해왔다. 그러나 이들이 무슬림들 앞에서 그리스도의 복음을 자신들의 모국어인 아랍어로 말하기 시작하는 일은 기적에 가까운 일인 것이다. 처음에 이들과 타 아랍국에서 전도사역을 훈련하기 시작했을 때, 두려움에 떨며 복음을 말하지 못하는 지체들을 보았다. 말하기 시작하더라도, 그저 종교적인 토론 정도로 그치는 것을 자주 보았다. 그러나 횟수가 늘어남에 따라, 점점 복음의 담대함을 가진 청년들이 보이기 시작했다. 종교적으로 기독교의 장점을 경쟁적으로 설명하는 전도가 아니라, 영혼의 죄악과 파멸을 앞두고 눈물을 흘리며 구원을 받을 것을 종용하는 살아있는 전도가 시작된 것이다. 그것도 능숙한 아랍어로 아랍 무슬림들 귀에 복음이 선포되기 시작했다. 게다가 이집트의 아랍어는 타 아랍국가의 아랍어에 비해 2배 정도는 빠르고, 이집트인의 성품 자체가 아주 활발하고 공격적이다. 보통 아랍의 기독인들은 사회적 소수자로서 무슬림 앞에만 서면 억눌려있기 마련이지만, 이집트 기독인들이 타 아랍국의 무슬림 앞에 섰을 때에는 이러한 억눌림이 거의 사라지는 것 같았다. 그리고 이집트인 특유의 다이나믹한 아랍어 복음전파가 시작될 때 대부분 타 아랍국의 무슬림들이 듣고 또 일부는 깊이 있는 반응을 보이는 것을 목격하였다. 우리는 하루하루 사역할 때마다 섬세한 사역적 피드백을 해주었고, 불과 현장전도사역 시작 열흘 만에 열 가정에 가까운 무슬림들이 부모로부터 자식까지 통째로 반응을 보이는 놀라운 결과들을 볼 수 있었다. 이는 외국인 장단기 사역자의 2~3년 동안의 성과를 능가하는 것이다. 그리고 우리는 그 이후의 더욱 깊이 있고 본격적인 교회개척 작업을 위해 사역팀을 더욱 날카롭게 다듬고 있다. 1,500년 된 역사적 계약관계에 이제 균열이 가해지기 시작한 것이다.

감사한 것은 이러한 역사적 계약관계를 파기하는 일에 주께서 우리 한국교회를 쓰고 계시다는 것이다. 세계 여러 민족들 중, 우리만이 가진 저돌적이고 순종적이면서도 팀 사역에 강한 영적 DNA가 있다. 그리고 우리의 지식이 아니라, 이러한 삶과 사역의 영성을 이집트의 청년들이 매우 좋아하고 닮고 싶어 한다. 아무것도 가진 것이 없지만, 하나님의 역사적인 부르심의 무게가 얼마나 큰지를 절감한다. 이집트의 청년들이 한국교회의 우리 청년 리더십과 함께 아랍을 뚫고 가길 원하고 있고, 이 역시 우리 한국교회의 마지막 작은 영적 유산이 아닐까 싶다.

4. 환상 : 거대한 하나님의 강물

우리는 지난 2년 동안 하나의 거대한 환상을 보고 있다. 그것은 이집트에 고여 있는 거대하고 높은 생명의 영적 강물이다. 이 큰 강물은 역사적 강둑에 의해 둘러싸여 막혀있다. 그리고 대부분 영적 사막과 같은 아랍지역에서 곡괭이질을 하며 물을 파는 우리의 동역자들이 보인다. 한 방울의 영적 생명수를 위해 모두가 전력투구하고 있다. 그러나 이제 이 이집트의 큰 강물을 둘러싼 견고한 강둑에 정을 박고, 못을 박으며 모두가 이 둑을 무너뜨리려고 달려들기 시작했다. 그리고 이 강둑이 처음에는 금이 가더니, 나중에는 이 둑이 거대한 강물의 무게를 이기지 못해 터져 나오고, 넘쳐흘러, 모든 아랍을 휘감고 뒤덮어 버린다.

하나님은 마지막 역사의 완성을 위해 중동 한복판에, 이 마지막 전쟁을 위해 남겨두신 그루터기와 같은 당신의 군대를 모으고 계신다. 이것은 절대적인 하나님의 주권이다. 우리가 조작하거나 이루어낸 것이 아무 것도 없고, 오직 우리는 급박한 이 하나님의 파도 위에 올라탈 뿐이다. 절대주권으로 천지를 지으시고, 아들을 보내시며, 제국의 흥망성쇠를 주관해 오신 그분이, 이제 이 마지막 중동 땅을 뒤흔들고 계신다. 세상 사람들은 자신들의 통제왕국 건설을 위해 중동을 움직일 때, 하나님의 당신의 영적 군대를 일으키고 계신 것이다. 문들아 머리 들어라, 들릴지어다. 영원한 문들아, 영광의 왕이 들어가신다! 주께서 이 민족들의 왕이 되심을 알지어다! 생명의 근원되신 예수 그리스도, 다시 오실 영원한 왕 앞에 나아와 경배할지어다!

박바울

본명은 박재형이고 서울의대를 2002년에 졸업하고, 서울대학교 대학원에서 정치학 박사 과정을 수료하였다. 서울대학교 연건 IVF(Inter-Varsity Christian Fellowship)에서 신앙생활과 영적 훈련을 받았고, 현재 인터콥에서 이집트로 파송되어 선교사로 섬기고 있다.

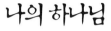

나의 하나님

박세영

(서울메디케어의원, 네비게이토 선교회)

시작하며

2000 년 굉장히 엄하신 아버지께서 예수님을 먼저 믿으신 후 가족 모두에게 예수님을 믿으라고 하셔서 저는 자의반 타의반으로 예수님을 믿게 되었습니다. 이후 재수생 시절을 겪으며 예수님께서 누구신지 알고 싶어졌고 대학에 들어와서 제대로 신앙생활을 하게 되었습니다. 의대 다니면서 같이 경건의 시간(Quiet Time) 모임을 가졌던 친한 선배 형의 권유로 제 삶에서 경험한 하나님의 은혜를 나누고자 합니다.

1. 의대생 시절

제 인생에서 절대 다시 돌아가고 싶지 않은 시절이 있다면 본과 1학년 시절입니다. 지금도 간혹 그때로 돌아가 족보를 전혀 훑어보지 못한 채 시험을 보는 악몽을 꾸곤 합니다. 멋모르고 다녔던, 수업 빠지기 일쑤이며 누가 더 폐인처럼 지내는지 자랑삼아 떠들어댔던 예과 시절은 추억조차 할 수 없을 정도로 저를 억압했던 시절이었습니다. 본과 1학년의 무거운 분위기, 고사 직전 온 힘을 다해 숨을 몰아쉬던 환자처럼 허덕였던 저였습니다. 이때부터 제가 할 수 있는 건 오직 하나님을 찾는 것이었습니다. 마치 제 집처럼 차지하곤 했던 도서관 자리에서 당장 직면한 하루를 버티기 위해 저는 먼저 기도하고 말씀을 본 후 공부를 시작했습니다. 지금도 그리워하며 기억나는 친구들 모두 그 당시 도서관 제 자리 근처에 앉아있던 믿는 친구들이었습니다. 말씀을 본 후 포스트잇에 성경 구절을 적고 친구 책상에 붙여주며 하나님을 의뢰하고 또 의뢰할 수 있게 위로하고 격려했던 친구들. 그 하루하루가 쌓여 해부학 사지 필기시험과 땡시험까지 버텼고 라일락꽃이 피는 줄도 모르고 포르말린 냄새 속에 중간고사를 봤고 그렇게 1학기 기말고사까지 보냈습니다. 기말고사를 마치고 들었던 첫 번째 생각은 정말 겨우겨우 버텼고 하나님이 아니었으면 진작 포기할 수밖에 없던 시간들이라는 것이었습니다. 형편없는 성적에도 본과 1학년 1학기를 유급하지 않고 보낼 수 있었음에 주님께 감사기도를 하였습니다. 하루에 환자를 100명 넘게 보기도 하는 전문의가 된 지금도 생각해보면 다시 돌아가기 싫은 시절이었지만 그 힘든 시절이 있었기에 더욱 주님을 의뢰하는 법을 배웠고 무사히 의대를 졸업하고 의사가 될 수 있었습니다(잠3:5,6). 주님께서 저를 버리지 않으시고(마12:20) 제 기도에 응답해 주심이 감사가 됩니다(요16:24).

"너는 마음을 다하여 여호와를 의뢰하고 네 명철을 의뢰하지 말라. 너는 범사에 그를 인정하라. 그리하면 네 길을 지도하시리라." (잠3:5,6)

"상한 갈대를 꺾지 아니하며 꺼져가는 심지를 끄지 아니하기를 심판하여 이길 때까지 하리니" (마12:20)

"지금까지는 너희가 내 이름으로 아무 것도 구하지 아니하였으나, 구하라! 그리하면 받으리니 너희 기쁨이 충만하리라." (요16:24)

2. 인턴 시절

2008년 국시를 본 이후 너무나 당연하게 인턴이 되었습니다. 아울러 너무나 당연하게 많은 일들, 호출들이 따라왔고 정신없이 바쁜 업무와 부족한 잠으로 저 역시 바보가 되어갔습니다. 졸업식 전부터 병원에 나가서 업무를 인계받고 졸업식도 가족들과 함께 사진 찍고 밥 먹고 다시 병원에 들어가서 일을 한 기억만 납니다. 인턴 시작 전 목표는 단 한 가지, 매일 경건의 시간(Quiet Time)을 빼먹지 말자였습니다(마6:33). 인턴 첫 달, 본원 신경외과 척추(spine) 팀이었는데 자자했던 소문대로 바쁘고 힘들었습니다. 일도 익숙하지 않고, 동맥혈가스분석(ABGA), 정맥주사(IV) 등의 온갖 임상수기들도 미숙하였고, 밥 시키는 일도 처음인지라 많이 헤맸습니다. 게다가 전역하지 않은 공보의 동기들로 인해 4명이 해야 할 일을 3명이 하게 되었고, 같은 팀 3년차 전공의 선생님마저 학생 교육치프로 차출되어 제가 수술장에서 1년차 선생님의 일 일부마저 맡게 되었고, 3월 한 달 동안 두 번 퇴근했었던 기억이 납니다. 첫 번째 맞이했던 주일도 제대로 시간 내기 어렵고 산적해있던 일을 두고 예배드리러 갔다 오겠다고 말을 꺼내기 어려웠던 순간들. 절대 주님만은 포기할 수 없다고 다짐하고 기도 후 치프 선생님께 병원 교회에 예배드리러 다녀오겠다고 말씀 드린 순간 흔쾌히 허락을 받고 너무나 감사하게 주일 예배를 지킬 수 있었습니다(요15:5). 아울러 매일 아침 중환자실 채혈(ICU Sampling)과 수술장 준비 업무 때문에 6시부터 일어나 일을 시작해서 아침이 매우 바빴지만 경건의 시간을 빼먹지 말자는 다짐으로 자기 직전이라도 말씀을 보고 묵상하는 시간을 가졌습니다. 그렇게 인턴 시절 1년 동안 주님을 떠나지 않겠다고 다짐하고 매일 경건의 시간을 갖고 매주 주일 예배를 드릴 수 있었습니다. 그 결과 인턴 성적이 매우 우수하게 나왔으며, 우수 인턴으로 두 번이나 선정되는 등 형통함을 경험할 수 있게 되었습니다.

> "너희는 먼저 그의 나라와 그의 의를 구하라. 그리하면 이 모든 것을 너희에게 더하시리라." (마6:33)

> "나는 포도나무요 너희는 가지니, 저가 내 안에 내가 저 안에 있으면, 이 사람은 과실을 많이 맺나니, 나를 떠나서는 너희가 아무것도 할 수 없음이라." (요15:5)

3. 술

예수님을 믿기 전에는 성인이 되면 술잔을 기울여야 진정한 사귐을 가질 수 있다고 생각했습니다. 실제로 재수생 시절, 대학 입학 전 친구들과 술을 마시곤 했는데 대학생이 된 후 예수님을 믿고 구별되고 거룩해진(고후5:17)

사람은 경건한 하나님의 성전이기에 술을 마시는 것은 하나님의 성전을 더럽히는 것이므로 술 마시지 말라는 선배의 권면을 듣고 살아가면서 술을 절대로 마시지 않기로 다짐하였습니다(고전3:16,17). 그런 저에게 학생 시절부터 술 마시라는 많은 압력이 있었고 몸이 좋지 않아서 술 못 마시겠다고 거짓말을 하기도 했으나 하나님께서는 거짓말하는 것을 원하지 않으셨습니다. 이후 정직하고 담대하게 예수님을 믿기 때문에 술을 못 마신다고 정중히 거절하였습니다. 이전의 술자리에서 술을 안 한다고 밝혀 무난하게 넘어간 적도 있었습니다. 하지만 저를 시험하는 짓궂었던 선배들로 인해 술 대신 1.5L 콜라를 한 번에 마신 적도 있었습니다. 인턴 시절에는 감히 교수님께서 주시는 술도 마시지 않아 예수님도 술 마셨는데 왜 마시지 않냐며 저로 인해 분위기가 험악해진 적도 있었습니다. 심지어 자신도 교회 다니는데 술 마신다며 강권하는 교수님도 있었습니다. 정말 너무나 어려웠던 찰나에 시험에서 건져주시기를 구했고 옆자리 앉았던 친구가 자리에서 일어나 교수님께 대신 술을 마시겠다고 하여 넘어간 적도 있었습니다. 어려운 시험의 순간 저를 지켜주시고 구원해주시고 승리케 해주시는 하나님을 경험한 기적 같은 순간이었습니다(고전10:13).

"그런즉 누구든지 그리스도 안에 있으면 새로운 피조물이라 이전 것은 지나갔으니 보라 새것이 되었도다."(고후5:17)

"너희가 하나님의 성전인 것과 하나님의 성령이 너희 안에 거하시는 것을 알지 못하느뇨? 누구든지 하나님의 성전을 더럽히면 하나님이 그 사람을 멸하시리라. 하나님의 성전은 거룩하니 너희도 그러하니라."(고전3:16,17)

"사람이 감당할 시험 밖에는 너희에게 당한 것이 없나니, 오직 하나님은 미쁘사 너희가 감당치 못할 시험 당함을 허락지 아니하시고, 시험 당할 즈음에 또한 피할 길을 내사 너희로 능히 감당하게 하시느니라." (고전10:13)

4. 의료사고

전문의가 되어서도 아직 배울게 너무나 많고 실력 없는 저이지만 인턴·레지던트 시절은 그저 바보 같고 어리석었습니다. 제가 잘못을 저지른 일이 수없이 많겠지만 그중 절대 잊지 못할 만큼 슬프고도 감사했던 일이 있었습니다. 원하는 과 레지던트 시험에 합격한 2008년 12월, 보라매병원 응급실 인턴으로 근무하던 주일 저녁 심장정지 환자 둘이 거의 동시에 실려와 정말 정신없이 심폐소생술을 했고 환자 한 사람은 소생하였으나 다른 한 사람은 사망하였습니다. 문제는 거의 두 시간가량 쌓여있는 환자들이었습니다. 너무나 정신없이 환자를 처리하기 시작하였고 때마침 배가 아파서 온 21세 여자 환자 역시 수액만 맞고 약만 받아서 귀가하길 원하였습니다. 수액 및 주사약에 증상이 호전이 있어 약만 처방해서 보내려던 찰나에 간호사들이 혈압이 낮다고 알려주었고 같이 근무하던 응급의학과 2년차 선생님은 이를 놓치지 않고 환자에게 지금 퇴원하지 못하고 검사를 받아야 한다고 설명했습니다. 환자와 같이 온 친구는 정말 괜찮다고 하여 응급의학과 선생님이 간이 초음파만 시행하였고 환자에게는 사망 가능성을 경고(warning)하였습니다. 너무 정신이 없었던 지라 이와 관련된 내용을 의무기록에 적어놓긴 하였으나 자의 퇴원(DAMA, discharge against medical advice) 각서를 받지는 못했습니다. 다음날 아침 퇴근해서 자던 중 환자가 사망했으니 진료기록 사본을 떼어가겠다는 보호자가 찾아왔다며 빨리 병원에 와서 상황 파악을 하고 대처하라는 전화를 받았습니다. 대학로 자취방에서 보라매병원까지 급하게 택시를 타고 갔고 제 담당 선배 의사(back duty)였던 응급의학과 2년차 선생님도 병원에 와 있었습니다. 다른 사람들은 빨리 이 상황을 모면하기 위한 방법을 찾으라며, 자신도 소송에 걸려서 곤경에 처한 적이 있었다며 진료 기록을 보고 너 혼자서라도 피해갈 수 있는, 방어할 수 있는 논리를 찾으라고 하였습니다. 저 역시, 자의 퇴원각서가 법적 효력이 없지만 그래도 보여주기 위한 요식행위이니 그마저 하지 않았던 제가 책임을 회피할 순 없을 거란 생각이 들었습니다. 제 담당 선배 의사였던 선생님 역시 큰 충격을 받았으나 둘 다 그리스도인이므로 온전히 하나님만 찾고 의뢰하는 기도를 하자고 하였습니다. 다만 이 상황에 대해서 가족에게조차 선뜻 기도를 부탁하기 어려운 상황이었고, 정말 가까운 의사 선배 몇 명에게만 기도 부탁을 하였습니다. 며칠 몇 달이 지나도 아무 소식이 없어 다행히 아무 일도 없이 지나갔다는 안도감과 나를 눈동자같이 지켜주시고 품어주시며(신32:10-12) 제 기도에 제가 생각한 그 이상의 방법으로 도와주시고 평강을 베푸시는 하나님께 너무나도 감사가 되었습니다.(빌4:6,7) 이후 저와 산부인과 의사인 제 처를 의료사고와 소송으로부터 지켜주시길 진료 전 매일 기도하고 하루를 시작하고 있습니다.

"여호와께서 그를 황무지에서, 짐승의 부르짖는 광야에서 만나시고 호위하시며 보호하시며 자기 눈동자 같이 지키셨도다. 마치 독수리가 그 보금자리를 어지럽게 하며 그 새끼 위에 너풀거리며 그 날개를 펴서 새끼를 받으며 그 날개 위에 그것을 업는 것 같이 여호와께서 홀로 그들을 인도하셨고 함께한 다른 신이 없

었도다." (신32:10-12)

"아무 것도 염려하지 말고 오직 모든 일에 기도와 간구로, 너희 구할 것을 감사함으로 하나님께 아뢰라. 그리하면 모든 지각에 뛰어난 하나님의 평강이 그리스도 예수 안에서 너희 마음과 생각을 지키시리라." (빌4:6,7)

5. 전도

의사가 되어 가장 딜레마에 빠졌던 것이 '환자에게 전도를 하느냐?' 였습니다. 환자와의 관계가 잘 형성되면 복음을 전하기가 더할 나위 없이 좋지만 문제는 전도를 한 이후 환자에게 더욱 잘해야 하는 것이 아닌가? 그리스도인 의사로서 내게 기대하는 것이 더 커지지 않을까? 만약 나의 부족한 모습에 환자가 실망하면 어쩌나? 많은 일에 치일 때 내 몸이 피곤하게 될 텐데 그리스도인의 모습을 보여주려면 내 마음과 몸이 더 지치는 것은 아닐까? 하는 고민이었습니다. 기도한 후 내가 부족하지만 때를 얻든지 못 얻든지 일단 복음을 전하자(딤후4:2). 복음은 모든 믿는 자에게 구원을 주시는 하나님의 능력이므로 내 역량이 중요한 것이 아니라 나는 다만 복음의 통로로 살자고 다짐하였습니다(롬1:16). 이후 의사로서 많이 부족한 저이지만 모든 일에 최선을 다하였습니다(골3:23,24). 여유가 있을 때 환자에게 복음 전하는 것을 시도하였고 병으로 고통받는 환자에게 말씀으로 위로하고 기도로 응원하겠다고 하였습니다. 가장 기억에 남는 일은 하악골(mandible)에서 시작하여 전신에 전이가 되어 골종양으로 더 이상 치료가 무의미해져 임종을 맞으러 입원한 내과 환자였습니다. 그 환자의 주치의였던 저는 시간이 나자 그 환자에게 가서 복음을 전했고 환자뿐 아니라 그 환자의 아내, 두 자녀 모두 예수님을 영접하겠다고 하였고 제가 대표로 영접 기도를 했습니다. 환자는 이틀 뒤 불포화반응(desaturation)이 일어나면서 섬망(delirium)에 빠졌고 며칠 뒤 사망하였습니다. 그 순간 복음을 전하지 않았더라면 그 환자에게 평생 빚을 질 뻔했다는 생각에 더욱 감사가 되었고 이후로도 환자에게 복음 전하는 것을 주저하지 않게 되었습니다.

"너는 말씀을 전파하라. 때를 얻든지 못 얻든지 항상 힘쓰라. 범사에 오래 참음과 가르침으로 경책하며 경계하며 권하라."(딤후4:2)

"내가 복음을 부끄러워하지 아니하노니, 이 복음은 모든 믿는 자에게 구원을 주시는 하나님의 능력이 됨이라. 첫째는 유대인에게요, 또한 헬라인에게로다."(롬 1:16)

"무슨 일을 하든지 마음을 다하여 주께 하듯 하고, 사람에게 하듯 하지 말라. 이는 유업의 상을 주께 받을 줄 앎이니, 너희는 주 그리스도를 섬기느니라."(골3:23,24)

마치며

나를 만드시고 모태에서부터 조성하시며 지금까지 인도해주신 여호와, 나의 하나님께서 매일 내게 가장 좋은 것들로 예비해주시고 베풀어주심에 감사가 됩니다(사44:2-4). 주님이 없었더라면 지금 제가 이렇게 살 수 있을지 생각하기조차 싫습니다. 부족한 저와 함께 하시는 하나님께서 우리 동문들과 늘 함께 하시길! 우리의 삶을 통해 일하시며 다른 사람들로 하여금 우리를 통해 하나님께 영광돌리길(마5:16)! 매일 주님과 동행하시는 삶을 사시길! 기도하겠습니다.

"너를 지으며 너를 모태에서 조성하고 너를 도와줄 여호와가 말하노라. 나의 종 야곱, 나의 택한 여수룬아 두려워 말라. 대저 내가 갈한 자에게 물을 주며 마른 땅에 시내가 흐르게 하며 나의 신을 네 자손에게 나의 복을 네 후손에게 내리리니, 그들이 풀 가운데서 솟아나기를 시냇가의 버들 같이 할 것이라." (이사야 44:2-4)

"이같이 너희 빛을 사람 앞에 비취게 하여 저희로 너희 착한 행실을 보고 하늘에 계신 너희 아버지께 영광을 돌리게 하라." (마5:16)

박세영

서울의대를 2008년에 졸업하고, 서울대학교병원에서 인턴과 가정의학과 전공의 과정을 마치고, 가정의학과 전문의가 되었다. 그 후 3년간 공중보건 의사 근무를 마치고 새안산의원을 거쳐 현재 서울메디케어의원에서 봉직 의로 근무중이다. 현재 네비게이토 선교회를 섬기고 있다.

내가 누구냐고? 박영실이잖아!

박영실

(김선영 선교사 부인, 대덕한빛교회)

내게는 보석 같은 세 딸이 있다.

첫 아이를 낳을 때, 남들은 첫 아이로 당연히 아들을 원한다지만 솔직히 난 친구 같은 딸을 원했었다. 그러면서도 마음속 깊은 곳에서는 남들이 다 원한다는 아들을 내가 못 낳겠나? 하는 당당한 마음도 있었다.

내가 누군데? 박영실이잖아!

첫 아이라서 당연히 참 힘들게 낳았다.

난 그렇게나 엄살 피운 것 같지 않은데, 애 낳고 나니 내 목이 쉬었더라고…

근데 의사선생님이 딸이라고 말하는 순간 내 머리에 떠오른 첫 번째 생각은

'아! 얘도 나처럼 애기를 낳을 수 있겠구나. 아, 좋아라.' 였다.

남들은 딸을 낳은 그 순간에는 최소한 이 고통을 딸애한테 물려주는 것에 대해서 딸에게 미안한 마음이 든다고 한다.

내가 지금 무지하게 푼수인 것이 내 나이 듦에 대한 인센티브라 생각하며 나는 내가 푼수, 주책인 것을 자랑삼아 왔다.

"옛날의 나보다 지금의 내가 나는 더 좋아." 이러면서 너스레를 떨곤 했었는데…, 지금 생각하니 내가 젊었던 그 당시에도 나는 이미 푼수 끼가 다분히 있었나보다.

둘째를 가졌을 때도 나는 딸을 더 원했다.

그러면서도 또 남들이 다 원한다는 아들을 나라고 못 가지겠나? 하는 자신만만함이 내 안에 또 있었다.

내가 누군데? 박영실이잖아!

근데 의사선생님이 이번에는 아무 말도 안 하는 거였다.

나는 속으로 생각했다.

'아. 또 딸인가 보구나. 큰 딸과 좋은 친구가 될 둘째 딸이 태어났구나. 아, 좋아라.'

여자 형제가 없는 나는 자매끼리 친하게 지내는 사람들을 보면 참 부러웠다.

그래서 난 엄마랑 더 친구처럼 지냈었는지도 몰라.

오빠나 남동생은 장가가고 나니까 아무 짝에도 쓸모가 없더라고.

셋째를 가졌을 때, 이제 하나쯤은 아들이 있는 것도 괜찮을 듯싶었다.(선심

쓰듯이…)

그리고 난 또 내심 아들일거라고 생각했다.

왜냐하면,

나는 박영실이기 때문에…

남들 다 낳는다는 아들을 나라고 못 낳겠어?

내가 누군데? 박영실이잖아…

셋째인 명은이를 낳았다.

애가 아주 작아서 쉽게 낳았다.

일순간…

분만실에 정적이 감돌았다.

정말 싸늘하니 조용해졌었지…

그 순간 난 생각했었다.

'아. 또 딸이구나. 근데 뭐 어쩌라고? 의사선생님 자기가 왜 심각해지는 것이여?'

지금도 그렇지만 그때도 난 농담하고 싶은 생각이 내 마음 속에 늘 꽉 차있었다.

나 좀 모자라나?

아니면 너무 유머감각이 뛰어났나?

암튼.

우리 명은이 낳고 처음 몇 해는 참 황당했었다.

어째서 내게 이런 일이 일어날 수가 있는거지?

내가 누군데? 박영실 아이가?

명은이는 지금 35살.

염색체 5번 이상인 중증 장애아이로 태어났다.

지금껏 스스로의 힘으로 할 수 있는 일은 아무 것도 없다.

밥도 유동식으로 한 숟갈씩 떠 먹여야 하고, 기저귀도 착용하고, 붙잡아주어야 몇 걸음 걷고, 아직껏 엄마 아빠 단 한마디도 못하고, 게다가 밤낮이 바뀐 갓난아기의 상태로 살아가는 아주 애기 같은 아가씨이지만 나는 이 아이를 통해서 많은 것을 배우고 깨달으며 살아가고 있다.

지금도 우리나라는 장애인 교육이 선진국에 비해 많이 뒤처져있지만, 30여 년 전 그때는 거의 전무했었다.

어찌어찌하여 청주에 미국 신부님이 운영하는 장애아동 조기교육실을 알게 되어 대전에서 청주로 오가는 생활을 1년간 했다.

앉지도 못하는 아이를 안고 하루에 12번씩 버스를 갈아타며 다녔지만 그래도 내 아이를 받아 주는 곳이 있다는 자체만으로도 나는 행복했다.

특히 청주 진입로의 가로수 길을 하루에 4번을 왕복하며 '이렇게 멋진 길을 오갈 수 있는 주부가 어디 있을까?' 생각하며 즐겁게 다녔다.

그러다가 대전에도 이런 교육기관이 있어야겠다는 아주 작은 생각을 하게 되었다.

그리하여 1986년. 지금으로부터 30년 전 대한민국 최초의 중증장애아 교육실인 "명은어린이집"을 만들게 되었다.

명은어린이집은 지금껏 잘 운영되고 있고, 대전 지역 장애인 교육의 롤모델로서의 역할을 잘 감당하고 있다.

명은이는 나에게는 거울 같은 존재이다.

매일 매 순간 나태, 거짓, 미움, 시기, 질투, 원망 등의 나쁜 생각으로 무너지는 나 자신에게 실망할 때마다, 이 험한 세상을 철저하게 깨끗한 모습으로 살아가는 명은이는 나를 부끄럽게 한다.

명은이는 철없이 살던 나에게 색다른 행복을 안겨 주었고, 세상으로 향한 내 가치관을 조금은 변하게 해 주었다.

명은이가 아니었다면 나는 이 세상에 이런 종류의 행복도 있다는 것을 절대로 모르고 살았겠지….

또한 학생시절부터 일찍이 의료선교사의 비전을 품고 살던 남편의 뜻을 따르며 살아가기도 힘들었을 지도 모른다.

세상 속의 허망한 행복을 찾아 끝없이 날개 짓하는 파랑새처럼 내 안의 행복을 모른 채 끝없는 갈증 속에서 헤매고 다녔겠지….

명은아.

너를 통해서 세상의 잣대가 아니라 하나님의 잣대를 조금이나마 이해할 수 있게 되었어.

고맙다. 명은아.

사랑한다. 명은아~~~

지금.

나는 더 푼수, 더 주책이 되었다.

남들이 보면 확실히 황당무계한 일상의 생활을 하면서도 나는 내 삶이 무지하게 재미있다.

특히 낮밤이 바뀐 명은이의 생활 리듬에 따라 나 또한 뒤죽박죽 엉망진창인 채로 살지만 나는 어처구니없는 내 삶이 너무나도 재미있다.

보석 같은 세 딸, 특히 명은이를 다른 사람이 아닌 나에게 주신 하나님께 감사함을 드리며….

박영실

김선영 동문의 부인으로서 중증장애인인 셋째 딸 명은이를 통해서 하나님께서 깨닫게 해 주신 바를 삶에서 실천하면서 살아가고 있다. 몇 명의 이웃들과 함께 최초의 중증 장애아 교육실인 "명은어린이집"을 개설하여 지금까지 역할을 다 하게 하고 있으며(현재는 복지법인 '밀알'이 인수하여 운영하고 있음), 최근까지 자라나는 초·중·고등학교 학생들을 대상으로 하는 '장애인식개선' 강사로서 활동하였다. 대전의 대덕한빛교회 권사로 섬겼으며, 2016년 8월 말로 정년퇴직하고 스와질란드로 떠난 선교사 김선영 동문과 함께 스와질란드에서 선교사역을 하고 있다.

하나님께서 이끄신 삶

박영태

(고려의대 구로병원 소화기내과 교수, 온누리교회)

"사람이 마음으로 자기 앞길을 계획한다 해도 그 걸음은 여호와께서 이끄신다."

(잠언 16:9)

몇 년 전까지만 해도 나이가 60대인 분들을 보면 나와는 격이 다른 완전 노인들이라고 생각했었는데 어느새 그 분류 속으로 들어와 버렸습니다. 지난 60여 년간의 삶을 돌아보면 잠언 16:9 말씀이 사실인 것을 재확인하면서 "Sola gratia(오직 은혜로만)"의 고백을 드릴 수밖에 없습니다.

아무리 양반들이 대대로 모여 살던 곳이라 강변을 해도 깊은 시골임을 인정할 수밖에 없는 곳에서 태어나서 학교 다니고 그 근처에 자리를 잡아 별 문제의식 없이 일평생을 지낼 수도 있었는데, 하나님께서 손잡아 이끄셔서 현재의 위치와 모습으로 인도하셨음을 인정하며 고백을 드립니다.

주어진 운명이라 생각하며 이집트 땅에서 노예로 대책 없이 하루하루를 지내던 이스라엘 백성들을 이끌어내셔서 당신의 계획과 시간표대로 가나안 땅으로 인도하셔서 역사와 열방 중에서 하나님의 하나님 되심을 드러내셨던 그 하나님께서 내 개인의 인생도 간섭하고 인도하고 계셨음을 돌이켜 볼 때마다 깨닫게 됩니다.

시골 중학교 입학시험에 우수한 성적으로 합격하였으나 거기서 빼내셔서 형편없는 중학교이기는 했지만 도시에 있는 학교로 옮기셨고, 고등학교도 학업 성적으로 전국에서도 알아주는 가장 우수하다는 학교로 가고자 했던 나의 계획 대신 기독교 계통의 학교에 입학하게 하셨고, 이를 계기로 자연스럽게 성경 말씀을 접하게 되고 교회에도 출석하게 되었습니다. 괜찮은 지방 국립대 의과대학으로 진학하고자 하는 나의 원래 계획 대신 서울대학교 의과대학에 입학하게 되면서 연고도 없고 경제적인 대책도 없는 서울로 오게 되었습니다.

돈도 없고 친구도 없으니 의지할 곳이라고는 하나님밖에 없게 되었습니다. 창세기를 공부하면서 하나님의 존재를 확신하게 되었으나 하나님과 예수님의 연결고리가 불확실하던 차에 요한복음을 공부하면서 그 고리가 확실하게 연결되는 것을 경험하면서 새롭게 거듭남을 체험하였습니다.

그러나 그 뒤에도 어려웠던 학업과 서울에서의 삶 그리고 쉽지 않은 신앙과 삶의 조화의 문제 등으로 허덕이는 시간이 많았습니다. 선교단체를 떠나 교회에 정착하는 과정도 쉽지 않았으나, 본과 3학년 때부터 의과대학 기독학생회에 소속되면서 여기서 정신적 영적 지지를 많이 받았습니다.

졸업하기 전 학생 때는 졸업 후 모교 병원에 산부인과 레지던트로 남아서 그 길로 걸어가리라 계획하였으나, 군의관요원 충원 계획인 Kim's plan에 지원하기 위하여 신체검사를 하였는데 전혀 예상하지 않은 활동성 폐결핵으로 진단되면서 병원에도 남지 못하고 군대에도 못 가는 진퇴양난의 처지가 되어 버렸습니다. 그러나 전무후무하게 그 해에만 결핵환자, 허리디스크 수술환자 등 특3을종에 해당하는 사람들도 다 군 입대가 허락되면서 원래 의도하였던 산부인과 레지던트 대신 군의관의 길을 먼저 걷게 되었습니다.

군의관 3년을 마치고서 원래의 계획과는 다르게 내과의 레지던트가 되었고, 또 원래 선호하였던 내분비내과 대신 소화기내과 의사가 되었습니다. 전문의가 된 다음 나의 처한 환경과 원래 계획과는 다르게 고려대학교 의과대학의 교수가 되었고, 이후 교육과 연구와 진료의 길을 걷게 되었습니다. 분수에 넘치게 국내 학회와 아시아 학회를 이끌어가는 위치에도 서보게 되었습니다.

집안에 우환이 있고 신앙적인 갈등이 있으면서 20여 년 전 교회를 옮기게 되었습니다. 올바른 신앙에 입각하여 양육과 훈련을 하며 이웃과 세계를 섬기는 교회로 옮겨와서 영광스럽게도 순장과 안수집사를 거쳐 장로가 되었습니다.

아내를 만나 결혼하고 2녀 1남을 낳고 기르고 결혼시킨 짧지 않았던 그 모든 과정도 하나님께서 은혜로 간섭하시고 이끌어오셨음을 고백합니다.

지난 인생의 이 모든 과정이 자격 없는 자에게 베푸시는 하나님의 은혜로만 가능할 수 있었음을 고백합니다. 나의 불완전하고 수준 낮은 계획 대신 하나님의 완벽한 계획으로 이끌어오셨음이 확실합니다. 남은 인생도 그렇게 이끌어가실 것을 믿습니다.

박영태

서울의대를 1976년에 졸업하고, 서울대학교병원에서 내과 수련을 받고 내과전문의가 되었다. 강서병원 내과 과장을 거쳐 현재 고려의대 구로병원 소화기내과 교수로 재직 중이다. 대한소화관운동학회 회장, 대한소화기내시경학회 회장, Asian Neurogastroenterology and Motility Association 회장을 역임하였으며, 온누리교회 장로로 섬기고 있다.

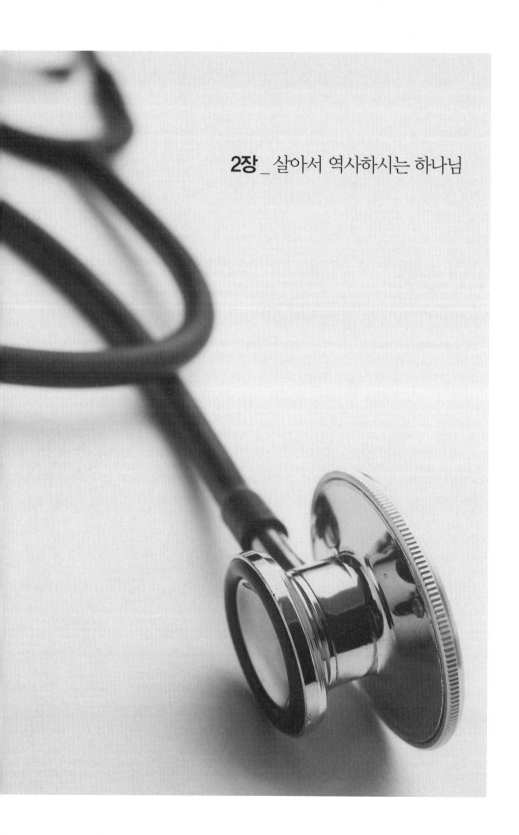

2장_ 살아서 역사하시는 하나님

신앙의 위기

박재형

(서울의대 명예교수, 대길교회)

오늘 기독인으로서 서울의대를 졸업한 동문들이 홈커밍하는 자리에서 말씀을 나누게 됨을 감사드립니다.

나의 삶에서 의학을 전공하게 된 것과 신앙인으로 이끌어 주신 하나님께 감사드리며 서울의대 기독동문을 생각할 때 늘 가슴이 뜨거워짐을 느낍니다.

크리스천에게는 신앙이 생명과도 같은 것이겠지요. 신앙은 예수 그리스도를 믿음이요, 그를 보내신 성부 그리고 구세주로 오신 성자와 보혜사 성령 삼위를 믿는 것이라 할 수 있고, 사도신경에 요약된 내용을 믿는 것 그리고 더 나아가 성경말씀을 믿는 것을 말한다고도 할 수 있습니다.

신자와 불신자는 무엇이 다른가? 신자에게는 믿음이 있는 것이 차이입니다. 본문 말씀은 '믿음은 바라는 것들의 실상이요, 보지 못하는 것들의 증거니(히11:1)' 라고 합니다. 바라는 것이 있음을 전제로 합니다. 그리고 세상에 보지 못하는 것이 있음을 말하고 있습니다. 우주만물을 말씀으로 창조(히11:3)하신 보이지 않는 하나님의 존재를 인정하는 것을 믿음이라고 말하고 있습니다. 믿음이 없이는 기쁘시게 못하나니 하나님께 나아가는 자는 반드시 (1) 그가 계신 것과 또한 (2) 그가 자기를 찾는 자들에게 상주시는 이심을 믿어야 한다는 말씀은 하나님의 존재뿐 아니라 그 하나님이 우리와 약속하시고 그를 찾는 자와의 상호관계 속에서 활동하심을 의미합니다.

이러한 신앙에 위기가 올 수 있습니다. 하나님이 계시는가? 계신다면 자기를 찾는 자를 돌보시는가? 이런 생각은 무고히 사고를 당할 때, 재난을 당할 때, 악인의 성공과 의인의 실패를 볼 때, 사랑하는 이를 잃을 때, 사람이 말로 위로할 수 없는 어려운 시험이 있을 때, 최근에 우리 사회가 겪은 메르스같은 돌발적인 질병으로 가족이 애매히 사망할 때 등 우리 주위에 많은 상황이 있음을 봅니다.

저도 개인적으로 아내를 먼저 하늘나라에 보내고 얼마 되지 않아 또 아들을 잃게 되었습니다. 아들은 나의 분신이요, 세상에서 나를 가장 믿고 따르는 신뢰하는 사람이요, 서로 가장 가까이에서 이해하는 사람이었지요. 나의 영광이고 면류관이기도 했습니다. 엄청난 이별의 슬픔은 무엇으로도 메울 수 없는 허전하고 비참한 참척이었습니다. 역사적으로 유태인 600만 명의 학살에 대하여 우리는 알고 있습니다. 600만의 엄청난 숫자보다도 그 속에서 만날 수 있는 개인마다의 사정과 가족의 죽음을 생각한다면 우리의 가슴이 메어지는 아픔을 느낍니다. 쓰나미로 한 지역의 사람이 몰사하는 재난이나, 비행기 사고로 승객전원이 죽거나, 사고로 일가족이 몰살하는 상황도 보게 됩니다. 사랑하는 사람을 갑자기 잃을 때 상실은 우리에게 메꿀 수 없는 빈자리를 보여 줌으로 관계의 중요성을 보여 줍니다. 그것은 상품과는 달라서 다른 것으로는 메꿀 수 없는 빈 공간이 됩니다.

그럴 때면 평소에 좋아하던 찬양을 부르면서도 의심이 생깁니다. '내가 참 의지하는 예수' 찬송을 부르며 내가 의지했던 것에 대한 회의, '나의 나 된 것은 다 하나님 은혜' 라는 찬송은 성공한 사람들이나 부르는 찬송인가? '신실하신 하나님, 실수가 없으신 좋으신 나의 주' 복음 찬송에서는 하나님이 실수가 없으시다 하였지만 이러한 황당한 사고는 하나님께서 실수하신 것이 아닌지. 뇌성마비 송명희 시인의 '공평하신 하나님' 에 대한 찬양도 정말 그런지 신앙의 위기에서는 의심이 됩니다.

왜 이런 일이 삶속에서 일어나는가? 하나님은 창조하신 후 인간을 방치하시는 것인가? 성경은 세상의 모든 현상이 불순종의 결과이고, 죄의 결과라고 하지만 '나면서 소경된 자는 누구의 죄란 말인가?'

신앙의 위기에서 우리는 정체성의 위기도 겪게 됩니다. 하나님과의 사랑의 관계 속에서 버림받은 자 같은 나는 누구인가? 하나님을 믿음으로 인하여 세상 사람과 무엇이 달라지는가? 하나님과의 관계를 다시 생각하며, 기도의 자리로 나아가게 됩니다. 내가 믿고 자녀들에게 가르치기 원했던 하나님이 계시는가? 계시다면 어떤 분이신가?

성경 속에서도 많은 재난이 나타나며 그 속에서 기도는 때로 응답이 있기도 하지만 때로는 많은 시편의 말씀과 같이 침묵하심으로 낭패와 원망의 소리가 있습니다. 성경은 감당치 못할 시험을 허락지 아니하시고 시험당할 즈음에 피할 길을 내사 우리로 능히 감당케 하시느니라(고전10:13)고 말씀하고 있지만 도저히 감당할 수 없는 상황에 처할 때가 있습니다.

성경 속에서 고난받는 사람의 대표자로 욥을 들 수 있습니다. 욥의 환난, 욥은 무엇을 의지하였는가? 욥기의 토론의 결론이 있는가? 욥은 고난을 어떻게 마무리 하였는가? 어려움을 당할 때마다 욥기를 읽어 봅니다. 욥의 일상은 '하나님을 경외하며 악에서 떠난 자'로 표현됩니다. 일곱 아들, 세 딸이 있고, 소유로는 양 7천, 약대 3천, 소 5백, 암나귀 5백에다 종도 많다고 하였습니다. 아들들이 생일잔치에 모여 먹고 마시며 즐겁게 잔치를 하고 나면 늘 번제를 하나님께 드려서 잔치 동안에 혹시 범한 죄에 대하여 사함을 받기 원하는 참으로 경건한 가족이고 자녀의 복, 부의 복을 누리며 아름다운 관계와 행복을 누리는 나무랄 데 없는 집안입니다.

그런데 어디선가 '소유물을 다 치소서'라는 보이지 않는 요청에 의해 욥의 1차 환난이 시작되고 그는 모든 소유와 관계를 상실하는 아픔을 겪게 됩니다. 스바 사람들이 소와 나귀 빼앗아가고, 원인 미상의 하나님의 불이 양과 종을 태우고, 갈대아 사람들이 약대와 종을 약탈합니다. 토네이도 같은 갑작스런 태풍이 불어서 자녀들이 모여 있던 집이 무너져 한꺼번에 몰살합니다. 자녀를 잃은 욥은 상실의 고통 속에서 경황이 없었겠지만 시간이 흐름에 따라 얼마나 깊은 회한 속에서 고통을 받았을까요? 왜 바람을 예측 못하고 대비하지 못했나? 집이 무너질 수 있다는 것을 왜 생각 못했나? 자녀들이 함께 모이는 것이 아니었는데, 그 날짜 그 시간이 아니었던들, 이럴 줄 알았더라면 한 번이라도 더 안아줄 걸, 사랑한다고 말해주고 더 칭찬해 줄 걸, 나의 분신인 아들아, 사랑하는 딸아, 어찌 나를 두고 먼저 떠난단 말인가? 너희들이 나를 위로할 자들이 아닌가?

우리들은 이 세상에서 많은 것을 소유하게 됩니다. 물질적인 재산과 부뿐 아니고 명예와 자긍심, 가족과 자녀들을 비롯한 수많은 인간관계 등, 우리가 얻게 된 이러한 소유를 잃게 될 때 상실의 아픔이 있습니다. 차라리 처음부터 없었더라면 느끼지 않았을 빈 자리가 있습니다. '잃어버린 한 드라크마'가 처음부터 없었더라면 상실의 아픔도 없을 것입니다. 상실의 고통은 소유에 대한 사랑에 비례합니다. 더할 수 없이 사랑하는 사람을 잃을 때 그 상실을 보상해 줄 것은 아무 것도 없습니다.

그러나 이러한 인간적인 상실의 아픔을 딛고 욥은 엎드려 경배하며 '내가 모태에서 적신으로 나왔은즉 적신으로 돌아갈지니' 라 하면서 '하나님을 향하여 어리석게 원망하지 아니하니라.' 성경은 말하고 있습니다.

이러한 욥에게 2차 환난이 다가왔습니다. 발바닥에서 정수리까지 악창이 발생하고 그의 건강이 사라지고 질병이 왔습니다. 육신의 평안 대신 날마다 괴로움 가운데 살게 된 것입니다. 사랑하고 기대하던 모든 것이 사라진 상황에서 자신의 몸도 만신창이가 되고 아내도 그를 비난하며 하늘과 땅 사이에서 외롭게 고통을 겪을 때 욥의 친구 엘리바스, 빌닷, 소발이 위로하러 방문하였다가 7일 동안 할 말을 잃고 무언으로 지냅니다. 드디어 욥이 자신의 생일을 저주합니다. 그럴 때 욥의 세 친구가 욥에게 건네는 말과 욥의 대답을 요약해 봅니다.

처음에 엘리바스가 말합니다. "죄 없이 망한 자가 누구인가? 정직한 자의 끊어짐이 어디 있는가?"(4:7) "네 악이 크지 아니하냐?"(22:5) 두 번째 친구 수아 사람 빌닷은 말하기를 "네 자녀들이 주께 득죄하였으므로 주께서 그들을 그 죄에 붙이셨나니"(8:4) "전능하신 이에게 빌고 또 청결하고 정직하면 네가 형통할 것이고 네 시작은 미약하였으나 네 나중은 심히 창대하리라"(8:7) 세 번째 친구인 나아마 사람 소발도 "하늘이 그의 죄악을 드러낼 것이요"(20:27)라고 합니다. 연배가 세 친구보다 낮은 람 족속 엘리후가 나타나 더 강력한 어투로 욥을 질책합니다. "사람의 행위를 따라 갚으사 각각 그의 행위대로 받게 하시나니, 진실로 하나님은 악을 행하지 아니하시며, 전능자는 공의를 굽히지 아니하시느니라"(34:11-12). "그대가 하나님께 아뢰기를 내가 죄를 지었사오니, 다시는 범죄하지 아니하겠나이다. 내가 깨닫지 못하는 것을 내게 가르치소서. 내가 악을 행하였으나 다시는 아니하겠나이다 하였는가?"(34:31-32)

이들의 말을 요약하면 무슨 죄를 지었기에 이렇게 험한 상황이 되었는가? 당신의 자녀들이 당한 일도 그들의 행위에 대한 보응이 아닌가? 지금이라도 죄를 회개하면 하나님이 긍휼히 여기실 것이라고 한 것입니다. 어려움을 당하여 경황이 없는 가운데 고통 속에 있는 자들에게 위로하러 가서 욥의 네 친구와 같이 행동하는 크리스천이 있기도 합니다. 그뿐 아니라 우리 스스로 마음 속에 욥의 친구 같은 자책하는 마음이 상실의 아픔을 겪는 모두에게 있습니다.

친구들의 지적하는 말에 대하여 욥은 몇 가지로 한탄과 대답을 합니다.

첫째, 상실에 대하여 무력함을 고백합니다. "전능자의 살이 내 몸에 박히매 나의 영이 그 독을 마셨나니 하나님의 두려움이 나를 엄습하여 치는구나" (6:4) "나의 도움이 내게 없지 아니하냐, 나의 지혜가 내게서 쫓겨나지 아니하였느냐" (6:13) "소망이 끊어진 자의 말은 바람 같으니라" (6:26) "나의 영광을 벗기시며 나의 면류관을 머리에서 취하시고" (19:9) "나의 형제들로 나를 멀리 떠나게 하시니" (19:13) "내 종, 내 아내, 어린아이들까지 싫어하고 업신여기고" (19:18) 버림받은 것 같은 자신의 신세를 한탄하였습니다.

둘째, 세상의 불공평함을 고발합니다. "어찌하여 악인이 살고 수를 누리고 세력이 강하냐?" (21:7) "악인의 자녀들은 춤추는구나" (21:11) "인구 많은 성 중에서 사람들이 신음하며 상한 자가 부르짖으나 하나님이 그 불의를 보지 아니하시느니라" (24:12) 세상에 악인이 잘되는 것 같고 의인이 고통을 당하는 불공평한 모습에 실망하고 있습니다.

세 번째 내용은 과거를 회상하며 그리워하고 있습니다. "나의 강장하던 날과 같이 지내었으면 그때는 하나님의 우정이 내 장막위에 있었으며" (29:4) "그때는 내가 나가서 성문에 이르기도 하며" (29:7) "나는 소경의 눈도 되고 절뚝발이의 발도 되고" (29:15) "그러나 이제는 나보다 젊은 자들이 나를 기롱하는구나" (30:1) "언제 내 마음이 여인에게 유혹되어 이웃의 문을 엿보아 기다렸던가?" (31:9) "내가 언제 큰 무리를 두려워하며 족속의 멸시를 무서워함으로 잠잠하고 문에 나가지 아니하였던가?" (31:33)

의롭게 살고자 했고 불의를 보면 담대하게 나아가 바로 잡고자 하고 신앙으로 살기 원했음에도 이런 시련이 오다니, 내가 과거에 옳다고 생각한 모든 것을 버려야 하는지, 과거에 옳다고 생각하고 행복했던 것은 허구였나, 가치관의 혼돈을 느끼게 된 것입니다. 하나님이 분명히 계시다면 이럴 수 있단 말인가?

그래서 넷째는 하나님께 항소하며 그래도 하나님을 바라봅니다. "무슨 연고로 나로 더불어 쟁변하시는지 나로 알게 하옵소서" (10:2) "그리하시고 주는 나를 부르소서. 내가 대답하리이다. 혹 나로 말씀하게 하옵시고, 주는 내게 대답하옵소서" (13:22) "내가 알기에는 나의 구속자가 살아계시니 후일에는 그가 땅 위에 서실 것이라. 나의 이 가죽 이것이 썩은 후에 내가 육체 밖에서 하나님을 보리라" (19:25-26) "나의 가는 길을 그가 아시나니 그가 나를 단련하신 후에는 내가 정금같이 나오리라" (23:10) "그는 뜻이 일정하시니 누가 능히 돌이킬까?" (23:13) 내가 내 의를 굳게 잡고 놓지 아니하리니 일평생 내 마음이 나를 책망치 아니하리라" (27:6) "그러나 지혜는 어디서 얻으며 명철의 곳은 어디인고?" (28:12) "또 사람에게 이르시기를 주를 경외함이 곧 지혜요, 악을 떠남이 명철이라 하셨느니라" (28:28)

하나님은 두려우신 분이시고, 내 지혜로는 알 수 없고, 죽어서나 뵈올 수 있는 분이시지, 소망이 없어 기도도 힘들구나. 나를 비참하게 만드시는 것이 하나님께서 주시는 시련일까? 하나님이 하시는 일과 그가 나를 통해 그리시려는 그림을 이해할 수 없는 한계상황 가운데 있음을 보여주고 있습니다.

욥의 인내 후에 드디어 여호와의 말씀이 임합니다. "내가 땅의 기초를 놓을 때에 네가 어디 있었느냐? 네가 깨달아 알았거든 말할지니라"(38:4) "너는 별자리들을 각각 제 때에 이끌어낼 수 있으며, 북두성을 다른 별들에게로 이끌어 갈 수 있겠느냐?"(38:32) "독수리가 공중에 떠서 높은 곳에 보금자리를 만드는 것이 어찌 네 명령을 따름이냐?"(39:27) "네가 내 공의를 부인하려 하느냐? 네 의를 세우려고 나를 악하다 하겠느냐?"(40:8) "누가 먼저 내게 주고 나로 하여금 갚게 하겠느냐? 온 천하에 있는 것이 다 내 것이니라"(41:11)

하나님께서는 욥에게 위의 말씀을 통하여 우주의 근원이시며, 주인이시고, 생명의 근원이 되시고 만유의 근원이 되시는 분이심을 나타내셨습니다. 욥은 자신의 존재의 근원이신 하나님을 만났습니다.

하나님을 만난 욥은 다음의 말로 대답합니다. "보소서 나는 비천하오니 무엇이라 주께 대답하리이까? 손으로 내 입을 가릴 뿐이로소이다"(40:4) "나는 깨닫지도 못한 일을 말하였고, 스스로 알 수도 없고 헤아리기도 어려운 일을 말하였나이다"(42:3) "내가 주께 대하여 귀로 듣기만 하였사오나 이제는 눈으로 주를 뵈옵나이다"(42:5) "그러므로 내가 스스로 거두어들이고 티끌과 재 가운데에서 회개하나이다"(42:6)

나의 소유를 생각하고, 인간관계 속에서의 아픔을 말하며 자신의 소유와 상실을 생각했던 욥이 만유의 근원되시는 하나님과의 만남을 통해서 자신이 한탄하고 세상을 불공평하게 생각하고 자신을 의롭게 주장하였던 모든 것을 회개하고 다시금 하나님 앞에서의 존재로 원점에서 출발하는 모습을 볼 수 있습니다.

욥기는 욥의 회복으로 마무리되고 있습니다. "욥이 그의 친구들을 위하여 기도할 때 여호와께서 욥의 곤경을 돌이키시고 여호와께서 욥에게 이전 모든 소유보다 갑절이나 주신지라"(42:10) "여호와께서 욥의 말년에 욥에게 처음보다 더 복을 주시니"(40:12) "또 아들 일곱과 딸 셋을 두었으며"(40:13) "그 후에 욥이 백사십년을 살며 아들과 손자 사대를 보았고, 욥이 늙어 나이가 차서 죽었더라"(40:17)

욥은 상실의 아픔을 딛고 새로운 출발을 한 것입니다. 부와 자식의 축복보다 욥이 상실의 아픔을 딛고 일어나 다시 살아가는 모습이 더 돋보입니다. 욥의 고백을 보면 욥이 고난을 믿음으로 극복한 것이 아니고, 고난의 이유를 이해한 것이 아님을 알 수 있습니다. 이성적으로 고난을 이해하고 상실의 원인을 치유받은 것이 아닙니다. 그렇다고 하나님께서 자세한 설명을 주시지도 않았습니다. 단순히 그는 존재의 원인이 되시는 하나님을 만났습니다. 그리고 다시 근본부터 시작하기로 한 것입니다. 하나님과의 만남을 통한 회복만이 참된 회복임을 말하고 있습니다.

나의 존재 원인이 되시며 영원하신 하나님을 만날 때, 소유 이전에 존재가 있고, 우리의 한시적 존재 이전에 하나님과의 관계가 있음을 알 수 있습니다. 아들이 두고 간 막내 손주는 첫돌이 되지 않았지만 자신의 소유에 집착하는 모습을 볼 수 있었습니다. 존재가 시작되면서 바로 소유에 대한 집착을 보여준 것입니다. 그러나 존재 전에 부모와 할아버지와의 관계가 미리 형성이 되어 있었습니다. 나의 존재를 인정하시고, 나의 존재를 허락하신 창조주를 만날 때 우리의 존재와 소유는 모든 것이 그분의 선물이며 우리는 그것을 잠시 맡아 사랑하며 보살피는 것입니다.

먼저 하늘나라로 아들을 데려가신 그 상실로 말미암아 슬퍼함은 인지상정이지만, 돌이켜 존재의 원인이 되시는 하나님을 바라볼 때 상실한 사랑하는 아들은 하나님께서 나의 한시적 인생에서 선물로 주신 귀한 보배였음을 생각하게 됩니다.

이 땅에 오신 예수님은 인생에서의 고난과 상실에 관하여 우리에게 다양하게 답해 주십니다. 부자와 나사로의 비유를 주십니다. 부자는 날마다 호화로이 연락하였고 거지 나사로는 헌데를 앓으며 부스러기를 먹었습니다.(눅 16:19-21) 비유를 통하여 예수님은 부자에게 "너는 살았을 때에 좋은 것을 받았고 나사로는 고난을 받았으니, 이제 저는 여기서 위로를 받고 너는 고민을 받느니라"(눅16:25)라고 말씀하셨습니다. 천국의 소망과 보상을 나타내고 있습니다.

제자들과 함께 예수님이 길을 지나다가 날 때부터 소경된 자를 보게 되었습니다. 제자들은 비참한 그의 상태가 뉘 죄로 인함인가 고난의 원인을 죄로 여기고 누구 탓인지를 규명하기를 원했습니다. 자기의 죄인지, 부모의 죄인지. 그러나 예수님은 그에게서 미래를 보았습니다. 그리고 하나님의 하시는 일을 나타내고자 하심(요9:3)이라 말씀하시고 진흙으로 그의 눈에 바르고 실로암 못에 보내심으로 하나님의 일을 행하셨습니다.

예수님이 제시하시는 상실과 고난의 방향은 상실에 대한 원망과 한탄과 문제 제기보다 하나님께서 하시는 일을 나타내는 기회로 생각하는 미래 지향적인 것이며 인간의 죄로 인한 심판보다는 하나님의 회복의 역사와 은혜에 초점이 있고 궁극적으로 하나님 나라의 회복을 원하셨습니다. 망가진 도구와도 같고, 타다 남은 막대기와 원 둥치가 잘려나간 남은 그루터기를 보는 것 같은 나의 마음에도 회복과 새로운 시작을 말하는 것입니다.

하나님의 그림과 의도를 처음부터 이해할 수 없을 때가 많습니다. 그것은 큰 그림을 볼 때는 멀리서 보아야 하는 것과 같습니다. 위대한 작가의 의도는 그림이 완성된 후에야 어렴풋이 밝혀지는 것과도 같습니다.

우리에게 신앙의 위기가 있고 엄청난 상실의 아픔이 있을지라도 십자가를 바라보며 다시 딛고 일어나 생명의 근원이신 하나님을 만나야 합니다. 가눌수 없는 우리의 슬픔 속에서도 하나님의 하시는 일을 나타내시고자 하심을 기대하십시다.

박재형

서울의대를 1972년에 졸업하고, 서울대학교병원에서 영상의학과 교수로 근무하는 동안 서울의대기독학생회 지도교수로 섬겼다. 서울의대 정년퇴직 후 인천중앙길병원과 국군수도통합병원을 거쳐 현재 명지대학교병원 영상의학과 교수로 재직 중이다. 또한 서울의대기독동문회 초대총무를 역임하였고, 서울기독의사회 회장, 한국기독의사회 회장, 성산생명윤리연구소 소장을 역임하였다.
이 글은 오랜 숙환으로 부인을 잃고 몇 년이 되지 않아 인제대학교 상계백병원 정신건강의학과 교수로 있던 장남을 갑작스레 잃은 후 2015년 7월 4일 서울의대기독동문회 홈커밍대회 예배에서 전한 설교 말씀이다.

기도와 치유

박행렬
(내과 전문의, 우리들교회 담임목사)

무리들이 다음날에도 계속 예수를 찾아 왔을 때에 예수께서는 "너희가 나를 찾는 것은 표적을 본 까닭이 아니요, 떡을 먹고 배부른 까닭이로다. 썩을 양식을 위하여 일하지 말고 영생하도록 있는 양식을 위하여 하라."고 말씀하셨다. 그러자 무리들은 "우리가 어떻게 하여야 하나님의 일을 하오리이까?"라고 물었고, 예수께서는 "하나님께서 보내신 이를 믿는 것이 하나님의 일이니라"고 대답하셨다.(요 6:26-29)

오늘의 말씀의 배경은 이렇습니다. 큰 무리가 예수께로 오는 것을 보시고 제자들에게 어디서 떡을 사서 이 사람들을 먹이겠느냐 묻습니다. 이때 빌립의 대답은 각 사람으로 조금씩 받게 할지라도 떡이 부족하다고 대답합니다.(요 6:3-7) 또 다른 제자인 안드레는 "여기 한 아이가 있어 보리떡 다섯 개와 물고기 두 마리를 가지고 있나이다. 그러나 그것이 이 많은 사람에게 얼마나 되겠사옵나이까?"하면서 오히려 예수님에게 반문합니다. 이때 예수께서 하신 방법은 떡을 가져 축사(감사기도) 하신 후에 앉아 있는 자들에게 나눠 주시고 물고기도 그렇게 그들의 원대로 주셨습니다.(요 6:9)

그러자 무리들은 예수를 억지로 임금으로 삼으려 했고, 예수는 이것을 아시고 다시 혼자 산으로 떠나 가셨습니다.(요 6:15) 무리들이 다음 날에도 계속 예수를 찾아 왔을 때에 예수께서는 "너희가 나를 찾는 것은 표적을 본 까닭이 아니요, 떡을 먹고 배부른 까닭이로다. 썩을 양식을 위하여 일하지 말고 영생하도록 있는 양식을 위하여 하라.(요 6:26-27)"고 말씀하십니다.

그러자 무리들은 "우리가 어떻게 하여야 하나님의 일을 하오리이까?(요 6:28)"라고 물었고, 예수께서는 하나님께서 보내신 이(예수)를 믿는 것이 하나님의 일이니라.(요6:29)"고 하셨습니다.

하나님께서 만드신 우리의 몸은 참으로 신비합니다. 그리고 인체에 깃든 병이 치유되는 과정 역시 매우 신비합니다. 몸을 치유하는 방법에는 여러 가지가 있습니다. 예수님의 치유사역에서 치유가 일어나는 두 가지 통로는 기도와 안수입니다. 기도는 명령의 기도, 간청의 기도와 축사의 기도가 있습니다. 예수님은 안수를 통하여 많은 병을 고치셨는데 안수에는 '내 손은 내주하시는 성령님 손의 연장' 이라는 개념입니다. 주님의 역사가 일어나게 하려면 (내가) 하려고 해야 하고, (주님께서) 하시게 하는 지혜가 필요합니다. 벳새다에 이르매 사람들이 맹인 한 사람을 데리고 예수께 나아와 손대시기를 구하거늘 예수께서 맹인의 손을 붙잡으시고 마을 밖으로 데리고 나가사 눈에 침을 뱉으시며 그에게 안수하시고 "무엇이 보이느냐?" 물으시니, 쳐다보며 이르되 "사람들이 보이나이다. 나무 같은 것들이 걸어가는 것을 보나이다." 하거늘 이에 그 눈에 다시 안수하시매 그가 주목하여 보더니 나아서 모든 것을 밝히 보는지라.(막 8:22-25)

적시는 기도(Soaking Prayer)의 개념(마가복음 8:22-25)

충분한 시간, 반복하여 기도할 때, 환자들의 증세 호전이나 치유가 일어나게 됩니다. 이 말은 우리의 노력이 쌓여야 치유가 일어난다는 의미가 아니라, 우리가 가진 선입견, 불신앙, 교리적 오해 등으로 하나님의 능력이 걸러지기 때문에 있는 것입니다. 그러나 반복된 기도와 충분한 시간의 기도를 함으로써 하나님의 능력과 사랑으로 증세 호전이나 병의 치유를 가져오는 (마치 가랑비에 옷이 젖듯이) 하나님의 능력을 체험하게 됩니다.

치유기도에 대한 기본적 점검 사항

치유의 기도를 위해서 다음 사항을 점검해야 합니다. 첫째, 치유기도에 대하여 어떠한 신앙적 입장인가? 둘째, 얼마나 자주 환자들을 위하여 기도하는가? 셋째, 기도로 병든 자가 나음을 얻은 적이 있는가? 넷째, 치유기도를 격려하는 교제에 참여하고 있는가?

치유기도에 대한 태도

치유기도에 대해 가지고 있는 태도는 다음 중 어디에 속한지 짚어볼 필요가 있습니다. 나는 다음 중 어디에 해당합니까? 첫째, 믿지 않는다. 이는 다시, 알지만 안 믿기로 하였는지(적극적 자세) 혹은 알지 못하여 못 믿는 것인지(소극적 자세) 하는 것입니다. 둘째, 믿지 않으나 원한다. 셋째, 믿으나 신앙으로 실천에 옮기지 않는다. 넷째, 믿고 행동하나 긍정적 결과를 얻지 못한다. 다섯째, 믿고 행동하여 긍정적인 결과를 보게 된다.

대부분의 치유가 즉각적으로 일어나지는 않습니다. 대부분의 경우 병이 온전히 낫기보다는 증세의 호전을 경험하게 됩니다.

환자를 위하여 기도하지 않는 이유

우리가 기독 의료인이라고 하면서 환자를 위하여 기도하지 않는 이유가 무엇인지 점검할 필요가 있습니다. 나는 다음 중 어디에 해당합니까? 첫째, 이성적으로나 체험적으로 그런 것은 믿을 수 없다. 둘째, 능력이 없다. 셋째, 받아들일만한 모델이 없다. 넷째, 치유가 일어나지 않아 당황하고 싶지 않다. 다섯째, 하나님의 치유는 흔하지 않다는 것을 안다. 여섯째, 기도함으로써 광신적이 되는 것을 원하지 않는다. 일곱째, 치유기도를 격려하는 환경에 놓여있지 않다.

치유기도의 전환점

우리가 치유기도를 하게 되는 전화점이 되는 계기는 다음과 같은 것들이 있습니다. 나는 다음과 같은 계기를 가진 적이 없습니까? 첫째, 내 자신의 치유를 구함으로써 첫 발을 내딛는다. 둘째, 내가 기도하여 준 사람이 나은 것을 보았을 때, 셋째, 하나님은 사람들의 건강을 원하시는 것을 알 때, 넷째, 환자를 위해 기도하는 모델을 관찰하였을 때, 다섯째, 능동적으로 기도하는 사람들을 만날 때, 여섯째, 치유기도는 하나님의 뜻이라는 것을 알 때.

의술은 사람들의 고통을 다루는 훌륭한 것입니다. 다만 이것에만 의지한다면 빌립처럼 (조금씩 혜택을 주더라도) 200데나리온의 돈으로 부족합니다. 1데나리온은 당시의 노동자 하루의 품삯이었습니다. 오늘날 노동자의 하루 품삯을 10만원으로 계산하면 200 x 10만원 하면 2,000만원이나 됩니다. 2,000만원을 10,000명의 모인 무리들에게 나누어 주더라도 한 명에게 2,000원 밖에 주지 못합니다. 한 끼 식사로는 형편없는 식사가 제공되는 셈입니다. 안드레처럼 우리가 가진 것(보리떡 5개 물고기 2마리)이 의학적 도움을 필요로 하는 사람들에게 얼마나 도움이 되겠습니까? 이러한 위기 가운데 예수님께서 축사하심으로 그들의 원대로 줄 수가 있었습니다.

예수께서 하시자 저들에게 원대로 주시고 남긴 것이 열두 광주리에 가득 찼습니다. 우리가 어떻게 해야 하나님의 일을 할까요? 하나님의 보내신 자(예수)를 믿는 것, 이것이 바로 하나님의 일입니다.

- 관련도서: 박행렬 저. 크리스천 치유사역 노트(e-book 전자책)

박행렬

서울의대를 1977년에 졸업하고, 전주예수병원에서 내과 전공의 과정을 마치고 내과전문의가 되었다. 서사모아에서 선교사로 활동을 하였고, 아세아연합신학대학원에서 의료선교학을, 미국 프리덤(전 코랄릿지) 신학교에서 목회학을, 한세대학교 신학대학원에서 목회상담학을, 캐나다 생폴대학교 상담대학원 영성과 상담을 전공하였고, 현재 총신대학교 신학대학원에서 목회학 전공으로 재학 중이며, 우리들교회를 담임하고 있다.
이 글은 2016년 7월 2일 서울대학교병원 병원교회에서 있은 연건기독동문 홈커밍데이 설교 말씀을 요약한 것이다.

서사모아에서의 은혜

박행렬

(내과 전문의, 우리들교회 담임목사)

저가 14세 때, 신년예배 도중에 성령의 깊은 감동이 있어 예수님을 개인적인 구주로 영접하였고 내 생을 주님을 위해 바치기로 결정하였습니다.

그 후로 의료선교사로서의 구체적인 부르심을 느끼게 되었고, 의과대학과 전문의 수련과정 그리고 군대생활을 마치고 종합병원으로 근무하던 중, 주님 앞에서 의료선교사가 되겠다고 했던 꿈이 24년이 지난 38세에 이루어져 남태평양에 있는 서사모아라는 나라로 선교를 가게 되었습니다.

당시 서사모아에는 약 20명의 의사들이 있었습니다. 내과의사는 저를 포함해서 3명이 있었는데, 수석 내과의사가 사모아 의사로서 야당이었기에, 제가 수상 주치의로 임명되었습니다.

서사모아에서 보내면서 생활에 혼란이 오기 시작했습니다. 첫 해에는 한국에서 저를 파송한 교회에 실적 보고를 해야 된다는 강박 관념 때문에 무리하게 여호와의 증인을 전도하려 했다가 거꾸로 여호와의 증인이 될 뻔하였고, 둘째, 셋째 해에는 우울증에 빠져 힘든 시간을 지내게 되었습니다. 모든 것이 의미가 없어 보였고, 외딴 섬에 귀양 온 느낌이었고, 삶을 낭비하고 있다고 생각되었습니다.

선교지에서 3년이 지난 즈음에 칼로 찌르는 듯한 심한 편두통이 여러 날 지속되었습니다. 환자 앞에서, 화장실에서, 식사하면서, 자면서까지 3분 내지 5분마다 생기는 심한 통증 때문에 비명을 질러댔습니다. 진통제를 써도 효과가 없었습니다.

마지막으로 교회 장로님들에게 기도를 받자고 집사람이 제의했습니다. 주일이 되자 장로님들이 제 머리에 손을 얹고, 담임 목사님이 "예수님의 이름으로 박 의사에게 병을 일으키는 악한 영은 떠날지어다."라고 기도하였습니다. 기도 도중에 저는 환상을 보았습니다. 거기에는 "Unforgiveness"라는 글이 쓰여 있었습니다. 저는 저를 무시하고 배척한 사모아 사람들을 미워하였다는 것을 깨달았습니다. 제가 예수님의 이름으로 그들을 용서하고 축복하기 시작하였을 때, 수일 동안 저를 괴롭혔던 통증이 점점 약화되더니 사라졌습니다.

그러자 주님의 음성이 들렸습니다. "네가 머리로는 귀신을 인정하였지만 마음으로는 믿지 않았었지. 봐라! 귀신들이 있지 않느냐? 네가 용서하지 못한 것이 발판이 되어 귀신들이 역사하게 되었다. 또한 내 이름의 권위를 보아라. 장로님들이 기도할 때에 내 이름으로 귀신이 쫓겨나가지 않았느냐?"

이런 치유와 축사가 일어난 지 얼마 되지 않아 신실한 신자들을 만나게 되었고 그들과 더불어 매주 금요일에는 금식과 기도를 하면서 주님을 구하는 시간을 가지게 되었습니다.

저에게 상처 준 사람들을 용서하여 주자 하늘의 축복이 저에게 주어지는 것을 경험하게 되었습니다. 그때부터 마가복음 16:17에 근거하여 낮 진료 시간에는 병든 사람에게 손을 얹고 기도하기 시작하였습니다.

그때부터 기적이 나타나기 시작하였습니다. 탈장, 당뇨, 고혈압, 욕창, 류마티스 관절염, 심장 부정맥, 편두통 등 많은 질병들이 기도로 낫게 되었습니다.

어느 날 제가 참석하고 있는 기도 팀에서 하나님께서 이 나라에 부흥회를 개최할 것을 원하신다는 마음을 느끼게 되었습니다. 우리는 주님의 인도를 받아 정한 날짜와 장소에서 부흥회를 개최하였습니다. 이 부흥회를 통해 수상이 예수님 앞에 회개하고 이어 국회의원들이 회개하였고 집회 다음 주에 국가 금식일이 선포되었습니다.

제가 무엇인가 하려고 하였을 때에는 이단에 빠질 뻔하였고, 우울증으로 헤매었지만, 하나님의 보내신 자 예수를 믿을 때에 주님께서 일하심을 경험하게 되었습니다.

박행렬

서울의대를 1977년에 졸업하고, 전주예수병원에서 내과 전공의 과정을 마치고 내과전문의가 되었다. 서사모아에서 선교사로 활동을 하였고, 아세아 연합신학대학원에서 의료선교학을, 미국 프리덤(전 코랄릿지) 신학교에서 목회학을, 한세대학교 신학대학원에서 목회상담학을, 캐나다 생폴대학교 상담대학원 영성과 상담을 전공하였고, 현재 총신대학교 신학대학원에서 목회학 전공으로 재학 중이며, 우리들교회를 담임하고 있다.

자신이 좋아하는 일과 하나님의 일

백남선
(삼성서울병원 소아청소년과 교수, 월드비전)

제가 근무하던 의과대학과 병원을 사직하고 인도주의적인 단체의 일을 처음 시작한 것이 2001년 봄이었으니 중간중간 일이 없어 잠깐 병원으로 돌아왔던 기간을 제외한다고 해도 제가 이 분야에서 일을 시작한지도 벌써 10년이 넘었습니다. 그동안 제가 가장 많이 관여했던 분야가 현재에도 일을 하고 있는 '보건의료분야에서의 국제적인 재난대응'이 아닌가 합니다. 그런데 의대를 사임하고 나서 아는 분들을 만날 때마다 종종 들었던 말이 있습니다. 그것은 '다른 사람들 특히 어려움 가운데 계신 분들을 위해 중요한 일을 하고 계시는군요. 다른 사람을 위해 본인의 많은 것을 희생하거나 포기하셨으니 정말 선생님의 가족이 존경스럽습니다.' 라는 요지의 말입니다. 사실 그 말은 틀린 말이어서 저는 이렇게 대답하곤 합니다. "아닙니다. 제가 하는 일은 제가 좋아서 하는 일입니다. 저의 가족 누구도 이러한 일들로 인해 저희가 희생하고 있다고 생각하지 않습니다. 그리고 지금하고 있는 일들이 저희가 가장 좋아하는 일이고 혹시 일을 하다가 힘든 부분이 있다면 그것은 저희 가족에게 가장 좋은 일이기 때문에 그 일들이 일어나도록 하나님이 허락하신 것입니다."라고 대답을 합니다.

재난에 대한 하나님의 전략적인 계획에 대해 제가 하나님을 연구하는 사람이 아니기 때문에 혹시 틀릴 수도 있지만, 성경에서 나타난 재난을 극복하는 하나님의 계획과 방법에 대해 이야기해드리고 싶습니다.

애굽시대에는 많은 인류가 중동지역과 아프리카에 모여 살았습니다. 그래서 중동지역에서 기근이 난다고 하는 것은 전 인류에 지대한 영향을 미치는 아주 중요한 일이었습니다. 특히 7년 동안이나 기근이 일어난 것은 아주 심각한 기근으로 현재에도 유래를 찾아보기 힘듭니다.

우리나라도 그렇지만 유럽에서 나온 동화 중에 아주 심각한 기근에 처했을 때 구전되어 만들어진 동화가 몇 개 있는데 그 중 한 어린 남매가 자기를 잡아 먹고자 하는 사람들을 피해서 도망 다니는 이야기가 있습니다. 이 남매가 도망쳐서 한집에 들어갔더니 과자로 만들어진 집이라는 이야기입니다. 이 동화는 어린이의 상상을 자극하는 이야기로 대수롭지 않게 넘길 수 있지만, 저는 이 이야기는 유럽이 심각한 기근에 처했을 때 누군가 경험했던 이야기가 구전되다가 동화로 각색된 것이라고 생각합니다. 정말 기근에는 힘이 없는 어린이를 잡아먹는다는 이야기가 종종 있었고 성경에도 나와 있으니까요. 또한 거의 죽을 정도로 굶은 상태에서는 충분히 주변의 것들이 모두 먹는 것처럼 보일 수 있으니까요. 더욱이 7년 기근이면 우리가 상상조차 할 수 없는 일들이 충분히 일어날 수 있다고 생각합니다.

왜 그런지 저의 논리로는 도저히 이해할 수 없지만 하나님은 기근이 일어나지 않게 하시면 되는 아주 간단한 일을 놔두시고 기근이 일어나게 하신 후 인류를 기근에서 구하실 다른 계획을 세우셨습니다. 그것은 바로 한사람(요셉)의 마음에 권력을 탐하는 욕망을 어머니 배 안에서 창조될 때 요셉의 DNA 안에 깊숙이 넣어 놓으신 것입니다. 그러자 이 불쌍한 어린 요셉은 권력을 잡는 것에 완전히 마음이 사로 잡혀서 매일 권력을 잡고 누리는 것을 생각하고 심지어 부모님과 형제들이 자신의 권력에 복종하는 모습을 상상하고 드디어 꿈까지 꾸게 되었습니다. 그런데 아빠(야곱)라는 사람은 이 불건전하고 불경한(?)한 욕망을 잠재우고 다른 건전한 꿈을 가지도록 지도하기는커녕, 그 경건하지 못한 아빠는 그것을 마음에 두었다고 성경에 기록되어 있습니다. 성경에는 나와있지 않지만 저는 그 꿈을 야곱의 마음에만 두지 않고 그 꿈을 꾼 그 아이에게 '그건 하나님이 주신 꿈이니 너는 꼭 그렇게 될 거야.' 라고 아이에게 이야기했다고 생각합니다. 그 덕에 요셉은 정말 그 꿈이 이루어질 수 없는 여러 상황을 지나면서도 아빠의 확신에 찬 격려로 인해 그 꿈을 포기하지 않을 수 있었습니다. 만일 요셉이 자기가 되고 싶었던 (가장 큰 권력인 애굽의 총리가 되는) 것을 포기했다면 7년 기근을 당한 그 당시 인류는 어떻게 되었을까요? 요셉은 자기가 애굽의 총리가 된 것은 자신의 가족(크게 양보해서 이스라엘 민족)을 기근에서 구하기 위해 자기가 애굽에 와서 총리가 된 것이라고 생각했었지만 하나님은 전 세계 인류를 기근에서 구원하기 위해 요셉의 마음에 권력을 추구하는 생각을 넣어두신 것입니다. 만일 요셉이 하나님의 이러한 마음을 조금이라도 알았더라면 7년 기근 동안에 양식이 없어서 식량을 구하러 온 사람들에게 식량을 대가로 그분들을 노예로 삼지는 않았을 것입니다. 기근으로 인해 노예제도가 실생활에 깊이 자리 잡았던 애굽에서는 현재 우리에게 자동차가 없이는 사회가 유지될 수 없었던 것과 마찬가지로 사회를 유지하기 위해 계속 노예제도가 필요로 했었기 때문에 결국 힘이 약해진 이스라엘 민족이 노예로 전락하게 되는 근본원인이 되었던 것입니다.

야곱도 자기도 제어할 수 없었던 첫 번째가 되고자하는 욕망이었습니다. 그런데 그것은 이미 정해진 불가능한 욕망이었습니다. 그렇지만 아주 바보 같았던 야곱은 그 욕망을 포기하지 않고 본인이 할 수 있는 거의 모든 것을 다 해 그것을 이루려고 했습니다. 팥죽 한 그릇으로 형이 될 수 없었음에도 불구하고 말이죠. 야곱 자신도 어찌할 수 없었던 불타는 욕망은 하나님이 야곱에게 주신 것이었습니다. 왜냐하면 야곱은 이스라엘 민족의 첫 번째가 되는 하나님의 계획이 있었기 때문입니다. 야곱이 형이 되는 꿈을 포기했더라면 우리 인류는 이스라엘 민족으로 얻게 되는 축복, 즉 예수님이 태어나시는 것을 제외하고라도 음악 미술계와 사회 및 자연 과학 분야에서의 이스라엘 민족으로 인해 인류가 가지게 된 행복을 누리지 못했을 것입니다. 그런데 만일 야곱이 자신의 욕망이 인류를 향한 하나님의 계획이라는 사실을 이해했더라면 형과 싸우거나 자신의 이익을 위해 삼촌 집에서 잔꾀를 부릴 이유가 없었을 것입니다. 현재의 팔레스타인과 중동지역에서의 일어나는 이스라엘과 중동과의 반목 그리고 베니스상인에서 대변되는 현재와 과거 이스라엘 상인들의 모습에서 야곱의 모습을 보는 것은 이상한 일이 아닐지도 모릅니다.

어떤 분은 '나는 어렸을 때부터 요셉과 야곱 같은 꿈이 없었다.' 고 이야기
할 분이 있을지도 모릅니다. 다윗도 그런 사람이었습니다. 다윗의 아빠는 다
윗을 자신의 아들로 여기지 않았습니다. 아빠로부터 인정받지 못한 열등감이
많은 어린 다윗은 꿈을 가질 수 없었을 겁니다. 그런데 모든 사람이 존경하는
사람(사무엘)이 오더니 자신의 머리에 기름을 붓고 왕이 된 것처럼 자신을 대
해주었습니다. 모세는 어머니에게서 지나친 기대(어린아이가 감당 못할 애굽
에 대한 복수심과 민족에 대한 책임감)를 받았습니다. 이와 같이 어떤 사람에
게는 꿈은 은사님이나 존경하는 분들의 격려로 얻어지기도 하며, 하나님은
심지어 건강하지 않은 부모님의 기대를 사용하기도 하십니다.

자신의 욕망에서 꿈을 찾아야 한다고 생각합니다. 또한 비전은 꿈에서 찾
아야 하기 때문에 욕망을 포기하면 우리 각자에게 향한 하나님의 비전을 발
견할 수가 없습니다. 그렇지만 그 욕망의 궁극적인 목적이 자신과 가족이라
면 그 결과는 자신을 포함하는 인류에게 자신이 사라져도 많은 해를 입히는
것입니다. 이것을 성경에서는 욕망은 사망의 근원이라고 했습니다. 그렇지만
그 욕망의 궁극적인 목적이 온 인류를 이롭게 하는 것이라면 우리의 믿음의
선배가 그러했던 것처럼 그 욕망을 하나님은 꿈과 비전으로 키워주시고 그것
은 결국 인류의 구원과 연결이 될 것입니다.

동남아시아와 일본의 쓰나미와 원전사고처럼 재난은 언제든 어디서든 일
어나고 있습니다. 그렇지만 어떤 한 사람이 되고 싶고 하고 싶은 욕망을 포기

하지 않고 인류를 마음에 품었더라면 거기엔 반드시 하나님이 예비하신 재난에서 인류의 생명을 구할 수 있는 피할 길이 있었을 것입니다. 여러분이 하고 계시고 하고 싶어 하시는 일도 또한 인류를 구원하는 일입니다.

백남선

서울의대를 1987년에 졸업하고, 서울대학교병원에서 인턴과 소아청소년과 전공의 과정을 마치고 소아청소년과 전문의가 되었다. 이후 성균관대학교 의과대학 삼성서울병원에서 소아소화기학 교수로 재직 중 2001년 부인 강혜영 선교사와 함께 중앙아시아의 키르기스스탄에 의료선교사로 파송되어 사역을 담당하였다. 그 후 월드비전의 긴급구호팀 의료전문가, 국제 백신연구소 연구 과학자, Medair HQ senior advisor, Medical Team International Regional Health Nutrition Advisor로 섬겼으며, 현재 미국 Save the Children 에서 Emergency Health Unit의 Clinical Lead로 섬기고 있다.

호롱불 마을에서 필리핀까지

송요섭

(의사, 목사, 지구촌가족공동체 대표)

저는 호롱불 켜고 사는 경북 의성군 봉양면 풍리동 중리라는 작은 마을에서 태어나 깡보리밥을 먹으며 자랐습니다.

그런데 우리 집에 뜻밖의 유성기(축음기)가 있어서 어릴 때부터 노래를 듣고 성장한 고로 3살 때부터 장날 장마당에 나가 노래를 불렀습니다. 삼촌의 손에 이끌려 장마당 사람들 모인 곳에 가면 갑자기 꼬마가 신나게 노래를 불렀는데 그 노래는 "앵두나무 우물가에 동네처녀 바람났네."였습니다. 사람들은 작은 꼬마의 뛰어난(?) 노래솜씨에 놀라고 감탄하면서 사탕, 과자와 접은 딱지 등을 선물로 안겨 주었는데, 당시 그 수입은 꼬마에게 엄청난 기쁨과 큰 수익이었습니다.

군인 출신 아버지를 따라 안동, 마산, 대구로 초등학교를 옮겨 다니다가 초등학교 4학년 때 드디어 서울로 와서 안암초등학교를 다니기 시작했습니다. 어머니의 혹독한 치맛바람 덕에 경기중학교에 입학했지만 등록금이 없었습니다. 아버지에게 이야기했지만 돈 없으면 공장 보내라는 냉정한 답이 돌아왔고 어린 제 가슴에는 큰 상처와 아버지에 대한 미움의 응어리가 생겼습니다. 그런데다 세 아들들에게 폭력을 행사했는데 성적이 조금이라도 떨어지면 몽둥이로 엉덩이를 때렸습니다. 나중에는 혁대를 풀어서 때리기도 했는데, 결국 그렇게 무자비하게 얻어맞은 막내 동생은 고등학교 1학년 때 가출해서 집에 돌아오지 않았습니다.

어머니에게도 폭력을 행사했는데 어느 날엔 어머니가 아버지에게 맞아 방바닥에 쓰러졌습니다. 어머니는 울면서 "이 놈의 집에서 더 이상 못 살겠다." 하시면서 단봇짐을 싸시는 것이었습니다.

가정적 책임의식이 없는 아버지도 "나도 떠난다."고 하면서 양복을 입기 시작했습니다. 방구석에서 울고 있는 두 동생들을 보면서 맏이인 내가 무엇인가를 해야만 되겠다는 책임감이 뜨겁게 가슴을 치고 지나갔습니다. 아무래도 더 강한 아버지를 붙들어야겠다는 생각이 떠올랐는데 특별한 방법은 모르겠고, 문득 아버지의 조끼 단추들을 뜯어야겠다는 생각이 스쳐 지나갔습니다.

저는 젖 먹던 힘까지 다 모아서 갑자기 아버지 쪽으로 뛰어 들어가 두 손으로 조끼 양쪽을 잡고 밖으로 잡아당기면서 "아버지 안 돼요!"라고 외쳤습니다. 초인간적인 힘이 솟아났는지 조끼 단추가 위에서 아래로 다 뜯겨져 나갔습니다. 어쨌든 그러고 나서 두 분은 안 떠나시고 다시 주저앉으셨습니다. 우리 집은 그렇게 아슬아슬한 콩가루 집안이었습니다. 그런 아버지로 인해 혁대로 얻어맞던 (등치가 커서) 막내는 고등학교 1학년 때 가출해서 수년 동안 안 들어왔습니다. 둘째는 고등학교 3학년 때 가출했다 돌아와 겨우 졸업하고 서울교대(그 당시 2년제)에 가까스로 들어가 초등학교 선생이 되었습니다.

큰 이모부의 도움으로 겨우 학교를 들어갔지만 별로 공부에 대한 의욕이 없었고, 노래 부르는 것과 탁구에 빠지게 되었습니다.

중학교 때는 한국가곡에, 고등학교 때는 이태리가곡에 심취케 되었고, 한국에 들어온 두 개의 음악영화 "물망초: Non tis cor dardime"(탈리아 비니 주연)와 "첫날밤: Comeprima"(마리오란자 주연)의 둘 다 유명한 테너 가수가 주연으로 한 영화를 본 후에는 음대 성악과에 가기로 결심을 굳혔습니다.

꺾어진 꿈

저는 겁도 없이 아버지에게 나아가서 "저는 공대 안 가고 음대 성악과를 가겠습니다."라고 담대히 열정에 찬 목소리로 강력 고백했지만 단칼에 잘려 꺾이고 말았습니다.

"이 미친놈아, 정신 차려라. 우리같이 가난한 집의 맏아들이 자기 좋은 것만 생각해서 이기적으로 자기 길만 가겠다고 하면, 남은 가족들은 가난 속에 어떻게 되겠느냐? 사랑을 제일 많이 받고 지금까지 왔는데 가족들을 외면하면 네가 제대로 된 인간이 될 수 있겠느냐?'라는 부모님의 설득에 모든 꿈을 버리게 되었습니다. 저는 저희 가족을 경제적으로 도왔던 큰 이모부님의 제안에 따라 생각에도 없던 의대를 가게 되었습니다. 그러다보니 의학공부에 대한 관심은 없고, 매일 먹고 마시고 노는 친구들과 어울려 허랑방탕한 세월을 보내게 되었습니다.

구원의 은혜

하나님의 큰 은혜로 인하여 3년 동안 옆에서 저를 전도하던 친구가 있었습니다. 그는 "너는 의사는커녕 그렇게 살면 인간도 안 된다. 나랑 교회가자!"라고 전도했지만 한 번도 교회에 따라 간적이 없었습니다. 본과 2학년 여름방학 전에 친구가 나타나 "오늘 저녁(수요일)에 나랑 교회가자."라고 설득하는데 3년 만에 제 마음은 무너지고 맥없이 (사실은 갈 데가 없어서) 끌려갔습니다.

그 후 3달 동안 교회를 다녔는데 목사님의 설교는 하나도 머리에 들어오지 않았지만, 기적적으로 하루 한 갑 반(30개비)의 담배와 한 주 6번 정도의 술 마시는 삶에서 벗어나게 되었습니다.

3달 만에 겨우 깨달은 것은 "하나님이 조금 세긴 센 가보다. 이것들을 다 끊게 해주신 것을 보니…!"라는 것이었습니다. 그런데 어느 날 저녁 후배를 전도하러 간다는 친구의 뒤를 따라 어두운 골목길을 걸어가는데 갑자기 마음이 기쁘기 시작하였습니다. 저는 살면서 마음이 한 번도 기뻤던 적이 없었는데 도

대체 기뻐지는 이유를 알 수가 없었습니다. 가슴이 터질 것 같이 기뻐져서 할 수 없이 친구보고 "잠깐 쉬었다 가자!"라고 부탁했습니다. 벅찬 가슴을 안정시키려고 숨을 고르고 있었는데 갑자기 지은 죄들이 떠올랐습니다. 지금까지 나는 "나쁜 놈이지 죄인은 아니다."라고 말하면서, 죄인이니 믿음이니 십자가, 천국들에 대해 들었지만 그 신앙적 의미를 하나도 깨닫지 못했습니다. 그런데 그날 저녁에 비로소 나 자신이 하나님 앞에서 많은 죄를 지은 큰 죄인임을 깨닫게 되었습니다. 그 자리에서 죄를 회개하게 되었고, 설교에서 듣고 성경공부에서 들은 대로, 예수님의 보혈로 용서함을 얻게 됨도 믿어졌습니다. 계속 회개와 용서받음을 경험했는데 맨 마지막에 아버지를 용서해야 된다는 감동을 받고 처음에는 단호히 거절했습니다. 제가 다른 사람은 다 용서해도 아버지만큼은 절대 용서할 수 없다고 숨도 안 쉬고 대답했습니다. 그러나 결론적으로는 그날 저녁에 제가 마음으로 증오하던 아버지를 용서해드리는 말도 안 되는 기적이 일어났다는 것입니다.

아무리 마음속에 굳게 용서 안 하겠다고 결심했지만, 나의 모든 악하고 더러운 죄들을 다 용서받고 나니 아버지를 미워하면서 용서 안 하겠다는 결심이 점점 약해지고 무너져감을 느꼈습니다. 너무 큰 용서를 받고나니 다른 사람을 계속 미워하기가 힘들어진 것입니다.

어쨌든 내 마음으로 저는 아버지를 용서하게 되었고, 수년 전 아버지가 돌아가시기 전까지 단 한 번도 아버지와 다투거나(예전에는 붙잡고 서로 욕하면서 씨름도 여러 번 했습니다. 그런 후에는 칼이나 망치를 들고 저를 죽이겠다고 달려왔고 저는 줄행랑을 쳤습니다.) 언쟁을 하지 않았습니다. 물론 그것은 저의 본심으로 되었다고 볼 수 없는 일이지요.

기쁜 삶이 시작

아버지를 용서해드리고 나니 제가 살 것 같고 심히 기쁘고 행복한 삶을 살게 되었습니다. 여름, 겨울 방학 때는 놀러 다니던 완행열차를 타고 첫 칸 첫 사람부터 마지막 칸(10칸이 넘었지요) 마지막 사람까지 다 전도했습니다. 그러면 부산에 도착합니다.

졸업 후 시골 무의촌에 배치되기 전에 먼저 실습 차 안동 성소병원에서 한 달간 실습 훈련을 받게 되었습니다. 병원 앞에서 하숙했는데 퇴근하면 갈 곳도 없고 해서 가운 입고 다시 병원에 들어가 입원 환자들을 돌보았습니다. 8인실부터 들어가 조금씩 증세를 긍정적으로 설명해주고는 기도해 주겠다고 제안하면 거의 다 좋다고 했습니다. 옆 침대의 보호자들이 제 가운을 잡아당기면서 누워있는 자기 아들딸을 위해서도 기도해 달라고 요청하곤 했습니다. 그러다보니 6인실, 4인실, 1인실까지 찾아가서 기도해 주게 되었는데, 10시쯤 끝나면 몸은 물먹은 솜처럼 무거우면서도 기쁘니까 하나도 피곤함을 느끼지 않았습니다. 그래서 매일 그런 일과가 되풀이 되었는데, 나중에는 아침에 간호사들을 모아서 10분간 짧은 예배를 드리고 그들 중의 몇 명과 함께 저녁에도 라운딩을 함께 했습니다.

아쉬운 안동에서의 그리운 추억을 뒤로하고 첫 근무지인 충북 영동으로 배치받아 보건소 곁의 교회에 출석했습니다. 그런데 지금 생각하니 좀 이상한 교회였습니다. 월요일은 고등부가 있었는데 교사가 필요하다고 해서 하기로 했습니다. 화요일은 중등부가 있었는데 교사로 요청해서 하기로 했습니다.

수요일은 예배, 목요일은 초등부가 있었는데 교사로 초빙 받아 교사가 되었습니다. 금요일은 직장인을 위한 구역예배가 저녁에 있었습니다. 토요일은 오후에 어린이 전도가 있어서, 자전거에 그림 성경동화를 그려서 싣고 어린이들이 모인 곳을 찾아다니면서 전도했습니다. 주일은 목사님이 성가대 지휘를 맡겨서 갑자기 지휘자가 되었습니다. 그때는 주일저녁 예배라 매일 저녁 교회에서 지내다가 철야, 새벽기도하고 아침에 하숙집에 돌아가서 식사하고 준비해 출근했습니다. 퇴근 후에 식사하고 교회로 출근하고, 다시 아침에 하숙집으로 퇴근하는 삶이었지만 피곤한 줄도 몰랐고 항상 기쁨이 충만했다는 것입니다.

하숙집엔 한전에 근무하는 동갑내기 청년과 함께 한 방에 있었는데, 나에게 매일 전도에 시달려 힘들었는지, 어느 날 와보니 어디론가 다른 하숙집으로 도망을 가버렸습니다. 영동은 손바닥만 한 곳이라 금방 튄 곳을 찾아서 나도 몰래 그 방으로 하숙을 옮겼습니다. 그랬더니 결국 항복하고서는 교회에 나가겠다고 했는데, 혼자 나가기가 부끄러우니까 어릴 때 주일학교 나간 적이 있는 곁의 친구를 데리고 나오겠다고 했습니다. 그 다음 주일에 친구하고 두 사람이 교회에 새로 나왔습니다.

두 번째는 단양보건소로 배치되었는데 그곳에서 결혼했으므로 더 그리운 곳이기도 합니다. 보건소에서 얻어준 작은 하숙집에서 근무를 시작했는데, 환자들을 보고나서는 대개 기도 혹은 전도를 했습니다. 그랬더니 소문이 나기를 이번에 온 소장은 환자를 진료는 안 하고 기도만 해준다는 것이었습니다. 교회에 가보니 철야기도가 없어서 청년들을 모아 금요·철야기도를 시작했습니다. 그런데 밤에 지금까지 조용했는데 청년들과 악을 쓰다 보니 시끄러워 신고가 가끔씩 들어간 고로 경찰들이 찾아오곤 했습니다. 그런데 와보니 보건소장이 청년들과 앉아있어서 함부로 말도 못하고 조금만 조용히 해달라고 요청하고 돌아갔습니다. 그러나 약속과는 달리 조금 있다가 다시 시끄럽게 떠들고 하는 실랑이를 되풀이했는데, 결국 경찰서에서 포기를 했고 우리는 계속 철야기도회를 지속해 나갈 수 있었습니다.

그때 결혼 이야기도 많이 나와서 결혼하기로 마음을 먹었는데 정해놓은 혼처가 없었습니다. 왜냐하면 선은 많이 들어왔지만 저는 하나님이 친히 지정해 주시는 사람과 결혼하기로 기도하고 있었기 때문에 한 번도 선을 보지 않았습니다. 저는 보건소에서 결혼을 위한 특별 휴가를 한 주간 얻어서 한 번도 안 가봤지만 아주 멀리 그 당시 유명했던 "철원 수도원"으로 가서 오직 하나님께 구하기로 했습니다. 너무 절박한 고로 그곳에서 난생처음 5일간 물도 마시지 않는 단식을 감행했습니다. 그러나 아무 응답도 없어서 토요일 오전에 출발하기로 하고 택시를 불렀습니다. 내려가서 보건소에 결혼에 대한 일정과 계획들을 대충 이야기를 해주어야 하는데, 빈손으로 가면서도 기도를 많이 해서인지 어떻게 되겠지 하는 평안함이 있었습니다. 그런데 갑자기 소나기가 쏟아지기 시작했습니다. 처마 밑에서 잠시 비를 피하고 있었는데 수도원에서 사역하던 여 사역자 한 분이 뛰어오면서 단양에서 온 송 집사를 소리 질러 찾는 것이었습니다. 저는 속으로, 찾는 사람이 나인 것 같은데 특별히 볼일은 없는 것 같아 모른척하고 있었습니다. 그러나 너무 애타게 찾는 것이 마음에 걸려 "그 사람이 나인 것 같은데 무슨 일입니까?"라고 물었습니다. 그랬더니 너무 반가운 표정으로 "만나볼 사람이 있으니 따라오세요."라고 하기에 "나는 만나볼 사람이 없는데요."라고 무뚝뚝하게 대답했습니다. 그래도 와보면 알 것이라는 소리에 "혹시 응답이 왔는가?" 하는 생각이 들어서 "여잡니까? 남잡니까?" 라고 물었더니 여자라는 것이었습니다. 그래서 "아줌마인가요? 처녀입니까?" 라고 물었더니 처녀라는 것이었습니다. 그 순간 가슴이 철렁하면서 "응답이 왔나 보다." 라는 생각이 들어 발걸음이 빨라졌습니다. 문을 열고 들어가 보니 서울에서 다니던 교회에서 결혼 이야기가 나왔던 자매가 앉아 있었는데, 그 당시 하나님의 인도하심의 사인이 없어서 그냥 내버려두고 무의촌으로 내려오고 잊어버리고 있던 자매였습니다. 그 자매도 인생의 중대한 문제를 해결하고자 나와 같은 날 그 수도원에 처음으로 왔는데 첫 날 예배에서 나의 뒷모습을 보았다는 것이었습니다. 기도에 방해가 될까 봐 몰래몰래 토요일 아침까지 숨어 다녔는데, 갑자기 비가 와서 방에 들어가 비를 피하려 했답니다. 그런데 그 방에서 사역하던 여 사역자가 "자매도 기도 한 번 받아보지?" 라고 권해서 안찰도 받고 기도도 받았는데, "나한테 옛날 천칭이 보이는데 좌우로 오르락내리락 하는 것을 보니 두 가지 중에서 선택을 못해 머뭇거리고 있는 것이 있는가?" 라고 질문을 했답니다. 사실 자매는 결혼과 초청받은 미국유학 중에서 어느 길을 가야할 지를 몰라서 기도하러 올라온 것이었습니다. 그 사실을 고백한 자매는 "그런데 이곳에서 결혼 이야기가 있던 형제를 보았어요. 먼저 내려갔는지 몰라요." 라는 말을 들은 여 사역자는 갑자기 가슴이 뜨거워지면서 자기도 모르게 우산도 안 쓰고 택시 타는 곳으로 달려 나가 송 집사를 찾은 것이었습니다. 어쨌든 자매는 멋진 미국유학도 못 가고 가난한 청년에게 발목 잡힌 그곳에 왜 갔던가? 하고 가끔 후회를 하지만… 요셉을 애굽으로 팔려가게 하신 "하나님의 깊은 섭리"를 자매도 깨달을 때가 올 줄로 믿습니다. 감사한 것은 월요일에 보건소에 말했던 대로 토요일에 내려와서 결혼에 대해 대강 이야기하도록 하나님이 응답해 주셨다는 것입니다. 대강 서로 논의 한데로 한 달 후에 결혼했던 것입니다.

그런데 하숙집에 신방을 꾸몄는데, 시골집 천장이 낮아 식칼로 천장 도배지를 잘라내고 가구를 들인 후 도배를 다시 했습니다. 알고 보니 부엌인 줄 알았던 방 앞의 공간은 수도도 하수구도 없는 작은 창고였습니다. 그래서 무식한 새신랑의 책임은 아침에 물을 길어오고, 저녁에는 물을 버리는 막중한 일이었습니다. 그 고달픈 매일의 일에 지쳤던 어느 날 창고 앞에 앉아 신세를 한탄하며 콜라병 주둥이로 땅을 치고 있었는데 갑자기 눈앞에 왕개미들이 들락거리는 작지 않은 구멍을 보게 되었습니다. 조심스럽게 그곳에 물을 버려보았는데 아랫동네에서 물난리 났다는 소문이 들려오지 않아서, 시멘트와 모래로 그럴듯한 하수구를 만들어 일이 반으로 줄었습니다. 너무 감사했지요.

어쨌든 주일 오후는 강 건너 마을에 가서 어린이들을 모아 전도하고 매주 가서 예배드리는 전도소를 만들고 교사들이 교대로 가서 예배를 인도토록 했습니다.

한 달에 한 번 구청에서 8과 과장 회의가 있었는데, 식사시간에 모두들 어찌나 술들을 많이 마시는지, 제게도 마시게 하려고 6명이 달려들어 팔다리를 붙들고 입에다가 술을 부었는데도 입을 다물고 안 마시니 두 번 시도하다가 포기했습니다. 그 다음부터는 콜라와 사이다를 들고 건배하고 마셨는데, 나중에는 어쩐 일인지 분위기에 휩쓸려서 그런지 저도 술 마신 것처럼 어질어질해서 그들과 잘 어울리게 되었습니다. 끝날 때가 되면 약국에 전화해서 술 깨는 음료수를 보내달라고 해서 한 병 씩 돌리고, 제일 취한 사람을 골라서 어깨동무해 집까지 바래다주면 사모님들이 매우 고마워했습니다. 그런데 그 다음 날 아침에 보면 가끔 바래다주지 못한 두 번째로 취한 사람이 집에 가다 넘어져 얼굴을 다쳐서 보건소로 오곤 했습니다. 단양을 떠나는 날 8과 과장들이 다 아쉬워하며 두툼한 봉투를 전별금으로 주었습니다. 그 착하고 소박한 얼굴들이 옆에 꼭꼭 붙어 청년들과 성경공부하던 좁은 신혼집과 함께 어렴풋이 떠오릅니다. 그 청년들이 지금 사모로, 전도사로, 목사로 사역하고 있다는 소식을 들으면 마음이 기쁨으로 뭉클합니다.

계속되는 구원 역사

세 번째로는 늙으신 친할머니를 전도하고자 고향 가까운 곳으로 요청했지만 같은 면에 병원이 있어서 다른 면 깡시골 진짜 무의촌에 가게 되었습니다. 수요일을 택해서 연락하고 고향에 버스타고 가면 할머니가 동구 밖에 나와 기다리고 있었습니다. 감사한 것은 간 첫 날에 "할매, 이러다 죽으면 죄 많이 짓고 살았으니 꼭 지옥 간다. 맞재?"라고 했더니 고개를 끄덕이며 맞는다는 것이었습니다. "그러니 지옥 안 가려면 예수 믿고 죄 용서받아야 하는데, 오늘 저녁부터 나하고 교회 가자!"라고 했더니 아무런 반대 없이 그러자고 하는 것이었습니다. 지금 생각하니 할머니의 전도를 위해 고향 가까이 무의촌 근무를 신청한 마음의 중심을 하나님이 받으셨음을 깨닫게 됩니다. 그래서 고향 간 첫날부터 할머니를 모시고 교회를 가게 되었는데, 할머니는 돌아가실 때까지 교회를 나가셨고, 손에 십자가를 꼭 쥐고 소천하셨습니다. 동네 친구 할머니들이 와서 누워계신, 돌아가신 할머니의 화장한 것 같은 뽀얀 얼굴을 보고는 이구동성으로 말하기를 "이 할망구 얼굴 보니 정말 천국 갔나봐…"라고 하신 목소리들이 떠오릅니다.

고향과 근무하던 무의촌 중간쯤에 작은 이모네가 사셨는데, 이모를 전도하러 가서 교회로 모셔 놓으면 알코올 중독자인 이모부가 제사 못 지낸다고 반대해서 못 나가게 했습니다. 이런 영적 전투를 여러 번 계속하던 어느 날, 한참 후에 수요일 날 다시 갔더니 이모부님이 돌아가셔서 장례를 방금 치렀다는 것입니다. 사연이 있었는데, 돌아가시기 일주일 전에 몸이 아파서 병원에 입원했답니다. 그런데 교회에 목사님이 안 계셔서 시무하시던 장로님을 모셔오라고 해서 예배를 드려달라고 한 것입니다. 그리고 예배드리고 기도하고 나니 안 아프고 시원하다고 하시면서 예수 믿는 기적이 일어났습니다. 게다가 항상 문제되던 맏아들 제사문제도 내려놓고, 자기 죽고 나서도 이모님이 제사 안 지내고 추도예배로 드려도 된다고 허락을 했답니다. 물론 그날 저녁 수요예배에 이모님을 모시고 가서 믿음 생활 끝까지 잘하도록 장로님과 함께 간절히 기도하고 돌아왔는데, 그때부터 새벽기도 종은 이모님이 거의 도맡아 치셨답니다.

그 당시 장터에 어린 나를 끌고 다니며 노래를 시켰던 삼촌은 부산에 사셨는데, 전도하러 가끔 내려가면 나보고 술 사오라고 난리고, 같이 옆에서 자면 담배를 많이 피워서 그런지 기침을 계속하는 바람에 잠을 제대로 잘 수가 없었습니다. 어쨌든 그런 힘든 일들을 겪으면서도 부산까지의 전도행전은 계속되었는데, 어느 날 기적이 나타났습니다. 언젠가 내려가 보니 이미 교회를 열심히 다니고 있었습니다. 어쩐 일이냐고 물어보니, 사연이 있었습니다. 하도 인생이 안 풀려서 부산역에서 "단양 영춘사에 가서 3일 금식하고 3천배하면 무슨 기도든 다 응답받는다."는 홍보용 말을 듣고 일단 가서 3일 금식하며 엎드려 간절히 기도했답니다. 기도하고 집에 돌아와 잠을 자는데, 꿈속에서 조카가 항상 말하던 예수님이 자기 제자들과 함께 구름타고 오더라는 것입니다. 그래서 너무 놀라서 "예수님 안녕하십니까?" 하고 절에서 열심히 하던 데로 두 손 모아 고개 숙이고 합장하며 인사를 정중하게 했더니, 예수님이 웃으시면서 "너는 내게도 그렇게 인사하느냐?" 하며 제자들을 자기에게 소개시켜 주더라는 것이었습니다. 그런데 이틀간 같은 꿈을 연달아 꾸었는데 '절에 가서 금식기도 하고 왔는데도 예수님 꿈을 꾸는 것을 보니 나는 필시 예수를 믿고 살아야하는 팔자인가 보다.' 라고 생각되어 그 즉시 깡패 스타일대로 술 담배를 단칼에 끊고 교회를 나가기 시작했다는 것입니다. 담배를 안 피우니 식욕이 당겨서 밥을 많이 먹어 옛날 좋던 체격이 돌아오고, 얼굴이 환해졌습니다. 그리고 택시 운전을 하면서 성실한 삶을 살기 시작했습니다.

그런데 가까운 곳에서 구루마로 과일장사하며 살던 작은 고모네가 있었는데, 고모부는 삼촌과 비슷하게 술을 좋아하다가 중풍이 걸려 반신불수가 되었습니다. 그래도 구루마를 끌면서 장사는 여전히 잘하셨습니다. 부산 가면 삼촌댁에 들렀다가 고모댁에도 덤으로 들러 전도했는데 몸이 불편해도 안 받아들여서 무척 안타까웠습니다. 그런데 삼촌이 돌아온 후, 어느 날 고모댁에 들렀는데 벽에 무슨 깃발이 붙어 있었습니다. 이것이 무엇이냐고 물었더니 "그것은 40일 특별 새벽기도를 제대로 마친 사람에게 주는 인증 선물이야!" 라고 자랑스럽게 대답하는 것이었습니다. 너무 놀랍고 기뻐서 한 순간 머리가 멍했습니다. 그때 깨달은 것은 "전도는 기약 없이 우리가 하지만, 구원의 역사는 주님이 친히 하신다."는 것이었습니다.

막내 동생 이야기를 하나 더 하겠습니다. 막내는 고등학교 1학년 때 집을 나간 후 일 년 동안 소식을 알 수가 없었습니다. 그러다가 경찰서에서 소식이 왔습니다. "동생이 절도죄로 석 달을 교도소에서 살아야 하는데 와보겠느냐?"라는 것이었습니다. 저와 어머니는 급하게 유치장으로 달려갔습니다. 몇 번 가서, 나오면 집으로 돌아오라고 간곡히 권면했지만 소용이 없었습니다. 출소하고 나면 어디서 무엇을 하고 있는지 다시 알 길이 없었습니다. 그러다가 얼마후에 연락이 옵니다. 절도죄로 이번에는 6개월을 살아야 한다는 것이었습니다. 지난번처럼 여러 번 면회를 갔지만 효과는 없었습니다. 출소 후에는 여전히 행방불명 상태입니다. 그러나 가끔씩 살아있다는 것은 확인이 되었습니다. 그것은 가끔씩 집에 돌아와 보면 집안이 좀 썰렁해 보이는 것입니다. 카세트 라디오, 새 옷, 돈 될 만한 가재도구들이 없어지는 것입니다. 우리는 그것을 통해 막내가 다녀간 것을 알고, "아직 살아있구나!" 하고 안심하곤 했습니다.

그러면서 수년이 지나갔습니다. 우리는 서울로 이사를 갔고, 어느 날 어머니께서 "아무래도 내가 막내를 위해서 기도하러 기도원에 올라가야겠다. 이러다가는 아이를 잃어버리겠다."라고 굳은 얼굴로 말씀하시면서, 40일을 하루 한 끼만 먹고 막내만을 위해 기도하러 삼각산의 아는 기도원으로 올라가셨습니다. 40일 후에, 어머니께서 내려오시면서 "막내가 돌아와 내가 기도하던 기도원에 들어가서 새사람 되면 좋겠다."라고 우리에게 말씀하셨습니다. "그러면 우리도 너무 좋지요."라고 그냥 바라는 마음으로 대답을 했습니다. 그런데 놀랍게도 일주일 뒤에 막내에게서 연락이 왔습니다. "형, 집에 돌아가도 돼?" "아, 그럼 되고말고. 우리가 얼마나 너를 기다리고 있는데… 속히 돌아와라. 아무 말도 안 할 거다. 우리는 그저 대환영이다."

어쨌든 다음 날, 돌아온 탕자의 모습 그대로 노숙인처럼 되어 돌아왔습니다. 목욕을 시키고, 새 옷을 사서 갈아입히고, 맛있는 음식을 만들어 먹이고… 물론 식사 때마다 뜨거운 눈물의 감사기도가 어머니와 저를 통해 터져 나갔습니다. 그리고 5일쯤 지나자, 어머니가 막내를 데리고 "너는 기도원에 가서 은혜 받고 새사람 되는 것이 필요하다. 여기 집에서는 힘들 것 같다."라고 하시면서, 지난번에 말씀하신 그대로 가셨던 바로 그 기도원에 데리고 함께 올라가셨습니다. 그것을 보면서 저는 "와! 정말 어머니의 사랑은 뜨겁고, 기도는 진정 놀라운 힘이 있구나… 하나님은 살아 계신다."라고 감탄하였습니다.

막내는 그곳에서 노동도 하고 예배, 시간 기도, 성경암송, 원장님의 안수기도들을 통해 조금씩 변화되어 갔습니다. 3년이 지났는데 어느 날 올라가보니 예배를 위한 찬양을 인도하고 있었습니다. 원장님 말로는 막내가 은혜를 받았다는 것입니다. 막내는 검정고시를 통해 신학교를 들어갔고, 원장님이 중매해서 결혼도 했습니다. 나중에 안수받고 목사가 되어 인천 쪽에서 목회를 하고 있습니다.

선교사역의 시작

신앙생활 시작할 때 주님이 주신 말씀은 "오직 성령이 너희에게 임하시면, 너희가 권능을 받고 예루살렘과 온 유대와 사마리아와 땅 끝까지 이르러 내 증인이 되리라!"(행1:8)는 말씀이었습니다. 그러나 저는 이 말씀이 어떻게 제 인생 속에 이루어질지 전혀 몰랐습니다. 다만 주님은 제자들에게 처음부터

'매우 선교적인 명령을 사명으로 주셨구나!' 라고 생각했고, 그것이 '나의 인생과 관련이 있나보다.' 라고만 생각하고 넘어 갔습니다.

선교의 준비 - 신학으로의 전환

주님은 해외선교를 위해서 미리 국내에서 준비를 시키셨는데, 그것은 신학도로서의 길을 가도록 저의 삶의 방향을 전환시키는 것이었습니다. 고향 근처 무의촌의 하루 평균 환자가 5명 정도였으므로 너무 시간이 많아 개인적인 삶의 미래에 대해 알고 싶어졌습니다. 저는 금식도 하면서 하나님께 저의 미래 사역에 대해 좀 더 구체적으로 알려달라고 기도하기 시작했습니다. 시간이 지나면서 저는 하나님께서 신학을 해서 선교하는 사역자가 되기를 원하신다는 것을 알게 되었습니다. 저는 또 무식하게 서울로 올라가서 겁 없이 부모님께 "저는 이제부터 의사 안 하고 신학해서 목사가 되려 합니다."라고 선포했습니다. 그러자 예상했던 대로 아버지는 "이놈이 이제는 완전히 돌았구나! 옛날에는 노래하는 딴따라가 되겠다더니 의사 안 하고 목사가 되겠다고?" 아버지는 유리 재떨이를 손에 들고 머리를 깨겠다고 흥분해서 소리를 지르시고, 어머니는 꿈이 다 깨졌다고 울고 계셨습니다. 저는 그 위기 속에서도 침착하게 "저도 돈 잘 버는 의사가 되어 효도도 하려고 했는데, 천지 만물을 지으시고 사람을 만드신 하나님이 그 길도 좋지만 너는 이 길을 가야 된다고 하셔서 저도 할 수 없이 목사의 길을 가려는 것입니다. 지금은 이해를 못하셔도 나중에 이해하실 때가 올 것입니다."라고 또박또박 말하고서 도망쳐 나왔습니다. 그리고는 2년 동안 부모님께 못 가고 기도만 했는데, 어머니가 먼저 예수 믿으시고는 "내가 예전에는 몰라서 너를 핍박한 것이 미안하구나…"라고 저를 위로해 주셨습니다. 아버지는 10년 뒤에 돌아와 예수 믿으셨는데, 수년 전에 소천하시기까지 집사로서 교회를 섬기셨습니다.

신학교(장로회 신학대학교 신대원)에 들어가니 한 쪽에 의무실이 만들어져 있어서 화~금요일 오후 1~2시(점심시간)에 신학생 진료를 감당케 되었습니다. 빨리 가서 15분간 식사를 하고 45분간 진료하는데 생각보다 접수하는 학생들이 많아서 수업시간에는 자주 지각했습니다. 그러나 장래 큰 하나님의 일군 될 사람들을 섬긴다는 기쁨이 있어서 하루도 안 빠지고 3년을 봉사했습니다. 봉사를 위해 학부와 신대원에서 의무실 봉사요원을 뽑는데, 다행히 간호사, 치과, 침술사, 물리치료사 출신들도 있어서 10명 이상의 의료원들을 확보할 수 있었습니다. 간단한 의료 상식들을 가르쳐서 강팀을 이루었는데, 물론 우리들의 최고 능력은 합심기도에서 나왔습니다. 당장 힘든 환자들은 기도로 해결했습니다.

여름에는 지리산에 "지리산 선교 동지회"라고 선배들이 지리산의 깊은 산골마다 교회를 세우기 위해 만든 단체의 초청을 받아 여름마다 단기의료봉사를 가게 되었습니다. 한 팀으로 시작했지만 매년 팀이 늘어 나중에는 6년 만에 50개 팀이 만들어져 980명이 70개 마을로 내려가 봉사케 되었습니다. 시간대 별로 나누어 3팀이 내려갔는데, 중간의 메인 팀이 대형 버스 10대(450명)에 나눠 타고 지리산을 향해 내려갈 때에는 "이렇게 계속하면 민족 복음화도 가능하겠구나…!"라는 생각이 들면서 가슴 복받치는 민족 구원의 열정이 타오르기도 했습니다. 그러나 6년 만에 중단하게 된 것은 선배들과 최소한 5

년은 와야 된다는 약속을 지키면서, 6년을 계속 내려갔지만 갈 때만 교회가 부흥되는 것 같고, 다시 가보면 원래대로 교회가 위축되어 있어 큰 의미와 보람을 못 느꼈기 때문이었습니다. 시골교회는 가까운 도시교회들이 자매결연하고 더 자주 돌아보고 항상 기도하며 책임감을 갖고 도울 때 제대로 부흥이 될 것이라고 결론을 지었습니다. 어쨌든 신학생들에게는 국내 농어촌 전도에의 뜨거운 감동과 도전의 열정을 불붙이는 기회들이 된 것은 사실이었습니다. 의무실 팀은 전남 신안 앞바다의 여러 섬들에 "구원선"(교단 소속 전도선)을 타고 밤 11시까지 졸면서 진료 봉사하던 추억도 있습니다.

국내 무료진료 봉사 훈련

   미리 이야기를 해버린 셈이 되었는데, 이제부터는 개인적인 경험을 주로 나누려 합니다. 하나님은 먼저 국내에서 필요한 곳에 무료진료 봉사의 경험을 쌓게 하셨습니다. 신대원 1학년 4월 경, 의무실 봉사가 갓 시작되었던 때, 곁의 동기생이 자신이 봉사하는 교회가 성남에 있는데, 주변이 매우 열악한 곳이라며 무료진료 봉사를 요청했습니다. 지금은 높은 아파트촌이 들어선 곳이지만 그 당시에는 판잣집과 천막촌이 언덕 위로 가득히 들어서 있는 빈민 지역이었습니다. "이런 곳이 있었는가?"라고 속으로 놀라면서 교회에서 진료를 시작했는데, 몰려오는 환자들은 주로 막노동하거나 알코올중독자인 남자들과 밖에 나가 일하고 있는 부인들, 아이들을 돌보는 할머니였습니다. 어느 집은 부모가 다 무기력한 상태라 할머니가 나가서 떡을 팔고, 어느 집은 부모가 다 아이들을 버리고 집을 나가버려 두 아이들이 얻어먹으면서 지내고 있었습니다. 4시간 동안에 숨도 못 쉬고 50여 명의 환자들을 보았습니다. 그리고 왕진 요청이 있어서 언덕 천막집에 들어가니 초췌한 50대 초반의 남자가 이불을 쓰고 누워있었는데, 이미 간경화, 신장병, 위장병 등 여러 병으로 죽어가고 있었습니다. 영양제를 달아주고 약을 좀 지어주고 함께 기도하는데 뜨거운 눈물이 나왔습니다. 이렇게 가까운 곳에, 이렇게 가난과 질병으로 고통 받는 동포들이 많이 있는데 너무 모르고 무관심하게 지냈구나하는 회개와 긍휼의 눈물이었습니다. 그리고 그때 속으로 이런 무료진료 봉사를 좀 더 많이 해야겠다는 결심을 하게 되었고, 하나님은 넘치게 응답을 해주셨습니다.

그 이후로 신림동 난곡, 노량진 산동네, 상계동 중계동 난민촌, 신망애 재활원, 에덴하우스 재활원, 청량리 588 밥퍼 사역 지역, 포천의 고아원들로 사역을 넓혀주셔서 주말은 쉬지 못하고 계속 다녔습니다. 그러나 재활원으로 가면 벌써 문 밖에서 장애자들이 기다리고 있는데, 예배 시에 불편한 손을 흔들면서 무슨 말인지도 모르는 소리를 음정 박자와 상관없이 질러댔지만, 내게는 정말 교회에서는 들을 수 없는 아름다운 천사들의 합창처럼 들렸습니다. 그리고 청진기를 들고 그들의 가슴을 열면 저는 그때 제 완악한 마음이 깨지고 녹아내리는 뜨거운 감동을 느꼈습니다. 저는 그런대로 잘 살아온 줄로 생각했는데 그들의 파리한 가슴 앞에서 저는 예수님의 빈약한 가슴을 보는 느낌이 들면서 저절로 회개하게 되곤 했습니다. 그들에게는 실로 우리와는 다른 때 묻지 않은 천상의 순수함이 있었습니다. 그곳에 가면 진료실에 내려오지도 못하는 장애 환우들을 왕진 갑니다. 지금도 기억나는 환우는 방에서 기어 다니며 지내는 젊은 장애자였는데, 그는 엎드려서 마비된 손에 연필이나

볼펜을 고무줄로 매달아 끼고 지나간 달력 뒤에 시를 썼습니다. 제가 가면 꼭 자기가 쓴 시를 큰 목소리로 낭독해 달라고 부탁했지만 저는 결코 제대로 다 읽을 수가 없었습니다. 그의 시는 하나님의 은혜와 영광을 찬양하는 내용인데, 건강하고 사지가 멀쩡한 우리도 도저히 그렇게 아름답고 감격에 찬 찬송시를 쓸 수 없는 그런 내용으로, 딱 하늘의 천사가 노래하는 그런 내용의 시였습니다. 낭독하다보면 제 자신이 너무 부끄러워서 감동과 회개의 눈물이 흘러나와서 제대로 읽어 내지를 못하곤 했습니다. 그러니 피곤할 때도 있었지만 대개의 경우 제 자신이 은혜를 받고 뜨거워지고 충만해져서 나오기 때문에 그런 봉사들은 자동으로 계속되었던 것입니다. 어떻게 그렇게 많이 힘들게 다니느냐고 질문하는 분들도 있었지만, "한 번 해보고 그 은혜를 경험해 보세요."가 정답일 것입니다.

기억나는 포천 고아원 사역이 있습니다. 처음에 요청받고 "불쌍한 꼬마들을 한 번 보러가자."라는 단순한 마음으로 찾아 갔습니다. 안내자의 인도에 따라 처음 들어간 방에는 대략 12명 정도의 코흘리개 꼬마들이 모여 있었습니다. 그런데 저를 보더니 갑자기 꼬마들이 다 양손을 버쩍 드는 것이었습니다. 저는 당황했지만 저를 환영하는 줄 알았습니다. 갑자기 "누구 만세!" 하는 북한의 고아원이 떠올랐습니다. 봉사하는 자매에게 무슨 뜻이냐고 물었더니, "아이들은 누구나 다 엄마가 가슴에 안고 키워야 건강하게 자라는데, 고아들은 돌봐주는 보모의 수가 적어서 안아주는 횟수가 적은 고로 누가 오든지 안아달라고 손을 드는 것"이라고 친절히 설명을 해주었습니다. 그 말을 듣는 순간 가슴이 싸해지면서 뭉클해졌습니다. 저는 지체없이 한 아이를 안았습니다. 가벼웠습니다. 그런데 문제가 생겼습니다. 나머지 11명의 아이들이 안 안아 준다고 큰 소리로 울기 시작하는 것이었습니다. 저는 당황해서 한 아이를 더 안았습니다. 10명이 울었습니다. 할 수 없이 한 아이를 더 안았습니다. 3명을 안으니까 좀 무거웠습니다. 조금 있다가 세 아이를 내려놓고 다른 세 아이를 안았습니다. 그렇게 해서 12명을 일단 다 안아 주었습니다. 저는 이제 안아주는 사명을 다 감당했으니, 가벼운 마음으로 옆방에 가서 진료를 하면 되겠구나 하고 생각을 했습니다. 그런데 더 큰 문제는 12명의 아이들이 몰려와 내 바지를 붙들고 놓지 않는 것이었습니다. 아무리 친절히 설명하고 설득해도 소용이 없었습니다. 저는 어쩔 수 없이 울면서 완력으로 그 조그만 손들을 떼어 냈습니다. "고아로 버림받은 것도 슬픈데, 이렇게 안아주지도 못해 나까지 마음 아프게 만드는가?" 버린 부모들과 고아원까지 원망하면서 도망쳐 나왔던 기억이 납니다. 그곳에 무슨 고아원들이 그렇게 많았는지… 2시, 4시, 6시 그렇게 세 곳 고아원을 연속 진료했습니다.

해외 선교의 시작 - 해외 단기의료봉사를 시작하다.

신대원 1학년 2학기 초 채플 시간에 필리핀 선교하시는 유동원 선교사님의 간증과 사역보고를 듣고 큰 감동을 받았습니다. 그래서 끝나고 만나서 필요하시면 신학교 의무실 팀이 있으니 요청하면 단기 의료봉사를 가서 돕겠다고 제안하고는 바빠서 잊고 있었는데, 두 달 후에 와달라고 연락이 왔습니다. 의무실 팀들은 난생 처음 해외에 간다는 기쁨이 충만해서 난리가 났지만 비행기 삯 30만원을 구하기는 힘들어 했습니다. 다음 학기 등록금도 겨우 마련하는 신학생들이라(물론 저 자신도 신대원 1학년 2학기 중반 이후부터는 야간

당직하는 알바를 포기하고 주님만 의지해서 재정문제를 해결하는 영성훈련을 시작했으므로 돈이 없었습니다.) 그들의 재정도 제가 반은 마련해야 했습니다. 선배 후배들과 아는 분들을 찾아다니며 도움을 요청했는데, 해외 선교를 간다고 하니 다들 잘 도와주었습니다.

어쨌든 필리핀을 향해 준비를 마쳤지만 그 당시 마르코스 대통령이 쫓겨나기 직전이라 총격전이 있었습니다. 갑자기 현지에서 위험하니 5일 뒤에 선거가 끝나고 들어오라는 통보가 왔습니다. 그러나 다들 짐 싸고 집을 나온 상황이라, 대만의 아는 선교사님에게 연락하니 곧 들어와 산족 선교 봉사 가자고 통화가 되었습니다. 그래서 급히 대만으로 가는 표를 끊고, 타이베이에서 마닐라 가도록 티켓을 조정했습니다. 재정 공급이 넘치도록 되었으므로 문제가 없었습니다.

하나님이 처음 해외 사역의 문을 여시면서 급히 두 나라를 살펴보고 섬기게 하신 것입니다. 사실 가서 보니 해외 선교는 생각보다 시급한 상황이었습니다.

1) 대만 선교

대만은 경상도만한 작은 섬이지만 백두산보다 높은 산이 10개나 있어서 산세가 매우 험준했습니다. 떨어지면 콩가루가 될 것 같은 가드레일도 없는 산길을 굽이굽이 4시간 반을 들어가니 깊은 산속에 산족들이 살고 있었습니다. 장개석 총통이 대만으로 피난 오면서 원주민들을 산속으로 내몰았다고 합니다. 그들에게는 선교사들이 일찍부터 복음을 전해서 작은 교회들이 세워진 마을들이 많았습니다. 우리는 중국어 찬양도 준비했지만 20% 정도만 알아들었다고 합니다. 말이 필요 없는 무언극은 대 인기였습니다. 우리는 진료도 했지만, 먼 서울에서 하나님이 깊은 산골의 그들을 위로하고 돌보라고 친히 우리를 보냈다고, 우리를 통해 하나님이 그들을 외롭게 내버려 두지 아니하시고 많이 사랑하고 계시다는 놀라운 사실을 깨닫기 원하신다고 선포할 때 그들은 감격했습니다. 사실 우리의 계획에는 없었지만 하나님이 친히 그들에게 위로자로서 우리를 보내신 것은 사실이지요.

2년 후, 우리는 그들을 향한 하나님의 위로가 너무나 큰 것을 다시 확인하는 기회를 경험했습니다. 그 해는 해외여행 자유화가 시작되는 해라 엄청난 국민들이 해외로 밀려나가는 사실을 우리는 감지하지 못한 채 평소처럼 12명이 한 달 전에 대만 타이베이 티켓팅을 했습니다. 그리고 일주일 전에 확인해 보니 우리 티켓을 돈이 되는 패키지 여행자들에게 넘기고서는 다른 말로 이리저리 핑계를 대는 것이었습니다. 우리는 여러 방법으로 찾아보았지만 도저히 대만가는 티켓을 얻을 수가 없었습니다. 할 수 없이 우리는 모두 짐을 지고 2일 전에 기도원으로 올라갔습니다. 그 당시 우리의 표어는 "안 되면 기도하라."였기 때문에 포기할 수가 없었습니다. 모두 열심히 "대만 티켓 주세요!"라고 홍해바다 건너고, 요단강 건너는 말씀이나 믿는 자에게는 능치 못함이 없느니라. 믿음대로 될지어다. 놀라지 말고 믿기만 하라! 는 등, 기적을 일으키는 믿음의 말씀들을 찾아 소리 높여 부르짖었습니다. 나중에는 놀러가는 패키지 팀 하나가 다 설사가 나서 못 가고 우리가 대신 가게 해달라고도 기도했습니다.

드디어 더 이상 미루면 못가는 당일 날, 우리는 모두 짐을 지고 끌면서 당당히 김포 공항을 향해 전진해 나아갔습니다. 티켓은 없지만 너무 기도를 많이 해서인지 다들 얼굴이 환했습니다. 도착해서 우리는 몇 사람을 보내서 알아보게 했습니다. 남은 사람들은 앉아 있었는데 기도가 입에서 저절로 흘러 나왔습니다. 30분쯤 지났는데 서울대 정신과 레지던트 올라가는 형제가 급하게 뛰어와서는 "무언가 있어요!"라고 소리치는 것이었습니다. 우리는 몰려가서 상황 파악을 했습니다. 그것은 우리나라에 관광 온 많은 수의 대만 사람들이 돌아가는 티켓을 구하지 못해 애쓰다가 차터(전세기)를 구해서 함께 돌아가게 되었는데 남은 좌석이 있다는 것이었습니다. 우리가 12명이라고 했더니 좌석이 된다는 것입니다. 즉시 허겁지겁 티켓팅을 하고 비행기에 들어가 앉았는데 우리가 비행기 뒤쪽의 마지막 좌석 12개를 차지했고 남은 좌석이 없었습니다. 비행기가 활주로를 떠오르자 비로소 긴장이 풀리고 우리는 모두 눈물에 찬 황홀한 기쁨과 감사의 기도와 찬양을 억제하지 못했습니다. 하나님은 살아계셔서 우리의 간절한 기도를 기적적으로 들어 주셨습니다. 할렐루야! 하나님은 오늘도 내일도 여전히 그러하실 줄 우리는 믿습니다.

그런데 하나님의 기적은 그것이 다가 아니었습니다. 도착한 산족 마을의 작은 교회에서 진료를 시작했는데, 진료하다가 불구자나 어려운 환자들은 처방이 "합심기도"였습니다. 2층의 기도실로 장님도 올라가고, 절름발이도 올려보냈습니다. 주님은 우리의 기도를 들으시고 장님도 눈뜨고 내려오게 하고, 절름발이도 걸어 내려오고, 곱사 같이 허리 굽은 사람도 허리를 펴게 만드셨습니다. 기적들이 계속되어 환자들이 몰려오는 바람에 우리는 새벽 4시까지 진료를 했는데 하나도 졸리거나 피곤하지를 않았습니다. 그 교회 전도사가 "이 마을 교장 선생님이 가장 많이 배우고 똑똑해서인지 아무리 전도해도 예수님을 안 믿는다.”는 말을 하며 아쉬워했습니다. 그런데 그 사이에 교장 선생님은 집에서 잠을 못 이루고 있었습니다. 들려오는 소식은 자신도 잘 아는 이런 장애자들이 기도 받고 나았다는 말도 안 되는 기적의 이야기였기 때문입니다. 그는 참다 참다 못해 너무 궁금해서 새벽 3시쯤 교회에 나타났습니다. 우리는 그에게 기적적으로 치유받은 사람들을 차례로 보여주면서 “확실히 고침 받았지요?”라고 질문하니, 놀라는 표정으로 “스!(맞다는 중국말)”라고 대답했습니다. 그리고 마지막에는 “이러니 하나님이 살아계시지요?”라고 하니, 어쩔 수 없다는 듯이 “스!”라고 대답했습니다. 그래서 “그러니 예수님을 믿어야 하겠지요?”라고 결정타를 날렸습니다. 그러자 그도 할 수 없다는 듯이 “스!”라고 운명적인 대답을 하고 말았습니다. 우리는 곧 예수님을 구세주로 영접하는 기도를 따라 하게한 후, 천국 갈 때까지 변함없이 예수님을 뜨겁게 믿고 전도 잘하는 교장 선생님이 되도록 성령 충만 위해 합심 기도했습니다. 주님은 가련하고 외로운 대만 산족들을 넘치게 위로해 주시면서 그들을 얼마나 뜨겁게 사랑하시는지 저희에게 가르쳐 주셨습니다.

2) 필리핀 선교

우리는 첫 대만 사역을 마치고 연이어 필리핀으로 날아 갔습니다. 선교사는 우리를 루손 섬 최남단의 “이로신, 부르산”이라는 지역으로 데리고 갔습니다. 그곳은 사실 NPA(신인민해방군)라는 공산주의자들이 지배하는 지역을 통과해 가야하는 곳이었습니다. 지프에 올라타고 몸을 돌리기도 힘든 상태에서 20시간을 내려갔습니다. 그 당시 필리핀은 낙후해서 마닐라만 벗어나면 가난한 동네뿐이었습니다. 밤 12시가 되어도 잠깐 들르는 마을마다 물건을 파는 아이들이 잠도 안 자는지 몰려들었습니다. 우리는 위험지구를 지나갈 때마다 코너를 돌기 전에 총에 안 맞으려고 고개를 미리 숙이며 "주여!" 하고 소리를 질렀습니다. 그때는 아무것도 몰라 겁도 없이 내려갔던 것 같습니다만 지금은 못 갈 것 같습니다.

20시간 만에 도착하니 온 몸이 다 쑤셨습니다. 조금 쉬었다가 진료를 하려고 했었는데, 원주민 같은 많은 사람들이 몰려와 있었습니다. "누군가요?"라고 물어보니 모두들 멀리서 하루나 이틀 전에 산속에서 소식을 듣고 미리 와 있는 원주민들이라는 것입니다. 우리는 쉬는 것을 포기하고 할 수 없이 진료를 시작했는데, 모두들 작고 체력이 너무 약해 밀면 쓰러지고, 침을 가볍게 꽂기만 해도 기절했습니다. 그래서 침술사가 침을 손에 들기만 해도 다 도망갔습니다. 알고 보니 다들 하루 한두 끼만 가볍게 먹고 농사짓는 사람들이라 체력이 형편없었습니다. 영양제를 많이 처방하면서 우리들은 점심시간을 기다렸습니다. 엉성한 나무집 2층에 식사하러 올라갔는데, 마침 청소년들이 허름한 기타를 치면서 찬송을 부르고 있었습니다. 그런데 얼마나 찬양을 잘 부르는지 천사들의 화음이 어우러진 천상의 찬양으로 들렸습니다. 감탄하는 마음으로 찬양을 듣고 있었는데, 놀랍게도 몇 곡 듣고 나니 온몸의 쑤시고 아프던 것이 다 사라졌습니다.

딱딱한 나무 침대에서 함께 지내면서 선교사가 마닐라에서 내려와 예수 믿는 한 가족을 붙들고 교회를 시작했다고 합니다. 열심히 같이 일하면서 지냈는데, 음식도 혼자서 몰래 먹지를 못하고 함께 그들의 식사를 동일하게 했답니다. 그러다 보니 한 달 쯤 지나면 영양실조가 되어 얼굴이 노랗게 되고 눈이 잘 안보이게 되어 마닐라로 올라갑니다. 그러면 사모님이 너무 안쓰러워

고깃국을 끓여주면 처음에는 신나게 먹었는데, 기름기가 들어가서 그런지 금방 설사를 다 해버렸다고 했습니다. 그런 식으로 오락가락 하면서 눈물겨운 선교를 통해 오늘의 교회들이 세워졌다는 고백을 듣는 우리의 마음은 뜨거워 졌습니다. 그 자리에서 "오! 하나님, 우리가 이렇게 귀한 선교를 너무 몰랐습니다. 이제부터 단기선교봉사라도 열심히 하겠습니다."라고 저절로 고백이 나왔는데, 하나님이 넘치게 응답하실 줄을 우리는 너무 몰랐습니다.

송요섭

서울의대를 1979년에 졸업하였으며, 본 이름은 송용호다. 의과대학을 졸업 후 공중보건의로 근무하면서 전도활동을 시작하였고, 졸업 후 장로교 신학 대학교 신학대학원을 졸업하고 목사 안수를 받았다. 현재 지구촌가족공동 체 대표로 섬기고 있으며 한국의료선교협회 부회장과 서울의대기독동문회 회목으로 있다.

살아서 역사하시는 하나님

원종수

(종양내과 전문의, 재미 목사)

나는 충남 연기군 어머니 외가에서 1951년 2월 8일 출생했다. 6.25 전란의 포성이 전국을 뒤덮던 혼란 중이었다. 위로 누님이 세 분 있었기에 아들인 나에 대한 집안 식구들의 관심은 각별할 수밖에 없었다.

아버님이 군장교로 전선을 따라다녀야 했으니 우리가족은 어머니와 거의 지냈다. 어머니는 저녁마다 우리들을 모아놓고 가정예배를 드렸고, 새벽기도도 빠지지 않았다. 전선이 가라앉으면서 우리 가족은 대전에 자리를 잡았다. 어머니는 성남감리교회 속장으로 교회봉사에 적극적이셨는데 아버님이 이런 어머니를 못마땅해하시는 바람에 어려움을 많이 겪으셨다.

1954년 아버님이 전역한 후 가정 형편이 어려워지기 시작했다. 특별한 직업을 찾지 못하셨던 아버님은 새로운 일을 찾아 서울로 떠나셨고, 어머님은 삯바느질과 가축 키우는 일로 부업을 하셨다.

내가 4살 때 어머님이 나를 위해 내내 기도하게 된 사건이 발생했다. 그 무렵은 모두가 구호미로 끼니를 채울 때였는데 옆집에서 밀밥을 보내와 누나들과 오랜만에 배부르게 먹었다. 그런데 헛배가 차오르면서 통증이 오기 시작했다. 여러 가지 민간요법을 썼으나 효과가 없었다. 결국 어렵게 병원을 찾았다.

"장이 꼬였습니다. 빨리 수술하지 않으면 목숨이 위험하니 수술비를 마련해 오세요." 의사의 벼락같은 진단에 어머니는 잠시 정신이 나갔다고 한다. 그러나 4살짜리 아들의 몸에 칼을 대면 목숨을 잃을 것 같은 불안감이 엄습해 나를 들쳐 업고 병원을 돌며 기도했다.

"하나님 종수를 살려주세요. 이 애를 살려주시면 주님의 귀한 일꾼으로 만들겠습니다. 제발 목숨만 살려 주세요." 어머니의 이 간절한 서원기도는 결국 내가 수술을 받지 않고도 병상에서 일어나게 했다. 어머니는 이 약속을 지키기 위해 평생 나를 위해 기도드렸다.

이 때문에 한때 나는 미국에 가서도 목사가 되어야 한다는 생각을 했었다. 내가 자라면서 귀에 못이 박히도록 들은 어머니의 이 말씀이 내 신앙의 골격이 되지 않았나 여겨진다.

전교 석차 3백 50등이 서울대 의대합격

성경을 읽으며 신앙에 몰입했던 나는 거의 매일 교회에서 철야기도를 했다.

고등학생이면 한창 공부하고 이것저것에 관심을 가질 나이인데도 기도하고 성경 읽는 것이 즐겁고 기뻤다. 1967년 초겨울의 어느 날이었다. 교회에서 기도를 드리다가 비몽사몽간에 분명하고 우렁찬 음성이 들려왔다.

"종수야, 종수야. 네가 무엇을 원하느냐?"

깜짝 놀랐다. 정신이 멍한 가운데 하나님이라는 생각이 들었다. 그 당시 가정형편이 너무 어려워 하나님께 돈을 달라고 말하고 싶은 생각도 들었지만 주일학교에서 배운 솔로몬의 지혜가 떠올라 지혜를 달라고 말씀드렸다.

당시 나는 하나님의 응답으로 신체적인 변화가 있으리라 기대했다. 하나님께서 응답 주신 것을 깨달은 것은 얼마 후였다. 새벽기도를 다녀와 로마서 16장까지 두 번을 읽은 후 그 말씀들이 살아서 움직이는 것을 느꼈다. 계속 읽고 싶었으나 학교 갈 시간이 되어 집을 나섰다. 성남동에서 대흥동까지 버스비가 없어 걸어가는 동안 이상한 일이 발생했다.

거리의 간판을 쳐다보면 그 간판들이 아까 본 로마서의 성경으로 또렷이 보이는 것이었다. 나는 몸이 허약해 어지럼증 때문에 이런 일이 일어나는 것이라고 여겼다. 병원에 가야 할지 고민도 했다. 그 무렵 나의 학교성적은 동급생 4백 80명 중 3백 50등 정도였다. 매일 철야예배에 새벽기도를 다닌 데다 밴드부를 한답시고 시간을 빼앗겼고, 건강도 좋지 않아 병치레도 잦았다.

"홀어머니에 외아들인 네가 성적이 이게 뭐니. 어떻게 하려고 그래."

담임선생님의 이 말 한마디에 충격을 받은 나는 이때부터 공부에 매달렸다. 공부를 잘하는 것이 하나님께 영광을 돌리는 것이라는 생각도 들었다. 열심히 공부한 뒤 첫 시험을 보는 순간 하나님께서 내게 지혜를 주셨다. 지난번 로마서가 선명하게 들여다보이던 것처럼 내가 공부했던 책이며 노트필기가 고스란히 뇌리에 떠올랐다.

스스로 생각해도 신기한 일이었다. 전교 5등으로 껑충 뛰어 올랐다. 담임선생님과 동급생들이 놀란 것은 당연했다. 그로부터 공부에 재미가 붙어 신앙생활을 열심히 하면서도 책을 손에 놓지 않았다. 나는 전교 1등으로 졸업을 했으며 서울대 의대에 지원, 합격했다.

공부하기 전 반드시 성경 읽고 기도

서울대 3학년 때는 의대기독학생회장을 맡아 무의촌 진료와 봉사활동을 했다. 나도 어려운 처지였지만 누구를 돕고 사랑을 베푼다는 것은 정말 흐뭇한 일임을 깨달았다. 그곳에서 찬송을 인도하고 설교도 했다.

학교성적은 늘 상위였다. 내가 공부하는 방법은 약간 특이하다. 공부하기 전 성경을 한 장 읽어 마음을 가다듬은 뒤 기도를 하고 공부를 시작한다.

"하나님, 제가 지금 공부하는 이 과목이 머리에서 지식이 되기 전에 하나님의 말씀을 더 사모하게 하옵소서. 이 공부가 나의 인간적인 유익을 추구하는 것이 아닌 하나님의 뜻에 합당하게 쓰이는 도구가 되길 원합니다."

이렇게 기도한 뒤 공부하면 피곤도 잊고 공부에 몰입할 수 있었다. 밤을 꼬박 새우고 새벽기도에 간 적도 많았다. 새벽이슬을 맞고 찬송을 부르며 집을 향하는 그 기분은 느껴보지 않은 사람은 모른다.

1975년 2월, 서울 의대를 수석으로 졸업했다. 그리고 전국의사 국가고시에서도 1등을 했다. 나는 이것이 분명 하나님이 주신 지혜로 이루어졌음을 믿는

다. 최선을 다해 공부는 했지만 그것을 이루게 하시는 분은 하나님이시기 때문이다.

대학병원에서 인턴생활을 시작했다. 주위에서 나만 지나가면 수군거리는 소리가 들렸다. '서울의대를 수석졸업하고, 의사고시도 1등 했으며, 아직 총각'이라는 이야기였다. 자만심이 생기는 것 같아 기도를 많이 했다. 나의 학력과 성적만 보고 중매하려는 사람도 많았다.

결혼을 흥정처럼 생각하는 이들을 보면 안타까웠다. 배우자는 하나님이 주시는 선물이라는 생각을 갖고 이를 위해 끊임없이 기도해야 한다고 믿는다. 나는 가난해도 성령 충만한 아내, 하나님을 두려워하며 우리 가족을 친형제 이상으로 대해줄 수 있는 배우자를 만나게 해달라고 기도했는데, 이 기도응답은 서른 살이 넘은 1982년 미국생활에서야 이루어졌다.

인턴생활은 힘들고 바빴다. 미국으로 들어가 더 공부하고 싶었지만 병역의무를 치러야 했다. 홀어머니에 외아들은 방위병으로 병역을 대신하게 되어 있었다. 하나님은 방위병 근무를 통해 나를 철저히 깨뜨려 주셨다.

나도 모르게 서울대 수석졸업생이라는 교만이 들어와 있었는데 방위복을 입은 뒤 이것이 사라져 버렸다. 나이도 서너 살이 어린 고등학교 갓 졸업한 방위병이 단지 일주일 먼저 입대했다는 이유로 심한 욕을 하며 기합을 주는데 무한한 인내가 필요했다. 나는 이 과정을 통해 겸손과 순종의 자세를 배우게 되었다.

하나님은 살아서 역사하시는 분

방위병 근무를 마치고 미국으로 가는 수속을 밟는 나는 들떠 있었다. 그런데 미국 대사관에서 건강진단서를 요청해 검진을 받고 보니 예전에 폐를 앓았던 흔적이 그대로 남아 있었다. 이 사진으로는 미국에 가기 힘들다고 했다. 하늘이 노래지는 것 같았다. 어머니에게 이 사실을 알리자 어머니는 일주일 기도하고 다시 X레이를 찍어 보자고 하셨다. 누나들에게도 이 사실을 알리고 전 식구가 3일 금식기도를 했다.

하나님은 우리의 기도에 세밀히 그리고 정확하게 응답하시는 분이시다. 일주일 뒤 세브란스병원에서 다시 X레이를 찍었더니 시꺼먼 흔적이 있던 부위가 사라져 있었다.

어렵게 여비와 생활비를 마련해 미국행 비행기에 몸을 실었다. 경비를 아끼느라 입양아를 데리고 나가는 일을 자청하여 비행기 표를 제공받았다. 뉴욕공항에 도착해 아이를 인계하고 나니 앞일이 막막했다. 동행했던 미국인의 집에서 하루를 신세지고 하나님께 기도했더니 하지스 목사님 댁으로 가라는 영감이 왔다.

나의 계획은 미국 의사시험을 거쳐 내과의사가 되는 것이었다. 대전에 살 때 어머님이 일을 도와주셨던 하지스 선교사는 한국선교를 마치고 필라델피아 멕키스 포트에서 목회를 하고 있었다. 늦게 버스에 내려 걱정을 하는데 한 할아버지가 하지스 목사를 안다며 교회에 전화를 걸어 주었고, 딘이란 분이 나를 데리러 왔다. 하지스 목사님이 집회를 인도중이니 오늘 밤은 자기 집에서 자고 내일 목사님을 만나라고 했다. 딘의 집에서 하룻밤을 자고 다음날 3

백여 명이 모인 미국인 집회에 참석했다. 이곳에서 나는 다시 한 번 하나님의 놀라운 기적을 체험했다.

미국교회에서 영어간증 술술… 나도 놀라

딘은 다음날 집회에 가면서 예배가 끝난 뒤 간증해줄 것을 부탁했다. 나는 영어가 서툴러 안 된다고 거절했다. 그런데 딘은 예배가 끝난 뒤 한국인 친구 미스터 원의 간증이 있겠다고 광고를 하는 것이었다. 박수가 터져 나왔다. 눈을 감고 정말 간절한 기도를 올렸다.

단위에 올라가자 놀라운 일이 일어났다. 내 입에서 나도 놀랄 정도의 영어가 거침없이 쏟아져 나왔기 때문이다. 30분 정도 하나님께서 나의 삶을 통해 역사하신 과정을 이야기했다.

나는 미시간대학에서 공부하며 인턴생활을 시작했다. 한국의 인턴생활도 힘들었지만 미국이 더 힘들면 힘들었지 못하지는 않았다. 동양인 의사는 찾아보기 힘들었다. 인턴생활을 통해 나는 생각지도 못했던 상황에 부딪쳤다. 나의 주임교수인 아놀드 와이놀러 박사가 인종차별을 심하게 하는 것이었다.

아침마다 환자 상황 보고시간을 가졌는데 내가 보고만 하면 꼬투리를 잡아 잘못됐다고 창피를 주었다. 이것이 계속되다 보니 인턴 사이에서 바보가 되는 것 같아 참을 수 없었다.

그런데 나를 괴롭히던 와이놀러 박사가 두 손을 바짝 든 사건이 발생했다. 나는 취침시간에 최신 의학 잡지와 신문 등을 자세히 정독하곤 했다. 거의 두 번씩 빠짐없이 읽었다.

인종차별 미국 교수 실력으로 눌러

황인종이라고 나를 멸시하던 와이놀러 박사는 아침보고회에서 의학 잡지에 근거한 최신 자료들을 인턴들에게 소개했다. 그런데 날짜나 통계가 다소 틀렸다. 나는 그것은 정확한 것이 아니라고 지적했다.

와이놀러 박사는 인턴들 앞에서 창피를 당했다. 내 머리 속에는 저녁마다 보았던 잡지내용이 그대로 각인되어 있었다. 하나님이 주신 지혜로 책을 통째로 외우며 공부했으니 당할 수 없었다.

와이놀러 박사가 백기를 들었다. 나를 부르더니 도대체 어떻게 그렇게 정확하게 모든 것을 기억할 수 있느냐고 되물었다. 하나님의 주신 지혜의 은사라고 할 수는 없어 서울대학 출신은 다 그렇다고 이야기했다. 그는 내게 다른 병원에 갈 것을 권유했다.

전문의 시험을 보기 위해서는 3년 동안 수련의를 거쳐야 한다. 2년을 마쳐야 다른 병원에 가도록 돼 있는데 1년만 마친 내게 추천서를 써 준 것이다. 미국 학생들보다 1년 일찍 내과 전문의 시험을 볼 수 있게 된 셈이다.

이 무렵 나의 초청으로 미국에 오신 어머니는 내가 침대도 없는 작은 아파트에 지내는 것을 보며 마음 아파하셨다. 어머니의 이 모습을 보니 나의 마음이 더 아팠다.

개업 뒤 더 분발 '진료+전도'

미국의학협회의 개업의 시험을 통과한 1985년 병원을 개업했다. 대학에서 교수 자리를 주겠다며 남아줄 것을 권유했으나 거절했다. 레지던트로 있으면서 체험했지만 미국은 공공장소에서 전도하면 제재가 심했고, 사람들은 이상하게 여겼다. 어머니는 하나님의 자녀로 주님 사역을 감당하게 해달라고 평생을 기도해 오시지 않았던가.

개업하기 전 미시간대학원에서 음악을 전공하던 민윤식 양을 어느 분의 소개로 만나 한국에서 결혼식을 올렸다. 평범한 가정 출신인 그녀와 나는 신앙의 호흡이 맞았다. 데이트를 하면서도 서로 손잡고 기도했던 기억이 새롭다. 우리 부부는 신혼여행 대신 어머니를 모시고 금식기도원으로 가서 3일간 기도했다. 하나님 앞에 먼저 바른 삶을 살 것을 서원하고 기도한 것이다.

개업을 하면 주님이 도와주셔서 환자가 많이 몰려올 것으로 알았다. 그런데 전혀 그게 아니었다. 동양인이라는 것을 알고는 왔던 환자도 슬며시 되돌아갔다. 하루에 서너 명을 진찰하기도 힘들었다. 그러면서도 찾아온 환자들을 위해서는 정성을 다해 진료했다. 그들과 충분한 시간을 가지고 대화하며 병인을 찾아냈다.

어느 날 흑인 환자를 정성껏 치료해 주었더니 자신이 존경하는 흑인 목사가 당뇨가 심해 눈이 멀었는데 치료해 줄 수 있는가라고 물었다. 기다리는 환자가 없었으므로 모셔오라고 하여 병에 대해 1시간 정도 상담을 했고 약도 무료로 조제해 드렸다.

흑인 목사님은 매우 감격해 하며 나를 위해 기도해 주었다. 그로부터 동양인 의사가 친절하고 의술이 뛰어나다는 소문이 나기 시작했다. 이 소문은 삽시간에 퍼졌고 병원은 예약전화를 받을 정도로 바빠지기 시작했다.

물질·명예보다 구원 먼저

나의 일과는 새벽기도로 시작된다. 하루를 열기 전 어스름한 새벽에 주님을 만나는 기쁨은 새로운 활력을 준다.

병원이 암전문병원으로 명성을 얻게 되면서 정신없이 바빠졌다. 수입도 늘어나 좋은 집으로 이사하고 하나님의 선교사역도 열심히 도울 수 있었다. 그런데 자연스럽게 병원을 하나 더 인수할 수 있는 기회가 생겼다. 이 병원을 인수하면 연간 수입이 약 30만 달러 정도 늘어날 수 있었다. 이 돈이면 자선사업이나 선교사업을 더 많이 할 수 있으니 좋은 기회라고 생각했다.

그러나 지금보다 더 바빠 도저히 새벽기도에 나올 수 없을 것 같았다. 이 문제를 놓고 기도하는 중에 응답을 받았다. 하나님은 내가 많은 돈을 벌어 선교사업하고 자선사업하는 것보다도 새벽기도 하는 것을 더 원하신다는 사실이었다.

선교나 자선사업은 내가 하는 것이 아니다. 뜻이 있으면 하나님께서 그 길을 분명이 열어 주신다. 수년 전부터 나는 제 3세계, 즉 복음의 혜택을 전혀 입지 못하는 아프리카나 남미의 정글지역에 들어가 무료진료하며 선교하는 사역에 동참하고 있다. 여기에는 많은 인력과 물질이 필요한데 이것을 하나님은 정확히 공급해 주신다.

미국 내 녹내장 분야의 권위자인 한국인 S 박사도 그중 한 분이다. 나는 전도 대상자를 놓고 6개월 정도 준비기도를 하다가 복음을 전한다. 그래서 이분에게 전도를 했는데 그의 반응이 나를 매우 무안하게 만들었다.

그로부터 6개월 후 S 박사로부터 만나자는 연락이 왔다. 눈물을 글썽이며 암에 걸렸다고 했다. 가슴이 덜컥 내려앉았다. 무안을 당한 뒤 나는 S 박사가 곤고함을 당해서라도 주님께 돌아오게 해달라고 기도했던 것이 뇌리에 떠올랐기 때문이다. S 박사를 위해 기도해줄 것을 교회기도 팀에 요청하고 나 역시 간절히 기도했다. 자신의 몸에서 암세포가 사라졌음을 확인한 S 박사는 온전히 거듭난 신자로 변화되었다. 그는 해외 선교의 막강한 후원자가 됐다. 큰 액수의 헌금을 요청해도 선뜻 주셨고, 안과의가 필요하다면 본인이 직접 해결해 주셨다.

암치료 영적 각성 병행 필수

나의 전문분야는 암환자를 진료하는 것이다. 불치의 병인 암 때문에 수많은 사람이 목숨을 잃고 있다. 그런데 많은 암환자들을 대하다보면 일종의 공통분모를 발견하게 된다.

암환자 중에는 심한 스트레스를 받고 울분을 참아왔던 사람들이 많다는 점이다. 우리 몸에는 자연적으로 나쁜 병균을 몰아내는 항균작용 능력이 있다. 부신피질호르몬과 아드레날린 등이 바로 항균작용 물질들이다.

그런데 기분이 좋고 즐겁고 기쁘면 이런 물질이 급속히 생성되는 반면 갈등과 번민, 원망과 고통이 마음속에 자리하면 이 물질들이 억제된다. 그러므로 사람의 마음 상태가 병을 진전시키느냐 억제하느냐의 관건이 되는 것이다. 미움과 원망이 자리 잡고 있으면 나쁜 균을 잡는 '경찰' 물질이 생성되지 않는 것이다.

나는 예수 믿어 변화되는 중요한 현상이 자신과 이웃과 모든 사람과 화해하고 용서하는 것이라고 말한다. 하나님 앞에 새로운 피조물로 거듭남의 확신과 영생을 소유할 때 우리에게 나쁜 불안과 스트레스가 사라진다. 우리의 모든 병과 고통을 초토화시키는 핵무기가 있다. 그것은 하나님과의 은밀한 기도다. 이 기도만이 우리의 삶을 변화시키고 병을 물리칠 수 있다.

암에 걸린 많은 사람들이 기도하는 내용은 '하나님 왜 나에게 이런 병을 주십니까?' 이다. 그러나 이런 자세보다는 '이런 문제가 있습니다. 나는 이미 죽었으니 문제 해결의 열쇠는 전적으로 주님의 손에 달려 있습니다. 주님이 해결해 주십시오.' 라는 낮아지고 깨어지는 자세가 필요하다.

우리는 길어야 80세인 인생을 멋지고 풍요롭게 살기 위해 모든 정성을 기울인다. 그러나 영원히 사는 영혼에 대해서는 얼마나 관심을 기울이는지 묻고 싶다.

원종수

서울의대를 1975년에 졸업하고, 미국으로 건너가 디트로이트에 있는 미시간대학병원에서 레지던트 과정을 마쳤다. 개업의 시험에 합격하여, 암전문 병원인 오쿠우드병원을 개원하였다. 미국 앤아버 한인연합감리교회 전도사로 활동하다가 시카고의 게렛신학대학원을 졸업하고 박사학위를 받은 후 목사 안수를 받았다. 1990년대 국내와 미주 각 지역에서 수많은 간증 집회를 가졌으며 2012년 9월에 서울대학교기독동문회 초청으로 간증집회를 가진 적도 있다. 현재 미시간주에 있는 웨인대학교 부속병원 종양내과 교수로 재직중이다.

새벽 기도

유형준

(한림의대 내분비내과 교수, 돈암감리교회)

1. 기도의 손을 댔느냐?

"츠 껀라이나?" ("어디가 아프세요?")

여러 해 의료선교를 섬기면서 슬그머니 간단한 현지어를 흉내 낼 수 있게 되었다. 억양을 비롯한 발음이야 물론 어색하기 그지없지만.

의학(medicine)의 어원은 미디어(media)다. 매개(媒介), 영매(靈媒)의 뜻이 가득한 단어다. 의료에서 커뮤니케이션(의사소통)의 중요성은 아무리 강조해도 지나치지 않는다. 대화를 통해 정확한 진단을 내리기 위해 필요한 정보들을 얻을 수 있기 때문에 언어 소통은 의학적 진단과 치료의 정확성을 높이는 훌륭한 수단의 하나이면서, 동시에 환자-의사 사이의 유대관계 형성에 중요한 몫을 차지하고 있다. 이미 2000년 전에 히포크라테스는 "의사는 환자의 말만 잘 들어도 정확한 진단에 이를 수 있고 상당수의 환자는 잘 들어주기만 해도 치료된다."고 말하였다. 또한 우리나라 조선시대의 책에서도 의사의 덕목 중 으뜸을 말을 잘하는 것, 즉 의사소통을 잘하는 의사를 최고로 여겼다.

국적 모호의 용어 한두 개로 제대로 소통을 하기는 쉽지 않았다. 혹시 언어는 메시지 전달에서 7%의 역할만을 한다는 미국의 심리학자 메라비언(Albert Mehrabian)의 법칙에 기대어 비언어적 소통의 가치를 들어 큰 문제가 없다고 지적할지도 모른다. 그렇지만 변변한 진단기구나 장비 없이 "즈 껀라이나?" 한 문장만으로 세미한 외국인의 의학적 표현을 알아채긴 도무지 쉽지 않았다. 더구나 난생 처음 의사를 본다는 이들과 제한된 시간에 버성기지 않기는 대단히 어려웠다.

그런데 답답한 언어 문제를 풀어주고 최신 의료기기의 결핍을 탕감해주는 것이 있었다. 민망한 커뮤니케이션의 효과를 극대화시켜주는 것이다. 바로 촉진이다. 환자의 몸을 손으로 만져서 진단하는 일 또는 그런 진찰법을 이르는 촉진은 한자론 觸診, 영어론 팔페이션(palpation)이다. 내과의사는 특히 촉진을 많이 한다. 맥박을 재고 혈압을 측정하고 갑상선 등을 살피는 대부분의 진찰과정에서 손으로 만지고 접촉한다.

'의사에게 악수는 많은 정보를 얻을 수 있는 보물창고'라는 하버드 의대 명예교수이며 노벨평화상 수상자인 버나드 라운(Bernard Lown) 박사는 '의사는 환자를 만날 때 악수로부터 촉진을 해야 한다.'고 한다. 환자가 기쁘게 손을 내밀고 있는지 머뭇거리며 떨리는 손인지 마지못해 건성으로 잡고 있는지 등을 진단에 참고 사항으로 기록해 두어야 한다고 박사는 강조하고 있다. 그렇다. 손을 대면 몸과 마음의 처지와 상태를 얼마간은 느끼고 알아챌 수 있다. 손에도 소리 없는 말과 표정이 한 움큼 들어 있을게 분명하다. 라운 교수의 제안과 같이 손은 서로의 감정을 고스란히 교환하는 값진 통로의 역할을 한다. 그래서인지 어릴 적 배탈이 나면 배를 쓸어주는 어머니의 손은 배탈을 슬며시 감쪽같이 어디론가 쓸어갔다.

버싸엣(Bersaeth)에서 만난 낯설음에 부끄러워하며 내어 민 고열에 펄펄 끓는 손을 꼬옥 잡고 한없이 울먹이던 손. 캄폿(Kampot) 선교 현장에서 둘러서서 통성으로 부르짖으며 부여잡던 손. 십자가를 짊어지고 가신 세상에서 가장 아름다운 손. 십자가 그늘 아래 병들어 지쳐가는 파리한 손을 잡아주시고 세상에 우겨쌈을 당하여 절망한 여인을 위로하는 손. 큰 못이 박혀 고통이 가득한 손. 나병환자에게 손을 대시자 즉시 치유됐다(막1:40). 시몬의 장모 손을 잡아 일으키시니 열병이 떠났다(막1:30). 불쌍히 여기사 손을 내밀어 대시니 깨끗함을 받았다(막1:40-41). 베드로가 바다에 빠지자 즉시 손을 내밀어 붙잡으시며 "믿음이 작은 자여 왜 의심하였느냐?"(마14:3)고 깨우쳐 주셨다.

말 몇 마디 못 떼는 입술 대신 손은 손끼리 이야기를 나누고 척척 마음이 통하였다. 손이 유창하게 말을 하며 진찰하고 처방을 내리고 치료를 하였다. 신기했다. 저희들의 손으론 해낼 수 있는 일이 아니었다. 다른 손이 함께 하였다. 손을 오므리게 하고 뻗게 하고 의료장비보다 더 섬세하게, 최신 약물보다 더 효험 있게 작동토록 하시는 손이 손과 이야기하고 서로 쓰다듬게 하였다. 위로와 권능과 속죄와 치유를 베푸시는 주님의 손에 쥐어진 하나의 도구로 저희들의 손이 쓰였음을 믿는다. 머리만이 가슴만이 또한 입술만이 아니라 세상에 긁혀 험한 손까지도 메마르고 거친 곳에서 하나님의 도구로 간구의 예배 제물로 사용하셨다. "형제들아 내가 하나님의 모든 자비하심으로 너희를 권하노니 너희 몸을 하나님이 기뻐하시는 거룩한 산제사로 드리라. 이는 너희의 드릴 영적 예배니라."(롬12:1)

만나고 오가는 길이라네요
쥐나고 멍들도록
내밀어 주시고 잡아주세요
마르고 여윈 떨기나무 가지로
얼었다 녹아드는 고드름으로
제 모습 허물어져 볼 수 없어도

싱싱한 손목이 열매를 맺고
튼튼한 힘줄이 열매를 거두듯
가난한 사람이 복을 받고
복 있는 사람에게 복을 더하는

새벽은 손이 되고요
오가는 길 위에 뿌려져
손끝으로 빛 더듬어 우거지는

뿌려야 거둘 수 있는
손이고요

「새벽손」/유담 全文, 시집 『두근거리는 지금』

교만한 게으름에 흔들리는 굽이굽이마다 맞잡은 두 손을 감싸 주시는 주님의 "누가 내 옷에 손을 대었느냐?"(막5:25-34)는 미쁘신 물음의 온기를 이 새벽에 순전히 느끼고 싶다.

2. 그들을 무시하고 귀를 막아라

올해엔 이상 기후라고 한다. 한창 찌는 듯 더운 시간에 맞추어 십 분에서 이십 분 정도 소나기처럼 퍼부어 더위에 찌드는 한계를 역전시켜주는 스콜(squall) 현상이 거의 없다. 고대하던 역전이 일어나지 않는 일이 이처럼 강력한 힘과 의미를 지니고 있을 줄은 미처 몰랐다. 뜨거운 땀이 줄줄 흐르는 목을 목사님께서 얹어주시는 냉수 수건으로 쉴 새 없이 식혀 달래가며 진료에 열중한다. 매번 장소는 다르지만 10년째 동일한 국가에서 하노라니 신체 부위의 현지 용어를 대강은 알게 되어 더러 통역의 도움 없이 간단한 언어 소통도 가능해지니 보다 수월해졌다. 진료의 집중도가 커진 것이다. 좀 더 솔직히 이르면 의료행위에 빠져 마치 스스로의 의술을 베풀고 있는 게 아닌가. 내가 아는 만큼, 내가 치료하는 만큼 만족해하고 있다. 시원한 스콜이 없는 무더위 탓만은 아니다. 내 안에 들어서 추켜세우는 그들의 칭찬에 귀가 멀어 가는 교만이 분명하다. 쭉정이로 말라 흩어지는 교만을 믿음이라고 우기는 아집이 분명하다.

어떻게 해야 하나? 왜 선교를 위한 도구로서가 아니라 의료를 위한 의료를 뽐내고 있는 것인가? 둘째 날의 진료 사역이 시작되는 이른 새벽, 무릎을 꿇는다.

몇 년 전 제자 대학 과정에서 과제물로 제출했던 '벼랑 끝에 서는 용기' (로렌 커닝햄 Loren Cunningham 저/ 문효미 번역) 독후감이 떠오른다.

『가장 눈을 뗄 수 없는 부분은 '세상에서 믿음으로 살기' 에 대한 기술이다. 전문 직업인으로서 부딪치는 간단없는 성경적 충돌, 일상적 업무가 가져다주는 견고한 관성, 복음 전파의 가능성 눈치 보기 등. 이에 대해 저자는 이제껏 대하지 못했던 명쾌함을 보여주고 있다. '세속 세계와 신성한 세계의 이분법은 해악(害惡)이다. 하나님은 신성한 것과 세속적인 것을 따로 나누지 않으신다. 우리가 그렇게 나누었을 뿐이다.' '하나님은 모든 그리스도인을 부르신다.' '우리 모두는 무엇을 하든 영광을 위해 해야 한다.' 그렇다, '무엇을 하는가?' 의 물음이 아니라 '누구를 위하여 하는가?' 여야 한다. 저자가 이르듯이 '직업을 가진 그리스도인은 자신이 선교사' 라는 사실을 기억하면 된다. 어디에서 어떤 직업 일을 하는가는 문제가 아니다. 자신이 선교사로서 자각하고 일하는가 아닌가가 평가의 판별 기준이다. 저자는 직장에서 근무하며 가져야할 덕목을 구체적으로 '정직', '섬김' 등을 들고 있다. 이는 직장에서 그리스도임을 겉치레로 드러내지 않고 정직하고 섬기는 직장인으로 드러나면 그 자체가 선교사로서의 귀한 사역을 하고 있는 것이라는 의미로 여겨진다. 저자의 표현대로 '선교위원회에서 파송한 사람도 아니고 챙 달린 모자를 쓰거나 큰 성경책을 들고 다니지 않지만 그는 어느 모로보나 선교사다!' 그래서 '성경이 말하는 믿음은 맹목도 도약도 아니다.' '믿음은 어떤 일이 일어나기 전에 그 일이 일어나리라.' (히11:1)고 믿는 것이다.』

믿음이다. 믿음이 허약한 틈새로 스며든 그들이 알량한 의술을 세워주었구나. 세워주는척하며 독한 나약함으로 교만을 도닥였구나. '너는 의술 밖에 잘

하는 게 없어.' 라는 말을 '네 의술은 믿음 그 이상의 것이야.' 라고 바꾸어 속삭이고 있었구나.

『당신은 아무것도 달성할 수 없다고 말하는 사람들을 무시하라. 당신이 똑똑하지도 않고, 재빠르지도 않고, 크지도 않다고 말하는 사람들 앞에서는 귀를 막고 그들을 무시하라. 당신의 귀를 솜으로 틀어막을 때에 비로소 신념이 싹트기 시작한다.』

오하이오 기독대학교(Ohio Christian University)를 졸업한 후 아주사 신학대학원(Azusa Pacific University)에서 석사와 박사 학위를 받고 현재 세계적 리더십 전문가이자 작가인 맥스웰이 쓴 '꿈이 나에게 묻는 열 가지 질문(Put your dream to the test)' (이애리 번역)에 실린 글이다. 맥스웰은 가버나움 회당장의 딸인 야이로의 소생을 예로 들어 글을 잇고 있다.

『예수님은 즉시 야이로를 향해 이렇게 말씀하셨다. "두려워하지 말고 믿기만 하라." 예수님은 야이로가 보지 못한 것을 보게 하셨다. 예수님이 "믿기만 하라." 고 말씀하셨을 때는 이렇게 간청하신 것이다. "보이는 것에만 가능성을 가두지 마라. 들리는 것만 듣지 마라. 논리에만 지배받지 마라. 삶에는 눈에 보이는 것 이상이 존재한다는 사실을 믿어라.』

그렇다. 그들의 칭찬도 세상의 폄하도 믿음으로 분변하자. '하나님의 사랑의 마음을 가지고 선교에 임하여 하나님의 영광만 나타나도록' 선교를 준비하던 기간의 합심 기도 제목에 다시 매달린다. 사람에 의한 선교가 아닌 교회에 의한 선교가 아닌 하나님의 선교여야 함을. 하나님의 선교여야 하나님의 관심만이, 그 관심이 전 세계 열방과 전 세계 모든 사람을 품는다. 하나님의 선교만이 하나님의 사역임을. 그리고 그것은 주어진 명령이고 감당일 뿐임을. 응답을 얻든지 못 얻든지, 또한 가능성에 대한 인간적 갈등과 맞닥뜨리든 아니든 다만 순종하고 충성할 뿐임을.

복음 갈급한 무더운 땅 끝 이곳에서 선교의 이름으로 기도할 수 있는 것만도 참으로 큰 은총이다. 하강 속에서 상승을 찾게 하시고 암흑 속에서 미명을 열어 빛을 더하시는 은총이다. 새벽마다 산 밑 세상으로 내려가면 한없이 산 밑으로 올라가게 하시는 긍휼의 은총이다.

새벽마다
산 위에서 산 밑으로
올라갑니다

세상 모든 잠들이
교차로마다 성호를 그을 때
설 깬 밤들
붉은 등 하나씩 눈꺼풀에 매달고
나머지 모든 색깔 어디론가
부시시-
순례를 떠납니다

얼마나 더 내려가야 올라가는가

어디까지 어두워야 밝아오는가

올라갈수록 내려가는
내려갈수록 올라가는
미명의 엇갈림

새벽마다 산마루가 내려갑니다
산 밑으로 눈 비비며
올라갑니다

「새벽기도」/유담, 全文, 시집『두근거리는 지금』

사역지의 새벽은 유난히 깊다. 그들의 소리에 멀어가는 귀를 막고, 내 안팎
에서 속삭이는 그들의 소리에 귀를 꼭 막고.

유형준

서울의대를 1977년에 졸업하고, 동대학원에서 박사 학위를 받았다. 국립의
료원 내과를 거쳐 한림의대 한강성심병원 기획실장을 역임하였으며, 현재
한림의대 강남성심병원 내분비내과 교수로 재직 중이다. 대한영양학의학
회 회장, 대한비만학회 회장, 대한노인병학회 회장, 대한의료커뮤니케이션
학회 회장, 한국의사시인회 회장 등을 역임하였다. 시인(필명 유담)으로 등
단하여 〈닥터 K〉, 〈두근거리는 지금〉 등의 시집이 있고, 수필가로서 박달회
회원이기도 하며, 산문집으로는 〈쉼표 그리고 느낌표〉, 〈그리운 암각화〉 등
이 있다. 현재 돈암감리교회 장로로 시무하고 있다.

문서선교(건강과 생명)와 나의 신앙

이왕재

(서울의대 교수, 허브교회)

26년 전 비타민 C을 이용한 건강 에세이를 쓰라 해서 맺은 선교 잡지, 건강과 생명(이하 건생)과의 인연이 이제 4반세기를 넘고 있다. 많은 분들이 참여했지만 결국 필자와 차 한 교수만 끝까지 남아서 운영과 편집을 각자 맡아서 오늘에 이르고 있다. 돌아보건대 하나님의 은혜에 감사할 일뿐이다. 우선 재정적으로 너무 어렵기 때문에 이 책을 직접 제작하는 젊은 직원들의 고생이 이루 말할 수 없지만 정말 신앙 좋은 많은 젊은이들이 애를 써 주셨다.

현재 근무 중인 이승훈 부장, 장정선 자매, 유재은 자매는 말할 것도 없고 모든 분들이 정말 박봉과 열악한 근무 조건에도 마치 작은 교회를 섬기듯 최선을 다하는 모습에서 건생의 고귀한 일면을 보게 된다. 특히 이 승훈 부장은 10년이 넘는 세월을 애써 왔다. 요즘의 세태로 볼 때 솔직히 건생이 갖는 생업을 위한 직장으로서의 가치는 물어 볼 필요조차 없을 정도다. 봉급이 제법 되는 중소기업조차 젊은이들에게 외면당하는 작금의 현실을 두고 이름이다. 선교에 대한 투철한 사명감이 없다면 누구도 건생을 전망 좋은 직장이라 여길 수가 없다.

이 자리를 빌어 그간 26년이라는 제법 긴 기간 동안 건생이 멈추지 않고 발간되게 애써주신 이전의 젊은 직원들에게도 그 이름을 일일이 열거하지 않더라도 심심한 감사의 인사를 드린다. 현재의 세 분에게는 더 할 나위 없지만… 아울러 필자와 함께 정말 지난 26년을 여일하게 꿋꿋이 편집회의를 주도하여 책이 만들어지는 과정에서 철저한 철자 교정부터 내용 검증 등 중요한 역할을 묵묵히 도맡아 준 차 한 선생의 애씀에도 무슨 말로 치하를 할 수 있을까? 그저 조건 없는 감사, 감사, 감사가 답일 뿐이다.

일 년에 몇 차례 모이지는 못하지만 편집위원으로 애써주신 위원들에게도 감사 외에는 드릴 말씀이 없다. 문서선교의 중요성을 확실히 인식하여 많게는 10년 이상, 아니 몇 년이라도 수 만원에서 10만 원 이상을 재정 후원해주시는 후원자들에 대한 감사 또한 무엇으로 답하랴! 광고기간의 개념조차 없이 광고로 오랜 기간 후원해 주고 계시는 (주)고려은단과 한신기계공업주식회사, 안동병원에게 드리는 감사의 인사 또한 그 무게를 측정할 길 없다. 금강제화, 유한양행, 인삼공사, 영진제약, 광동제약 등의 회사에게도 머리 숙여 감사의 인사를 드린다.

건생의 말 못할 특징 한 가지는 글을 쓰신 분들에게 원고료를 지불하지 못하고 있다는 사실이다. 이 자리를 빌어 글로 재능기부를 해주신 많은 분들에게도 무한 감사를 올린다. 작은 정성이지만 계속적인 정기구독을 통해서 건생을 도와주시는 분들이야말로 풀뿌리 후원자라 말씀드리지 않을 수 없다. 필자의 바램은 보다 많은 풀뿌리 후원자들이 건생을 키워 나가는 것이라는 점을 감히 말씀드린다. 그러한 정신이 어찌 보면 건생이 갖는 근본적 취지에 맞는다고 볼 수 있다. 즉, 보다 많은 분들에게 읽히게 하는 것이, 그래서 그들 건강에 도움이 되게 하고 나아가서는 하나님 말씀으로 은혜를 받는 사람, 더 나아가서는 하나님을 영접하는 분까지 나오게 하는 것이 궁극적 목표임을 다시 천명하지 않을 수 없다.

실제 최근 교계의 동향을 살펴보면 거의 새로운 결신자가 늘지 않고 있다 한다. 그러나 건생 잡지는 병원에 제공되었을 때 유일하게 없어지는 잡지라 한다. 병원에서 진료 시간을 기다리면서 이 잡지를 우연히 보게 되는데 그 내용이 귀해서 집으로 가지고 가서 읽는다는 이야기다. 그러면서 자연스레 하나님을 만나게 될 수 있는 일이니 얼마나 귀한 일인가? 다시 돌아보니 1990년 대 말 IMF 때가 가장 기억에 새롭다. 많은 월간지들이 재정난을 견디지 못하고 문을 닫는 동안 우리 건생은 단 한 호의 결호도 없이 오히려 더욱 단단한 모습으로 발전을 거듭했던 기억이 새롭다. 많은 풀뿌리 후원자들의 도움의 덕이었음을 새삼 알리기를 원하며 다시 한 번 절절한 감사의 인사를 드린다.

건생 나이 이제 26세, 인생의 여정에서 이제 막 모든 준비를 마치고 홀로서기를 시작하는 나이다. 돌아보니 20세를 넘으면서 10대 때와는 다른 모습으로 홀로서기 준비를 해왔음을 새삼 느끼게 된다. 특히 25세를 준비하는 2015년에 들어서면서 잡지의 장정과 틀에 참신한 새로운 변화를 주면서 홀로서기를 위한 새로운 다짐의 의지를 보인 바 있다. 그럼에도 불구하고 아직도 많이 부족하고 나약하기 짝이 없다. 겸손한 마음으로, 많은 독자들을 섬기는 마음으로 문서선교의 사역을 위해 최선을 다할 것이다.

건생은 지금까지 최고의 건강 전문가들을 필자로 모셔 각 부문별 인간 육체의 건강을 위해 나름 최선을 다해 왔다. 아울러 또 한편에서는 완악한 세상에서 피폐해지는 영혼의 건강을 지키기 위해 생명이신 말씀을 부족하지만 공급해 왔다. 즉, 육신의 건강과 궁극적으로는 영혼의 건강 지킴을 위해 앞으로도 건생은 혼신의 노력을 경주할 것이다. 이를 믿으시고 계속해서 건생을 사랑해주셔서 끊임없는 후원으로 건강한 30세를 맞을 수 있도록 도와주시기를 당부드린다. 아울러 지금까지 지켜 주시고 날마다 위에서 내려오는 사랑을 체험하게 하시는 하나님의 은혜에 다시 한 번 감사드리며 건생의 모든 가족들이 영육 간에 강건하게 되시기를 간절히 기도드린다.

이왕재

서울의대를 1982년에 졸업하고, 본 대학원에서 석·박사 학위를 취득하였다. 국립경상의대 해부학교실 주임교수를 거쳐 현재 서울의대 해부학교실에 재직하면서 서울대학교 교무부처장, 서울대학교 기초교육원 원장, 서울의대 연구부학장, 서울의대 통일의학센터 소장을 역임하였다. 대한면역학회 회장을 역임하였으며, 서울의대기독학생회 지도교수로 섬기면서 성산생명윤리연구소 소장을 역임하였고, 서울기독의사회 수석부회장을 맡고 있다. 건강과 생명 발행인으로 활동하고 있으며, 수많은 비타민 C와 건강에 관한 강연, 신앙 간증 등을 해오고 있다. 허브교회에서 안수집사로 다락방장으로 섬기고 있다.

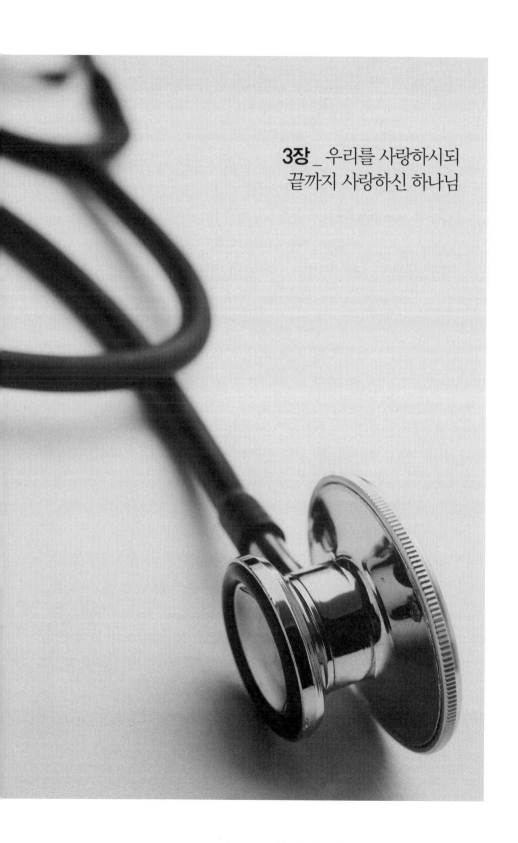

3장_ 우리를 사랑하시되
끝까지 사랑하신 하나님

우리를 사랑하시되 끝까지 사랑하신 하나님

이왕재

(서울의대 교수, 허브교회)

1996년 12월 21일!

아마 이 날은 평생을 두고 잊지 못할 날이 될 것 같다. 지방에서 친구들과 토요일 오후 시간을 보내고 있는데 하나밖에 없는 딸 '하나' 가 교통사고로 다쳤다는 연락을 받았다. 부랴부랴 상경하여 딸이 입원하고 있다는 건국대 부속 병원인 민중병원에 도착하여 상황을 알아보니 최소한 딸 하나가 죽지는 않았다는 사실이고 의식이 있다는 사실도 알게 되었다. 도착했을 즈음 컴퓨터단층 촬영을 위해 카트에 실려 옮겨지고 있었던 때인데 지금 생각해도 나는 그렇게 딸의 교통사고에 의연하게 대처하지 못했던 것 같다. 울부짖으며 카트를 따라 가면서 딸아이를 오히려 더 불안하게 만들어 주위 사람들로부터 강한 제지를 당했던 기억이 새롭다. 오히려 아내가 더 의연하게 행동하는 것을 보고 여자들이 남자들보다 강하다는 말이 맞나 보다하는 생각을 한 그 당시의 기억이 새롭다. 정신을 차리고 자초지종을 들으니 들은 이야기와 환자인 딸아이의 상태는 전혀 믿어지지 않을 정도로 판이했다.

이야기인 즉, 주차된 차들 앞에서 운동화를 고쳐 신으려고 허리를 굽힌 순간 딸 쪽으로 우회전하던 차가 미처 어린 딸을 보지 못하고 그냥 지나치는 순간 주차경비원의 외침을 듣고 운전자는 급정거를 하였지만 이미 그때는 차의 앞바퀴가 딸의 가슴과 복부 경계 부위를 타고 넘어 선 때였다. 주차경비원의 '스톱!' 하는 외침에 영문도 모른 채 차를 세운 운전자는 차에 내려서야 비로소 사태의 절박함을 깨달았다고 한다. 뒤에 운전자로부터 들은 이야기지만 우회전을 하는 순간 분명 그곳에 과속방지용 턱이 없는 곳임에도 불구하고 앞바퀴가 무언가를 넘는 듯한 느낌을 받아서 조금 이상했었노라는 이야기까지 듣고서야 나는 우리 딸아이가 당한 사고가 어떤 사고였는지에 대한 감을 분명하게 잡았다. 아내는 그 승용차의 앞바퀴와 뒷바퀴 사이에서 딸아이를 꺼낸 뒤 병원 응급실로 급하게 데려갔는데 아이가 의식이 있고 큰 외상이 보이지 않았기에 큰 걱정은 하지 않았노라는 이야기를 했지만 나는 그 당시 몹시 아내를 나무랐던 것으로 기억된다. 임상의사는 아니지만 의과대학을 졸업했고 한때 임상을 하려고 인턴까지 마친 필자의 생각으로 이런 상황이라면 우선 딸아이의 간이 무사할 리가 만무하고 경우에 따라서는 폐와 심장까지도 큰 손상을 당했을 것으로 보는데 혈압이 약간 떨어져 있는 것 외에 심각한 장애가 관찰되지 않고 있는 점에 매우 의아해 하고 있었다. 컴퓨터단층촬영 등의 조사 결과 복부에 피가 고여 있긴 하지만 그 고이는 속도가 매우 완만하여 급성 출혈은 없는 것으로 보인다는 말을 담당의사로부터 듣고 그 날 저녁을 민중병원의 중환자실에서 넘긴 후 다음 날인 주일 오후에 급히 서울대병원 소아 중환자실로 이송하였다.

첫날, 딸아이를 민중병원 중환자실에 둔 채 집으로 돌아와 거의 밤새워 눈물로 기도드리며 가슴아파했던 기억이 새롭다. 왜 하나님이 이런 어려움을 주시는 것일까? 딸아이는 사실 결혼 후 9년간의 불임기간을 거쳐 어렵게 시험관내 수정을 통해서 얻은 아이였다. 그 아이를 얻을 때 주위에서 얼마나 많은 주안에서의 형제, 자매들이 기도를 해 주시었던가? 그 아이를 얻은 것은 우리 가족과 그 당시 주위의 많은 분들의 기도의 결과였다는 사실에 대해서는 의심의 여지가 없었다. 그런데 이것은 무슨 일인가? 하나님의 음성을 듣는 데는 크게 시간이 걸리지 않았다. 밤새워 눈물로 기도하는 가운데 아직도 우리를 사랑하신다는 주님의 음성이 쟁쟁하게 귀를 때렸다.

당시 필자는 출석하는 교회를 옮기는 문제로 다소 신앙에 회의를 가지고 방황을 하던 때였음을 고백하지 않을 수 없다. 독자들도 잘 아시는 바와 같이 10년 가까이 출석하던 교회를 옮기는 일이란 그렇게 간단하지만은 않다는 것이다. 우선 그날 기도 가운데 기쁨으로 교회를 옮기는 일을 확정할 수가 있었다. 사람 위주의 신앙이 하나님 위주의 참 신앙으로 확인되는 순간이었다. 돌아보건대 많은 분들이 아직도 목사님이나 가까운 교인들과의 관계 때문에 문제가 있어도 교회를 옮기지 못하고 힘든 신앙생활을 하는 것을 보게 되는데 하나님과의 바른 관계가 이루어진다면 그것은 큰 문제가 될 수 없다는 사실을 분명하게 깨닫게 되었다. 다음 날 아침 아내와 함께 옮기려고 마음먹었던 교회에 출석을 하였다. 아침에 미리 준비한 감사헌금을 드리고 마음 깊이에서 우러나오는 감사의 기도를 드릴 수 있었다. 분명 하나님은 아직도 우리를 뜨겁게 사랑하고 계시다는 확신이 마음에 가득 차게 되자 마음이 평안해지기 시작했다. 여러 가지 이유를 생각하여 그날 오후에 필자가 근무하고 있는 서울대병원으로 딸아이를 옮겼고 많은 선배, 후배, 동료 교수들이 성심성의껏 딸아이의 쾌유를 위해서 치료에 전력을 다 해 주었다. 말 할 것도 없이 서울의대 기독동문들의 이어지는 방문과 아울러 중단 없이 이루어진 사슬기도야말로 하나님의 능력을 나타나게 한 가장 큰 동기였음을 만방에 알리지 않을 수 없다. 그야말로 우리는 주 안에서 하나된 형제요, 자매임을 확인한 값진 계기였다.

서울대병원으로 옮기고 나서 다시 촬영한 컴퓨터단층촬영 결과를 판독한 방사선과 친구 교수 말에 의하면 간의 형체가 그려지지 않을 정도로 망가져 있음에도 불구하고 큰 출혈이 없었다는 이야기는 거의 기적에 가깝다는 이야기로 나를 위로하였다. 생각해보니 내가 바로 간의 발생에 대해서 우리 1학년 학생들에게 강의를 하지 않았던가? 질긴 혈관 망 사이로 내배엽기원의 간세포들이 끼어 들어가는 것이 간의 발생 과정임을 생각해 볼 때 결국 혈관 망 주위의 간세포들은 망가졌지만 질긴 혈관들은 크게 망가지지 않았기 때문에 울혈성 출혈에 그쳤던 것이다. 그러나 지금도 이해하기 어려운 것은 분명 담관이 파열되어 담즙이 혈액으로 흘러들어갔을 텐데, 혈액담즙증(hemobilia)이 오지 않은 이유가 무엇일까? 혈액담즙증이 올까 봐 전전긍긍하셨던 소아외과의 박귀원 교수님께 제대로 감사하다는 인사 한 번 드리지 못했음을 이제야 깨닫고 송구한 마음을 전한다.

상황이 상황인지라 딸아이의 몸에는 A 라인(line), B 라인 해서 손과 발 한 군데 빠짐없이 혈관주사가 꽂혀 있고 심지어는 목정맥(jugular vein)에까지 정맥주사선이 연결되어 있고 오른쪽 겨드랑이 근처 가슴에는 혈흉(hemothorax) 치료를 위해 가슴관(chest tube)까지 꽂혀 있으니 그 모습이란 가련해서 볼 수 없을 지경이었음은 임상 선생님들은 너무나 쉽게 상상해 볼 수 있을 것으로 생각된다. 겁이 유난스럽게 많아서 주사 한 번 맞는데도 난리를 치는 녀석에게 온 몸에 주사를 꽂아 놓았으니 난리를 칠 법한데 너무나 잘 참고 견디는 것을 볼 때 대견하면서도 한편으로는 더 가슴이 아팠다. 생각해 보니 60여 년을 살면서 그때 만큼 간절히 기도해 본 적이 있는가 하는 생각을 하면서 성경의 욥을 생각해 보았다. 욥이 당한 고통은 사실 이번에 내가 당한 고통과는 비교도 되지 않는다는 사실을 성경 속의 문자만을 보고도 알 수 있지만 남의 고통이라는 간접 경험과 나의 고통이라는 직접 경험 사이에 얼마나 큰 차이가 있는지를 생생하게 체험하는 계기였음을 고백하지 않을 수 없다.

1996년이 끝나고 1997년 새해가 시작되어 정초에 우리 대학의 신년하례회가 1월 2일의 아침 이른 시간에 교수 회의실에서 열렸다. 오는 순서대로 서서 뒤에 오는 사람들과 신년인사를 하고 덕담을 나누는 방식의 하례식이었다. 그날 100명이 넘는 선배, 동료, 후배 교수들과 인사를 나누는 중에 내가 받은 인사의 대부분은, "이 선생, 열심히 기독학생들을 지도하며 기도하더니 그래서 하나님이 당신 딸을 살려 주신 모양이야!" 이었다. 필자는 참으로 적극적이고 직접적인 전도를 거의 해 본 적이 없다. 그럴 만한 지혜도 용기도 없기 때문이었다. 그런 필자의 어리석음을 하나님은 아시고 이런 방식으로라도 간접적인 전도를 하게 하시나 보다 하는 생각을 했었던 기억이 새롭다. 결코 기독교인이 아닌 교수들조차도 하나님을 이야기하면서 내게 덕담을 하니 더욱 그런 생각을 하게 되었다.

1997년 1월 4일, 딸아이가 교통사고를 당한 지 꼭 2주일이 되는 날, 주치의 교수이신 소아외과의 박귀원 교수께서, "이 선생, 오늘 퇴원해도 좋을 것 같아."라고 말씀하시는데 나는 너무 놀라지 않을 수가 없었다. 죽음의 경계를 넘나드는 지경에 있었던 것이 며칠 전인데 벌써 퇴원을 할 수 있단 말인가 하는 의구심 때문이었다. 박 교수님은 이미 심장의 상태, 간의 상태, 폐의 상태 등을 다 점검했는데 이젠 큰 문제가 없으니 퇴원하라는 말씀을 남기시고 병실을 떠나셨다.

앞에서도 이야기 한것처럼 필자는 간의 발생을 강의하는 해부학 교수다. 2주 전에 자동차의 앞바퀴에 의해서 짓이겨진 간이 2주 만에 완전히 새로운 모습으로 재생되는 모습을 필자에게 생생하게 보여 주시며 생명창조의 과정을 어리석은 자에게 재현해 주신 것이 아니고 무엇이란 말인가?

길게 설명했지만 한마디로 4년 6개월 된 어린 아이의 몸 한 가운데로 승용차(로얄 프린스) 앞바퀴가 통과하고도 살아 있다는 것을 그 누가 쉽게 믿으려 하겠는가? 그 사실만으로도 기적이라고 하기에 충분한데 짓이겨진 간을 2주 만에 다시 만드는 과정을 보여 주시어 학문을 업으로 하고 있는 필자에게 생생하게 깨닫게 해주심으로 자칫 기적이 주는 비논리성 혹은 비합리성의 시비까지 일거에 제거해 주시니, 교만하기 쉬운 지식인 집단인 서울의대 교수들에게까지 하나님의 살아 계심을 증거한 사건이 아니고 무엇이겠는가?

이 사고를 통해서 부족하기 짝이 없는 필자는 살아 계신 하나님은 간이 서늘할 정도로 분명하게 그리고 확실하게, 정교하게 우리의 삶을 지키고 계시다는 사실을 분명하게 깨닫게 되었다.

"내가 산을 향하여 눈을 들리라. 나의 도움이 어디서 올꼬? 나의 도움이 천지를 지으신 여호와에게서로다. 여호와께서 너로 실족치 않게 하시며 너를 지키시는 자가 졸지 아니 하시리로다. 이스라엘을 지키시는 자는 졸지도 아니하고, 주무시지도 아니 하시리로다. 여호와는 너를 지키시는 자라 여호와께서 네 우편에서 네 그늘이 되시나니 낮의 해가 너를 상치 아니하며 밤의 달도 너를 해치 아니하리로다. 여호와께서 너를 지켜 모든 환난을 면케 하시며, 또 네 영혼을 지키시리로다. 여호와께서 너의 출입을 지금부터 영원까지 지키시리로다." (시121편)

이왕재

서울의대를 1982년에 졸업하고, 본 대학원에서 석 · 박사 학위를 취득하였다. 현재 서울의대 해부학교실에 재직하면서 서울대학교 교무부처장, 서울대학교 기초교육원 원장, 서울의대 연구부학장, 서울의대 통일의학센터 소장을 역임하였다. 대한면역학회 회장을 역임하였으며, 서울의대기독학생회 지도교수로 섬기면서 성산생명윤리연구소 소장을 역임하였고, 서울기독의사회 수석부회장을 맡고 있다. 건강과 생명 발행인으로 활동하고 있으며, 수많은 비타민 C와 건강에 관한 강연, 신앙 간증 등을 해오고 있다. 허브교회에서 안수집사로 다락방장으로 섬기고 있다.

하나님 나라를 이 땅위에

이용식

(건국대학교 의학전문대학원 이비인후-두경부외과 교수)

돌이켜 보면 내가 졸업한 지도 어언 34년이 흘렀다. 아련한 기억 속에 떠오르는 얼굴들, 얼굴들. 이름도 가물가물하기까지 한다. 내가 그 당시 베다니에 출입을 하긴 했지만 지금처럼 확실한 신앙을 갖고 있지는 않을 때였기 때문에 함께 봉사 활동을 할 때는 좋았지만, 기도할 때는 무척 어색하기도했던 게 사실이다. 특히 나처럼 자유분방한 사람이 종교적 분위기에서 기도할 차례가 되면 무척 당황했던 기억이 난다. 그래도 의료봉사는 재미가 있어서 여기저기 따라 다녔다. 산동네 어려운 가정을 가가호호 돌며 결핵약도 나누어 주고 약도 싸고 했던 기억은 지금도 생생하다. 그런데 그런 경험 때문이었을까? 지금은 그런 봉사는 하고 싶지가 않다. 일시적인 의료봉사의 무의미함을 너무 일찍 깨달았기 때문이리라. 그래서 그 당시에 '민중신앙' 이니 하는 운동에 심취하는 후배들도 생겨나지 않았나 싶다. 그 중 김정범 군은 아직도 인도주의실천 의사협회에서 열심히 일하고 있다.

당시 '한국대학생선교회(CCC)'라는 전도 단체에 소속된 어떤 아주머니를 만나게 되었는데 나를 데리고 자기 사무실(?)에 데리고 가서 성경을 펴고 열심히 전도해 주던 생각이 난다. 그때는 그게 귀찮아서 피해 다니기도 했는데 지금은 가끔 그때 일이 생각난다. 그분은 어린 아이들의 어머니이기도 했는데 너무 전도에 열심을 내시느라 자기 몸을 못 돌보셨는지 얼마 후 돌아가셨다는 얘기를 듣고 마음이 아팠던 기억이 난다. 3학년 때 락커룸에서 복학생인 형이 "용식아 오늘 나랑 우리 교회 가보자." 하는 말에 이끌려 서초동 서울교회를 다니기 시작했고 졸업과 입대하기 전까지 그곳에서 성경적 지식과 교회생활에 대해 배운 것이 지금의 나를 형성해 주었다. 지금은 그 형과는 연락이 되지 않지만 늘 감사한 마음을 가지고 있다. 내가 처음 예수님을 알게 된 것은 고등학교 2학년 때 영락교회에서 청소년 대상으로 외국인 선교사가 지도하는 성경공부 모임에 참석한 때였다. 그때 선물로 받은 영어 성경을 집에서 읽었는데 그때 그 말씀들이 내 마음 속에 알알이 들어박혔다. 너무 기쁘고 감사해서 많은 눈물을 흘리며 읽었던 기억이 난다. 그러나 우리 집은 어머니가 절에 다니셨기 때문에 그런 나를 용납할 수 없으셔서 적극 만류하셨다. 교회에 나가는 아들의 마음을 돌이키려고 뺨까지 때리셨으니 지금 생각하면 어머니 마음이 이해가 간다. 이런 어려움 속에서도 예수님에 대한 내 마음은 변함이 없었다. 당시 내 친구는 지금 외과 개업을 하고 있는 김창수 원장이었는데 그는 나보다 신앙이 깊었고 내 신앙은 미약했지만 같이 미래에 대해 고민하고 마음을 털어 놓을 수 있는 친구였다. 입대하기 전 우리 둘은 정선에서 공중보건의로 복무하고 있는 선배를 찾아갔다. 지금 남아 있는 기억이라곤 기차로 푸른 강물을 건너 정선읍에 갔던 것과 예수님의 마음으로 좋은 의사가 되서 아프고 어려운 이웃을 위한 좋은 의사가 되자고 다짐했던 것만 생각난다.

군 훈련을 마치고 공중보건의로 반월 보건소, 이천 도립병원, 경기도 병원선 생활과 의정부 보건소 생활을 3개월간 한 후, 포천군 창수면 보건지소장에 부임하게 되었다. 다행히 포천읍내에 같은 교회에 다니는 가정이 있어 주말에는 그 집에서 같이 예배를 보며 지내면서 신앙생활을 하게 되었다. 작은 모임이었지만 순수하고 열정이 가득한 모임이었다.

복무를 마치고 모교에서 인턴을 마치고 이비인후과를 지원하게 되었을 때의 일이다. 당시 서울대병원 이비인후과학교실에는 입국 의례로 '겟곤노 다께' 식이라는 게 있었다. 일본 닛꼬에 가면 화엄폭포(겟곤노 다께)라는 곳이 있는 데 입국자가 주발을 입에 대고 있으면 교수님들과 선배들이 각종 술을 그 주발에 쏟아 붓는 모습이 화엄폭포를 닮았다고 하여 이름 붙여진 의식이다. 이 의식을 통과해야만 이비인후과 의국원으로 받아들여지는 그야말로 중요한 첫 관문이었다. 그런데 내 마음 속에는 이 의식을 치르면 안 된다는 마음이 생겼다. 그래서 내 순서가 되기 전에 잔을 들고 앞으로 나가 교수님 앞에 무릎을 꿇고 앉아 "술을 주시려거든 머리에 부어주십시오."라고 말했다. 순간 을지로 3가 안동장 2층 전체에 물을 끼얹은 것 같은 정적이 감돌았다. '아차, 내가 큰 잘못을 저질렀구나!' 하고 생각하고 있는데 "아까운 술을 왜 머리에 붓냐? 들어가라." 하시는 게 아닌가. 그 다음부터 아무도 나에게만은 술을 권할 수 없었다. 기독교인으로서 술을 마시지 않는 것 때문에 나를 괴롭히려는 사람들도 있었지만 그 보다 더 나를 아끼고 도와주신 분들이 많았기 때문에 이비인후과 수련을 무사히 끝낼 수 있었다.

수련 후 원자력병원에서 근무하던 때의 일이다. 그곳에는 암환자가 많았고 특히 후두암 환자를 많이 보게 되었다. 어느 날 내가 후두암에 걸린 꿈을 꾸었는데 꿈속에서도 누구에게 내 목을 맡길 것인가를 걱정하다 잠을 깨게 되었는데 그 꿈이 너무나 생생해서 진짜 내가 병을 앓고 있는 줄로 알았다. 그때 의사는 환자에게 신뢰를 받아야 한다는 것을 깨닫게 되었다.

20년 간 후두암, 구강암, 식도 입구암, 갑상선암 등 두경부 암을 치료하며 원자력병원에서 생활하던 중 지금 근무하는 건국대 병원의 제안이 있어 근무지를 옮기게 되었다. 나이가 들어 근무지를 옮기게 되어 적응하는데 2년 정도가 걸려서야 내 직장이라는 생각이 들었다. 어느 날 내 자신을 돌아보니 내 일에만 바빠 예수님에 대한 믿음과 사랑이 없어진 것을 알게 되었다. 늘 마음속으로는 갈망하고 있었지만 선뜻 돌아서지 못하고 달음질쳐온 세월을 돌아보던 중 내 환자 두 명이 옛날 내가 다니던 서울교회에 다니는 것을 알게 되었다. 어찌나 반가웠는지! 그리고 그분들을 통해 나에게 복음을 가르쳐 주셨던 유형제님 소식도 듣게 되었다. 달려가 만나 뵙고 싶은 마음도 컸지만 세월의 벽이 그런 나를 막아섰다. 그러던 중 에스겔 18장의 말씀을 읽으며 신앙을 다시 회복하게 되었다. 하나님은 우리가 진정으로 회개하고 돌아오면 용서하시고 받아 주신다는 것을 깊이 깨닫게 되었고 이제는 그분의 말씀에 절대 순종하기로 마음을 먹었다. 그러고 나니 내 마음에 다시 평화가 찾아왔고 찬양이 회복되었다.

작년 6월 서울시장이 동성애 축제를 서울광장에서 열도록 허가했다는 사실을 알고 나서의 일이다. 새벽 기도 중 이것을 그냥 지나쳐서는 안 된다는 생각이 들어 출근과 동시에 팻말을 만들어 진료가 끝나자마자 서울 시청으로 달려 갔다. 서울시장을 만나려 했으나 겹겹이 쌓인 경찰 병력 때문에 만날 수 없어 팻말을 들고 시위를 하던 중 월간조선 기자를 만나 인터뷰를 하게 되었다. 그 장면이 월간 조선 7월호에 실렸고 그게 인연이 되어 8월호에는 동성결혼을 허 용해서는 안 된다는 글을 기고하게 되었다. 당시 경찰들에게 이리저리 밀려다 니다가 마음속으로 기도를 하게 되었다. "주님, 이 일은 주님이 원하시는 일이 아닙니까? 저를 도와줄 사람을 보내주세요." 그런데 놀랍게도 이 기도가 끝나 자마자 어떤 분이 내게 걸어오더니 "내가 도와드리겠습니다." 하는 것이 아닌 가? 그분 덕에 5시간 정도의 시위가 가볍게 끝나고 우리 둘이는 많은 얘기를 주고받았다. 그분이 서명지를 어디서 구해 왔는지 사람들에게서 서명도 받고 설명도 해 주고 하며, 1인 시위(2인 시위?)를 무사히 끝낼 수 있었고 하나님의 살아계심을 다시 확인할 수 있었다.

그런데 서울시장이 월간 조선에 실린 사진과 8월호 기사가 자신의 명예를 훼손했다며 나를 고소해 왔다. 당시 서울시장은 대선을 염두에 두고 자신의 동성애 흔적을 지우려 하고 있었는데, 내 글 속에 서울시장이 그 동안 동성애 자들을 후원해 왔으며 우리나라가 동성애를 허용하는 아시아 첫 국가가 되기 를 소망한다는 글이 실렸기 때문이었다.

그 덕분에 경찰 조사도 받고 검찰에도 불려가고 했지만 올해 4월 결국 무혐 의로 처리됨으로써 하나님의 일을 하는 데에는 사람을 두려워할 필요가 없다 는 진리를 다시 깨닫게 해주었다.

하나님은 이 땅 위에 그분의 나라를 세우고자 하시며 우리를 그 전초 기지 로 사용하기 원하신다. 우리가 빛과 소금의 역할을 하여 우리가 사는 곳 우리가 일하는 곳이 조금씩 조금씩 그분의 나라의 일부분이 되기를 원하신다. 그곳에 동성애가 없어야 함은 당연하지 않은가? 그곳에 그분의 영광이 비춰져야 한다. 내 진료실이 그분께 예배드리는 곳이 되면 좋겠다.

많은 세월이 흐른 후 옛 친구들이 보고 싶고 어떻게 사는지 궁금해졌다. 많이 변했겠지? 그래도 하나님은 우리를 그분의 뜻대로 선하게 변화시키고 그분의 선하신 뜻을 실천하게끔 우리를 인도하셨을 것이라 믿는다. 옛날 예수님과 그분의 복음을 미처 깨닫지 못했던 청년이 이제 그분의 말씀에 순종하고자 하고 그분 안에 거하는 삶을 살고자 다짐하는 것처럼 오래 헤어져 서로 다른 인생길을 지내왔지만 그분 안에서 변화되고 성숙된 그리운 친구들의 소식을 이런 기회를 통해 다시 듣고 싶다. 우리가 어린 시절 품었던 가슴 뿌듯한 선한 소망이 우리 주님의 인자하심과 사랑으로 인해 열매 맺고 더 풍성해져서 그분과 우리가 함께 영광을 받을 수 있기를 바란다.

이용식

서울의대를 1982년에 졸업하고, 공중보건의사로 화성보건소장, 경기도 병원선 비둘기호 의사, 경기도 포천 창수면 보건지소장을 역임하였다. 서울대학병원에서 이비인후과 수련을 마치고, 이비인후과 전문의가 되었다. 원자력병원 이비인후과에서 두경부암 전문의로 근무하다가 건국대학교 의학전문대학원으로 자리를 옮겨 이비인후과 교수로 있다. 일본 동경 국립암센터 초청 연구원으로 항암제 작용기전 및 약제내성 연구를 하였다. 대한이비인후과학회, 대한갑상선학회, 대한두경부외과학회에서 활동하고 있다.

만남의 기적, 그 현장에서…

이정희

(강원의대 정신건강의학과 교수, 빛소금교회)

 년 전 모 고교에서 학생들의 정신 건강을 위한 무료 상담을 하는 자문 의사로서 자원봉사를 한 적이 있다. 총 기간은 약 2년 반이었고, 나는 그 학교 전담 상담교사로부터 의뢰받은 학생들을 대상으로 그 학교 상담실에서 월 2회 저녁 시간에 상담을 하였다. 그중에 6개월 이상 상담한 K 학생과의 특별한 만남에 대하여 되돌아보게 된다.

나에게 의뢰된 학생들은 담임교사에 의해 전담 상담교사에게 의뢰되어, 이미 한 번 이상 또는 수차례 상담을 받은 후에도 그 학생의 상담 전 학교생활의 문제가 해결되지 않았거나, 상담교사가 보기에 전문적인 정신과 치료가 필요한 경우에 해당되었다. 나와의 상담 후에 우울 증상 등 정신과적 증상이 심하여 약물치료를 필요로 하는 경우에는 인근 지역의 정신과 전문의에게 의뢰를 한 적도 있었다. 그러나 몇 개월의 단기간에 학생 본인 및 학부모와의 정신과적 면담을 통하여 정서 및 행동 문제를 어느 정도 극복할 수 있는 경우에는 2주에 1회 정도 내가 직접 지속적인 면담을 시행했다.

K 양은 의뢰 당시 심한 우울감과 교우들로부터의 고립감 등으로 지각 및 결석 등이 반복되어 정상적인 학교생활 유지가 곤란한 지경에 이르렀었다. 물론, 학교 차원에서 학생 및 학부모 상담을 통하여 전문적인 정신과 치료를 수차례 권유하였으나 이루어지지 않았으며, 1학년 과정의 최소 등교 일수가 모자라 자퇴 권유까지 받은 상황이었지만, 내가 자원 봉사를 시작한 직후에 마지막 방법으로 나에게 의뢰가 되었었다. K 양과의 첫 면담은 무척 힘든 시간이었다. 대화가 거의 이루어지지 않았으며, 그렇게 두 번의 면담은 나의 일방적인 질문과 K 양의 침묵으로 끝났으나, 세 번째 면담에서 K 양은 울면서 몇 마디 대답을 하였으며, 자신의 가족 환경에 대한 것과 교우관계에 대한 얘기가 주된 내용이었다. K 양이 자신의 마음을 열면서 우울감은 어느 정도 좋아졌으나, 가족과 환경의 문제는 고질적으로 남아 있었다. 부모의 이혼으로 인하여 조모와 남동생과 함께 살고 있는 상황에서 경제적으로는 극빈층이었다. 다행히 3~4 개월의 면담을 통하여 자살사고가 있었던 상태에서 어느 정도 회복되어 학교생활이 가능해졌었다. 나는 K 양의 학부모 보호자인 아버지에게 면담을 요청했으나 정신과 의사를 만날 이유가 없다고 거절하였으며, 딸의 상담치료도 심하게 반대하였다. 나는 면담을 지속해 나가면서 K 양에게 복음을

전했는데, 이를 받아들여 전에 친구 소개로 간 적이 있었던 교회의 주일 예배에 참석하기 시작하였다. 이후에는 매번 면담을 끝내면서 함께 기도하였는데, 상담실을 떠나면서 눈시울은 젖어 있으나 미소를 띤 그의 얼굴을 보며 주님께 그와의 만남을 깊이 감사드렸었다.

고교 2학년 새 학기가 시작될 즈음에 K 양은 교우들과의 관계도 거의 회복되었고, 학교생활을 정상적으로 지속해 나갈 수 있게 되어 나와의 상담치료를 일단 종료하게 되었다. 그러나 그의 가정환경의 문제는 남아 있었고, 특히 아버지와의 부정적인 관계는 지속되고 있어 그의 정서적 문제는 언제든지 다시 심화될 수 있었다. 다행히 1년간은 학교생활을 그런대로 유지할 수 있었고, 대학 진학에 대한 동기도 생겨서 학업 성적도 향상되었다고 담임교사에게 전해 들었으나, 우울감 및 부적응 문제가 다시 시작되어 상담교사를 통하여 나에게 재의뢰되어 K 양과의 면담을 다시 시작하였었다. 그동안 아버지와 함께 살게 된 환경적인 변화가 있으면서, 진학문제로 인한 아버지와의 갈등과 자신의 뜻을 포기해야 하는 상황에서 K 양은 다시 어려움을 겪게 되었었다. 아버지의 일방적이고 억압적인 행동으로 인하여 신체적인 위협을 견디기 힘든 상황에서 나에게 한통의 전화가 왔었다. 절박한 순간에 도움을 요청할 수 있는 사람이 나 외에는 없다고 판단했던 것이다. 나는 추운 날씨에 그가 며칠간 우리 교회 교육관에 임시로 머물 수 있도록 중간 역할을 하였고, 식사를 해결할 수 있도록 신경을 써주었다. 학교에서도 아버지에게 연락하여 상황 해결을 시도하였으나 보호자의 일방적인 태도는 변하지 않았다. K 양은 자신이 아버지와 격리되는 것이 안전하다고 느꼈으나, 법적으로 사회적으로 이를 해결하기 위한 교사들의 노력은 무산되었다.

이후에도 이런 절박한 상황들이 두세 차례 반복되어, 나는 K 양이 자살을 기도할지도 모른다는 걱정에 살얼음 위를 걷는 심정으로 지켜보며 주님의 긍휼하심을 간구하였다. 이러한 상황에서 그는 어렵게 기적적으로 고교 졸업을 하였다. 졸업 후 몇 달 만에 다시 만났을 때, 그는 조모와 동생과 함께 지내고 있었으며 정서적으로 많이 안정되어 있었다. 편의점 아르바이트를 하면서도 대학 진학을 포기하지 않고, 채무에 시달리는 아버지를 오히려 걱정하고 있었다. 나는 지난겨울에 그가 겪었던 모든 일들을 떠올리며 가슴을 쓸어내리는 안도감을 감출 수 없었다. 나는 그의 생명을 잃을 수도 있다고 생각하며 노심초사했었다. 그가 나에게 잡아달라고 내민 손을 절대로 놓치지 않으려고 안간힘을 썼었다.

나는 내가 근무하는 대학병원의 진료실이 아닌 학교 현장에서 상담을 하면서, 많은 것을 느끼고 경험하였다. 특히 K 양과의 면담 과정은 정신과 의사와 환자의 만남 그 이상이었다. 그의 삶 속에 깊숙이 들어가는 만남의 체험을 하면서 동시에 살아 계신 주님의 복음이 전파되는 선교의 현장을 경험하였다. K 양은 자신의 삶의 낭떠러지에서 생명을 구원해 주신 분이 바로 주님이라고 믿게 되었다. 그리고 그것은 참으로 그와 나의 손을 단단히 붙잡아 주신 주님의 사랑과 긍휼이었음을 우리가 함께 느끼고 체험한 기적의 시간들이었음을 나는 오늘도 되새겨 본다.

이정희

서울의대를 1980년에 졸업하고, 서울대학교병원에서 정신건강의학과 전공의 과정을 마치고 전문의가 된 후 강원의대 정신건강의학과 교수로 있으면서 강원의대 학장을 역임하였고, 강원대학교병원 수면센터를 맡고 있다. 대한수면학회 회장과 세계수면학회 학술대회 공동 조직위원장을 역임하였다. 현재 빛소금교회에서 집사로 섬기고 있다.

만남, 그리고 동행

이준영

(서울의대 정신건강의학과 교수, 강변성결교회)

"보라 형제가 연합하여 동거함이 어찌 그리 선하고 아름다운고. (시133:1)"

정신과 의사를 하다 보니 많은 사람들을 만나게 됩니다. 어떤 분들에게는 제가 도움을 주기도 하고 어떤 분들에게는 어떤 도움을 주지도 못하고, 아쉽게 관계가 마무리 될 때도 있습니다. 사실은 그분들에게 제가 도움을 주었다기보다는 자기 안에 있는 건강한 부분 그리고 자기 주위에 있는 건강한 관계를 사용하는 법을 배우게 된 것이지만, 제게 도움을 받았던 분들은 평생 저를 기억하고 고마워하고 살아갑니다.

저랑 주님과의 관계도 마찬가지였던 것 같습니다. 주님을 사랑하지만 바울처럼 특별하게 셋째 하늘로 올라가 주님을 직접적으로 볼 수가 있었던 것은 아니었고, 가끔은 내 안에 있는 성령님의 작은 말씀을 통해서, 그리고 대부분은 내 주위에 있는 형제, 자매들을 통해서 주님을 보고 만나고 동행했던 것 같습니다.

본과에 진입해서 주님 안에서 만났던 형제들은 김민철, 유한익, 이종훈, 정용철 형제가 기억이 납니다. 예과 89학번 동기였습니다. 시험 때가 되면 탁구대가 비어서 경쟁 없이 칠 수 있었기 때문에 전부 같이 탁구 실력이 일취월장했었던 것이 기억이 납니다. 특히 유한익, 정용철 형제와는 매일 아침마다 같이 모여서 QT를 나누고 캠퍼스 복음화를 위해 같이 기도했던 것이 기억이 납니다. 본과의 바쁜 생활 속에서도 이 친구들이 있었기 때문에 주님을 우선순위에 놓고도 스트레스받지 않고 잘 지낼 수 있었습니다. 다들 의대 공부를 우선으로 하지는 않았기 때문에 공부에 대한 욕심이 적었고 따라서 스트레스가 심하지 않았습니다. 이 친구들 중 정용철 형제는 가정의학과를 마치고 현재 미국에서 목회를 하고 있습니다. 주님의 일을 할 때 정용철 형제의 눈동자가 제일 빛났던 것이 기억이 납니다. 수업 들을 때나 공부할 때는 용철 형제의 그런 눈빛을 결코 경험해본 적이 없습니다. 본과 생활 중에서도 용철 형제는 매일 새벽예배 나가고 매주 금요철야예배를 드리고 주일은 교회에서 지냈었기 때문에 학점은 안 좋더라도 늘 우리에게 주님의 은혜를 풍성하게 줄 수 있었습니다. 지금은 미국 노스캐롤라이나에 있어서 거의 못 보지만 "준영아, 너로 인해 주님이 기뻐하실 거야."라고 은혜 가운데 친구들을 사랑했던 용철 형제가 아직도 그립습니다.

항상 주님의 편에 서 있었고 하나님의 전신갑주를 입은 것처럼 세상을 이기고 살았던 강현은 자매도 기억이 많이 납니다. 본과 3학년 때 임상종합평가 시험이 의대과정에 도입이 되었으며 이 시험을 주일에 보기로 학교에서 결정하였습니다. 아마도 평일이나 토요일 날 시간을 빼기가 힘들었기 때문에 그런 결정을 하기로 했던 것 같습니다. 그때 강현은 자매가 연건기독연합 모임에서 저희 의대 선배인 김진 선배님이 주일날 보는 의사고시를 거부하였고 이를 통해 의사고시가 평일에 치러지도록 바꾸었다는 이야기를 하면서 우리도 주님 안에서 바르게 결정을 내릴 필요가 있다는 이야기를 했습니다. 이 날 토론을 통해 작은 결정이지만 몇 명의 형제, 자매들이 이번 임상종합평가 시험을 거부하기로 결정을 하였으며, 비록 그들은 낮은 점수를 받았지만 이를 통해 그 다음 해부터 임상종합평가 시험 날짜를 평일로 바꾸는 결정을 이끌어낼 수 있었습니다. 늘 용기 있었던, 그리고 주님의 편에 서 있었던 강현은 자매가 있었기 때문에 우리가 용기를 낼 수 있었습니다.

　　수련의, 전공의 생활을 할 때는 같이 정신과를 한 유한익, 권석우 형제 그리고 늘 모든 모임을 주관해주시던 박재형 교수님께서 큰 동행을 해주셨습니다. 정신과는 뇌와 마음을 이해하는 학문입니다. 유대인이면서 최초로 정신분석 치료를 시행했던 프로이드는 신경증은 한 개인의 종교성이고 종교는 인류의 보편적인 강박 신경증이라고 이야기하면서 종교를 단지 개인이나 집단의 신경증 증상이며 과학이 발달하면 없어질 것이라고 생각하고 있었습니다. 기독교에 대한 이런 부정적인 관점 가운데 주님에 대한 마음이 방해받기 쉬우나 유한익 형제가 주도가 되어 권석우 형제와 함께 기독 정신의학을 공부하면서 주님에 대한 마음을 지킬 수 있었습니다. 가끔 저희가 성경공부할 때 김진 선배님께서 함께 해주셨던 것도 기억이 납니다. 김진 선생님은 보라매병원 정신과 과장, 축령복음병원 진료부장을 역임했으며, 미국 칼빈 신학대학원에서 수학한 뒤 신학과 정신의학의 접목을 위해 노력하고 있는 선배님이십니다. 저희가 기독교 신앙에 기초해서 어떻게 정신치료를 해야 하는지 사례 토론을 통해서 가르쳐 주셨던 것이 기억이 납니다.

박재형 교수님께는 늘 감사한 마음이 있습니다. 제가 학생일 때, 수련의일 때, 전공의일 때, 전임의일 때, 교수가 되었을 때 모든 성경공부 모임을 박재형 교수님께서 이끌어 주셨습니다. 모든 점심시간을 쪼개서 주님을 위해, 형제들을 위해 시간을 내주셨던 것입니다. 수련의 때 일 가운데서 힘들 때 버틸 수 있었던 것은 병원 교회에서 가끔 예배를 드리거나, 박재형 교수님과 성경공부를 하면서 주님을 기억했기 때문이었던 것 같습니다. 전임의 때는 박재형 교수님과 함께 일 년 동안 매주 화요일 저녁 영등포 쪽방에 나가서 무료 진료를 했습니다. 전임의 때 모든 관계에서 단절이 되고 늘 바쁨 가운데 고립되어 지내는 그때에 이 일을 통해서 내가 의사를 한 것이, 더 출세하기 위한 것이 아니라 많은 사람들, 특히 가난한 사람들을 섬기기 위함이라는 것을 계속 기억할 수 있었습니다.

항상 기독교 모임 가운데 있었기 때문에 전임의가 끝난 후 보라매 병원에 근무하게 될 때 기독교 모임이 거의 없어서 마음에 늘 허전함이 있었고 주님에 대한 제 마음도 점점 희미해져 갔습니다. 그렇게 5년을 지내다가 샌프란시스코로 연수를 가게 되었습니다. 연수 때에는 의대 교수의 바쁘고 지친 생활에서 좀 벗어나고 싶었던 마음이 제일 컸습니다. 교회도 안 가고 쉬고 싶었으니까요. 그런데 주님의 생각은 좀 달랐던 것 같습니다. 샌프란시스코에서 사랑의 교회에 나가게 되었는데 담임 목사님은 '이강일 목사님' 이셨습니다. 그때 처음 예배를 드렸을 때 계속 눈물이 났던 것이 기억이 납니다. 주님은 나를 단지 쉬도록 연수를 보냈던 것이 아니라 주님 안에서 회복되도록 저를 샌프란시스코로 보내셨던 것입니다. 거기 있는 동안 매일 새벽예배를 드리고 주님과 다시 타오르는 사랑을 했던 것이 기억이 납니다. 그리고 주님은 저를 통해 그곳에 있는 세 명의 기독교인들을 치료하고 회복하는 일을 하셨습니다.

그리고 2015년에 주님은 보라매병원에서 정중기 교수님을 통해 금요일 점심 때 기독의사 모임을 만드셨습니다. 할렐루야! 정중기, 김지은, 장주영, 김수지, 권형민, 최지은 형제자매들이 매주 모여서 목사님이신 장주영 교수 남편 분을 모시고 성경공부를 하고 기도제목을 나눕니다. 올해 3월에는 서울의대 예과 개강예배도 예과생들과 같이 드렸습니다. 현재 저희의 꿈은 연건, 분당에서도 매주 모일 수 있는 기독 모임이 만들어지는 것입니다.

많은 어려움 가운데서도 늘 우리가 모이면 그 가운데 계신 주님을 사랑합니다.

이준영

서울의대를 1995년에 졸업하고, 서울대학교병원에서 정신건강의학과 전공의 과정을 마치고 전문의가 되었다. 현재 서울의대 정신과학교실 부교수로 재직하면서 서울특별시 보라매병원 정신건강의학과 과장을 맡고 있다. 정신건강의학 중 노인정신의학, 특히 치매를 전공하고 있다. 현재 강변성결교회 안수집사로 섬기고 있다.

가기, 보내기, 불러오기

이진학

(서울의대 명예교수, 지구촌교회)

1. 가기

1975년 전공의 시절 무료 개안 수술을 따라 간 것이 계기가 되어 선교 목적
은 아니지만 1984년부터 남산라이온스 무료 개안 수술단의 일원으로 여름휴
가 때마다 십여 년간 무료 백내장 수술로 국내 오지와 도서 지역을 다녔다.

그러나 2000년도가 지나서는 인공수정체 삽입술이 보편화되고 전 국민의
료보험으로 무료 백내장 수술이 좋은 일이 아니라 동료 안과 의사를 힘들게
하는 일이 되어 필자는 참가 안 하고 전공의만 보내고 있었다.

그러던 2001년도로 기억되는 어느 날 박재형 교수가 인도인으로 한국에서
신학을 하시고 신학교에서 만난 변상이 선교사님과 결혼하시어 인도에서 선

교사역을 하시는 로수길 목사님(로이목사님)과 내 방을 방문하여 인도 무료 백내장 수술을 권유하시며 주님께 받은 달란트를 발휘하라고 권하셔서 필자의 '가기'는 시작되었다.

2002년 구정이 있는 일주일, 처음으로 박재형 교수가 이끄는 인도 의료 사역 팀의 일환으로 참석을 하게 되었다. 1996년 중국 연길에 개안 수술 갔을 때의 열악함을 기억해서 수술 현미경과 세극등은 필자가 출석하는 병원교회와 박재형 교수의 후원으로 일제 소형 수술현미경과 인도제 세극등을 의료 사역지에 미리 마련해 놓고 수술 기구만 가지고 갔다.

박재형 교수가 세밀하게 인도인 안과 의사를 섭외하여 우리를 도와 같이 수술할 수 있게 마련해주고 수술 방으로 쓸 장소도 건축 중인 건물 한 칸을 마련해 주었다. 전기공급과 소독기구가 적절하지 않아 한 번 소독한 기구로 5명 이상을 수술하는 인도식 수술방법을 보고 놀랐고 현미경 없이 맨눈으로 하루에 20여 명을 수술하는 빠른 솜씨에도 놀랐다. 물론 안 보이던 눈이 보여 기뻐하는 그들의 모습에 감동했지만 금쪽같은 휴가 기간에 자기 돈으로 봉사와서 시멘트 바닥에 또는 조그만 배 한 귀퉁이에서 물티슈 하나로 하루를 버티며 봉사하는 젊은 청년들의 기쁨에 찬 얼굴이 가장 은혜로왔다.

2. 보내기

2003년도에는 좀 더 빨리 수술을 시작하고자 인도에 도착하자마자 수술을 시작했는데 첫 수술이 끝나고 어지럼증(아직도 계속되고 있는)이 생겨 도저히 앉아 있지를 못하고 드러누웠다가 다음 수술을 계속하면서, 해외 의료선교를 너무 나이 먹어 시작한 내가(당시 환갑) 후회스럽고 또 같이 간 동료에게 폐가 될까 너무 조심스러웠다. 엄청나게 좋은 자이스 수술 현미경으로 에어컨 빵빵한 서울대 병원 수술 장에서 수술하다가 십여 시간 비행기 타고 도착하자마자 줌도 잘 안 되고 포커스도 잘 안 잡히는 싸구려 수술 현미경이 어지럼증을 유발한 것 같았다. 그 후유증으로 이제는 해외의료 선교도 중국이나 미얀마 등 시차가 적은 곳으로 밖에 다니지 못하고 가더라도 수술은 엄두도 못 내고 외래만 보며, 그것도 몇 년 전 길에서 어지럼증으로 넘어진 후에는 아예 갈 엄두조차 못 내고 있다.

그 이후 나의 해외 의료선교는 이걸로 끝인가 하고 실망하고 있을 때 "가라, 못가면 보내라."는 목사님의 말씀이 떠오르면서 누구를 어떻게 보내야 하는가를 기도하였다. 물론 해외에 선교 나가시는 분들에게 물질과 기도로 후원하는 일은 조금씩 계속되었지만 그것으로는 성이 차지 않다가 내가 경험한 의료선교 현장의 감동과 은혜를 내 제자들에게 알게 해주고 싶은 마음을 주님이 주셨다. 그래서 시작한 일이 "해외 의료선교에 제자 보내기" 이다.

지금 생각해도 주님께서 어떻게 이렇게 멋진 일을 하게 하셨는지 지금도 감사하다. 내가 참가했던 박재형 교수 의료팀에 나 대신 새로 들어온 신임 교수와 신임 수술장 간호사에게 비행기 값은 내가 부담하고 체류비용은 박재형 교수 선교팀이 제공하며 현지에 수술 현미경과 세극등은 물론이고 같이 수술할 인도의사도 준비되어 있으니 몸만 가라는 것이었다. 과에 빽을 써서 가능한 개인 휴가에서 날짜를 빼주고 백내장 수술 셋트도 따로 구입하여 가져가게 하니 안가본 인도라는 나라에 대한 호기심에 비록 기독교인이 아니라하더라도 지원자가 속출하였다. 조건은 단 한 가지 개인행동은 하지 말고 선교팀 프로

그램(예배, 기도 등)에 참가해야 한다는 것이었다(사실 워낙 열악한 환경에 개인행동을 할 것도 없었다).

2002년에는 서울대병원에서 안과 전공의를 마치고 국내(아마도 세계에서도) 유일한 안과 전문의 서울공대 교수가 된 서종모 교수와 수술 방 수 간호사였던 서울대병원교회 한영자 선생이 같이 갔고, 2003년에는 서남대 명지병원 권지원 교수, 2004년에는 서울대병원 유형곤 교수, 2005년에는 전남대에 재직했던 안재균 교수, 2006년에는 보라매병원 한영근 교수, 2007년에는 분당 서울대병원 현준영 교수와 분당 안과 수술 방 이소영 선생이 2008년에는 서울대병원 오주연 교수가 참가하였고, 2013년에는 당시 분당 안과 전임의 였던 류수정 선생이 참가하였다. 또한 Vision Care Service를 통하여는 2008년에 서울대병원 오주연 교수가 스와질란드에, 2014년에는 서울대병원 이병주 선생이 모로코 캠프에 참가하였다.

이 지면을 빌어 빈대와 바퀴벌레에 시달리고 맞지 않는 음식으로 장염을 앓아 가며 또 처음 접해 보는 기독교식 예배와 기도에 열심히 참여해주고 더구나 나중에 그 경험을 기독교인이 되는 문턱으로 삼아 준 이들에게 정말 감사드린다.

3. 모이기

2002년 필자가 등기 이사로 있는 '실로암 안과병원' 의 김선태 목사님 후원으로 기독 안과 의사들이 첫 모임을 갖게 되었고, 2004년 기독교 안과 선교회로 정식 모임이 결성되어 첫 번째 회장을 필자가 맡게 되었고, 첫 번째 총무로 이제는 세계적으로 알려진 'VISION CARE' NGO의 김동해 선생이 맡게 되었다. 이 모임의 멤버들이 주축이 되어 Vion Care 이름으로 뭉쳐 한 달에 평균 2회 이상 해외 무료 백내장 수술을 시행하며 중동, 동남아, 아프리카, 인도 등 35개국에 200회의 무료 안과 캠프를 열고 총 13만 명 진료에 13,000명을 수술하여 주님의 사랑을 전하는 것을 보고 비록 직접 참여는 못해도 늘 가슴이 벅차고 매일 기도로 후원하고 있다.

2003년도인가 해외 학회에 갔을 때 기독 안과의사모임이 학술대회 기간에 열리는 것을 보고 엄청 부러웠던 필자는 당시 안과학회 이사장이었던 연세대학교 홍영재 교수가 장로인 것을 빌미로 안과학술대회에 무료 백내장 이동수술이라는 세션을 만들자고 졸라서 개인적으로 해외에 무료 백내장 수술을 하고 있던 안과 의사들이 자기 경험을 학술발표 형식을 빌어서 젊은 전공의들과 다른 안과 의사들에게 전할 수 있는 공식 루트를 마련하게 되었고, 2004년 필자가 대한 안과학회 이사장이 되고 나서 더욱 활성화되어 지금도 매년 가을에 열리는 정기 학술대회에는 이 세션이 계속되고 있다. 적은 수의 청중이 모이나 전공의 시절 이 강좌를 통해 꿈을 갖고 안과의사가 된 후 해외의료 선교를 실천하는 많은 안과의사들이 있게 해 주신 주님의 놀라운 섭리에 감사할 뿐이다.

4. 전하기

1999년 1월, 기독 의사들이 문서선교를 위해 창간한 "건강과 생명"이 재정난에 허덕이며 폐간을 앞두게 된 그때 이 잡지를 떠맡아 사비로 충당하며 버티고 있는 "비타민 C" 전도사 이왕재 교수를 만나게 되어 편집위원으로 참가하면서 매년 2회 정도의 신앙 에세이 칼럼을 쓰게 되었다. 이왕재 교수의 배려로 1999년 첫 번째 에세이집 "두 가지 목숨"에 이어 2010년 "예수 안 믿고 어떻게 사세요?"가 출간되었다.

"두 가지 목숨"은 건강과 생명에 기고한 신앙 에세이와 필자가 서울대병원보 편집인으로 있으면서 쓴 의학 에세이들과 집 사람이 쓴 우리 식구 미국 자동차 여행기를 합한 것이고, 두 번째 책은 정년퇴임을 앞두고 다른 교수처럼 보지도 않는 논문집을 나누어 주기가 싫고 또 이런 기회에 문서선교라도 조금 해보자는 생각에서 20년간 건강과 생명에 기고했던 신앙 에세이만을 모아 출간하여 퇴임식에 참석한 이들에게 논문집 대신 나누어 준 책이다.

아직도 가끔 이 책으로 은혜를 받았다는 이들을 만날 때마다 이왕재 교수에게 감사드리고 작은 것이라도 사용해 주시는 주님께 감사드린다.

5. 불러오기

1983년 우리나라에 800cc 포니차가 막 나와 있던 무렵 미국 연수를 가서 어려움을 겪으면서 나도 언젠가는 대한민국으로 외국 안과의사를 초청하여 연수도 시키고 전도도 해야지 하는 꿈은 뜻하지 않게 미국에서 귀국한 지 5년만인 1985년에 이루어졌다.

당시 나의 미국 연수 시 전반기의 지도교수였고 한국인으로는 유일하게 full-time 안과 정교수였던 크레스기 안연구소 신동호 교수께서 중국에서 온 조선족 연길의대 안과 심옥진 교수가 한국에도 가보고 싶어한다하여 3개월을 지도하였다. 이 인연으로 그의 아들인 노문남 선생이 1997년도에 와서 2년간 연수하고 일본에서 박사학위를 받고 지금은 미국의 유명대학 안과에 연구원으로 재직 중이다.

사실 외국에서 온 안과의사는 수개월에 걸친 서류 작업은 물론, 목동에 가서 외국인 등록까지 해주어야 연수가 시작되었다. 그리고 모든 것이 낯설어 병원 소개와 안과지도는 물론 식사와 숙소를 마련해주어야 했고, 공항 픽업 등 이동 수단 마련해주기, 혼자 다닐 때를 대비하여 전철표 사기, 시장보기, 숙소 문 열기, 버스 타기 등을 지도해야 했다. 중국 조선족 동포는 말이 통하지만 아닌 분들은 영어로 지도해야 하는데, 내 영어 실력도 문제이지만 그들의 듣기 또한 보통 문제가 아니었다. 다행히 집 사람이 외국어학당 교수를 수년간 하여 한국말을 가르치고 병원교회 성가대 지휘자를 하고 있어 병원교회 성가대에 들어가게 해서 말도 배우고 성경공부 등 신앙을 갖도록 노력하였다.

숙소와 생활비는 처음에는 필자와 병원교회 그리고 후원금으로 충당하였으나 다행히 본원에 외국인 전임의 제도가 생기고 연건 기숙사를 사용할 수 있게 되어 한 달에 100만원의 생활비에 약간의 후원금을 보태면 숙소와 생활비는 해결되었다. 모두들 모든 것을 잘 받아들이고 또 병원교회의 전폭적인 협조로 그 중에는 한국에 와서 주님을 영접하고 세례를 받은 이도 있다.

2006년 분당 서울대 병원 안과로 옮긴 이후에도 불러오기는 계속 되었는데 기숙사가 없어 필자가 보증금을 내고 미금역에 오피스텔을 빌려 숙소를 마련하였다. 병원교회가 멀었으나 마침 미금역에 있는 지구촌교회의 영어예배에 보낼 수 있어서 다행이었다.

2003년에 온 몽고의 Batchimeg 선생은 병원교회에서 세례를 받은 기독교인 으로 몽고의 백내장 수술 권위자가 되었고 2004년에 온 파키스탄의 Akashi 선생, 2005년에 온 카자흐스탄의 Oxana 선생, 2009년에 온 우즈베키스탄의 Sheralli 선생, 그리고 2010년에 온 케냐의 hellen 선생은 이제 그곳 병원의 병원장이 되었다. 역시 2010년에 온 마다카스카르의 Harimina 선생은 안과 과장이 되었다 한다. 모두들 필자보고 방문해 달라고 했으나 마다가스카르 말고는 방문하지 못해 못내 아쉽다.

우리가 가서 단기 선교로 무료 백내장 수술하여 주는 것도 정말 중요하지만 그들을 불러와서 주님의 사랑과 의술을 전하고 돌려보내어 자기나라에서 기독교인으로 살아가게 후원하는 것도 특별한 이에게만 허락된 일이니 대학이나 큰 병원에 계시는 동문들에게는 적극 추천할 일이다.

젊을 때는 여러 나라에 직접 가서 의료선교를 하고 나이 먹어 몸이 힘들 때는 다른 팀원들을 힘들게 하지 말고 물질과 기도로 후원하며, 불러올 수 있는 특별한 은혜를 받은 이들은 이들을 불러 의술과 사랑을 전하는 것도 장기적으로는 오히려 더 좋은 열매가 있지 않을까 생각된다.

6. 맺는 말

지난 세월을 돌아보면 주님은 항상 필자의 계획보다 앞서서 항상 더 큰 축복으로 앞길을 준비해 주셨다. 개척 창립 멤버로 20년간 섬기던 대치동의 안디옥 감리교회를 담임 목사님 소천으로 떠나게 되었는데, 마침 서울대 병원교회 건물 건립 후 교회 건물이 채플로만 쓰기에는 아까웠고, 전공의들이 주일 성수는커녕 기도도 제대로 드리지 못하는 병원 환경에 당직을 하면서도 예배드릴 수 있는 교회가 필요하다는 이중구 목사님의 권유로 서울대병원교회 창립 멤버가 되었다.

20년간 섬기던 개척교회를 담임 목사님 소천 후 세습 문제로 마음에 상처를 안고 교회를 떠날 때 주님께서는 이미 서울대병원교회를 준비해 주셨고, 병원 교회 건축 시 건축비 2/3를 후원했던 대형교회와의 14년간의 갈등으로 지쳐갈 즈음인 2013년, "주님의 교회는 주님께 맡기자"라는 생각을 주셔서 모든 생각을 내려놓고 막내사위가 개척을 시작한 교회에 적을 두게 하셨다. 그리고 드디어 올해부터는 한국의 모범적 대형교회인 지구촌교회에서 평생 처음 교회 행정과 상관없는 평신도로 새 신자교육을 받으며 축복과 은혜를 누리고 있다.

2006년 3월, 본원에서 8년간의 보직을 마치고 집이 있는 분당 서울대병원 안과로 옮겼는데 그 다음 달부터 교수 성경공부를 방학도 없이 10년간 매주 화요일 점심에 하도록 준비해 주셨고, 작년 10월, 만 70세가 되어 분당 서울대 병원을 떠날 무렵 "저희도 성경공부하게 해 달라."는 한 직원의 메일로 시작된 직원 성경공부는 지금도 매주 목요일 12시에 계속되고 있다.

존경하는 박재형 교수로 인해 해외 의료선교에 눈을 뜨기 시작한 2000년 초반부터 필자는 인도와 아프리카를 매년 몇 번씩 다니면서 아마 주님께서 필자를 해외 의료선교사로 보내시려는가하고 생각하였다. 겁도 나고 기대도 되었는데 2004년 초 따로 사시던 부모님께서 어머님이 거동이 힘들어 우리와 함께 살셔야 하겠다고 말씀하셨다. 고민하고 있는 나에게 집 사람이 주님께서 우리에게 어떻게 보면 당연하게 보이고 빛도 안 나지만 실제로는 해외 선교만큼 큰 믿음과 사랑이 필요한 노인 선교를 맡기시려나 보다 하여 기꺼이 부모님을 모시게 되었다. 모셔 와서 4년 만에 어머님이, 또 그 후 4년 만에 아버님이 소천하셨고, 그동안은 부모님이 불안해 하셔서 포항의 동생네 집에 가 계시는 시간을 제외하고는 거의 해외에 나가지 못하였다. 그러나 그 대신 외국 안과 의사를 불러오게 하셨고 지금 와서 생각하면 해외선교 나가는 것만큼 부모 모시는 것도 뜻깊고 은혜로운 주님의 축복이었다.

지금까지 나이 먹으면서 얻은 결론은 주님은 정말 전능하시고 또한 우리를 세밀히 사랑하셔서 우리가 우리를 아는 것보다 더 잘 아시고 우리의 갈 길과 할 일을 예비하신다는 것이다. 그래서 두려워할 필요도 걱정할 필요도 없이 정말 포도나무 가지가 나무에 매달려 있기만 하면 열매를 맺는 것처럼 이것저것 찾아가고 고집스럽게 우리의 방식으로 목표를 정하지 않고 주님께 붙어만 있으면 항상 우리가 나아갈 길, 해야 할 일, 도와야 할 일을 우리 곁으로 다가오게 하시고 우리에게 만나게 하신다는 것이다.

이제 우리는 헌금하고 기도하면 끝이지만 비행기를 몇 번씩 갈아타고 낯선 언어와 풍습 그리고 가족들을 희생하며 오늘도 목숨 걸고 오지에서 선교하시는 해외 선교사님들, 특히 인도의 변상이 로수길 선교사님, 남아공의 이상훈 목사님, 황재길 장로님, 마다의 김창주 목사님에게 주님의 가호와 축복이 항상 함께 하기를 기도한다. 또한 수많은 압박에도 교인들과 병원교회를 이끄시며 교인들을 대표해 캄보디아, 인도, 남아공, 마다 등으로 해외 선교에 힘쓰시는 서울대 병원교회 이대건 목사님 그리고 끝으로 이러한 지면을 주어 지난 신앙생활을 되돌아보고 정리하게 해준 우리의 영원한 총무(아니 이제는 회장님) 최현림 교수에게 감사한다.

이진학

서울의대를 1972년에 졸업하고, 서울의대 안과학 교수로 재직 중 서울대병원 의료사회사업실 실장, 서울대병원 박물관 관장, 서울대병원 임상의학연구소 소장을 역임하였고, 한국 콘택트렌즈 연구회 회장, 한국외안부 연구회 회장, 한국 백내장 굴절 수술학회 회장, 대한안과학회 이사장 등을 역임하였다. 현재 여주고려병원 안과에 재직 중이다. 서울대학교병원 기독봉사회 회장, 월간 건강과 생명 편집위원, 기독교 안과선교회 초대 회장, 기독교 대한감리회 안디옥교회 장로, 서울대학교병원교회 장로로 섬기었고, 현재 막내 사위가 시무하는 지구촌교회에 나가고 있다. 〈두가지 목숨〉, 〈예수 안 믿고 어떻게 사세요?〉 등의 간증집이 있다.

값없이 주신 선물

이춘호

(예닮요양병원 원장, 백주년기념교회)

작 열하는 태양아래 뜨거운 열정과 함께 우리 마음속에 담아 온 몽골의
기억과 가슴을 가득 채웠던 은혜의 감동도 어느덧 차분히 가라앉고,
치유의 가망이라고는 없어 보이던 중증 카페방황신드롬*마저 차차 아물어,
거스를 수 없는 시간의 힘을 실감하는 이 계절, 한해를 마무리하는 이 시간에
그동안 걸어 온 나의 길을 반추해 보려 합니다.

---

*(주) 카페방황신드롬이란 2012년 8월 5박 6일의 몽골의료봉사를 마치고 귀국한 후 네이버에 의료봉사단 카페를
만들어 각자 찍은 사진과 글들을 올렸는데, 많은 봉사단원들이 누가 무슨 글을 올렸고 어떤 사진들이 올라왔나 궁
금해서 밤잠을 설치며 카페를 들락거린다 해서 제가 붙인 이름이었습니다. 저 자신도 심각한 중증환자였음은 두
말할 필요도 없고요.

저는 신실한 믿음의 여인을 통해서 이 세상에 왔습니다. 제 어머니는 참으로 믿음이 깊고 마음이 고우신 분입니다. 그리고 저를 무척이나 사랑하셨습니다. 고등학생 시절의 어느 날이었습니다. 학교에서 돌아오던 저는 대문을 막 나서시는 어머니와 마주쳤는데 그때 어머니는 입에 물고 계시던 사탕을 다 큰 아들 입에 넣어 주셨을 만큼 저를 예뻐하시고 사랑하셨습니다. (저는 아직도 어머니를 엄마라 부르고 있습니다.)

저는 그런 어머니의 성품을 닮아 어릴 적부터 늘 착한 아이, 좋은 사람이라는 칭찬을 많이 들으며 자랐습니다. 그리고 제가 정말 그런 사람인 줄 알았습니다. 그러나 사춘기가 되면서부터 저는 그런 칭찬과 저의 성격이 참 싫어졌습니다. 어쩐지 그런 말들이 제가 좀 모자라고 유약하고 남자답지 못하다는 말처럼 들려서요. 그래서 저는 좀 더 남자다운 사람, 요즘 말로 하면 터프가이가 되고 싶었고 오랜 세월동안 제 성격을 바꾸려고 애써 보았지만 마초 기질이라곤 눈곱만큼도 없던 저는 전혀 뜻을 이루지 못했고 결과는 늘 실망스럽기만 했습니다. 그러다가 나이가 좀 들면서, 그토록 애써도 변하지 않는 제 모습을 보며, 성인이 되도록 변하지 않는 주변 사람들의 평을 들으며, 내가 좀 착하긴 한가보다 하면서 그런대로 저 자신을 인정하게 되었고 마흔이 넘어서야 비로소 조금씩이나마 스스로를 사랑하게 되었습니다.

그러나 저의 겉모습과 내면의 본질은 전혀 달랐습니다. 그 오랜 세월동안 제 안에는 무섭도록 커다란 죄악이 자리하고 있었습니다. 그것은 모든 것이 내 뜻대로 될 거라는 젊음의 자신감으로 그럴듯하게 포장된 교만과 욕망이었습니다. 하나님께서 값없이 주신 재능으로 원하는 바를 성취하며 살아온 저는 어느새 그것이 나의 능력과 나의 힘으로 이루어지고 있다는 커다란 착각과 앞으로도 언제까지나 그럴 것이라는 더 큰 착각 속에서 하나님을 망각하는 크나큰 죄악과 함께 살아가고 있었던 것입니다.

제 인생의 목표는 어느덧 과녁을 벗어나 있었고, 욕망의 굴레는 점점 커져만 갔습니다. 그러다가 큰 아이를 유학 보낸 후부터 제게는 시련이 찾아오기 시작했습니다. 믿었던 직원의 사기행각으로 인해 병원이 큰 타격을 받는 일이 발생했고 금전적 손실보다도 더 큰 마음의 상처를 입은 저는, 사람에 대한 믿음의 상실과 두려움에, 그저 정글 같은 서울을 떠나고만 싶은 마음으로 서둘러 병원을 정리하고 동해안으로 내려가, 마치 관직을 버리고 낙향한 옛 사람의 심정으로 탄광촌의 한 작은 병원을 운영하며 산과 바다를 벗 삼아 한가로움 속에서 어느 정도 마음의 평화를 찾기 시작했습니다. 그러나 단지 예기치 못한 상황을 피해 다른 곳에 왔고 하는 일이 조금 달라져 있을 뿐, 제 마음 속의 욕망과 교만은 조금도 수그러들지 않았음을 그때는 깨닫지 못했습니다.

탐욕과 자만심은 거듭되는 실수와 실패를 불러왔고 재정은 갈수록 나빠져만 갔습니다. 약 3년간의 타향살이를 뒤로 하고 돌아 왔을 때는 이미 많은 빚을 안고 있는 상태였으며, 그 후에도 거듭되는 경영난으로 인해 저는 이전에 상상도 못했던 어려움과 좌절을 경험했고, 견딜 수 없는 패배감과 자괴감 스스로에 대한 모멸감으로 죽고 싶을 만큼의 고통스런 날들을 견뎌야만 했습니다.

의사의 사회적 경제적 지위가 비록 전 같지 않다고는 하나 우리 사회에서 안정된 삶을 보장받을 수 있는 몇 안 되는 직업 중의 하나인 건 분명합니다. 나 자신도 그렇게 믿고 살아오다가 중년의 문턱에서 겪게 된 갑작스런 시련과 반복되는 실패는 참으로 고통스러웠으며, 더구나 사랑하는 딸아이의 학업을 중단하고 휴학을 시키는 상황에 이르렀을 때는 사랑하는 내 가족조차 지키지 못한다는 자괴감을 정말 견디기 어려웠습니다.

그런 고통의 세월 속에서 저에겐 술과 불면과 우울과 대인기피증이 일상이 되었고, 좌절의 늪을 허우적거리며 모든 의욕을 상실하는 끊임없는 악순환 속에서, 마치 아무 것도 없는 허허벌판에 벌거벗고 홀로 서 있는 듯한 황량함과 쓸쓸함, 끝이 보이지 않는 깜깜한 터널을 힘없는 맨발로 홀로 걷는 듯 두려움과 무력감 속에서 절망에 몸을 떨었습니다. 수년간 그런 세월을 보내던 저는 어느 순간 저의 내면에서 눈물로 절규하고 있는 자신을 발견했습니다. 애타게 하나님을 향해 부르짖고 있는 나 자신을 말입니다. 그렇습니다. 저는 절박한 기도를 하나님께 드리고 있었던 것입니다. 내 손으로 내가 판 구덩이에 스스로 빠져버린 나를 한 번만 건져달라고, 아버지의 뜻이 제 소망과 다르더라도 제발 도와달라고, 너무나도 고통스러우니 정 안 되신다면 차라리 지금 나를 데려가 달라고 매달리고 또 매달렸습니다. 그런 어처구니없는, 마치 떼를 쓰는 듯한 기도 아닌 기도가 이어지던 어느 날부터 (과연 이것이 기도의 힘이라고 저는 믿습니다.) 슬그머니 차분해지고 마음이 가라앉는 듯, 정신이 조금은 차려지는 듯 마음이 가다듬어지더니, 이대로 좌절할 수만은 없다는 생각이 들어서 새로운 돌파구를 찾다가 요양병원을 계획하게 되었습니다. 그렇게 죽을 힘을 다해 몸과 마음을 추스르고 병원을 준비하던 2007년 1월 초순경 어느 날, 갑자기 병이 찾아와서 1주일간 앓다가 1월 12일 새벽 5시에 구급차에 실려 아산병원 응급실로 들어가게 되었습니다. 그동안 몸은 몸대로 마음은 마음대로 지쳐 있었으니 병이 찾아온 건 어쩌면 당연한 일이겠지요. 그리고 11일간 입원치료를 받고 집에 와서 한 달 반가량 약을 먹으며 휴양한 끝에 완치가 되었습니다.

그런데 참으로 이상한 일이었습니다. 아무리 생각해도 이해할 수 없는 불가사의한 일이었습니다. 아산병원 응급실로 실려 들어가고, 나를 위해 그 이른 새벽에 병원에 미리 나와 대기하고 있던 친구의 모습을 본 바로 그 순간, 그토록 오랜 세월동안 나의 몸과 마음을 짓누르던 모든 걱정과 불안과 고통이 말끔히 사라졌다는 사실입니다. 그야말로 씻은 듯이, 완벽하게 말입니다. 상식적으로 도저히 이해할 수 없는 일입니다. 왜냐하면 나의 고통이 금전적 문제에서 비롯된 것인데 병원에 입원하면서부터는 그나마 그 수입도 없어졌으니 불안과 두려움이 더 커져야 상식에 맞지 않겠습니까? 그것은 너무나도 당연한 것이지요. 그런데도 거꾸로 그 모든 괴로움이 일순간에 안개가 걷히듯 사라졌으니 말입니다. 처음에는 그런 사실을 인식조차 못했지요. 치료를 받다 보니 며칠째 아무런 걱정도 없이 너무나 평안한 마음으로 지내고 있는 나를 발견하고서야 비로소 알게 된 것입니다. 더구나 2개월이라는 치료기간 동안 한 푼의 수입도 없으면서 걱정 하나 없이 평온한 마음을 유지하고 있었다는 사실은 그 당시로서는 참으로 알 수 없는 일이었습니다. 그리고 알 수 없는 일이 또 이어집니다.

이렇게 치료를 끝내고 나서 건강이 회복된 후 처음으로 외출한 2007년 3월 25일, 제 발걸음이 향한 곳이 바로 100주년기념교회였다는 사실입니다. 최악의 엉터리 신자였던 저는 당연히 영화관이나 외식, 그도 아니면 아내와 함께 고수부지 산책이나 쇼핑을 갔어야 했을 것입니다. 그런데도 알 수 없는 힘에 이끌리어 저절로 발걸음이 교회를, 그것도 아내의 친구에게 말로만 들었던 생소한 교회를 향한 것이 과연 나 자신의 의지였을까요? 그것은 바로 성령의 인도하심이었습니다. 할렐루야!

한 순간에 내 마음속의 무서운 고통과 자신을 죽이고 싶었을 만큼의 괴로움이 말끔히 씻긴 것도 성령의 역사였고, 나의 의지와는 아무런 상관없이 내 손을 잡고 교회로 인도하신 이도 성령님이었던 것입니다. 뿐만 아니라 고통에 몸부림치며 아산병원에 실려 들어가던 그 새벽에 지긋한 눈으로 나를 바라보며 두 팔 벌려 맞아 준 나의 친구는 바로 우리 주님, 예수 그리스도이셨던 것입니다. 언제나 이 대목에 이르면 저는 흐르는 눈물을 주체할 수가 없습니다. 두 팔을 벌리고 나를 안아 주시는 우리 주님의 모습을 떠올릴 때마다 삼라만상이 모두 잠든 고요한 이 시간에도, 이 글을 쓰고 있는 나의 두 눈에서는 뜨거운 눈물이 두 뺨을 타고 하염없이 흘러내립니다.

3주간 예배 참석 후 우리 부부는 망설임 없이 등록교인이 되었고, 많은 교우님들이 불러 주는 환영의 노래를 들으며 감격의 눈물을 흘린 기억이 엊그제 같습니다. 그리고 이제는 잘 믿으며 올바른 크리스천이 되어야지, 모태신앙인답게 살아야지 다짐하면서, 훌륭하신 목사님의 담백하고 깊이 있는 설교를 통해 한 걸음 한 걸음 성경 속으로 들어갈 때 비로소 말씀의 의미를 알아 가는 기쁨을 느꼈고, 그동안 나에게 일어났던 모든 일들이 하나님의 은혜인 것을 알게 되었습니다.

그 모든 시련은 나를 갈고 다듬는 하나님의 훈련이었고, 먼 곳에서 방황하는 탕자를 부르시는 아버지의 목소리였으며, 비록 못난 아들일지라도 버리지 못하시는 사랑의 증표였던 것입니다. 이러한 훈련의 과정을 거치면서도 깨닫지 못하는 저에게 급기야 신체의 고통까지 경험하게 하시고, 이내 마음이 아프셨던지 3주 예정이던 입원치료기간을 앞당기셔서 11일 만에 말끔히 치유케 하신 것과 한 순간에 저를 짓누르던 모든 고통을 말끔히 걷어가 주신 것을 보면 하나님께서 저를 얼마나 사랑하시는지 알 것 같습니다. 마치 17살 아들의 입에 당신이 물고 있던 사탕을 넣어주신 내 어머니처럼 우리 하나님은 자상하시고 마음이 여린 분이기도 하다는 걸 나는 분명하게 알 수 있습니다.

그렇습니다! 이러한 과정을 거쳐 하나님은 저를 아름다운 당신의 땅 양화진 언덕으로 인도하셨고, 아름다운 사람들과 건강한 신앙공동체를 이루어 풍성한 은혜와 기쁨을 나누도록 귀한 선물을 허락하셨습니다.

과거에 저는 놀라운 체험을 간증하는 교우들을 볼 때마다 참 부러워하곤 했습니다. 그리고 나에게도 그런 체험의 증거를 달라고 하나님을 조르곤 했습니다. 이 얼마나 어처구니없는 일입니까? 손에 좋은 것을 가득 쥐고 있으면서도 더 달라고 떼를 쓰는 철없는 아이와 무엇이 다릅니까? 제겐 이미 5년 전, 10년 전, 어린 시절, 더 나아가 태중에서, 아니 내가 생기기도 전에, 아예 태초부터 하나님의 계획 속에서 성령님은 나와 함께 하셨던 것입니다.

수많은 실수를 범하고 나서야 비로소 이를 깨달았다는 부끄러운 고백을 하는 이유는 2012 몽골의 사역을 함께 한 자랑스러운 젊은 동지들이 저를 반면

교사로 삼아 이미 넘칠 만큼 받고 있는 하나님의 선물을 하루라도 빨리 깨닫고 행복을 누리기를 바라는 간절한 마음에서입니다.

이춘호

서울의대를 1981년에 졸업하고, 정형외과 전문의며 현재 예닮요양병원을 운영하고 있다. 100주년기념교회에 출석하고 있으며 100주년기념교회 국외의료봉사단장을 맡고 있다.

이 글은 100주년기념교회 2012 국외단기의료봉사를 총결산하는 책자에 싣기 위해서 쓴 간증문이다.

나를 향한 하나님의 뜻

장철호

(소아청소년과 전문의, 미얀마 의료선교사)

저는 예수님을 믿지 않는 가정에서 2녀 1남 중 막내로 태어났습니다. 부모님이 결혼하신 지 20년 만에 얻은 귀한 외아들이라 어릴 때부터 가족들의 사랑을 많이 받고 자랐습니다. 초등학교와 중학교 시절 내내 저는 얌전하고 공부를 잘하는 모범생이었지만 저는 추첨을 통해 미션고등학교(부산 브니엘 고등학교)에 배정이 되었습니다. 당시 그 학교는 소위 명문고가 아니었기 때문에 만약 시험을 봐서 들어가는 제도가 계속 되었다면 제가 그 고등학교에 들어갈 일은 아마 없었을 것입니다. 하지만 지금 와서 돌이켜보면 제가 미션고등학교에 입학한 것이 얼마나 감사한 일인지 모릅니다. 왜냐하면 제가 그 고등학교를 통해 예수님을 믿게 되었기 때문입니다. 사실 저는 고등학교 입학하기 전까지 교회를 다닌 적도, 누구에게 복음을 들어본 적도 없었습니다. 미션고등학교에 들어갔지만 3학년 여름방학이 될 때까지도 예수님을 믿지 않았습니다. 기독교에 대해서 어떤 반감을 가진 것은 아니었고 예수님을 믿어야 할 이유를 발견하지 못했기 때문이었습니다.

제가 고3 여름방학 때부터 교회를 다니기 시작한 것은 절친한 친구의 권유도 있었지만 또 다른 이유는 교회를 다녀야만 졸업식 때 우등상을 받을 수 있었기 때문이었습니다. 원래 성실한 성격이어서 고3이었지만 교회를 매주 빠지지 않고 열심히 다녔습니다. 확실한 믿음이 있어서가 아니라 그저 친구들과 만나는 것이 좋았던 것 같습니다. 그 해 대학 입시에서 의대를 지원했는데 합격하지 못했습니다. 이상한 것은 하나님이 원망스럽기보다는 하나님께서 저의 믿음을 테스트하신다는 생각이 들었습니다. 그래서 제가 비록 대학에 떨어졌지만 교회는 계속 다녀야겠다고 결심했습니다.

1979년 봄 저는 서울에 있는 학원을 다니며 재수를 하기 위해 고향인 부산을 떠나 서울에서 대학을 다니고 있던 작은 누나와 함께 자취를 하게 되었습니다. 서울에 올라오자마자 저는 집에서 가까운 한 교회를 찾아 매주 혼자서 다니기 시작했습니다. 당시 작은 누나는 교회를 다니지 않았는데 제가 주일마다 교회에 가는 것을 보고는 저를 따라서 교회를 다니기 시작했습니다. 그 교회에서 저는 새신자 교육을 받으며 구체적으로 복음을 알게 되었고 예수님을 영접하고 세례를 받았습니다. 재수생이었지만 교회 대학부에 매주 참석하여 성경공부를 하며 예수님을 보다 깊이 알게 되었습니다. 그해 대학 합격자 발표 전날 저는 너무나도 불안하여 하나님께서 저를 서울대 의예과에 합격하게 해주신다면 하나님을 위해 살겠다고 간절하게 기도하였습니다.

　하나님의 은혜로 저는 서울대에 입학하게 되었고 대학에 들어간 후에도 교회 생활을 열심히 하였습니다. 감사한 것은 아무것도 모르고 자취방에서 가까운 교회를 선택했는데 신앙훈련을 잘 시키는 좋은 교회를 만나게 된 것입니다. 지금 생각하면 그것도 하나님의 선한 인도하심이었습니다. 당시에는 대학 캠퍼스에서 활동하는 선교단체가 한창 부흥하던 시절이었지만 저는 교회 대학부에서 체계적인 성경공부를 통해 믿음이 성장하게 되었습니다. 대학생활 동안 저는 늘 '나를 향한 하나님의 뜻'이 무엇인지 알고 싶었습니다. 그래서 선교단체 수련회도 다녀보고 책도 이것저것 읽어보았지만 정확한 답을 찾을 수 없었습니다.

　1986년 의대를 졸업할 무렵 저는 결혼하였습니다. 제 아내는 목사님의 딸로 어릴 적부터 신앙 훈련을 잘 받았을 뿐 아니라 대학 시절 선교단체를 통해 받은 훈련과 제가 경험하지 못했던 영적 체험을 가지고 있어 저에게 신앙적으로 많은 도전과 도움을 주었습니다. 의대를 졸업한 후 저는 소아과 레지던트를 마치고 소아과 전문의로 1991년부터 대학병원에서 봉직하였습니다. 1995년 교환교수 자격으로 미국 샌프란시스코에 있는 UCSF에 1년 동안 연수를 가게 되었는데 그때 다니던 미국 한인침례교회에서 '하나님을 경험하는 삶'이라는 책으로 3개월 제자훈련을 받게 되었습니다. 그 훈련을 받으면서 저는 하나님이 가장 기뻐하시는 일이 '영혼 구원'이며 나를 향한 하나님의 뜻은 특별한 어떤 것이 아니라 '영혼을 구원하는 하나님의 일에 동참하는 것'이라는 사실을 깨닫고 그 일에 헌신하기로 결단하였습니다.

미국에서의 연수를 마치고 한국으로 다시 돌아온 후 저의 삶에는 많은 변화가 생겼습니다. 성경을 열심히 읽고 공부하기 시작했습니다. 성경 말씀을 잘 이해하기 위해 성경 주석과 신앙 서적들을 읽으며 하나님을 더 잘 알게 되었습니다. 그러면서 하나님은 단순히 한 영혼이 구원 받는 것에 관심이 있는 것이 아니라 하나님에게 더 큰 목적과 비전이 있음을 알게 되었습니다. 하나님의 영원한 목적은 하나님 나라의 완성이며 그것은 선교를 통해서만 이루어질 수 있다는 사실을 깨닫게 되었습니다. 그래서 저는 그 당시 의사로서 하나님의 목적을 위해 할 수 있는 일이 무엇일까 기도하던 중 여러 선교지에 단기의료 선교여행을 다니면서 의료를 통해 선교사님의 사역에 힘을 보태면 좋겠다는 생각을 하게 되었습니다. 하지만 제가 대학교수로 재직해 있으면서 그렇게 하는 것이 어렵다는 것을 깨닫고 저는 자유롭게 선교여행을 다닐 수 있는 시간과 돈을 얻기 위해 개업을 하기로 결심하였습니다. 마침내 1999년에 개업을 하였고 저는 2000년부터 가족들과 함께 매년 2~3회 단기의료 선교여행을 다녔습니다.

2002년 초 제가 오래 다니던 사랑하는 교회를 떠나는 문제를 놓고 목사님 부부와 저희부부가 함께 기도하던 중 하나님은 저에게 성경 말씀을 통해 더 큰 교회로 가라고 말씀하셨습니다. 그 말씀은 이사야 54장 1-3절 말씀이었습니다. "잉태치 못하며 출산치 못한 너는 노래할지어다. 산고를 겪지 못한 너는 외쳐 노래할지어다. 이는 홀로된 여인의 자식이 남편 있는 자의 자식보다 많음이라. 여호와께서 말씀하셨느니라. 네 장막터를 넓히며 네 처소의 휘장을 아끼지 말고 널리 펴되 너의 줄을 길게 하며 너의 말뚝을 견고히 할지어다. 이는 네가 좌우로 퍼지며 네 자손은 열방을 얻으며 황폐한 성읍들을 사람 살 곳이 되게 할 것임이라." 저는 당시 이 말씀의 의미를 잘 몰랐습니다. 2절에 있는 '네 장막터를 넓히며' 라는 말씀을 더 큰 교회로 옮기라는 말씀으로만 단순하게 이해를 했습니다. 그해 가을 타직스탄으로 선교여행을 갔는데 귀국 전날 갑자기 아프가니스탄 난민촌에서 진료 요청이 들어왔습니다. 저희 팀을 초청한 선교사님이 저에게 일정을 며칠 더 연장해서 아프간 진료를 해 달라고 간곡히 부탁을 했습니다. 저는 계획에 없던 일이라 고민이 되었지만 난민촌에 가기로 결단을 했습니다.

아프간 난민촌 진료를 하면서 저는 제 인생에서 잊을 수 없는 경험을 하였습니다. 한 무슬림 여인이 우는 아기를 데리고 왔습니다. 제가 진찰을 해 보니 특별히 아픈 곳은 없고 영양실조만 있는 상태였습니다. 아침에 아기에게 뭘 먹였냐고 물어보니까 주머니에서 크래커(과자)를 꺼내 보이며 젖도 안 나오고 우유도 없어 크래커를 물에 개어서 먹였다고 했습니다. 그 말을 듣는 순간 저는 망연자실하였습니다. 제가 소아과의사로서 그 아기에게 아무것도 해 줄 수 없다는 사실이 너무 마음이 아팠습니다. 제가 가진 것은 약뿐인데 그 아기에게 정작 필요한 것은 약이 아니라 우유였습니다. 선교지의 필요는 너무나도 큰데 제가 해 줄 수 있는 것은 얼마나 작은지 실감했습니다. 또 제가 잠깐 와서 그들에게 약만 나눠주고 가는 단기의료사역은 어쩌면 나 자신의 만족을 위한 것이지 진정 선교지를 위한 사역이 아니라는 생각이 들었습니다. 그래서 저는 아프가니스탄에서 돌아오는 길에 하나님께 물었습니다. 과연 제가 단기의료선교를 계속해야 하는지, 단기의료 선교가 무슨 의미가 있는지… 그때 하나님은 저에게 이렇게 말씀하셨습니다. '네가 가지고 있는 오병이어를 나에게 드려라. 그러면 내가 이들을 먹일 것이다' 그러면서 저에게 의료 선교사에 대한 비전을 주셨습니다.

  아프가니스탄 선교여행을 다녀온 후 저는 선교사로 나가기 위해 저 나름대로 준비하기 시작했습니다. 선교에 관련된 서적을 읽기도 하고 인터넷으로 선교훈련 강의도 들었습니다. 그때 읽었던 두 권의 책('윌리엄 캐리 전기'와 '교회는 당신의 생각보다 큽니다.')을 통해 저는 2002년 초에 하나님이 저에게 주신 말씀, 이사야 54장 1-3절 말씀이 하나님의 선교에 관한 말씀이라는 것을 알게 되었고 하나님께서 저를 선교사로 부르셨다는 것을 확신하게 되었습니다. 근대 선교의 아버지인 윌리엄 캐리는 영국 침례교연합회에서 목회자들에게 하나님의 비전과 선교의 중요성을 깨우치기 위해 이사야 54장의 말씀을 가지고 설교하였는데 그 설교를 듣고 많은 영국교회가 선교에 동참하게 되었습니다. 또한 '세계기도정보'의 저자인 패트릭 존스톤은 그의 책 "교회는 당신의 생각보다 큽니다."에서 이 성경 본문을 가지고 400쪽이 넘게 선교의 중요성과 필요성에 대해 역설하고 있습니다.

  선교에 대한 공부를 하면서 제 마음을 크게 사로잡은 사실은 하나님은 모든 족속에게 복음이 전해지기를 원하시지만 아직도 이 땅에는 복음을 한 번도 들어보지 못한 미전도 종족이 많이 남아있다는 것이었습니다. 제가 선교에 헌신하게 된 한 가지 이유는 하나님이 저에게 아직 한 번도 복음을 들어보지 못한 미전도 종족에 대한 부담을 주셨기 때문입니다.
  2004년 초에 하나님은 저에게 이사야 43장 19절 말씀을 주셨습니다. "보라 내가 새 일을 행하리니 이제 나타낼 것이라 너희가 그것을 알지 못하겠느냐 반드시 내가 광야에 길을 사막에 강을 내리니" 세 번에 걸쳐 동일한 말씀으로 제게 말씀하셨기 때문에 저는 거부할 수 없었고 2004년 말 병원을 정리하고 미국으로 가기로 결단하였습니다. 정말 아무런 대책도 없이 하나님의 말씀만 의지하고 미국으로 왔습니다. 아브라함이 갈 바를 알지 못하고 하나님의 음성에 순종하여 고향과 친척과 아버지의 집을 떠난 것처럼, 모세가 바로의 공주의 아들의 신분을 버리고 광야로 갔듯이 저도 한국을 떠나게 되었습니다. 그동안 제 나름대로 선교에 대해 공부하면서 깨달은 것은 선교는 열정만 가지고 되는 것이 아니라 철저한 준비와 믿음의 훈련이 필요하다는 것이었습니다.

하나님께서는 저의 체질을 잘 아시기 때문에 선교지에 보내기 전에 저를 준비시키시고 저의 믿음을 훈련시키시기 위해 미국에 보내셨습니다. 저와 제 아내의 체질과 용도를 하나님의 목적에 맞게 바꾸시기 위해 미국이라고 하는 광야를 통과하게 하셔야 했던 것입니다. 저희에게 미국은 광야였습니다. 한국에서 저와 제 아내가 전문인으로 남부럽지 않게 살았지만 미국에서는 가족의 생계를 위해 저희가 할 수 있는 일은 아무 것도 없었기에 하나님의 공급하심만 의지해야만 했습니다. 제가 선교사로 떠나기 전까지 미국에서 보낸 1년 4개월의 시간은 저와 제 아내에게는 광야와 같이 힘든 시간이었지만 반면에 지금도 살아계신 하나님을 가장 친밀하게 경험한 축복된 시간이었습니다. 저에게 주신 이사야 43장의 말씀처럼 하나님은 광야에 길을 만드시고 사막에 강을 내서서 저희 가족을 신실하게 인도하셨습니다.

2006년 5월 마침내 하나님은 저를 중국 단동으로 보내셨습니다. 저의 바램은 미전도 종족 선교였지만 저의 뜻과는 다르게 중국으로 가게 되었습니다. 처음에는 하나님이 왜 저를 중국으로 보내셨는지 이해가 되지 않았지만 약간의 시간이 지난 후 저는 깨달았습니다. 선교는 하나님이 하시는 것이기 때문에 하나님께 순종하는 것이 나의 원함보다 더 중요하다는 것을 …. 그래서 저는 하나님의 뜻에 순종하기로 마음을 먹었습니다. 지금 돌이켜 보면 중국 단동은 저에게 가장 적합한 선교지였습니다. 제 아이들이 고등학생이어서 제 아내는 미국에 남아 아이들을 돌봐야만 했습니다. 그래서 막내가 대학에 들어갈 때까지 3년 정도를 가족과 떨어져 저 혼자 중국에서 사역을 해야만 했습니다. 감사하게도 제가 있었던 SAM 단동 복지병원에는 한국, 미국, 호주에서 온 여러 명의 싱글 선교사들이 공동 생활을 하고 있었습니다. 그래서 가족과 떨어져 있었지만 그런대로 잘 지낼 수 있었습니다.

단동에 있는 동안 병원을 중심으로 여러가지 사역을 했지만 지금도 가장 기억에 남는 사역은 '물댄 동산' 사역입니다. 초창기에는 단동 근교에 있는 농촌 마을을 걸어 다니며 가가호호 방문하여 혈압이나 혈당을 재주거나 약을 나누어 주기도 했습니다. 그 사역이 나중에는 커져서 중국 공회(도시빈민을 관리하고 도와주는 정부산하 사회복지단체)의 인정을 받아 제가 속한 단동복지병원이 공식적으로 농민과 도시빈민에게 무료진료를 해주는 공회협력병원이 되었습니다. 그래서 어렵지 않게 많은 중국인(한족)들을 접촉할 수 있었고 그들에게 필요한 의료혜택을 주면서 기회가 되는대로 복음을 전하기도 했습니다.

2011년 8월 여러 가지 사정으로 저는 단동 복지병원을 사임하게 되었고 5년 4개월의 중국 사역을 마치고 아내와 저는 안식년을 갖게 되었습니다. 한국에서 안식년을 보내며 다음 사역을 위해 기도하던 중 저와 아내는 전인적(holistic) 사역에 대한 비전을 품게 되었습니다. 저는 의사이고 아내는 특수교육을 전공한 언어치료사이기 때문에 의료와 교육을 통해 예수님이 그러셨던 것처럼 영과 혼과 육을 아우르는 전인적 사역을 하고 싶었습니다.

그러던 중 저에게 미얀마에 BAM 병원을 설립하는 프로젝트에 대한 제안이 들어와 미얀마에 가기로 결정하였습니다. 그래서 6개월의 안식을 가진 후 2012년 3월 양곤에 들어와 열심히 병원 설립 준비를 하였습니다. 하지만 몇 개월 지나지 않아 그 프로젝트는 무산이 되었고 저는 다시 한국으로 철수를 해야만 했습니다. 한국으로 돌아온 후 저는 매일 교회 기도실에 가서 하나님께 기도했습니다.

기도한 지 3개월이 되었을 때 하나님의 인도하심으로 'Global Image Care' (GIC)라는 의료선교단체를 만나게 되었고 그 단체의 미얀마 구순구개열(언청이) 무료수술 프로젝트의 코디네이터로 파송을 받아 2012년 12월 저희 부부는 양곤으로 다시 오게 되었습니다. 지금까지 13차에 걸쳐 구순구개열 무료 수술을 통해 350명이 넘는 환자들을 수술하였고 그 외에 선천성 심장병 환자 3명을 비롯하여 7명의 환자를 한국으로 데려다가 무료수술을 해 주었습니다. 감사하게도 제 아내는 미얀마에 온 지 채 1년도 되지 않아 양곤에 한국어 학당을 설립하기 원하는 NGO를 하나님의 은혜로 만나게 되어 그 NGO의 지원을 받아 한국어 학당을 운영하게 되었습니다. 그래서 제 아내는 현재 학당을 통해 매 학기 100명이 넘는 미얀마 청년들에게 한국어를 가르치며 복음도 전하는 사역을 하고 있습니다.

작년 초 저희 부부는 의료 사역의 거점이 되는 클리닉이 필요하다는 생각이 들어 하나님께 기도했습니다. 클리닉을 건축하려면 먼저 땅이 있어야 하는데 양곤은 최근 몇 년 사이에 부동산 값이 급등해 땅을 사서 클리닉을 건축하는 것은 무리이기 때문에 누군가 땅을 무상으로 사용하게 해 주면 좋겠다는 생각이 들었습니다. 그런데 격월로 모이는 미얀마 선교사 모임(2015년 2월)에서 한 선교사님과 교제하던 중 클리닉 건축에 대한 이야기를 하게 되었는데 그 선교사님 선교센터 안에 클리닉과 방과후 학습방 교실을 신축하려고 예비한 땅이 있으니 같이 건물을 지어서 나누어 쓰면 좋겠다고 했습니다. 그래서 병원을 지을 수 있는 땅이 마련되었습니다. 다음으로 건축비를 계산해 보니 제가 부담해야 할 비용이 최소 1억 정도가 필요했습니다. 그런데 3월에 생각지 않게 CTS 방송에서 저의 의료사역을 촬영하고 싶다는 제의가 들어왔고 4월에 스튜디오에서 녹화를 한 후 방영이 되었습니다. 저의 방송을 보신 분 중에 두 분이 병원 설립을 위해 각각 5천만 원씩 지정헌금을 해 주셔서 단번에 건축비가 마련되었습니다. 그래서 작년 11월 초 공사가 시작되어 7개월 만인 지난 5월 말에 건물이 완공되었습니다. 클리닉에 필요한 의료 장비도 하나님께서 다 예비해 주셨습니다. 치과 장비는 제가 단동병원에 있을 때 같이 일했던 치과의사가 중국에서 모두 신품으로 사서 보내주었고 다른 의료장비는 한국의 한 NGO에서 무상으로 기증해 주기로 해서 들어오기를 기다리고 있습니다. 클리닉의 이름은 '베데스다'(House of Mercy)입니다. 하나님의 사랑과 긍휼을 베푸는 병원이 되기를 바라는 마음이 담겨 있습니다.

이 병원은 전적으로 하나님의 선물이라고 저는 믿습니다. 저는 병원에 대한 비전을 품고 기도했을 뿐인데 여호와 이레의 하나님이 미리 땅도, 건축비도, 의료장비도 다 마련해 주셔서 병원이 완공되었습니다. 그 이유는 제가 그동안 미얀마에서 선교적으로 대단한 일을 많이 해서가 아니라 미얀마 사람들에게 하나님을 대신해서 하나님의 마음, 긍휼을 보여주었기 때문이라고 생각합니다. 많은 언청이 환자들이 무료로 수술을 받을 수 있도록 다리 역할을 하고 또 수술을 받지 않으면 죽을 수밖에 없는 환자들을 한국으로 보내 수술을 받게 함으로써 그들의 생명을 살린 것을 하나님이 좋게 봐주신 것 같습니다.

지난 5월로 제가 선교사가 된 지 10년이 되었습니다. 선교를 시작할 때는 미전도 종족 선교를 통한 하나님 나라의 완성에 대한 열정으로 시작했지만 10년이 지난 지금 제가 깨닫는 사실은 선교는 '하나님의 비즈니스'이기 때문이 하나님이 반드시 이루실 것이라는 사실입니다. 그러므로 선교의 남은 과업도 중요하지만 하나님이 우리에게 더 원하시는 것은 하나님의 긍휼을 삶으로 살아내는 것입니다. 헨리 나우웬이 그의 책 '긍휼'에서 갈파한 것처럼 하나님은 긍휼의 하나님이며 우리를 향한 위대한 부르심은 긍휼의 삶을 살아야 하는 것이고 우리에게 주어진 위대한 과업은 긍휼의 길을 따라 사는 것입니다. 긍휼 (compassion)이란 동정어린 마음이나 태도가 아니라 고통 받는 사람들에게 다가가 그들과 함께 살며 그들의 고통을 함께 느끼는 것입니다. 마더 테레사가 위대한 점은 가난을 해결한 것이 아니라 가난한 자들을 찾아가서 그들과 같이 살았다는 것입니다.

예수님은 마태복음 25장에서 마지막 심판 때에 양과 염소를 구분하는 기준에 대해 말씀하셨습니다. 형제 중에 지극히 작은 자 한 사람이 주릴 때에 먹을 것을 주고 목마를 때에 마시게 하고 나그네 되었을 때에 영접하고 헐벗었을 때에 옷을 입히고 병 들었을 때에 돌보고 옥에 갇혔을 때에 가서 보는 것이 곧 예수님에게 하는 것과 동일한 것이라고 하시며 그들이 왕국을 상속받게 될 것이라고 말씀하셨습니다. 여러 가지로 부족한 저의 간증을 끝까지 읽어주셔서 감사합니다.

아무쪼록 여러분들도 각자의 삶의 영역에서 하나님의 긍휼을 삶으로 살아내심으로 말미암아 마지막 날에 예수님으로부터 하나님의 왕국을 상속받는 영광과 축복을 누리시기를 기도합니다. 마라나타!

장철호

서울의대를 1986년에 졸업하고, 서울대병원에서 소아청소년과 전공의 수련을 받고 소아청소년과 전문의가 되었다. 인제대 상계백병원 소아청소년과 교수로 재직하다가 지역사회에서 개원을 하였다. 개원 중 단기 의료선교를 다녀온 후 선교의 비전을 갖고, 중국 단동복지병원에 의료선교사로 파송을 받아 6년간 사역을 하다가 2012년에는 사역지를 미얀마 양곤으로 옮겨 부인과 함께 의료사역을 비롯한 선교사역을 하고 있다.

평생 안 갈 것 같았던
인도 데칸고원으로 의료선교를 가다

조광열

(분당고운세상피부과원장, 삼일교회)

월요일 새벽에 인천에서 비행기로 출발해서 싱가포르에서 6시간을 기다려 환승(transit)하고 인도 남동부 해안도시 첸나이(Chennai, 마드라스)에 밤 11시에 내린 후 화요일 아침 마드라스부터 동부해안 도시 몸바이까지 2박 3일 가는 기차를 타고 7시간가량 가서 쿠다파(Kudapa)에 도착한 후 베이스캠프를 차렸다.

쿠다파 시내에 베이스캠프를 두고 인도 남부지역에 위치한 한반도의 몇 배 크기의 데칸 고원(Deccan Plateau)을 수, 목, 금 3일간 차로 하루에 7~8시간씩 누비고 다녔다. 데칸 고원은 초등학교 때 교과서에서 보고 상상했던 그 이상으로 광활하고 아름다웠다.

밤 1시에 데칸 고원의 고지대에서 불빛 하나 없는 찻길위에 누워서 보는 밤 하늘의 별들은 주님이 숨겨놓고 주님의 일을 인도 땅에서 하는 우리들에게만 살짝 보여 주시는 주님의 찬란한 영광을 나타내는 진정한 보석들이었다.

이른 아침에 문득 마주친 수백만 개 이상의 해바라기들로 샛노랗게 덮인 데 칸고원의 한 평야는 하늘의 빛을 향하여 여기에 사는 어두움에 갇힌 인도 영혼 들을 대신하여 주님의 찬란한 영광을 위하여 온몸으로 찬양을 드리고 있었다.

안드라 프라데쉬(Andhra Pradesh)주에 속해 있는 데칸고원 깊숙한 곳에 위 치한 6개의 오지마을들로 낮에는 한 마을에서 의료선교를 그리고 밤에는 또 다른 마을에서 부흥 집회를 한 후에 새벽 2시에 귀가, 새벽 3시에 취침, 새벽 6 시에 기상하는 빡빡한 일정을 보냈다.

인도에는 브라만, 크샤트리아, 바이샤, 수드라 4개 신분을 보통 카스트로 간 주한다. 여기에도 속하지 못하는 가장 낮은 계급을 불가촉천민(Untouchable) 이라고 하는데 지금 당장 기억이 나지 않는데 누군가 유명하신 분이 이 Untouchable 천민들에게 '발릿' 이라고 이름을 지어 주었다고 한다. 우리가 다니는 마을들에는 대부분 이들, Untouchable들이 산다고 한다.
그리고 인도에는 힌두교도가 80% 이슬람교도가 15% 정도 차지하고 있다고 한다.

언어는 힌두어(Hindu)를 제일 많이 쓰지만 지금 우리들이 사역하는 곳은 텔루구어(Telugu)를 쓰고 이 외에도 열 몇 가지의 주 언어가 있어 영어를 인도의 공식 언어로 할 수 밖에 없단다. 그래서 인도사람들은 하층민도 영어를 좀 하고 잘 알아듣는다. 11억 인구로 세계 인구의 1/6이고 영어가 표준어이기 때문에 인도는 앞으로 발전 잠재력이 놀라운 나라이다.

이번 인도 의료선교는 성북 교회 육순종 담임 목사님을 비롯하여 25명의 선교 대원이 갔는데 의사는 나와 부태성 원장님 단 둘이었다. 인도 선교 가기 4개월 전에 부태성 원장님이 인도에 내가 꼭 가야 한다고 나에게 간절히 부탁하기에 거절은 못하고 건성으로 다른 의사를 정 못 구하면 가겠다고 대답하였었다. 선교 가기 3주 전에 가기로 약속한 치과 의사 두 분마저도 취소되었다며 내가 꼭 가야한다고 하기에 어쩔 수 없이 가게 되었다.

국내 의료선교도 있기에 웬만하면 인도에는 안 가려고 했는데 어쩔 수 없이 가게 되었다. 인도 선교는 제대로 합심기도도 못했고 인도에 대한 사전 준비도 전혀 못했지만(처음 가는 도시나 나라는 수개월 전부터 여행 공부를 한다.) 주님께 순종하며 마치 용병처럼 홀로 기도하고 갈 수밖에 없었다.

화, 수, 목 3일간 나와 부태성 원장 두 사람이 하루 500명 정도로 모두 1,500명 정도를 진료하였는데도 많은 중보기도로 거의 지치지를 않았다. 인도도 일본 못지않게 주님이 가슴 속 깊이 품고 있는 너무 불쌍한 영혼들이 있는 곳임을 깨닫게 되었다.

구촌딧 (앉으세요)
바구나라(텔루구어 Telugu, 안녕하세요) 나마스텐 (힌두어, 안녕하세요)
네코삼 프라티스타누(I pray for you, Nekosam prathouisthanu-영어발음)

네누 크리스챤(I am Christian. NeNu christian)

이에수 그리스도 넨누 프레미스투나두 (Jesus loves you. NeNNu premisthunadu)

데부두 니누 디비시타두 (Devudu NeNuu Deevishtadu)

이에수 그리스도 니누 디비스타두

알렐루야 아멘

완다나무(Thanks)

위의 몇 문장을 현지 통역 간호사에게 진료 수 분 전에 급조하여 적었다. 진료하는 환자마다 진료하기도 너무 많은 숫자라 벅찼지만 나도 모르게 계속 어설프게 두 세 문장씩 외쳐댔다. 나중에는 너무 지칠 것 같아 망설여졌지만 환자들이 이 몇 마디에도 눈물을 흘리고 할렐루야 아멘하며 두 손을 번쩍 들고 울부짖는 주님이 사역하시는 모습을 보고 나는 멈출 수가 없었다. 저 멀리 구석에서 조용히 앉아 기도하시는 이옥희 목사님이 보였다.

오래전부터 인도 선교를 하시는 이옥희 여자 목사님과 남편이신 강두성 선교사님 두 부부는 들은 바로는 인도 사역이 너무나도 험난하기에 아기도 안 가지셨단다. 단 두 사람의 사역지라고 하기에는 데칸고원은 조선 전체 한반도 땅의 몇 배 크기로 처음에는 너무 넓다고 생각했었다. 두 분과 1주일간 같이 지낸 후에 지금 생각하니 주님이 너무 사랑하시는 두 선교사 부부의 비전에 비하면 데칸고원은 너무나도 왜소한 작은 땅이었다. 그러니 우리 두 의사가 3일간 너무 많은 환자를 본다고 불평할 수가 없었다.

저녁 집회 중 함께한 어린아이들의 검은 눈망울에 비치는 순수한 영혼의 눈물들, 주님과 함께하는 축복의 기도로 입가에 웃음이 가득해진 여인과 자매들 그리고 어린 딸들, 나에게 아픈 무릎을 안수기도 받고 좋아하는 할머니, 나에게 축복기도 받은 두 중년 부부와 해맑은 작별 … 평소 잘 안 하는 방언기도와 영어기도가 내 입에서 쏟아져 나왔다.

나의 살아있는 전선을 타고 하나님의 애타는 사랑의, 은혜의, 자비의, 긍휼의 고압전류가 목말라하는 불쌍하고 순수한 인도 영혼들에게로 넘치며 흘러 들어갔다. 믿음뿐 아니라 모든 것이 너무나도 모자라지만 죄도 많고 하찮은 나를 통해 인도 땅에서 주님이 본인의 소원을 조금이나마 푸시는 걸 보고 나는 차마 고개를 들 수가 없었다.

진료 막바지에 서둘러 진료를 해줄 수밖에 없었던 여인이 약봉지를 들고 가지도 않고 하염없이 나를 쳐다보고 있다. 겉으로는 서른이 훨씬 넘어 보이는 이십대 초반의 여인과 안겨 있는 6살짜리 영양실조의 자폐아 아들, 여인의 눈망울에서 나는 눈물이 너무 말라 오아시스조차 없는 마른 사막을 보았고, 여섯살 박이의 힘없이 뒤로 젖혀진 얼굴에는 하이얀 소금사막이 덮여 있었다.

나는 절망의 끝을 보고 있었다. 흑백사진처럼 우리는 그대로 서 있었고, 활동사진처럼 우리는 그대로 헤어졌다.

그날 저녁 집회부터 나의 눈에서는 눈물이 마르지 않았다. 너무 흘러 온 몸을 적셨다. 아니 이 데칸고원을 다 적시면 좋겠다. 그 여인의 눈망울을, 그 아들의 얼굴을 적시고 싶었다.

주님의 넘치는 축복과 넘치는 은혜와 넘치는 희망과 넘치는 사랑이 절망의 거의 끝에 다다른 이들 두 모자를 적시고 흘러넘치기를 기도드리고 나는 이를 굳게 믿는다. 우리 주 예수의 이름으로 아멘.

베이스캠프로 돌아오는 차 안에서 이옥희 선교사님에게 내가 본 인도인 중의 반 정도가 Untouchable이냐고 물어보니 만난 인도 사람의 90% 이상 아니 99%가 발릿, Untouchable이었다고 하셨다. 그렇게 눈과 가슴에서 모든 걸 흘리고 난 후였는데도 가슴이 저미어오는 것 같았다.

토요일 아침 의료사역만 마치고 떠나는 나를 배웅하는 이옥희, 강두성 선교사님 부부를 나는 예수님이 되어 안아주며 도닥거려 주었다. 두 거목에게 이렇게 건방지게 표현을 안 하면 눈물이 확 쏟아질 것 같아서….

그리고 첸나이로 7시간 기차를 타고 나왔다. 오후 11시 30분 밤 비행기라 2~3시간 정도 잠시 첸나이 도시를 둘러보았다. 안내하는 인도인 기사가 첸나이 시내의 크리켓 경기장 옆을 지나가면서 경기장 안에는 지금 3만 5천 명 정도가(잘못 들었나?) 중요한 크리켓 결승전을 보며 환호하고 있다고 몸짓으로 흉내를 낸다.

첸나이에서 제일 유명한 해변인 마리나 비치로 나가본다. 백사장이 엄청 넓고 매우 긴 마리나 비치에는 첸나이 시민들이 많이 나와서 즐기고 있었다. 마리나 해변을 잠시 지나 차를 타고 더 나가보니 지난번 쓰나미가 할퀴고 간 해변 빈민촌이 나온다.

흑회색의 천을 뒤집어쓰고 쩌렁쩌렁 리듬을 타고 울렁대며 춤추는 파도들, 해변 따라 나란히 정렬해 놓은 뱃머리가 오뚝 선 날씬한 고기잡이배들, 햇빛 따라 가지런히 널어놓은 비릿한 생생한 냄새를 날리는 생선들, 좁은 찻길 옆 좁은 뚝방길 따라 직선으로 정확히 크리켓 공을 쳐서 날리며 노는 아이들, 해변 찻길을 따라 늘어선 영화세트 같은 허름한 움막집 앞에 가난을 가장한 연기를 하듯 앉아 있는 여인과 어린아이들, 너무나 가난에 찌들어 처절하다 못해 오히려 너무나도 아름다운 여러 장의 흑백 사진들이었다.

도마가 여기 첸나이에서 순교하였다고 외경 도마서에도 써있다고 한다. 도마의 무덤이 있는 성당에 가보니 마침 결혼식을 하고 있었다. S 벤츠 차가 서 있고 결혼식도 호화스럽다.

인도 크리스천 중에 잘 사는 계층인가보다. 힌두교인은 힌두식으로 이슬람은 이슬람식으로 결혼한다.

성당 옆에 도마의 무덤이 있다고 하는 지하로 내려가는 계단 위에 교회 사진 세 개가 있다.

로마의 베드로(Peter) 성당과 스페인의 James 성당 그리고 첸나이의 도마 성당이었다. 이 장소들이 열 두 제자 중에 세 사도들의 무덤이 있는 곳이라고 세 성당의 사진을 나란히 걸어 놓았다. 이 중에 도마 성당이 제일 초라했고 베드로 성당은 아시는 바와 같이 비교해 걸어 놓으니 더욱더 웅장해 보였다. 하지만 그게 뭐 그리 대단하고 중요하랴.

첸나이에서 가장 큰 힌두사원을 가보았다. 브리마(창조신), 비슈누(보존의 신), 시바(파괴의 신)와 아들 가넷(코끼리 신, 구애의 신) 그리고 부다, 무슬림에서 온 신, 남자 잡아먹는 원시부족에서 온 신 그리고 예수님마저 시바의 아들 중 하나에서 태어난 것처럼 모든 걸 혼미하게 만들며 흡인하고 있다. 시바 신을 제일 무서워하고 제일 경배하는 듯하다.

일본의 신사가 일본 영을 꽉 누르고 있듯이 힌두교는 인도 영들을 꽉 죄고 누르고 있었다.

사역을 마치고 떠나는 우리 의료팀은 맨발로 들어가서 한 바퀴 둘러보면서 우리 주 하나님께 기도하며 찬양드리며 악한 영들에게 일격(?)을 가하고 왔다.

빛나고 찬란한 영광의 기쁨의 부활의 십자가만을 주로 묵상하는 나에게 주님은 이번 인도 데칸고원의 선교를 통해 절망스럽고 연약한 고통의 상처의 눈물의 십자가를 깊이 깨닫게 해주셨다. 기쁨뿐 아니라 눈물의 십자가를 지고 앞으로의 주님이 맡기신 일들을 즐겁게 해야 할 것 같다.

아직도 나의 가슴 속에는 인도 데칸고원에서 온 주님의 눈물이 마르지 않고 있다.

조광열

서울의대를 1981년에 졸업하고, 현재 분당 고운세상 피부과 원장으로 근무하고 있다. 삼일교회에서 12년차 일본선교부장을 맡고 있다. 인터넷 선교를 기고 중이며 〈리비에라〉, 〈유럽 작은 마을〉 등 여행 작가로서 활동하고 있다.

하늘의 비전

차 한
(가천의대 소아청소년과 교수, 인천국제침례교회)

서울의대 기독동문들의 신앙 간증집 발간을 위한 원고 요청을 받고 보니 무엇보다도 세월이 유수와 같다고 하는 말이 또다시 가슴에 와 닿는다. 연건동 캠퍼스에서 생활하던 때가 엊그제 같은데 전임의 과정까지 마치고 떠나온 지 벌써 사반세기가 훌쩍 넘었다.

필자가 관악캠퍼스에서 연건캠퍼스로 이동하면서 결심한 것 중 하나가 여러 동아리 중 기독학생회에는 들어가지 않겠다는 것이었다. 소위 모태신앙이었지만 당시 빡빡한 본과 생활에서 방송반과 송정의료봉사회 정도만 해도 여가 활용이 빠듯하였는데 기독학생회까지 가입하여 활동하면 정말로 재미없고 숨이 막히는 학창생활이 될 것 같아 '기생(기독학생회)' 회원인 동기들과는 잘 어울려 지냈을지언정 기생 동아리 방 근처에는 될 수 있는 한 접근을 하지 않았었다.

그리고 미국에 가서 잘(?) 살아보려고 ECFMG를 치르고 난 후 졸업과 동시에 군의관으로 입대를 하였다. 비교적 쉽지 않은 3개월의 훈련 후 첫 부임한 곳은 강원도 화천군 7사단 8연대였다. 민통선 위의 FEBA (Forward Edge of Battle Area) 지역에 소재한 부대였기 때문에 일반 교회에는 출석할 수가 없었는데 다행히 그 당시 FEBA 지역에서는 유일하게 독립된 건물을 가진 소망교회란 이름의 군인교회가 세워져 있어 그 교회에 나가기 시작했다.

출석한 지 한 달이 지나 당시 그 교회의 성가대장을 맡고 있던 ROTC 출신의 중위가 제대를 하자 부대장은 필자를 불러 성가대장을 맡으라고 명령을 하였다. 아닌 밤중에 홍두깨라고 혼자 조용히 신앙생활을 하려고 하였는데 성가대장이라는 중책이 떨어지니 정말 난감하기 이를 데 없었다. 이전에 해 본 적이 없었던 성가대를, 그것도 성가대장으로 섬기려니 만감이 교차하였다. 그래도 어려서부터 교회에서 불러온 찬송가들을 어느 정도는 알고 있었고 또 고등학교 시절이나 의예과 시절 그룹사운드를 한 경험이 있어 성가대원들을 나름 지도하며 성가대 생활에 익숙해질 수 있었다.

처음에는 그간 교회에서 부르던 찬송가보다는 소위 복음성가나 CCM 찬양을 많이 성가대원들과 함께 부르곤 하였다. 그러나 찬송을 나름대로 연구하고 많이 부르면서 깨닫게 된 사실 중 하나는 고전적인 찬송가들은 그 가사들에서 구원의 서정을 일목요연하게 잘 노래하고 있다는 것이었다.

그래서 필자는 성경을 구하기가 어려운 북한 지하교회에서 성도들이 찬송가를 외워 부르면서 신앙생활을 유지하고 또 복음을 전할 수 있다는 것이 이해가 되기 시작하였다. 돌이켜보면 필자도 군의관 시절 하기 싫었던 성가대장을 맡음으로써 찬양을 통해 신앙이 성장할 수 있었음을 솔직히 고백하며 이로 인해 하나님께 감사와 찬송을 다시금 올려드린다.

이 년간의 전방 생활이 끝나고 마지막 일 년은 수도권 쪽에서 근무할 수 있으리라 기대를 했는데 강원도 홍천군 내면 방내리에 소재한 탄약부대로 발령이 났다. 왜 하나님은 나를 이렇게 오지로 보내셨지? 내가 지은 죄가 많아서 그런가? 이렇게 또 다시 산골짜기로 보내신 하나님의 뜻은 무엇일까? 등 원망도 하고 고민도 하며 새로운 부임지에 가서는 먼저 가까운 교회가 있는지 알아보았다.

다행히 그 지역에 교회가 하나 있었다. '대한기독교 감리회 방내교회'의 간판이 걸려 있었다. 일찍 결혼하여 일남일녀를 두신 비슷한 연배의 전도사님이 담임을 하고 있는 전형적인 시골 교회였다. 교회에 출석하자 바로 전도사님이 제안을 하셨다. 사택의 방 하나를 내어줄 테니 부대 내에 있는 BOQ(독신 장교 숙사)에서 나와 사택에 머무르라고. 성도들이 가져다주는 성미로 지은 식사를 같이 먹고 같이 신앙생활을 하자고 하는 제안에 귀가 솔깃해 그러겠다고 하였는데 내 대답을 듣고 나서는 한 말씀을 더 하시는 것이었다. "그런데 새벽

기도 안 나오시면 방 빼셔야 해요!"

그래서 할 수 없이 난생 처음 새벽기도를 나가기 시작하였다. 그곳은 고지대라 겨울이면 체감온도 영하 30도까지도 내려가곤 하였는데 파커를 2개 껴입고 새벽기도에 참여하기도 하였다.

새벽기도를 시작한 지 얼마 되지 않아 전도사님이 또 제안을 하셨다. 이곳에 오기 전 성가대장도 하였으니 여기 청년들을 모아 성가대를 만들어보라고. 성가대를 할 만한 청년들을 모아보니 남녀 합쳐 10명이 채 되지 않았다. 평균 학력은 국졸(초등학교 졸업)이어서 대부분 악보를 잘 볼 줄도 몰랐다. 그러나 일대일로 가르치기도 하며 주중에도 저녁에 자주 모여 연습을 하자 시간이 지날수록 성가대원들의 실력이 일취월장해지기 시작하였다. (결국 필자가 제대를 앞둔 부활절에는 헨델의 메시야를 3부(소프라노, 테너, 베이스) 아카펠라로 부를 수 있었다.

성가대가 어느 정도 궤도에 이르자 이번에는 전도사님이 중고등부 및 청년부 성경공부를 맡으라고 하셨다. 그래서 또 할 수 없이 톰슨 성경 등을 사서 예습하며 토요일 오후에 성경공부를 이끌었다. 지금도 그렇지만 내가 다른 이들에게 성경을 가르침은 99% 내 자신의 영적 유익을 위한 것임을 또 다시 고백하지 않을 수 없다.

제대 후 미국행은 포기하고 1985년 서울대학교병원에 인턴으로 들어가게 되었다. 그 해 6월 근무 도중 병원 내에서 내 인생에서 가장 아름다운 자매를 만나게 되었다. 1년 6개월 동안 무척이나 힘들었던 연애를 끝내고 결혼을 하여 한 가정을 꾸리게 되었다. 그리고 부모님을 같이 모시고 살면서 하나님의 은혜로 슬하에 1남 1녀를 두게 되었다. (현재 90대 중반이신 부모님은 치매 등 여러 가지 질환으로 고생을 하고 계시는데 아내는 필자와 같은 대학에서 간호대학 교수로 재직 중이며 아들은 십여 년의 유학생활을 마치고 돌아와 싱어송라이터로 활동하고 있고 딸은 필자의 뒤를 이어 의학의 길을 가고 있다.)

서울대학교병원 소아청소년과 소아소화기영양학 전임의를 마치고 서울적십자병원에 근무를 하게 되자 바로 원목실을 찾아가 목사님에게 이곳에서 신앙생활을 잘 하고 싶다고 신고를 하였다. 이미 많은 분들이 잘 알고 있겠지만 병원에서 신우회로 모이는 것은 어떤 직장 신앙 공동체보다도 실제적으로 그리스도의 사랑을 전하는 데 매우 중요하다고 생각한다. 우리나라의 많은 병원에서 병원신우회와 원목실의 사역을 통해 진정 복음이 아름답게 전파되고 여러 영적 열매들을 맺혀질 수 있음으로 인해 이 시간도 주님께 감사와 찬송을 올려드린다.

서울적십자병원에서 근무를 하게 된 첫 해, 송요섭 선배님(서울의대 31회, 목사)이 '병원선교'란 의료선교 잡지가 폐간될 위기에 처했으니 한번 맡아서 살려보라고 전화를 주셨다. 소아청소년과 의사만으로 평탄한 삶을 사는 것보다 문서선교도 하면 (사람들이 나를 좋은 일을 한다고 우러러보기도 할 텐데) 얼마나 멋질 것인가 하는 생각에 '병원선교'란 타이틀을 '건강과 생명'으로 바꾸어 본격적으로 문서선교에 뛰어들기 시작하였다.

영상의학과 박재형 교수님과 안과 이진학 교수님 등을 위시한 많은 동문들의 도움을 받으며 왕재 형과 투톱으로 (발행인 이왕재, 편집인 차 한) 현재까지 월간 '건강과 생명'을 26년 이상 만들어 오고 있다. '건강과 생명' 사역을 하면서 많은 희로애락이 있었는데 아마도 왕재 형의 간증에 자세히 나오지 않을까 하여 한 가지만 언급하도록 하겠다.

오랫동안 건강에 대한 관심 때문에 '건강과 생명'을 구독하던 독자 한 분이 팩스를 보내셨다. 자기가 그동안 건강 관련 기사나 칼럼만 읽고 신앙 칼럼은 전혀 읽지 않고 잡지를 보관해두었는데 어느 날 왜 이 사람들이 신앙적인 얘기들을 써놓은 것일까 하는 생각에 보관된 잡지들을 다시 꺼내어 기독교 신앙을 소개한 글들을 읽으면서 예수님을 구주로 영접을 하게 되었다는 것이었다. 아울러 이제는 '건강과 생명'을 만들 때 건강관련 글보다는 신앙관련 글들을 더 많이 실어달라고 요청하였다.

필자는 고 하용조 목사님이 시무하시던 온누리교회에 다니다가 성경 이슈에 눈을 뜨게 되면서 이태원에 있는 international church인 Yongsan Baptist Church(YBC)로 출석교회를 옮기게 되었다. 그리고 YBC를 다니던 도중에 인천으로 이사를 하면서 주말에 서울로 올라가는 것이 쉽지 않아 인천 지역교회로 옮겨야겠다고 생각을 하였다. 그러던 중 인천에도 YBC 같은 international church가 필요하리라는 생각이 들어 2년 반 동안 기도를 한 결과 하나님께서 신묘막측한 은혜로 선교사를 보내어 주셔서 Incheon International Baptist Church(IIBC)를 개척하게 되었다. 먼저 필자의 집에서 가정교회로 시작을 하였는데 2년 전 인천 송도에 건물을 얻어 인천 지역을 방문하는 (5년 동안 22개국으로부터 온) 많은 외국인들과 함께 영과 진리로 경배를 드려오고 있다.

지나온 모든 것이 하나님의 은혜임을 고백하며 이 시간 모든 서울의대 기독 동문님들이 함께 동일한 비전을 나눌 수 있기를 소망하면서 모 기독교 잡지에 필자가 기고하였던 글 가운데 하나를 덧붙이고자 한다.

하늘의 비전 (the heavenly vision, 행26:19)

어린 시절 부모의 이혼으로 친척집을 전전하다 신문보급소에서 생활하며 야간대학을 나온 A를 처음 만난 것은 이십년 전이었다. 그는 어려움이 생길 때면 도와달라며 찾아오곤 했지만 벤처기업을 창업하여 수십억을 주무르고 나서부터는 한동안 소식이 없었다.

그러던 그가 자기 회사를 말아먹고 나서 다시 연락을 해왔다. 십여 년 A를 위해 기도해왔던 터라 이제 하나님께서 그를 만져주심을 바라고 함께 성경공부를 시작했다. 한때는 통일교에 몸담고 있었고 또 나름대로 이 교회, 저 교회 기웃거리며 터득한 잘못된 신앙관을 고수하고 있던 A가 차츰 진리의 말씀에 눈을 떠가기 시작했다.

그리고 얼마 후 A는 확실히 예수님을 자신의 인격적인 구원자와 주님으로 영접을 하였다. 아울러 평소 구박하였던 부인에게도 용서를 구하였고 이어 온 가족이 예수님께로 돌아오게 되었다.

고등학교 졸업 후 약 삼십년 만에 공식적인 자리에서 B를 만났다. 너무 반가워 졸저 〈성경으로 세상보기〉를 그에게 선물하였다. 며칠 후 B에게 전화가 왔다. 필자가 출석하고 있는 교회에 나가도 좋겠냐는 것이었다. 가정에 아픔이 있었고 건강에도 심각한 위기가 있었으며 경제적으로도 엄청난 손실을 입은 B와 함께 성경공부를 시작하였다.

한때는 국선도의 사범으로서 많은 이들에게 나름대로의 진리를 가르쳐왔던 그였기에 하나님의 말씀이 확실히 그 마음을 녹이기까지 일 년 이상의 긴 시간이 필요하였다. 마침내 지난겨울 교회 근처 중국집에서 B는 자신의 입술로 분명히 예수님을 그리스도로 모셔들이는 기도를 하였다. 이후 이제껏 결코 맛볼 수 없었던 평강을 누리게 되었다는 B는 아직 구원받지 못한 가족들을 위해서 기도하며 매일 하나님의 말씀을 좇아가는 삶을 살아가고 있다. 또한 언젠가는 옛날의 자기와 같은 뉴에이저들에게 예수님을 전할 소망을 품으면서…

독실한 천주교인인 C가 목요성경공부 시간에 동료 교수의 권유를 받고 참석하였다. 질문에 대한 답을 하는 형식으로 진행되는 성경공부라 그는 천주교적인 관점에서 여러 질문을 하였다. 그럴 때마다 성경에는 그렇게 되어 있지 않다며 그의 주장이 틀렸음을 확인해주곤 하였는데 그때마다 C는 안색이 변하면서도 자기 주장을 굽히지 않았다.

여러 형제자매들이 그를 위해 계속 기도하는 가운데 그는 신기하게도 성경공부에 지속적으로 출석하였다. 그리고 6개월 뒤 C는 자기 집에서 졸저 〈똥이야기〉 부록에 나와 있는 내용대로 예수님을 구주로 영접하는 기도를 하였다.

이후 C는 성경말씀을 올바로 선포하는 교회에 출석하여 구원간증을 하고 침례를 받았으며 여러 가지 어려운 상황 가운데에서도 구원의 하나님을 찬양하는 삶을 살아가고 있다.

갑자기 D 전공의로부터 전화가 왔다. 오늘 밤에 찾아뵙고 싶다는 것이었다. 병동 일을 빨리 마치고 9시에 만나기로 하였다. 필자의 연구실로 들어온 D는 마치 빌립보 간수처럼 질문을 하였다. "어떻게 하여야 구원을 받나요? 천국과 지옥은 확실히 존재하는 것인지요?"

의대생 시절 필자가 소아청소년과 임상실습을 마친 학생들에게 졸저 〈성경으로 세상보기〉를 선물하며 예수님을 전했던 것이 그에게는 잊히지 않았던 모양이었다.

필자는 새벽 1시 반까지 성경을 펴놓고 우리가 어디서 와서 어디로 가는지, 그리고 인생의 결국이 어떠한지 D에게 차근차근 설명을 해주었다. 그러자 D는 머뭇거리지 않고 예수님을 구주로 영접을 하였다. 비록 지금은 바쁜 전공의 신분이라 주일에 어느 교회에도 나가지 못하고 있지만 어쩌다 병원 안에서 마주칠 때 필자를 향해 미소 지으며 같은 천국 시민으로서 누리는 기쁨을 표시하곤 한다.

하나님께서는 필자에게 많은 은혜를 베풀어주셨다. 특히 필자가 1990년부터 지금까지 월간 '건강과 생명'의 편집인을 맡아 건강에 관심이 많은 현대인들에게 복음을 전하도록 허락해주셨다. 그러는 가운데 말씀을 연구하고 신앙 칼럼을 쓸 수 있도록 은혜를 더하여 주셨다.

아울러 교회와 직장에서 성경을 가르칠 수 있도록, 그럼으로써 필자가 영적으로 나태해지지 않도록 도와주셨다.

비록 아직도 실수와 부족함이 많지만, 주님 다시 오시는 그 순간까지 한 영혼이라도 더 주님께로 인도하는 삶을 살아갈 수 있기를 소망한다.

차 한

서울의대를 1982년에 졸업하고 동대학원에서 의학박사 학위를 받았다. 육군 군의관으로 복무하였으며 서울대학교병원에서 전공의 과정을 마친 후 소아소화기영양학 전임의로 근무하였다. 소아청소년과 전문의와 응급의학과 전문의로서 서울적십자병원 교육수련부장 및 서울의대 외래교수를 역임하였다. 현재 가천대 길병원 및 가천의대 소아청소년과 교수로 재직하고 있다. 저서 및 역서로는 〈성경으로 세상보기〉, 〈똥 이야기〉, 〈성경으로 세상보기2〉, 〈성서건강학〉, 〈스트레스는 없다〉(공저), 〈음악이 건강에 미치는 영향〉(공저), 〈생로병사, 그 신비를 벗긴다〉(공저), 〈크리스챤 육아백과〉(역서), D. L. 무디의 〈하나님께 가는 길〉(역서) 등이 있으며 월간 〈건강과 생명〉의 편집인을 맡고 있다. 현재 독립침례교회인 Incheon International Baptist Church(담임목사 Micheal Genger)에 출석하고 있다.

기도의 응답

최규완

(서울의대 명예교수, 새문안교회)

"구하라, 그러면 너희에게 주실 것이요. 찾으라, 그리하면 찾을 것이요. 문을 두드리라, 그러면 너희에게 열릴 것이니, 구하는 이마다 얻을 것이요, 찾는 이가 찾을 것이요, 두드리는 이에게 열릴 것이니라." (마 7:7-8)

크리스천이면 누구나 기도하기를 좋아한다. 아침에 일어나서도 하고 저녁에 잠자리에 들기 전에도 한다. 밥 먹기 전에도 하고 일을 시작하기 전에도 한다. 큰 소리로 외쳐 부르짖기도 하고 가만히 묵상기도를 드리기도 한다. 산 위에서 하기도 하고 끼니를 거르면서 하기도 한다. 그러나 이러한 기도에 대한 응답을 확실히 기대하거나, 구체적으로 체험하는 일은 그리 흔하지 않다. 나도 그러한 부류에 속했지만 정말로 기적적인 기도의 응답을 받은 적이 있어 그 체험을 간증한다.

필자가 서울대학교병원에 근무할 때 소아과 홍창의 교수님이 주축이 되고 필자가 총무를 맡아 기독봉사회를 조직한 적이 있다. 크리스천 교수 몇 명과 전공의, 학생 그리고 간호사, 약사, 사무직원 등 100여 명이 모여 기도도 하고 성경도 배우며 환자들을 위하여 봉사하는 이른바 기독신우회 모임이었다. 적은 정성이나마 회비를 거두고 여러 곳에서 협찬을 받아 환자들에게 책이나 잡지를 빌려주고, 심방도 하고, 가난한 환자들을 위하여 입원비도 가끔씩 보태어주던 일이 기억난다. 조직이 조금 커지자 향린교회(홍창의 교수 시무)의 도움을 받아 목사님을 초빙하여 직원과 환자들을 위한 주일 예배를 드리게 되었다.

처음에는 작은 강의실에서 모이다가 점점 환자들이 많이 모이게 되니 큰 강당으로 옮겨 다니고, 그나마 병원에 다른 행사가 겹치면 모임 시간을 바꾸어야 했다. 이러한 불편 가운데 우리 기독봉사회의 총회가 모였을 때 한 젊은 회원(아마도 방사선과 박재형 교수라고 기억한다)이 긴급 제안을 했다. 우리 병원 안에 교회를 지을 수 있도록 우리 모두가 기도하자는 것이었다. 물론 제안은 그 자리에서 채택되었다. 그러나 필자도 그러했지만 그 자리에 있던 대부분의 회원들은 가능성이 전혀 없는 쓸데없는 제안이라고 생각했었다. 사립대학병원도 아닌 국립대학병원에, 그것도 캠퍼스가 좁아 다른 건물도 짓지 못해서 고민하고 있으며, 병원운영도 적자 경영을 벗어나지 못하고 있는 실정에 어떻게 교회를 짓는다 말인가? 설사 봉사회원들이 경비를 마련한다고 해도 비기독교인들이 많은 조직에서 교회를 짓도록 허락할 것인가? 우리의 이성적 사고로는 도저히 불가능한 일이었다.

그럼에도 불구하고 그때부터 우리들은 열심히 기도했다. 아무런 가능성이나 희망이 보이지 않지만 열심히 기도했다. 모임이 있을 때는 물론이고 개인적으로 혹은 단지 몇 사람이 모일 때에도 최우선적인 기도제목이 우리나라 국립대학병원에 최초의 병원교회를 짓도록 해달라는 것이었다. 때로는 용기를 잃을 때도 있었지만 서로들 격려하면서 열심히 기도했다.

그렇게 하기를 한 10여 년이나 되었을까? 어느 날 갑자기 우리들의 기도에 응답이 왔다. 물론 그동안 이종구 담임목사님을 비롯하여 여러 교수들이 백방으로 노력하여 얻은 결과이기는 하지만 광림교회(박태원 교수 시무)에서 큰 지원을 해주겠다는 약속을 받아내었다. 다른 곳에 지으려던 개척교회 설립 안이 취소되어 그 대신 서울대학교병원교회를 짓도록 경비를 보조할 수 있다는 것이었다. 뿐만 아니라 바로 그때 우리가 꼭 필요한 대지가 준비되어 있었다. 조그마한 교회를 짓기에 알맞은 땅이 그것도 우리 병원에 바로 인접해 있으면서 큰 도로와는 많이 떨어져 있는 곳이라 비교적 싼값으로 살 수 있는 부지가 나타났다. 바로 지금 병원교회가 있는 땅이다. 정말 우리 모두는 이 놀라운 기적적인 일에 눈과 귀를 의심하지 않을 수 없었다.

바로 건축위원회가 구성되고 모자라는 경비를 위하여 헌금하고, 병원당국과 협상을 벌이고, 서울시 당국과 절충을 하면서 광림교회와 협조를 계속하였다. 이렇게 되니 우리들의 기도에는 더욱 열이 붙었고 영락교회(석세일 교수

시무), 새문안교회(펼자 시무) 등의 교회에서도 거액을 찬조해 줌으로써 공사는 비교적 순조롭게 진행되었다. 드디어 우리나라 최초의 국립대학병원교회를 헌당할 수 있게 되었다. 수많은 사람들에게 복음이 전파되고, 많은 성도들이 위로를 받으며 하나님께 큰 영광을 돌릴 수 있게 되었다.

참으로 큰 기적이 일어났다. 우리들이 하나님의 뜻에 따라서(약 4:3), 확실한 믿음을 갖고(눅 17:6), 쉬지 않고(살전 5:17), 끊임 없이 졸라대면(눅 18:1-8) 하나님께서는 아무리 어려운 일이라도 우리들의 기도에 응답해 주시는 것을 확실하게 체험할 수 있었던 기적이 일어난 것이다.

최규완

서울의대를 1961년 졸업하고, 서울대 의대 교수로 재직하는 동안 기독의학생회 지도교수로 섬겼으며, 대한유전의학회장, 대한소화기내시경학회장, 대한소화기병학회장, 대한헬리코박터연구회장 등을 역임하였다. 노태우 전 대통령 주치의를 맡았고, 국민보건 복지 향상에 기여한 공로로 국민훈장 모란장, 옥조근정훈장을 받았다. 삼성의료원 원장과 건국대의료원장을 역임하였다. 서울새문안교회 장로, 서울대학교 기독봉사회 회장, 서울시기독의사회 회장, 한국기독의사회 회장, 서울의대기독동문회 회장 등으로도 섬겼다.

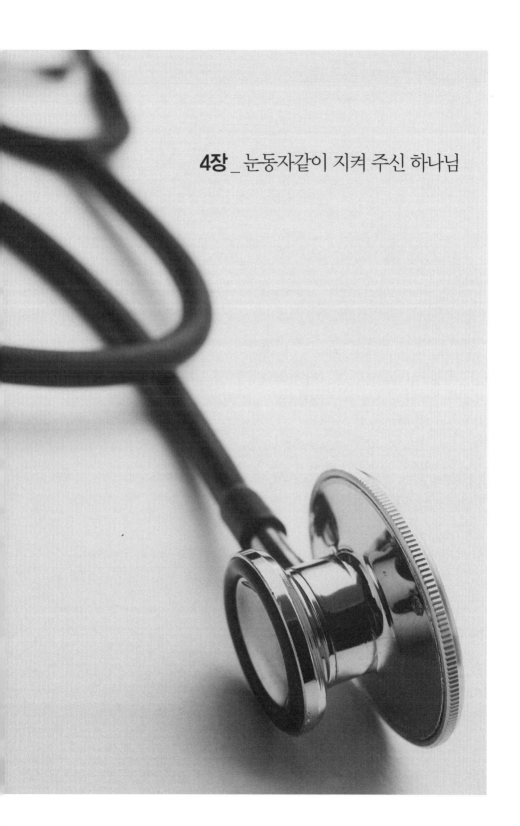

4장 _ 눈동자같이 지켜 주신 하나님

편안하고 욕심 없는 마음가짐

최규완

(서울의대 명예교수, 새문안교회)

나는 지금 많은 사람들로부터 부러움을 사고 있다. 나 자신이 생각해도 세상의 누구보다도 더 행복한 삶을 살고 있다고 자부한다. 먼저 지금 내가 처하고 있는 나의 현 주소를 살펴본다.

나는 자랑스럽고 고마운 부모님을 모셨다. 비록 일찍 돌아가셔서 우리 가족들에게 고생을 남겨 주셨지만, 평생 교육자로서 부끄럽지 않은 삶을 사시다가 돌아가실 때에도 남을 돌보시던 의로운 삶을 마감하신 아버님을 자랑스럽게 생각한다. 또한 아버님이 돌아가신 뒤에 우리들을 기르시느라고 온갖 고생을 도맡아하신 어머님에게는 무엇이라 말할 수 없는 한없이 고마운 마음을 갖는다.

어머님께서는 젊으셨을 때에 많은 고생을 하셨지만 말년에는 건강한 모습으로 남부럽지 않은 신앙생활을 하시다가 갑자기 심장마비로 89세를 임기로 하나님의 부르심을 받으셨다. 2000년 5월 14일, 마침 어버이 주일이라 교회에서 예배를 마치고 온 가족들이 점심을 같이 하기로 예정되었던 주일 아침에 갑자기 유언도 없이, 고통도 없이 돌아가셨다. 우리들은 몹시 아쉬웠지만 많은 분들이 정말 행복한 죽음이요, 자식들을 배려한 죽음이었다고 부러워했다.

나는 행복한 가정의 가장이다. 사랑스러운 처와 대견스러운 2남 1녀를 두고 있다. 처는 배소아과의 원장으로 여의도에서는 골목대장이지만 가계에도 많은 보탬을 주고 있음을 부인할 수 없다. 의사인 장남은 음악을 전공한 자부에게서 두 명의 귀여운 손녀를 낳았고, 둘째인 외동딸은 의사에게 시집가서 든든한 외손자를 낳았으며, 셋째인 차남은 역시 의사로서 서울대학교병원 내과에서 전공의 과정을 마쳐 가고 있다. 모두가 크리스천으로 부모에게 순종하고, 건강하고, 제 할 일을 열심히 감당하고 있다. 말할 나위 없이 행복이 가득한 가정이다.

나는 영광스러운 새문안교회의 장로이다. 올해로 교회 창립 129주년을 맞는 새문안교회는 우리나라 개신교회 가운데 가장 오래된 어머니 교회요, 우리나라 수도 한 가운데 자리 잡은 중심 교회이다. 1964년에 이 교회로 이적하여 1984년에 장로장립을 받아 은퇴할 때까지 시무장로로서 봉사했다. 정말로 영광스럽고 복된 직책이었다.

나는 자랑스러운 삼성의료원의 의료원장이었다. 대학을 졸업한 뒤 서울대학교에서 의학박사를, 그리고 미국 미시간대학교에서 이학박사를 받은 나는 30여 년간 모교인 서울대학교 의과대학의 내과학 교수로서 봉직하였다. 그동안 200여 편의 논문을 썼고, 그 가운데에는 영국의 Nature지, 미국의 Science지 등에 게재된 논문들이 4편이나 된다. 누구나가 부러워하던 직업이었고 업적이었다.

1997년 정년을 만 5년 앞두고 삼성의료원으로 이적하는 용단을 내려 성균관대학교 의과대학 교수 겸 삼성의료원의 의료원장으로 재직하였다. 산하에 4개 병원과 의과대학, 생명과학연구소가 있으며 6,000여 명의 교직원이 일하는 우리나라에서 가장 좋은 의료원의 의료원장으로 일하였으니 이 또한 모두가 부러워하는 직책이었다.

나는 의사로서 가장 명예로운 직책인 대통령 주치의를 역임했다. 옛날 왕조시대의 어의와는 큰 차이가 있지만 일국을 통치하는 대통령의 주치의로서의 명예는 대단한 것이었다. 특히 노태우 전 대통령과 같이 진정으로 민주주의를 신봉하고 주변 인물들을 배려해주시는 분의 주치의는 그 자체만으로도 값있는 직책이었다. 물론 어려움도 있었지만 뜻있는 5년간을 시무하였다. 열 차례를 넘는 해외 순방 길에 공식수행원으로 따라다니고, 휴가철에는 골프나 바둑의 상대로서 대통령을 모시던 일은 지금도 내 인생에 빼놓지 못할 중요한 시기였다. 많은 이들의 부러움을 산 것은 당연하다.

나는 학회나 사회단체의 활동에 있어서도 남에게 뒤지지 않았다. 〈대한유전의학회〉, 〈대한소화기내시경학회〉, 〈대한소화기병학회〉, 〈대한소화관운동학회〉, 〈대한헤리코박터연구회〉 등의 여러 학술단체의 회장을 역임하였고, 〈서울기독의사회〉와 〈한국기독의사회〉의 회장도 지냈으며, 회현로타리클럽, 한미협회, 삼일회 등과 같은 친목단체의 회원이기도 하다. 〈삼성생명공익재단〉, 〈삼성의료재단〉, 〈삼성제일의료재단〉, 〈남천의료재단〉, 〈학교법인 건국대학교〉, 〈대한암연구재단〉, 〈인성의과학연구재단〉 등의 이사직을 맡아서 공익사업, 의료사업, 학원사업, 연구사업 등 여러 분야에서도 일하였다.

나는 취미생활에 있어서도 다양하다. 바둑과 골프는 정말 내 생활의 중요한 일부이다. 초등학교때 아버님의 어깨 너머로 배운 바둑인지라 이론을 겸비한 세련된 바둑은 아니지만 한국기원으로부터 아마추어 5단을 인증받았고, 내가 가입한 바둑클럽인 소현제나 프라임클럽에서도 그렇게 두어서 별로 지지 않는 정도이니 그 정도 실력은 되는 것 같다. 골프는 비교적 늦게 시작하여 열심히 노력을 했는데도 핸디캡 12정도 밖에 향상되지는 못했다. 물론 최저타 기록은 1988년에 77타를 기록한 것이고 가끔 70대의 성적이 나오기는 하지만 공정하게 평하여 12의 핸디캡은 좀 과한 평가라고 생각된다. 내가 속해 있는 서울컨트리클럽이나 운영위원장을 지낸 뉴서울컨트리 클럽에서는 비교적 좋은 성적을 내지만, 직책상 운영위원을 맡고 있는 안양컨트리클럽에서는 내 핸디캡을 치기가 아주 어려웠다.

그밖에 음악을 듣거나 미술품을 감상하는 것도 취미 중에 하나이지만, 고스톱이나 포커와 같은 잡기에도 이론과 실기를 겸비하여 남에게 빠지지 않는다. 스탬프, 코인, 와인 등의 수집에도 일가견이 있어 여가시간에는 상당히 즐기는 편이다. 돈이 너무 들어서 요즈음에는 다소 주춤하고 있지만 나의 소장품을 보고 부러워하는 사람이 많다.

나는 재산에 있어서도 남이 부럽지 않을 정도는 갖고 있다. 재벌들이나 부자들에는 비교할 수가 없지만 그래도 중산층으로서는 상위에 속한다고 본다. 수억을 호가하는 아파트, 지방휴양지의 콘도미니움, 헬스크럽의 회원권, 몇 개의 골프클럽회원권 등 필요한 만큼은 갖고 있다. 노후생활을 대비한 얼마의 정기예금이나 제주도에 갖고 있는 몇 평의 땅도 중요한 재산이다.

그렇게도 가난했던 우리집이 어떻게 이렇게 풍요롭게 되었는가를 생각하면 정말 신기한 점도 많다. 물론 의사 두 사람이 40여 년을 될수록 아껴 쓰고 죽어라고 벌었으니 이런 정도를 이룬 것이 당연하다고 하는 이도 있다. 그러나 나는 내가 어려울 때부터 하나님께 십일조 헌납의 생활을 했기 때문에 얻은 축복이라고 확신한다. 가정교사를 하거나 쥐꼬리만한 인턴의 봉급을 받을 때에도 그 모든 수입의 10분의 1은 먼저 하나님께 바쳐 왔다. 오히려 요즈음 수입이 많아지고는 느슨해졌지만 내 소득에서 가장 깨끗한 부분은 하나님께 먼저 바쳤다.

이와 관련하여 내가 평소에 즐겨 읽고 기도하는 성구를 소개한다.

"나로 가난하게도 마시옵고 부하게도 마시옵고 오직 필요한 양식으로 내게 먹이시옵소서. 혹 내가 배불러서 하나님을 모른다, 여호와가 누구냐 할까 하오며, 혹 내가 가난하여 도적질하고 내 하나님의 이름을 욕되게 할까 두려워함이니이다." (잠언 30:7-9)

마지막으로 나는 건강에 있어서도 남들의 부러움을 사고 있다. 아직까지 한 번도 큰 병으로 입원을 하지도 않았으며 물론 수술을 받은 적도 없다. 당뇨병, 고혈압증, 통풍, 신경증 등과 같은 유전성인질환은 아예 없었고 외상을 입은 적도 없다. 다만 고도근시에, 최근에 나타난 노인성 난청, 그리고 음식을 절제 하지 못 한데서 오는 비만증 등은 앞으로의 건강을 위협하고 있다.

사람들은 어려서부터 담배에는 손도 대지 않았고, 술을 즐겨하지 않으며 열 심히 운동을 한 결과라고 말하지만, 나는 신앙생활에서 우러난 편안하고 욕심 없는 마음가짐에 그 공을 돌리고 싶다. 나는 이렇게 모든 면에서 많은 친구들 이 선망하기도 하고 격려하기도 하는 복된 인생을 살고 있다. 더러는 나의 노 력과 신앙을 칭찬하기도 한다. 그러나 나의 나된 것은 내가 잘나서 된 것이 아 니요, 정말 인간으로서는 생각할 수 없는 하나님의 은혜로 이루어진 것을 고백 한다. 지금까지도 나는 내가 맡은 바 사명을 다하여 열심히 일했지만, 앞으로 도 더욱 열과 성을 다하여 하나님의 명령을 따라 최선의 삶을 살아갈 것이다.

굶어보지 않은 사람은 정말 배고픈 것이 어떠한 것인지 알지 못한다. 끼니를 걱정하고 입을 옷을 염려해보지 않은 사람은 가난을 논할 자격이 없다. 추운 길거리에서 껌도 팔고, 담배도 팔면서 영어단어를 외우고 수학공식을 되새겨 본 적이 없으면 진실로 고학이 어떠한 것인지 이해하기 힘들 것이다.

나는 비록 일제치하에 태어났지만 부모님들이 모두 초등학교 교사이셨고, 특히 외갓집이 꽤 부유하였기 때문에 어린 시절에는 별로 어려움 없이 자랐다. 동네 친구들보다 좋은 옷을 입었고, 맛있는 음식을 먹었으며, 많은 장난감을 갖고 놀았다. 그러나 우리집의 고난은 외조부모님이 일찍 돌아가시고, 아버님께서 갑자기 돌아가시면서 시작되었다.

1949년 3월 1일, 그 당시 대구 수창국민학교의 교장이시던 아버님께서 3·1절 기념식을 마치고 귀가하시던 중 군인트럭에 치여 돌아가셨다. 자전거를 타고 가시던 아버님께서 앞에 가던 할머니를 난폭하게 달려오는 트럭으로부터 보호하려다가, 그 할머니는 넘어지면서 생명을 구했으나 아버님은 머리를 다쳐 돌아가셨다. 요사이 교통사고 환자들이 흔히 받아 내는 보상금 같은 것은 꿈에도 생각하지 못하고, 더구나 군인트럭은 도망가 버린 뒤라 장례비마저도 학교에서 겨우 마련해준 형편이었다.

아무튼 이렇게 갑자기 홀로되신 어머님께서는 어린 6남매를 데리고 고생의 여정을 나서셨다. 내가 13세의 나이로 장남이요 상주였으니 그 참상은 불문가지였다. 우리를 키우시느라 교직을 그만둔 지 오래된 어머님은 당장 생계를 걱정하게 되었고, 대학생들의 하숙을 치고, 다방을 경영하고, 조그마한 잡화가게를 운영하는 등 무엇이든지 가계를 꾸려 나가는데 도움이 될 일은 다하였다.

그러다가 형편이 좀 좋아졌을 때 친구들과 일수계에 휘말려 들었고 드디어는 완전 파산지경에 이르게 되셨다. 이러다 보니 우리 형제들은 가끔 끼니도 걸러야 했고 직접 길거리로 나서서 돈을 버는 데 도와야 했다. 어린 동생들을 보면 정말 앞길이 막막한 지경에 이르렀다. 그러나 그때는 6.25 전쟁으로 말미암아 피난 온 학생들이 많은 때인지라, 어렵게 공부하는 친구들이 많아서 우리들의 고생이 남의 눈에 그렇게 띄지는 않을 정도였지만 그래도 우리들의 고통이란 이루 말할 수가 없었다.

그때에 우리 가정에는 기적적인 일이 일어났다. 예수 그리스도께서 우리 가정을 찾아오신 것이다. 어떻게 된 것인지 내가 아주 우연히 교회를 찾아가게 되고 성경공부를 하게 되고, 동생들도 이에 동참하고, 마침내는 그렇게도 반대하시던 어머님께서도 개종을 하셔서 우리 가정이 완전히 기독교화되었다. 우리 친가나 외가나 어느 쪽에도 크리스천이라고는 전혀 없던 집안에 하나님의 복음이 전파되었던 것이다. 우리 온 식구들이 그 어려움을 이길 수 있었던 것은 아마도 그 믿음 덕분이라고 생각된다. 돌아가신 아버님께서 평소에 가르치시고 몸소 행하시던 인내의 교훈이 예수님의 오래 참음의 도리와 어울려서 우리들의 그 어려움을 극복할 수 있도록 도와주신 것이다. 뿐만 아니라 하나님께서 주신 재능으로 우리 형제들은 공부를 아주 잘했다. 모두가 그 반에서 첫째 둘째를 다투었고 따라서 학교에서 준 푸짐한 장학금은 학비에 많은 보탬이 되었다.

필자는 아버님께서 작고하신 후로 중학교와 고등학교 과정에서 줄곧 수석을 하였고 이를 가상히 여긴 독지가들의 도움으로 서울에 유학할 수도 있었다. 아무리 그러한 도움이 있었어도 대학과정에서도 계속 수석을 하면서 장학금을 받지 못했더라면 학업을 끝내지도 못했을는지 모른다. 가정교사로 여러 학생들을 가르치고, 병원 연구실의 수위실에서 숙직원 겸 청소부 노릇을 해서 숙식을 해결하였다. 그러다 보니 내 생활은 오로지 학교에서 강의 듣고, 학생들을 가르치고, 주일에는 교회에 출석하는 것 밖에 다른 여가를 즐길 여유가 없었다. 지금도 아쉬운 것은 친구들과 등산 한 번 못 가보고, 동도극장에는 "에덴의 동쪽"을 보러간 것 밖에는 근처에도 못 가보고, 수학여행은 갈 꿈조차 꾸지 못한 것들이다. 이러한 것이 나의 인격형성에 상당히 나쁜 영향을 주었을 것으로 생각한다.

그러나 나에게는 다른 친구들이 갖지 못했던 신앙생활이 있었다. 시험 때라든가, 학생을 가르칠 때라든가, 아무리 일과가 바쁘더라도 아침에 일찍 일어나서 기도하고 성경 읽는 일만큼은 빠트리지 않았다. 주일에 교회에 출석하는 것은 말할 것도 없고 헌금도 정확하게 십일조 봉헌을 하였다. 봉사활동도 많이 했다.

그 바쁜 고교 3학년 때에 직업소년들을 위한 야간학교를 개설해서 가르친적도 있었다. 대구 YMCA에 교실 한 개를 얻어서 현재 교육인적자원부 장관겸 부총리가 된 한완상 동문은 영어를 가르치고, 서울공대를 나와 과학기술처에서 오래 근무하다가 문교부 차관(김옥길 장관때)까지 지나다가 얼마 전에 작고한 김형기 동문은 과학을, 그리고 필자는 수학을 가르치는등, 우리 몇몇이 정말 정열로써 봉사활동을 했다. 대학시험 공부를 등한시 한다고 여러 사람들로부터 꾸중을 들었지만, 그때에 그렇게 봉사활동을 하던 우리들은 모두 서울대학교에 합격했다.

인간적으로 생각하면 말할 수 없는 역경에 처하였으나 오직 신앙과 학문에만 전념함으로써 그 모든 시련을 극복하였다. 대학을 졸업하고도 쥐꼬리만한 수입으로 동생들의 학비와 가족들의 생계를 도와야 할 처지였지만 아무도 예측하지 못했던 일들이 일어나고 드디어는 우리 가정의 형편도 조금씩 나아져 갔다. 이런 일들을 되새겨 보면 정말 예측할 수 없는 하나님의 섭리를 깨닫게 되고, 그 은혜를 감사하지 않을 수 없다.

물론 인간적으로 생각할 때 여러분들에게 감사해야 할 일들이 많다. 첫째로 당시 교무과장이시던 고 이승훈 교수님의 엄정한 학사관리로 수석졸업의 명예와 함께 총장상을 받을 수 있었던 일은 오랫동안 잊을 수 없는 감사한 일이다. 둘째로 전문의 과정을 수료하고 의학박사 학위를 받은 때에 은사이신 고 한심석 교수님께서 내과의 유급조교 발령을 내려주셔서 서울대학교 교수로서의 첫 발을 딛게 된 것도 두고두고 감사하는 일이다. 마지막으로 경제적인 도움과 함께 정신적인 위로를 아끼지 아니하신 당시 교통부 장관이시던 고 박춘식 장군의 배려도 평생 잊지 못 할 감사의 대상이다. 이 분들은 아무도 기독교인이거나 자선사업가가 아니었다. 그러나 하나님께서는 이 분들을 통하여 자기의 뜻을 역사하셨음이 틀림없다고 믿는다.

나는 만 65세 대학교수로서의 정년을 맞았지만 하나님께서 허락하셔서 10년 이상을 더 일할 수 있었다. 교수로서 혹은 의사로서의 일도 최소한으로 하기는 하였지만, 그동안 미뤄 왔던 취미 생활이나 여가를 이용한 더욱 보람 있는 생활을 해왔다. 좀 더 시간을 내어 교회를 위하여, 그리고 사회를 위하여 봉사하는 시간을 갖으려고 노력하였다.

누구나 인생의 황혼기에 접어들면 그러한 생각을 하겠지만 생의 마감을 멋있게 하고 싶다. 무릇 인생의 종말은 우주의 종말과 마찬가지로 반드시 오고야 말 사건이며, 또한 그 시기와 장소는 아무도 예측하지 못하는 때에 오기로 되어 있다. 나타나는 징조를 통하여 다소 먼저 알 수 있기는 하겠지만 언제 어떻게 닥칠 것인지 모르기 때문에 항상 미리 준비하고 있어야 한다. 그리고 우리가 맞는 종말은 개인적인 것이든 우주적인 것이든 그것이 마지막이 아니고 오히려 영원한 생명과 무한한 세상의 시작이라는 점도 주목해야 한다. 그러므로 나는 이제부터 이러한 영원한 미래를 위한 준비와 계획을 위하여 더 많은 시간을 할애하려고 한다.

지금까지 내가 이루었던 여러 가지 일들은 그런대로 나의 최선을 다한 것이다. 한 사람의 의사로서, 대학교수로서 그리고 연구자로서의 역할을 충실하게 이행하였다. 한 가정의 가장으로서, 교회의 장로로서 그리고 내가 속한 여러 모임의 구성원으로서 해야 할 일을 다하였다. 남의 지탄을 받거나 비방거리가 되어본 적은 없다.

그러나 나는 아직 내가 잡은 줄로 여기지 아니하고, 지금까지의 모든 것은 잊어버리고 앞에 놓여 있는 오직 한 가지 목표를 향하여 끊임없이 나아가는 것이 나의 꿈이다. 나는 지혜도 모자라고 능력도 부족하지만 하나님께서 도우셔서 이 꿈을 이루어 찬란한 영광을 얻을 수 있도록 해주시기를 간절히 기도하면서 이 글을 맺는다.

최규완

서울의대를 1961년 졸업하고, 서울대 의대 교수로 재직하는 동안 기독의학생회 지도교수로 섬겼으며, 대한유전의학회장, 대한소화기내시경학회장, 대한소화기병학회장, 대한헬리코박터연구회장 등을 역임하였다. 노태우 전 대통령 주치의를 맡았고, 국민보건 복지 향상에 기여한 공로로 국민훈장 모란장, 옥조근정훈장을 받았다. 삼성의료원 원장과 건국대의료원장을 역임하였다. 서울새문안교회 장로, 서울대학교 기독봉사회 회장, 서울시 기독의사회 회장, 한국기독의사회 회장, 서울의대기독동문회 회장 등으로도 섬겼다.

뻔뻔하고 끈질기게

최성호

(노원 솔 요양병원, 예평교회 담임목사)

"너희 중에 누구에게 어떤 친구 한 명이 있다고 하자. 한 밤 중에 그 친구를 찾아가서 '여보게, 빵 세 개만 꾸어주게. 내 친구 하나가 여행을 하다가 내 집에 들렀는데 내어 놓을 것이 없어서 그런다네.' 하고 사정한다면 어떻게 하겠는가? 그 친구는 안에서 '나를 괴롭히지 말게. 벌써 문을 닫아걸고 아이들도 나도 다 잠자리에 들었으니 일어나서 줄 수가 없네.' 라며 거절할 것이다. 잘 들어라. 이렇게 우정만으로는 일어나서 빵을 내어주지 않겠지만 귀찮게 졸라대면 마침내는 자리에서 일어나 그의 청을 들어주지 않겠느냐?"

그러면서 주님은 다음과 같이 말씀 하신다.

"그러므로 나는 말한다. 구하여라. 그러면 너희에게 주실 것이다. 찾아라. 그러면 찾을 것이다. 문을 두드려라. 그러면 너희에게 열어 주실 것이다." (눅11:5-10)

대강 짐작컨대 '믿고 간절히 기도하라.' 는 취지의 말씀인 것 같은데 제시하신 예화의 내용에 대해 약간 의아한 느낌을 갖지 않을 수 없다. 과연 밤에 친구 집에 찾아가 이런 식으로 부탁하는 태도가 과연 바람직한 기도의 자세일까? 아무리 생각해도 그런 것 같지 않다.

첫째, 친구 집에 찾아가서 부탁하는 내용이 못마땅하다. 혹시 집에 식량이 떨어져 자기 가족이 며칠 째 굶다가 실신해서 급하게 찾아가 빵을 부탁하는 것이라면 얼마든지 이해할 수 있겠다. 그런데 단지 여행 중에 자기 집에 들른 친구에게 대접할 빵이 없어서 다른 친구 집에 와서 빵을 달라고 한다고? 언제 우리 집에 빵 맡겨 놓았어? 물론 당시 풍습으로 집을 찾아온 손님에게 먹을 것을 내놓는 것은 중요한 예절이긴 했지만, 그래도 방문한 친구도 빵이 없으면 빵이 떨어져서 없겠거니 할 것이 아닌가? 과연 한 밤 중에 이렇게 법석을 떨면서까지 친구를 대접해야 할 일인가?

두 번째는 부탁하는 태도가 틀려먹었다. 낮에도 아니고 한 밤중, 사람들이 잠들어 있는 피곤한 시간에, 온 식구가 모여서 자는 것을 빤히 알면서, 닫아걸었던 문을 열고 그 시끄러운 소리 때문에 식구들이 다 잠에서 깨어나게 해야 하는가? 아무리 친구지만 도무지 뻔뻔하고 염치가 없다.

그런데 그 다음으로 이어지는 예수님의 말씀이 뜻밖이다.

"이런 부탁은 친구라는 이유로 즉 우정으로는 들어줄 수 없는 부탁이다. 그렇지만 그가 와서 졸라대는 것 때문에 일어나서 청을 들어줄 것이다."

이 말씀은 달리 말하자면 일이 되게끔 하는 것은 부탁받는 사람의 선의보다는 부탁하는 사람의 졸라대는 태도라는 말씀이 아닌가?

8절 말씀을 개역 한글 성경에는 "그 강청함을 인하여 주리라."라고 되어 있고 개역 개정판에는 "그 간청함을 인하여 주리라." 이라고 되어있는데 헬라어 원문 성경에는 이 "그 강청함"이나 "그 간청함"이란 단어가 $\alpha\nu\alpha\iota\delta\epsilon\iota\alpha$(anaideia)로 되어 있다. 헬라어로 '아나데이아' 라는 말씀은 영어로 shamelessness(뻔뻔함), importunity(성가시게 끈질김), impudence(몰염치), boldness(배짱) 등의 복합적 의미를 가진 단어다.

그러니 예수님의 말씀에 의하면 이 주인공은 상대방의 우정보다는 자신의 뻔뻔스럽고 끈질기게 졸라대는 태도 때문에 빵을 얻게 되었다는 것인데, 이는 사회 통념상 권장할만한 교훈적인 내용이라고는 느껴지지 않는다. 많은 사람들이 바로 전에 주기도문을 통해 경건하고 고상한 기도를 가르쳐주신 주님께서 이런 종류의 교훈을 주셨다는 것에 당혹감과 의문을 느끼는 것이 사실이다.

그렇다면 이 비유에 숨어있는 깊은 뜻은 무엇일까? 예수님은 이 비유를 통해 친구 사이의 우정을 강조하신 것도 아니다. 귀찮은 상황 속에서도 친절을 베풀 것을 강조하신 것도 아니다. 또한 부탁하는 자가 갖추어야할 예절을 강조하신 것도 아니다.

주님께서 거북스럽게까지 느껴지는 이 극단적인 예화를 통해 우리 뇌리에 입력시키고자 하신 한 가지 메시지는 바로 기도에 있어서 '졸라댐이 가지는 힘' 이다. 부탁받은 사람의 컨디션이 안 좋은 시간에, 말도 안 되는 내용을 가지고 부탁했지만, '그 뻔뻔스럽게 졸라대는 태도' 가 가지고 있는 이상한 위력 때문에 그 부탁이 성사가 되는 현실을 주목할 것을 요구하신다.

그러면서 주님은 "부탁받은 이가 컨디션이 항상 최고이시고, 졸지도 주무시지도 않는 존재이실 때 그리고 그가 보통 친구의 우정과는 비교도 할 수 없는 사랑을 가지신 분, 그분 앞에 가서 무언가를 졸라댄다면 그 결과는 어떻겠는가? 그 부탁이 헛될 리가 있겠느냐? 응답을 얻는 것이 너무도 확실한 것 아니겠느냐?'라고 가르쳐주신다.

물론 사람들은 남에게 무엇을 부탁할 때 경우 바르게 그리고 조심조심 부탁하는 것을 좋게 여긴다. 그렇지만 실제로는 '우는 아이 입에 떡 하나 더 간다.'는 속담에서 보듯이 막무가내로 조르는 경우가 이상하게 더 힘이 있다.

졸라대는 것이 힘이 있는 것은 첫째로 그것을 거절하기가 쉽지 않기 때문이다. 비록 거절한다 해도 거절한 쪽에서 마음의 부담을 갖게 되기 마련이다. 가정에서 울면서 무언가 조르는 아이에게 부모가 대응하는 길은 대체로 네 가지일 것이다. 아이의 청을 그대로 들어주든지, 아이를 야단치거나 때려서 그 입을 막든지, 아니면 시간과 에너지를 들여 포기하도록 알아듣게 설명하든지, 그것도 아니면 울거나 말거나 그대로 내버려 두든지 하는 것이다. 그런데 야단치거나 때리거나 내버려 두는 것은 부모 쪽에서도 고통스러운 일이다. 알아듣게 설득하는 것도 쉽지 않다. 그러니까 웬만하면 청을 들어주는 쪽을 선택하는 것이 현실적으로 가장 편한 방법이다. 그래서 막무가내로 졸라대는 것이 힘이 있다.

졸라대는 것이 힘이 있는 둘째 이유는 의외로 들어주는 쪽에서 그것을 더 좋아하는 경우가 있기 때문이다. 예를 들어, 누구를 초대하면서 "이번에 우리 집 잔치에 꼭 오세요. 안 오면 재미없어요, 화낼 거예요!"라고 말하며 초대하는 것이 "시간이 되시면 잔치에 참석해주십시오."라고 말하며 초대하는 것보다 초대받는 입장에서 (늘 그런 것은 아니지만) 더 기분 좋게 느껴지는 경우가 많다는 것이다. 남남 사이에서는 조심스러움이 필요한 덕목이지만 가까운 사이, 특별히 서로 사랑하는 사이 - 예를 들어 부모 자식 간의 사이 - 에서는 그렇게 조심조심 눈치 보면서 부탁하는 태도는 오히려 부탁받는 사람의 마음을 서운하게 만드는 경우가 많다. 우리 영의 아버지이신 하나님도 마찬가지시다. 하나님께서는 예의바른 미지근함보다 뻔뻔스럽게 졸라대는 간절함을 더 좋아하시고 높게 평가하신다.

그리고 솔직히 말해서 우리들 인생의 처지가 그저 되면 좋고 안 되면 말고 하는 식으로 기도드릴 처지가 못 되지 않는가! 그리고 어차피 우리는 하나님 앞에서 뻔뻔스러울 수밖에 없다. 주님께서 주기도문을 통해 우리에게 하나님께 일용할 양식을 달라 기도하라고 가르치셨을 때는, 우리가 하나님께 언제 양식을 맡겨 놓은 적이 있어서 그렇게 기도하라고 하신 것이 아니지 않는가! 아이가 엄마 아빠에게 뭘 사달라고 할 때, 설득하는 것과 조르는 것 어느 것이 더 효과적일까? 아이는 부모를 설득할 실력이 없다. 마찬가지로 우리는 하나님을 설득할 실력이 없다. 그런데 우리는 우리 머리를 가지고 자꾸 하나님을 설득하려고 한다.

셋째로 졸라대는 부탁이 힘이 있는 이유는 졸라댐 자체 속에 귀하고 긍정적인 요소가 들어 있기 때문이다. 사실 졸라대는 것 자체가 쉬운 일이 아니다. 졸라대려면 체면도 버려야 한다. 용기도 있어야 한다. 많은 에너지도 쏟아야 한다. 떼쓰는 아이를 보라. 떼를 쓰고 나면 목도 아프고 눈도 퉁퉁 붓는다. 그러나 부모, 즉 상대방이 내 부탁을 들어줄 것이라는 믿음이 없으면 그렇게 졸라댈 수가 없다.

그렇다! 졸라대는 태도의 중심에는 예수 그리스도께서 그렇게도 중요하게 여기시는 '믿음'이 있는 것이다. 한편, 경우 바르고 조심스럽게 부탁하는 태도는 부탁받는 쪽의 입장을 고려한다는 바람직한 측면이 있지만, 뒤집어 생각하면 그 밑바탕에 '어쩌면 부탁이 거절될 수도 있다. 그런 경우에도 각오하고 대비해야 한다.'는 생각이 깔려있는 경우가 많다.

물론 우리가 졸라대는 것마다 모두 응답받는 것은 아니다. 그렇다면 우리가 하나님 꼭대기에 앉게 되기 때문이다. 하나님께서 어떤 분명한 다른 이유로 거절하실 때도 있다. 모세와 바울 같은 분들의 기도도 거절하실 때도 있었다. 하나님은 당신의 뜻에 합당하지 않은 것, 우리에게 필요가 없거나 가지면 손해가 되는 것은 거절하시거나 나중에 주시거나, 혹은 다른 것으로 대신 주시기도 한다. 그러나 중요한 사실은 하나님은 자녀의 간절한 청원을 거절하실 때에 마음에 큰 부담을 가지신다는 것이다. 그것은 자식의 간절한 부탁을 거절할 수밖에 없는 부모의 짠한 마음을 헤아려보면 쉽게 이해할 수 있을 것이다. 그 짠한 마음에 언젠가 자식에게 좋은 것이 되어 돌아가듯이 간절한 기도는 지금 당장 응답되지 않더라도 그 나름대로 힘이 있게 마련이다.

그리고 졸라야 할 때 조를 줄 아는 것이 얼마나 중요한지 모른다. 며칠을 먹이지 않아도 음식을 조르지 않는 아이는 생명이 위태로운 아이다. 마찬가지로 하나님 앞에서 마땅히 간청해야 할 것을 간청할 줄 모르는 사람은 그 영혼이 위태로운 사람이다.

그래서 주님은 재차 강조하신다. "구하라, 그러면 너희에게 주실 것이요. 찾으라. 그러면 찾아낼 것이요. 문을 두드리라. 그러면 너희에게 열릴 것이니,

구하는 이마다 받을 것이요, 찾는 이는 찾아낼 것이요, 두드리는 이에게는 열 릴 것이니라."

간청하는 것은 이렇게 구하고, 찾아 나서고, 문을 꽝꽝 두드리는 것이다. 뻔 뻔스럽게 끈질기게 간청하는 것이다. 언제까지? 분명히 하나님께서 내 기도 에 반응해주셨다고 느낄 때까지다. 간청한 그대로 주시든, 다른 것을 주시든, 아니면 이유를 알려주시며 거절하시든, 이런 간절한 기도는 절대로 허공 속으 로 사라지는 메아리가 되지 않을 것이다.

주님은 그때까지 뻔뻔하고 끈질기게 졸라대라고 우리에게 말씀하신다.

최성호

서울의대를 1977년에 졸업하고, 전주 예수병원에서 외과 수련을 받고 외과 전문의가 되었다. 대학 시절 세례를 받은 후 의사로 활동하면서도 한국기 독실업인회의 국내외 여러 지회들을 방문하여 실업인과 전문직업인을 대 상으로 한 제자양육 전문강사로 사역하였다. 그 후 보다 전문적인 말씀사 역에 뜻을 두고 신학을 공부해 장로회 신학대학원을 수석으로 졸업했으며, 대한예수교장로회(통합)로부터 목사 임직을 받았고, 현재는 경기도 구리시 에 위치한 예평교회 담임목사로 있으면서 한국기독실업인회 전도 및 양육 자문위원으로 사역하고 있다. 서울시 노원구에 위치한 '노원 솔 요양병원' 외과 과장과 목회를 겸직하고 있다. 〈천국에 대한 바른 생각〉(두란노) 등 의 저서가 있다.

믿음이란?!

최연현

(서울삼성병원 영상의학과 교수, 남서울은혜교회)

의과대학 다니던 시절에는 지금의 60을 바라보는 나이쯤 되면 성화의 극치에 도달할 줄 알았다. 현실은 전혀 그렇지 못하니 믿음이라는 것이 참 이루기 어려운 것이라고 느낀다. 예수님께서도 하나님을 믿는 것이 우리가 할 일 중 가장 중요한 일이라고 하셨다.

우리가 주님을 마음으로 믿고 입으로 시인하는 것이 믿음이나 믿음의 길 입문 이후의 단계를 이루어 가는 것이 때로는 이해하기 어렵고 오묘한 것 같다. 이 글의 제목도 이해하기 어려운, 이해할 수 없는 하나님이라는 부제목을 달고 싶으나 불경스러울 것 같다.

필자는 중조 외할머니 때부터 신앙을 가진 집안에서 모태신앙으로 자라났고, 학창시절에는 CCC라는 선교단체에서 훈련을 받았기에 제법 영적으로 교만할 수 있는 배경을 가지고 있다. 한국 교회가 어떻다는 것은 실제로 보고 들은 것도 많다고 생각한다.

모태신앙의 단점인 뜨뜻미지근한 신앙은 1980년 5.18로 장기 휴강에 들어갔을 때 매일 성경을 읽으면서 성경말씀이 꿀보다도 달다는 것과 하나님의 나라에 대한 개념을 깨달으면서 굴곡 없는 안정 상태로 들어가게 되었다. 그러므로 믿음이 날이 갈수록 좋아지고 주님의 일에 열정을 내야 하나 그렇지 못한 아쉬움이 있다.

성경에 보면 이스라엘 민족에 대해 또는 성경의 위인들에게 하나님의 살아 계심을 분명히 보여 주시나 그들은 거듭하여 하나님을 잊고 그릇된 길로 나아간다. 이것이 인간의 본성인 듯하다. 현대를 사는 우리에게 이적과 기사는 없으나 때때로 분명하게 알려주시는 듯하다.

신비주의는 경계할 필요가 있으나 하나님을 경험함이 없이는 우리의 믿음도 생존하기 어려운 것 같다. 필자의 의견에는 하나님의 안 보이는 손은 하나님 밖에 의지할 수 없는 상황에서 보인다. 만약 망망대해나 거대한 고비사막 한 가운데 던져진다면 우리는 하나님 밖에 의지할 수 없다. 하나님에게 영혼뿐이 아니라 우리의 생존을 위해 기도한다. 다니엘이라면 하나님을 부인하지 않아서 불구덩이에 던져질 때에도 "하나님이 구원하지 아니하실지라도"라는 믿음을 고백할 것이다.

하나님의 보이지 않는 손은 매일 반복되는 일상에서는 발견되지 않는다. 우리가 전혀 느끼지 못한다. 필자가 23년 전에 미국에 연수를 하러 갔을 때

막막한 가운데서 그분의 손길을 몇 번 분명하게 느낀 것 같다. 우연의 일치라고 생각할 수 없는 하나님의 인도하심을 경험하였다. 그 전과 그 이후에도 하나님의 인도하심이 많이 있었다고 생각하지만, 바쁜 대학교수 생활에서 제대로 느끼지 못한 점이 많다.

크리스천 봉사회인 우리병원의 한가족봉사회의 활동은 하나님의 인도하심과 성령 충만을 경험한 대표적인 것이었다. 우리 주위의 많은 크리스천들이 질병과 경제적인 어려움 등 많은 고통을 당하는 것을 본다. "왜"라는 질문에 답할 수 있는 사람은 없다. 어떤 때는 하나님이 매우 이해할 수 없다. 우리가 생각할 때, 우리에게 좋은 것을 주셔야만 하나님은 선하시고 긍휼이 넘치시는 분이시다. 우리의 고통에 침묵하시는 하나님을 어떻게 믿을까? 개인과 시대의 역사에 있어서 매우 근본적인 질문이다. 우리가 연륜을 자랑하는 얄팍한 믿음도 견디기가 쉽지 않다.

그러나 이 글을 쓰면서 다시 힘을 얻는다. 그분이 우리를 도우시며 힘을 주실 것이라고. 그분이 우리를 사랑하신다고. 이제 우리가 그분의 도우시는 손길을 느끼고 믿음을 새롭게 하면 좋겠다.

최연현

서울의대를 1983년에 졸업하고, 서울대학교병원에서 영상의학과 전공의 과정을 마치고 영상의학과 전문의가 되었다. 삼성서울병원 영상의학과 교수로 재직 중이며, 삼성서울병원 한가족의료봉사회 회장, CCC아가페 의료봉사단 이사장을 역임하였다. Asian Society of Cardiovascular Imaging 회장, Korean Journal of Radiology 편집장을 맡고 있다. 남서울은혜교회에서 안수집사로 섬기고 있으며, 서울기독의사회 회장을 역임하였고, 의료선교협회 이사로 있다.

이주민 노동자 전도하기

최연현

(서울삼성병원 영상의학과 교수, 남서울은혜교회)

의료인으로서 또는 비의료인으로서 많은 크리스천들이 의료봉사에 참여하고 있다. 다른 봉사와 전도의 사역과 마찬가지로 시간과 물질과 정성을 드리는 귀한 일이다. 특히 땅 끝까지 이르러 복음을 증거하는 귀한 사역에 쓰임 받는 귀한 종들이 많으시다. 필자도 미력하나마 80년대 학생 시절부터 의료봉사에 즐거이 참여해 왔고 여러 번 국내외에서 의료봉사를 하였다. 한때는 보람을 느낀 나머지 감격에 겨워 의료봉사 현장에서 성령 충만을 경험한 적도 있다고 생각했다.

그러나 의료선교라고도 부르는 이 일에 참여할 때 요즘에는 그다지 즐겁지 못하다. 안타깝게도 지금 이루어지고 있는 많은 일들이 80년대 또는 그 이전의 가난한 우리나라에서 벌여온 일들과 큰 차이가 없다고 느끼는 것은 나 혼자만의 생각일까? 2000년 우즈베키스탄 사마르칸트 일원에서 삼성서울병원 한가족의료봉사회가 단기의료봉사를 나갔을 때의 일이다. 한국에서 '명의'가 오셨다고 어떤 환자가 5시간을 걸려 먼 거리에서 왔다. 우리 팀에 한국의 '명의'가 있는 것은 맞았지만 우리가 도와 드릴 수 있는 것은 없었다. 가끔은 우리들이 하는 일에 도취되고 스스로 만족하는 경우가 있는 듯하다. 실제로 의료봉사나 의료선교라고 부르는 일들이 어떤 효과나 가치가 있는지 평가할 필요가 있다. 이 모든 일의 결과는 하나님께 맡긴다고 해도 될까?

잘 아는 신실한 젊은 선교사 부부가 방글라데시에서 사역하고 있다. 부군 선교사는 파키스탄에서 사역 중 테러를 당하여 목에 총알이 관통한 적이 있는 분이다. 이분이 최근에 방글라데시로 사역지를 옮겼는데 우리가 아는 대로 최근에 (2016년 7월 1일) 수도 다카의 "홀리 아티산 베이커리"에서 테러가 발생하여 라마단 만찬을 즐기던 35명이 인질로 잡히고 20명이 사망했다. 이로 인해 이분에게 얼마나 정신적 고통이 가중될 지 염려가 된다. 현지 사역은 소중한 것이고 포기되어서는 안 된다.

한편으로는 국내에 많은 외국인 노동자들이 있으므로 이들을 잘 돌보아 주면 좋은 열매를 맺을 수 있다. 필자가 다니는 교회에서는 매월 2~3회 주일마다 국내 외국인 노동자를 진료한다. 한 번은 방글라데시에서 교사를 지냈다는 40대 초반의 남자 분을 만난 적이 있다. 약간 더운 날씨였는데도 목에 스카프를 두르고 있어서 특이하게 생각했다. 필자의 전공은 영상의학이라서 포터블 초음파를 가져가서 검사를 해드리지만, 이날은 환자가 많아 내과적인 상담도 겸했다. 목을 들여다보니 피하에 2~3cm 정도의 혹이 있었고 환자는 매우 부끄럽게 생각했던 것 같다. 현지의 선교사님과 평택박애병원의 이건오 외과선생님을 연결하여 그 다음 주에 이 환자에 대해 무료 수술을 시행하게 되었다. 치료를 잘 받은 후 환자는 매우 기뻐하였고 자기 집에 몇 사람들을 불러 모았으니 성경공부를 인도해 주시면 좋겠다고 선교사님에게 자발적으로 요청하였다고 한다. 외국인 노동자의 필요를 충족시킬 때 복음이 전도되는 것을 경험한 사례였다.

이 땅의 나그네로 수고하는 이들을 잘 대접하고 섬길 때 매우 효과적인 열매 맺음을 볼 수 있을 것이다. 어쩌면 봉사자를 찾고 동원하는 것보다도 의료가 절실히 필요한 이들을 발굴하여 전인적이고 근본적인 치료를 해 줄 수 있는 기금의 조성이 더 필요할 것 같다. 필자가 제안하는 것은 이들을 위한 1차 진료, 2차 진료 등의 네트워크를 만들어 시설이 갖추어진 의원, 병원에서 저렴한 진료를 해주고, 필요한 경우 3차 병원에서 진료를 받을 수 있는 후원을 하는 제도이다.

필자의 교회에서도 Lamp Medical Aid(서울시 NGO)와 Lamp Medical Network(LAMEN)을 통해 이러한 일을 하려고 시도 중이다. 우리들의 의료봉사와 의료선교는 자기만족의 단계를 벗어나 지혜롭고 효과적인 사역으로 진보되어야 하며 함께 고민하고 동역하여 귀한 열매들을 맺어야 하겠다.

최연현

서울의대를 1983년에 졸업하고, 서울대학교병원에서 영상의학과 전공의 과정을 마치고 영상의학과 전문의가 되었다. 삼성서울병원 영상의학과 교수로 재직 중이며, 삼성서울병원 한가족의료봉사회 회장, CCC아가페 의료봉사단 이사장을 역임하였다. Asian Society of Cardiovascular Imaging 회장, Korean Journal of Radiology 편집장을 맡고 있다. 남서울은혜교회에서 안수집사로 섬기고 있으며, 서울기독의사회 회장을 역임하였고, 의료선교협회 이사로 있다.

절망 속의 희망

최의성

(충북의대 정형외과 교수, 청주 상당교회)

어릴 때부터 소위 모태 신앙으로 큰 위기 없이 평탄한 신앙생활을 해 왔었습니다. 고등학생 때까지는 소위 일탈이라 할 만한 사건은 없었으며, 교회 학생회 임원 등을 거치며 흔히들 얘기하는 교회 오빠의 생활을 하고 있었는데, 대학에 들어오고 나서 음주가무 등에 내가 일종의 재능(?)이 있다는 것을 알게 된 것입니다. 남들보다 술이 세서 많이 마시거나, 취하지 않고 끝까지 남아 있을 수 있다거나, 중고등부 시절 성가대를 하며 갈고 닦은 실력으로 여러 가지 노래를 맛깔나게 부를 수 있다든지…, 하여튼 새롭게 알 게 된 이런 재능들로 선배들의 사랑(?)도 받고, 일명 화류계(?)의 재미도 알아 가며 주일은 교회에서, 나머지 요일은 세상에서 살아가는 이중생활을 시작하 게 되었습니다. 항상 주일 성수는 빠지지 않았고 교사나 성가대 등의 봉사도 했기에 교회에서는 모범적인 신자였으나 실제 사회생활은 여느 불신자 못지 않은 생활을 하는 시간이 쭉 이어지게 되었습니다. 어머니께서는 교회 집사 라는 녀석이 그렇게 술을 먹고 다니면 되냐고 항상 걱정하셨지만, 성경에는 술 취하지 말라고 했지 술 먹지 말라는 얘기는 없다는 궤변을 늘어놓으며 자 신을 합리화했고, 그런 생활이 주는 재미에 푹 빠져 혹시 예수를 풍덩 믿게 되면 이런 재미를 누리지 못하게 될까봐 걱정까지 하는 지경에 이르게 되었 습니다.

전공의 생활이 끝나고 교직 생활을 청주에서 시작하게 되었는데, 집이 멀 어져서 주중에는 청주에 혼자 있고, 주말에만 집에 가는 주말 부부 생활을 한 3년 정도 하게 되었습니다. 이때 주 중에는 거의 매일 술을 마시며 놀고 주말 에만 집에 가는 생활을 하였습니다. 당시 이렇게 생활하다가는 큰 코 다치지 하는 생각이 가끔 들기도 했지만, 그때 뿐 생활의 변화는 없었습니다.

그러던 어느 날 감기 기운이 있었는데 일주일이 지나도 차도가 없어 응급 실에 들러 피 검사를 해 보았습니다. 그랬더니 콩팥 기능을 나타내는 BUN/ Cr이 너무 높아 입원하여 검사를 해보자는 권유를 받고 입원하여 여러 가지 검사를 했는데, 결론은 혈청 검사에서 '유행성 출혈열'로 확진이 되었다는 것입니다. 다행히 큰 문제없이 증상이 좋아져서 다음 주면 퇴원을 기다리고 있었습니다. 그런데 아침에 채혈을 하고 병실에 앉아 있던 것까지 기억이 나는데, 그 다음에 벌어졌던 일은 전혀 기억이 나지 않았습니다. 아마 '발작 후 기억상실(postictal amnesia)'이었던 것 같습니다. 나중에 주위 사람들에게 얘기 들어서 알게 된 사실입니다만, 제가 갑자기 혼수상태가 되었다고 해서 집사람이 병원에 와 보니, 머리 아프다고 누워 있었고, 의식이 안 좋아진다고 호소를 했는데, 마침 그날이 토요일이라 당직 내과 레지던트가 뇌하수체 출혈 얘기를 하며 지켜보자고 했다고 합니다.

제가 의사였기 망정이지… 집사람 얘기를 듣고 저희 과장님이 병원에 나오셨고, 과장 호출을 받은 내과 및 신경외과 교수가 병실에 들어서는 순간 제가 호흡 정지가 와서 삽관을 하고 중환자실에 내려 CT를 찍어보니 '거미막밑출혈(SAH)'이 발견되었으며, 이후 후하방소뇌동맥(posterior inferior cerebellar artery)에 '뇌동맥류'가 있음이 확인되었고, 여러 차례의 고비를 거친 후 서울대학교 병원으로 전원되어 무사히 수술을 마칠 수 있었습니다. 할렐루야!! 나중에 얘기를 들어보니 서울대학교병원 신경외과 한 대희 교수께서도 같은 위치에 발생했던 뇌동맥류 수술은 네 번 정도 하셨는데, 나머지는 모두 사망하였고 저만 생존하였다고 하셨습니다.

이후에 재활 치료를 거쳐 지금은 거의 불편 없이 생활하고 있습니다. 당시 저를 위해 열심히 중보기도 해주셨던 많은 분들이 계셨고, 하나님의 은혜로 기적적인 일이 저에게 발생하였다는 것을 믿습니다. 정말 살아계신 하나님을 믿고, 열심히 생활을 하지 않으면 크게 한 번 맞고 정신 차리게 된다는 교훈을 얻었습니다.

저의 작은 얘기를 들으시고 항상 하나님께서 나에게 원하는 게 무엇인가를 분별하시면서 사는 선후배님이 되시기를 바랍니다.

최의성

서울의대를 1990년에 졸업하고, 서울대학교병원에서 정형외과 전공의 과정을 수료하고 정형외과 전문의가 된 후 현재 충북대학교 의과대학 정형외과학교실 교수로 재직 중이다. 충북 청주시에 있는 상당교회에서 안수집사로 섬기고 있다.

나의 이력서

최지원

(한국 최초의 외과 전문의, 볼티모어 벧엘교회)

나의 아버지, 최윤오

나는 1937년 1월 25일, 강원도 회양군(금강산은 회양군, 통천군, 고성군 3개에 걸쳐 있다.) 난곡면에 위치한 이왕직 목장의 공의(公醫)로 일하시던 부친 최윤오 집사와 모친 김명수 권사 사이에서 7남매 중 장남으로 태어났다.

우리 집안의 뿌리는 평북 선천이며, 부친의 형제는 육형제였다. 경성(옛 서울)에서 순사(경찰관)로 있던 둘째 숙부님이 동생 중 제일 똑똑한 다섯째 숙부 최윤식(나중에 서울 문리대 학장 겸 수학과 과장)을 서울로 불러올려 경기중학교에 입학시켰다. 윤식 숙부님은 공부를 잘하여 일등으로 졸업하고, 경기중학교 선생님들의 권유로 히로시마 고등사범에 진학한 결과 또 일등으로 입학하여 일등으로 졸업하셨다.

윤식 숙부님은 고등사범 선생님들의 권유로 동경제대에 입학하여 다니실 때 여섯째 동생인 내 부친이 생각나서 당시 선천 신성중학교에 다니시던 부친을 동경으로 부르셨다. 부친은 성성중학교에 다니면서 신문배달을 하면서 고학을 하였다. 그러나 제대로 공부하지 못해 귀국 후 경성제대 의학부에 시험을 쳤으나 그만 낙방을 하시어 세브란스의전에 입학하셨다. 1933년에 세브란스의전을 졸업하시고 강릉도립병원 외과와 응급실에서 3년간 일하시면서 많은 외과 경험을 쌓으신 후 강원도 회양군의 이왕직 목장에 공의로 취직하였다. 이곳에서 많은 일반 환자를 진료하였고, 특히 부인과 경험을 많이 쌓으셨다고 한다.

부친은 그 당시 조선에서 가장 유명한 제국대학 이와이 내과 과장에게 편지를 보내 수습의사(인턴, 전공의)를 희망한다고 하였다. 이와이 교수께서 흔쾌히 오라고 하여 부친은 제국대학 병원 내과의 전종휘(나중에 전염병내과 과장), 김경식(호흡기내과 과장), 한심석(나중에 소화기내과 과장, 서울대 총장) 선생님들과 같이 내과학을 배우면서 굉장한 교분을 쌓으셨다.

이후 철원 철도병원에 자리가 비어서 신청을 하였는데, 원래 철도청에서 조선 사람은 자리를 잘 안 주었다고 한다. 그러나 부친은 강릉도립병원에서 외과 경력을 쌓았고, 이왕직 목장 공의로 일하면서 말하자면 가정의(family medicine)를 하셨고, 경성제국대학 병원에서 유명한 이와이 선생 밑에 정식으로 내과 수련을 받은 경력 때문에 풍부한 경험이 인정되어 당장 취직되었다. 철원 철도병원은 의정부, 동두천, 연천, 철원을 포함하여 월정리, 복개, 평강, 신고산 등의 역을 모두 관내로 하여 진료지역이 넓었다.

철원에서의 어린 시절

부친은 개업을 하시면서 불쌍한 사람들을 무료로 진료하셨다. 70년이 지난 지금도 철원역 가까이에 있는 병원과 넓은 사택, 뒷마당의 큰 연못이 기억에 생생하다. 부친은 우리 형제가 칠남매가 되니까 뒷 연못이 아이들에게 위험하다고 하여 메워 버리셨다.

나와 누님(최지온: 나중에 서울여의대인 우석대학 졸업)은 각각 4살, 5살 때 송서방이 끄는 인력거를 함께 타고 2년 동안 철원감리교회 유치원에 다녔다. 철원감리교회는 1933년에 세워졌으며 서울 종로구 화신백화점 뒤에 있는 태화관 건물과 똑같다고 한다. 그러나 6.25 전쟁 후 다 파괴되어 지금은 머릿돌에 1933년 초석이란 돌만 뒹굴고 건물 전체는 간 곳이 없이 되고 말았다. 유치원에 올라가는 길은 옆으로나 있는데 전쟁 후에 그곳까지 아스팔트를 깔아놓아 내가 다니던 인력거 자리를 배려한 1930년대를 생각하게 된다. 비록 일제 탄압시대였지만 유치원이 좋은 교육 기관이었고, 부친이 풍금 등 많은 교회비품 등을 기증하셨으므로 교회에서 크게 배려하여 인력거가 다닐 수 있도록 길을 만들어 준 것이 지금도 남아 있었다.

부친은 금강산 가는 경성전기회사의 촉탁의도 하고 계셨기 때문에 조선의 모든 철도를 이용할 수 있는 2등 무료 패스권을 가지고 계셨다. 난 5형제들과 함께 봄, 여름, 가을, 겨울, 일년 사계절을 금강산 입구의 장안사까지 가는 전철 2등 칸을 타고 다녔으므로 나만큼 금강산 구석구석을 기억하는 사람도 없다고 자부한다.

부친은 철원역 부근과 6.25 백마고지 옆산 등 토지 약 10만평을 소유하고 있어 철원의 큰 갑부중 한 분이었다. 8.15 해방 전 쌀이 굉장히 귀할 때도 우리 병원 약제실 밑에 뚜껑을 열고 들어가면 정미해 놓은 쌀이 적어도 200~300 가마니가 있었다. 윤일선 총장, 윤식 숙부, 사촌 지철, 지훈, 사촌 누님 지향 등이 금강산 나들이를 자주 오셨는데, 가실 때는 배낭에 쌀을 가득 담아 가시는 것을 보았다.

그러나 8.15 해방 후 철원이 38선 이북이 되어 북한 공산당 정권이 땅을 5정보(15,000평) 이상 가진 지주들은 다 내쫓았다. 그때 농토를 다 빼앗겼지만 어머니께서 문서를 배에 차고 월남하셔서 나중에 DMZ 남쪽에 있는 농토를 많이 찾았다. 2008년 5월 1일 어머니의 유언에 따라 10만평 농토를 인천내리교회에 원산 최윤오 기념교회, 무료진료소, 사랑의 집짓기를 하는 조건으로 전부 헌납하였다.

1967년 육군 군의관으로 8사단에 있을 때 전방 6사단과 군단 CPX에서 교체 훈련을 받을 때마다 철원 고향땅을 멀리서 바라보곤 옛 생각에 사로잡힐 때가 있었다.

나의 의대생활, 진료봉사의 시작

1955년 나는 서울고를 졸업하고 문리대 의예과에 진학했다. 그 당시부터 요한복음 12장 24절 '주님께서 내가 너희들에게 진실로, 진실로 말하노니 한 알의 밀알이 땅에 떨어져 희생치 않으면 한 알 그대로 있고 묻혀 희생하면 많은 열매를 맺는다.'는 말씀이 내 인생을 잡아 흔들어 놓았다. 둘째 사촌 형이신 최지훈(문리대 수학과 출신 과장) 교수는 우리들이 예과 때 추계학을 가르쳤다.

내가 의대 본과에 진학했을 때 김인달 교수님께서 최지철과의 관계를 물으셨다. 윤식 숙부의 아들인 사촌형 지철은 경기중 4학년에 구주제대에 다니시다 해방 전에 서울의대에 진학하여 내내 일등을 하시고 서울대학병원 정신과 강사로 계시다 6.25때 납북되어 소식이 끊겼다. 내가 지철 형님의 사촌이라고 대답했더니 "그렇게 공부를 잘하는 학생은 자기 기억에 없었다."고 하셨고, 심보성 신경외과 과장도 "참 똑똑한 분이었다."고 하셨다.

부친께서는 8.15 해방 전 철원 철도병원장 당시 첫째 숙부님의 장남인 최지현을 중학교 졸업 후 데려다 의학을 가르쳐서 한지 의사면허를 받게 하여 철원 철도병원을 맡겼었다. 그 사촌형이 6.25 이후 흑석동에서 개업해 부친과 윤식 숙부님이 약주를 드시려고 한강 인도교를 지나 흑석동에 자주 들리셨다.

그런데 9.28 수복 후 한강 백사장 인도교 밑에 천막촌이 많이 있었다. 그러나 한강 백사장에 사는 2만여 명의 사람들을 누구도 돌봐주지 않았다. 1956년

예과 2학년이었던 나는 노량진 전차를 타고, 한강 인도교 바로 직전 역에서 내려 한강 백사장 천막촌에 가보았다. 그곳에는 시골에서 무작정 상경한 약 4천 세대가 가마니를 밑에 깔고 옆과 위에는 천막을 둘러 지내면서 19공탄을 사용해서 조석으로 끼니를 잇고 있는 상태를 보고 그냥 지나칠 수 없었다. 나는 부친에게 말씀드려 집에 있는 약품들을 얻고 가정교사로 번 돈으로 마련한 구급약을 가지고 매주 토요일과 일요일 오후에 동기 차철준(후에 Loma Linda Hospital의 신생아학과 과장), 장가용(후에 서울의대 해부학 교수)을 비롯한 밀알 모임 친구들과 함께 봉사하였다. 또 애인 친구(장의옥 연세대), 이화여대 약학과 안성희, 이대숙, 차의화, 간호과 방옥순 등이 서로 도와서 교대로 봉사했으며, 서울대 법대 이홍근, 한덕수, 문리대 정치과 이덕주, 수학과 최영호, 사범대 오창원, 공대 박상표, 안문, 홍익대 김해식, 연세대 한홍수 등 형제들이 교대로 수고해주었다. 부친께서는 과거 철원에서도 가난한 사람들을 무료로 진료를 하셨기에 혹시 우리들이 실수할까봐 후견인으로 봉사활동을 지원해주셨다. 주로 감기, 설사, 연탄중독, 피부질환, 위생불량 등 여러 질병을 무료로 보아 드렸다. 나는 매주 그곳을 다니느라 학교 공부는 재시험을 면할 정도였지만 6년 동안 재시험을 본 적은 한 번도 없었다.

그런데 1958년 큰 수해가 나서 한강 수위가 높아져 천막이 통째로 다 떠내려가 버렸다. 당시 김현옥 서울시장이 응암동 산기슭에 천막을 쳐주어 모두 그곳으로 옮겨갔고, 우리도 그곳에 따라가서 무료 진료를 계속 했다. 그 당시에는 예방의학 허정 선생님이 후견인이 되었다.

부친은 철원 땅을 일부 찾아서 농사를 지으시면서 그곳에서도 약간의 개업을 하시고, 내 여동생은 서울대에 낙방하여 부친을 도우면서 재시험을 준비하여 이듬해 서울 사범대학교 영어과에 무난히 진학했다. 그런데 내가 학부 1학년 겨울방학 때 부친께서 뇌졸중으로 우측 반신마비가 와서 나는 철원에 내려가 버스를 대절하여 모시고 올라왔다. 그때부터 내가 대진을 하여 가장 힘든 606호 매독주사도 직접 놓고 웬만한 상처도 수술하였다. 나는 이때부터 외과를 지망하고 있었다. 다행히도 나의 부친은 그 후 회복되시어 영등포시립병원 내과 과장으로 수년을 계시다 은퇴하셨다. 그 당시 내과 과장으로 계시며 천막촌 환자들을 영등포시립병원에 입원시키고 돌봐주셨다.

한강 인도교 수재가 난 이후 광나루 다리(천호동) 밑에도 약 580세대 2,500여 명의 천막촌이 형성되어 그곳에서도 진료봉사하게 되었다. 의대 3학년이었던 나는 그 다리를 지나 광주군 국회의원이며 내무부 장관이었던 최인규씨를 만나러 을지로 입구 내무부 청사에 갔다. 물론 의대 3학년 학생이 장관을 만날 수는 없었지만 비서관들이 참 좋은 일 한다고 하며, 동아, 중외, 한독 등 서울 시내 여러 제약회사에 약품 선처 부탁전화를 해주어 많은 약품 등을 제공받아 의료봉사에 힘이 되었다. 그 당시 의대 동창회장을 지내신 동아제약 강신호 회장님의 부친 되시는 강사장도 만난 기억이 난다.

수련생활: 이찬범 교수와의 만남

1961년 서울의대를 졸업한 후 흉부외과에 마음을 두어 흉부외과 과장이었던 이찬범 교수를 자주 만나 보았다. 이찬범 교수는 내 외숙부이신 김석원, 노병호 교수 등과 신의주 동중 동기동창이었다. 나는 노병호 교수 방이 조용하여 의대 재학 중엔 그 방에서 공부를 많이 했는데, 그 방을 노크하신 내과 교수님들은 내가 내과를 전공하지 않나 생각하셨지만 사실 나는 외과에 마음이 있었다.

이찬범 교수께서는 호흡기 내과 과장인 김경식 교수가 약물치료만 고집하고, 심지어 폐엽절제술(segmental lobectomy)을 해야 될 폐결핵 환자도 잘 넘겨주지 않으므로 나를 서울적십자병원에 수련생으로 가도록 독려하였다. 또 자기 동기인 성대 의학부생인 이영린 대위가 제대하여 적십자병원 외과를 맡아서 가게 되니 많은 외과 기술과 학문을 겸하여 지독하게 가르칠 것이라고 하여 나는 서울적십자병원에 가게 되었다.

나는 진병호 교수의 석사 논문《급성충수염 수술 전후에 전해질 변동에 관하여》때문에 급성충수염 환자들에서 수술 전후에 피를 뽑아 전해질을 측정하기 위해 서울대학병원 병리검사실을 자주 다녔다. 처음에는 시설 부족으로 거의 반년은 전해질 측정이 힘들었지만 백승룡 선생님이 병리검사실장으로 오신 후 완벽한 시설을 갖추게 되어약 1,000예에 대해서 병리조직 검사, 전해질 검사를 하여 논문을 직접 작성할 수 있었다.

졸업 후 병원 당직이 아닐 때에는 마포초등학교에서 무료진료를 계속 했다. 그 당시 팔로사징후(Tetralogy of Fallot)로 폐고혈압을 수반한 심실중격결손 때문에 청색증을 동반하고 숨이 차서 계단도 잘못 올라가는 7세 여아를 서울대 홍창의, 이영균 교수에게 데리고 간 적이 있다. 이영균 교수는 한국 최초로 여아를 마취하고 얼음물에 담갔다가 심장 개흉수술을 하였고, 그 당시 한국일보에 대서특필 되었다. 그러나 그 아이는 애석하게도 폐부종이 와서 사망하였다. 한국 최초로 심장 개흉술을 실시하신 이영균 교수께서는 그 후에 많은 노력을 하여 여러 증례를 성공한 것으로 기억한다.

나는 박사논문으로 《동종 가토 기관이식에 관한 실험적 연구》를 하게 되었는데 토끼를 약 200마리를 기르면서 논문을 써서 이찬범 교수댁에 찾아가서 드렸다. 그러나 이찬범 교수가 간암으로 세상을 뜨시게 되어 이영균 교수께서 대신 감수해주서서 대한외과기관지 1968년 1월호에 실었다. 이실험의 병리소견들은 김용일 교수께서 많은 조언을 해주셨으므로 이 지상을 통하여 감사 말씀을 전한다.

이찬범 교수님에게는 다음과 같은 일화가 있다. 한국 최고 갑부인 이병철씨가 하지에 불치의 피부병이 발생하여 여러 피부과에 갔으나 못 고치고 일본 동경의 여러 병원에도 가봤지만 치료가 안 되어 고생했다.

이찬범 교수께서 인천도립병원 김영언 원장(성대 10회 1939년 졸업)의 소개로 이 회장을 치료하게 되었는데 병소 피부를 전부 긁어낸 후 피부이식을 하였다. 그리고 고단위 단백질주사(albumin)를 구해오라고 하여 미국에서 수입한 단백질을 계속 주입하여 깨끗하게 치료하였다. 그런데 이찬범 교수께서 수술비를 받지 않으서서 이 회장이 장충동 집을 제공하여 효자동 조그만 집에서 장충동 집으로 옮겨 두 딸과 함께 넓은 곳에서 사시다 하나님의 부르심을 받았다.

이영린 서울적십자병원 외과 과장

이찬범 교수는 육군에 계실 때 마산 육군병원 외과부장으로 폐결핵 환자의 폐절제술 등 많은 경험을 쌓으셔서 그 당시 흉부외과의 원조가 되셨다. 이때 경성제국대학 동기생으로 6.25 사변 중 평양고보 4학년 때 성대에 입학하시고, 경성제국대학 외과에서 같이 경험을 쌓았던 이영린 인민군 대위를 만나게 되어 수술에 더욱 박차를 가하시게 되었다.

이영린 박사는 8.15 해방 전 일본인 외과 교수가 외과수련을 잘 받았으니 고향에 돌아가 죽어가는 사람들을 많이 살리라고 하여 고향에서 개업하고 있었다. 그러던 중 전쟁 준비를 하고 있던 북한 인민군에 잡혀서 남하하다가 포로가 되었다. 이 박사는 포로수용소 안에 미군 후송병원이 생겨서 그곳에서 인민군들을 치료하던 중 북으로 돌아가지 않고 한국군에 지원하였고, 육군 대위로 진급한 후 만년 대위로 마산육군병원에서 동기생인 이찬범 중령을 도와 흉부외과에 기여하였다. 그 이후 이영린 대위는 수도육군병원에 계시면서 후배 군의관 김진복, 김은섭, 심영보군 등 많은 제자를 가르쳤다.

나는 이영린 대위가 전역 후 서울적십자병원 송호성 원장의 권유로 외과 과장으로 근무하시던 시절에 수제자가 되었다. 나는 약 2년 동안의 수련의 시절에 위절제술, 담낭 적출술, 경부근치수술(radical neck disection), 갑상선절제술, Wheeple op 등 모든 어려운 수술 기법들을 익힐 수 있었다.

이영린 과장은 매일 아침 4시에 동대문에서 서대문 적십자병원으로 출근하시는데, 내가 항상 약수동에서 합승하여 모시고 출근하였다. 이영린 과장은 환자 회진 후 일반외과 수련의들을 의국에 모아 놓고 "Christopher Textbook of Surgery", "Mosby Textbook of Surgery", "Pathophysiology in Surgery"를 3페이지씩 나누어 30분씩 강의시키고 시험문제를 두 문제씩 내게 하였다. 월요일부터 토요일까지 30분씩 각각 강의하고 36문제가 되면 월요일 아침에는 더 일찍 모이게 하여 구술시험을 보아 만약 대답 못 하면 굉장히 힐책을 하시며 가만두지 않으셨다. 많은 증례를 모아서 외과 집담회에 보고하게 하여 수련의들은 다른 대학보다 더 많은 경험과 실력을 쌓을 수 있었다. 그 결과로 내가 1966년에 외과 전문의 시험에 일등을 하였고 정희섭 보사부장관으로부터 전문의 자격증을 1호로 받았다(1967년 10월 1일 보사자 전문의 자격증 1호).

그 당시 송호성 원장이 인천적십자결핵요양소장을 겸하면서 부평 121 미군병원 원장, 외과부장 등 미육군 중령, 대령과도 친분이 있었기 때문에 그곳 흉부외과와 우리 병원이 매주 화, 목요일에 주 2회 공동수술을 하였다. 덕분에 나는 미국 병원의 수련의 과정도 익힐 수 있었다.

나는 수련의 시절 대전적십자병원에 파견되어 선호영 선배의 조수로 일하면서 독일식 정형외과 수술 방법을 6개월간 익혔다. 상경해서는 그 당시 서울적십자병원에 처음으로 정형외과가 독립되어 한두진 과장으로부터 6개월간 미국식 정형외과 수련을 받을 수 있었던 좋은 경험도 했다.

적십자병원에서 수련받던 시절의 에피소드로 기억나는 것은 서울대학병원 병상일지 0001호 환자였던 장치영씨가 결핵류(tuberculous fistula) 약물치료를 수년간 받다가 적십자병원으로 옮겨 와서 Geiger 외과부장이 같이 수술했던 일이다. 늑골 2개를 잘라내어 fistula 구멍을 거의 좁혔고, 퇴원 후 개인적으로 돈암동의 그분 댁을 방문하여 완치시킨 기억이 새롭다.

군의관 생활

외과수련이 끝나는 1966년에 부친께서 돌아가셔서 가사 정리 차 군입대를 일 년 연기하였다. 1966년 일년 동안 영락교회 앞 김순영 병원에서 외과환자들을 치료하던 중 영락교회 한경직 목사의 친구 장로가 급성 충수염으로 수술 받고 입원한 적이 있었다. 그때 그 장로께서 심방오신 한경직 목사님에게 나를 집사로 추천하여 젊은 나이에 영락교회 집사로 봉사하게 되었다. 약 3년 동안 서울고 영어 선생님이셨던 정치근 선생님과 아침 7시 예배에 맨 앞줄에 앉아서 예배하고, 같이 헌금위원을 하던 기억이 생생하다.

1967년 군에 입대하여 1968년에 대전 63육군병원에서 외과 과장과 비뇨기과 과장을 겸직하면서 방광경 검사 경험을 많이 쌓았다. 사실 일반외과, 흉부외과, 정형외과(미국식, 독일식)를 수련했으므로 비뇨기과 수술은 문제가 안 되었다. 그 당시 월남에서 결핵성 신장염으로 한쪽 신장이 전부 파괴된 상사 출신 노병들이 많이 후송되어 왔었는데 서울대학교 동문 출신인 문상규 대위를 수술 조수로 하여 한쪽 신장을 적출한 후 제대시킨 기억이 새롭다. 하루는 당시 원장이었던 세브란스 출신 이규동 대령이 나를 부르더니 병원 근처 사는 남자아이의 방광에 작은 계란만한 결석이 발생하여 방광 입구를 막고 있으니 수술해 줄 수 있냐고 해서 후배인 정형외과 문상규 대위와 같이 개복하여 돌을 꺼낸 적도 있다.

그 해(1968년) 1월 21일 북한의 지령으로 무장공비들이 청와대를 습격하려다가 일망타진되고, 한 명(김신조)이 생포된 소위 김신조 사건이 일어났다. 이에 이규동 대령은 아침에 사병들에게 모래주머니를 채워 구보를 시켰고, 군의관과 의정장교들은 매일 집무 후 축구시합을 하게 하였다. 시합 후 진 편이 대전시장 안 복국 집에서 복국을 사서 같이 먹었던 기억이 새롭다.

1968년에는 포천에서 무덕고개 하나만 넘으면 위치한 전방 8사단 10연대의 의무중대에서 중대장으로 초급지휘관을 지냈다. 당시 8사단은 후방사단으로 최전방 6사단을 지원하고, 적의 전차가 넘어오지 못하도록 돌들을 군데군데 쌓는 일이 주 업무였다. 의무중대에는 약 30명의 병사, 행정장교와 선임하사가 있었고, 구급차 1대와 피카 지프차 여러 대가 있었다.

그때 나는 배짱 좋게 영구막사를 뜯어서 수술실, 약제실, 대기진료실 등을 만들었다. 비용은 의무 중대원들과 같이 연대에서 시화전을 하고, 그 작품을 구급차에 전부 싣고 마치 응급환자를 수도육군병원에 후송하는 것 같이 속여서 6군단 헌병 초소를 지나 부유층 여성들이 모이는 서울 SOROPTIST에 전시하여 다 팔아 충당하였다. 이 시설로 급성충수염 수술도 한 적이 있고 연대 내에서 발생한 모든 안전사고 환자를 후송하지 않고 적절한 치료를 하여 원대복귀시켰다. 그 덕에 나는 영구막사를 변경했다고 야단맞지 않고 사단장 황석주 소장의 표창장까지 받았다. 연대장이었던 배성순 대령은 지휘력을 인정받아 소장까지 진급한 후 제대하셨고, 농협의 이사가 되어 후일 철원의 땅을 찾는데 큰 도움이 되었다. 또 한 가지 잊혀지지 않는 것은 미 7사단 군의관들 부부를 초대하여 연대 식당에서 불고기, 잡채, 전 등 한국식으로 점심을 대접하고, 불춤을 잘하는 위생병으로 하여금 불을 토하는 마술 등을 보여 주었더니 매우 좋아했었던 일이다.

나는 일년간 사단생활을 마치고 육군 소령으로 진급하여 원주 1군사령부 (1군 사령관 한신 장군) 밑에 위치한 제51후송병원에 전속되어 외과 부장 겸 외래 과장 두 보직을 맡게 되었다. 그런데 원주의 각 기관 즉, 범죄수사대, 중앙정보부, 방첩수사대 등에서 가짜 입원 청탁이 많이 들어와 외래과 선임하사를 괴롭혔다. 나는 당시 작전참모였던 서울고 1회 선배인 한민석 준장을 관사로 찾아가 헬리콥터로 매일 사단, 군단, 전방을 방문하시면 작전 참모의 7호차를 내 방 앞에 좀 여러 날 세워 놨으면 좋겠다고 부탁했다. 그러면서 외래과 선임하사에게 "우리 과장 최 소령은 일군 작전참모, 사령관 직속이니 작전 검열을 받지 않도록 조심하고, 만약 거기에서 견책 받으면 진급도 못하고 군대에서 쫓겨난다."고 하라고 시켰더니, 1968년 7월부터 1969년 6월 제대할 때까지 조용하게 지낼 수 있게 되었다.

그 당시 각 과마다 전부 전문의가 배치되어 환자를 후방으로 후송하지 않고 수술 후 육본 의무관실 의무 과장과 심사하여 현지 제대를 시켜 비용을 절감하였다. 또 강원도 내 여러 군 장정 신체검사를 맡아서 군입대전 신체검사를 주 2회 실시했다. 첫날 흉부 X선 촬영으로 결핵여부를 판정하고 다음날 X선을 보면서 신체검사 결과를 판정하였는데, 전문 군의관들이 신체검사를 공정하게 실시하여 부정을 막을 수 있었기 때문에 무사히 일 년을 마치고 6월 30일 부로 제대하였다.

사모아에서의 진료생활

1970년 1월 2일 오정근 수산청장의 간청으로 일본 선원 1,000명, 한국 선원 3,000여 명, 중국 선원 3,000명을 돌보기 위해 하와이를 거쳐 PagoPago 미국령 사모아로 갔다. 그 당시 우리나라는 남태평양 사모아에 원양어업을 하여 달러 획득에 기를 쓰던 시절이었다. 사모아의 John Haydon 총독이 "왜 한국인은 의료 활동을 잘못해 선원들을 사망하게 하느냐? 전문의를 데려오라."고 하여 오 청장이 미국식, 독일식 정형외과와 비뇨기과 경험을 쌓은 외과전문의 자격증 1호 소지자인 나를 적임자로 적극 추천하였기 때문이다. 일본의사는 이미 떠났고, 중국의사는 외과 경험이 전혀 없어 중국 선원들도 전부 내가 수술하였다. 5년 동안 Lyndon B. Johnson Tropical Medical Center에서 2,000례 이상 되는 많은 수술을 했지만 장기려 박사의 권유대로 반드시 수술 전 기도를 하고 시술해서 그런 지 한 번도 실수가 없었다.

그 당시 공영토건 회사가 PagoPago 공원 안에 청기와로 Korea House를 지었는데, 이 건물이 크게 돋보여 사모아 상하 양원, 공항 활주로 확장공사, 소방서, 심지어는 공기 채집소 등 거의 모든 공사를 따내어 큰 수익을 올렸다. 그 회사에 나와 있던 박승빈 기사가 영어도 잘하고 성경지식이 풍부하여 Korea House에서 선원들과 같이 드린 주일예배에서 내가 사회를 보고, 박승빈 기사가 Sanderson 목사의 설교를 통역하여 많은 은혜를 받았다.

당시 술 때문에 항상 사고가 발생했는데, 주일에는 Korea House에서 술을 못 팔게 하고 대신 해안가에 나가서 주재원 부인들이 마련한 불고기, 김치로 선원들을 대접하여 주일만은 사고가 거의 없었다. 그러나 월요일부터는 또 사고의 연속이었다. 밤 10시쯤 되면 방광파열, 장출혈, 흉복부손상, 그야말로 전쟁터를 방불케 하는 사고 때문에 Medical Center 응급실에서 전화가 오곤 했다. 그래도 장기려 박사의 가르침대로 기도하면서 수술을 잘 하였다. 또, 급성 백혈병, 70% 3도 화상, 관통성 다발성 복막염, 급성간염 등 사모아에서 치료하기 어려운 5명의 환자를 특별기편으로 각각 세브란스, 성모병원, 서울대병원, Hawaii Queen's Medical Center에 후송했으나 간염환자만 생명을 구했고 나머지 4명은 사망했다. 하지만 지극 정성을 다했기 때문에 아무런 말썽이 없었다. 후송 후 돌아오는 길에 San Francisco나 LA를 거쳐서 내 집인 St. Louis에 가서 어머니와 동생들, 큰아들 최광현을 보고 오곤 했다.

미국병원에서의 수련생활

고기가 잘 잡히지 않아 참치 사업은 사양길에 들어섰고, 1975년 10월 후천성 당뇨병이 발생되어 더 이상 일을 못하게 되었다. 나는 St. Louis로 돌아와 Cecil Textbook of Medicine을 처음부터 끝까지 독파했다.

1976년 봄에 ECFMG(미국 의사국시)에 합격하여 다시 인턴십을 하기 위해 뉴욕, 시카고, 볼티모어 등 여러 곳을 다니면서 면접시험을 보았다. 일반 외과 인턴, 수련의는 오라는 곳이 많았지만 당시 내 나이가 42세여서 외과하기엔 체력이 벅찼다. 그리고 FLEX(Federal License Examination)를 보려면 외과만 해서는 안 되겠다는 생각이 들어서 St. Louis 대학과 제휴된 Deaconess Hospital 내과에서 PGY 1, 2, 3과정을 거쳤다. 그 동안에는 내 아내가 카페테리아를 운영하면서 생활보조를 했다.

그런데 3가지 시험(기초, 임상, 종합임상, X선, CT scan) 모두 75점 이상을 맞아야 하는데 주마다 요구조건이 달랐다. 코네티컷 주는 2년 수련의 과정을 요구하고 평균 75점 이상이면 되었지만, 뉴욕 주는 3가지 모두 각각 75점 이상을 요구했다. 그래서 우선 코네티컷 주 면허를 따서 개업을 시작하면서 동기생 하상배 교수가 King's County-Downstate에 재활의학과 과장으로 있어 우선 그곳에 적을 두고 재활의학을 2년간 배웠다. 마침 옆에 소련 유태인 Langskoi 가 FLEX 준비문제집을 많이 가지고 있어 기초 부분만 5년간 문제집과 답을 복사하여 공부하고 시험을 다시 보았다. 다행히 그 문제집에서 30% 이상이 나와 일사천리로 해답을 쓰고, 모르는 문제만 곰곰이 생각하여 풀었더니 78점이 나와 다시 뉴욕 주에 면허를 신청하여 1982년 10월에 개업을 허가받았다.

장기려 교수와의 인연

장기려 교수는 3, 4학년 때 외과학을 가르치셨는데 위암, 위궤양, 간암 등을 강의하셨다. 1963년 서울의대에서 개최된 대한의학협회 학회에서 간은 4개

엽으로 되어 있으므로 암이 발생했을 때 엽절제술(lobectomy)을 하면 생존율이 높고 항암요법으로 장기생존이 가능하다고 하시며 앞으로 간이식이 가능할 것이라는 획기적인 내용을 발표하셔서 박정희 대통령상을 받았다. 그 논문으로 유럽과 미국학회도 순방했으며 막사이사이 봉사상도 받으셨다. 장기려 교수는 나중에 부산에 내려오시어 복음병원과 부산대학 외과 과장을 맡으셔서 후진 양성에 많은 노력을 하셨다.

나는 개인적으로 장기려 교수로부터 많은 사사를 받았으며, 내가 외과를 정진하는데 정신적 지주로 계속 큰 힘이 되어 주셨다. 특히 기억나는 것은 결혼을 위해 쌍방 부모간 상견례를 위해 장기려 교수를 초대했을 때이다. 내가 택시로 모시려고 할 때 걸어가자고 하여 종로 대학로를 통해서 쌍림동까지 걸어오시면서 작은 목소리로 은혜스러운 찬송가를 부르셨다. 저녁을 드신 후 "오늘 내가 대접을 잘 받았으니 밥값을 하겠다."고 하시면서 피아노에 앉아 찬송가를 부르셔서 양쪽 가문에 영광스런 시간이 되었다. 이 모임 후 우리는 약혼하고 1964년 4월 2일 영락교회 한경직 목사 주례로 결혼했다.

친구 차절준 군이 군에서 제대하고 California Linda Roma에서 신생아학과 과장으로 오랫동안 있었다. 장기려 교수가 은퇴 후 한국 최초로 의료보험 녹십자 사업을 하셨는데 후원자를 구하기 위해 미국에 두 번 들리신 적이 있다. 그때마다 차군 댁에 묵으셨고, 거마비를 드리면 그때마다 그 돈을 한국 고아들에게 몽땅 주셨는데, 차군은 나중에 그 고아들이 편지를 보내와서 그 사실을 알게 되었다고 한다. 내가 차군한테 전화할 때마다 용돈조차도 쓰시지 않고 학생에게 전했다고 하며 감격스러워 했다.

장기려 교수에게도 이찬범 교수와 같은 사례가 있었다. 즉, 효성물산 회장 조홍제씨가 담석증-담낭 염으로 백병원에서 수술을 받았는데 장 교수께서 군이 수술비를 받지 않으셔서 대신 원남동의 한옥 한 채를 드렸다. 장기려 교수는 이곳에서 지내시다 당뇨병 합병증으로 세상을 떠나 하늘나라로 가셨다.

내가 서울 갈 때마다 서울에 있는 친구들이 옛날 문리대 옆 한식집에 모였는데 장가용 군이 친구들과 소주를 마시곤 하여 장로 아들이 독한 술을 마시느냐고 제발 끊으라고 권유했었다. 말년에 안타깝게도 장가용 군은 후천성 당뇨병이 심해져서 결국은 실명하고 주 3회 신장투석하고 왼쪽 다리까지 절단하는 비참한 상황이 되었다. 마지막으로 차절준 군이 명륜동 집을 방문하니 가용군이 손을 붙들고 눈물만 흘렸다고 한다. 나는 볼티모어에서 전화하여 신장이식을 빨리 하라고 야단치니 이제는 다 끝났다고 하였다. 참 안타까웠다.

봉사활동

옛날 밀알모임 신앙지도 동지였던 친구 조영준 목사가 Flushing에 굉장히 큰 Flushing 제일교회 담임을 하게 되었는데, 교민 75명과 미국 교인 40명 정도로 신도가 적어 힘든 상황이었다. Flushing만 해도 교포가 3만 명이 넘었는데 교포중 의료보험이 있는 사람은 1%도 채 안 되고 그나마 미국 직장에 다니는 사람뿐이었다. 그곳에 방이 많아 헌 진찰대를 하나 사 놓고, 한국일보에 매주 토요일과 주일 오후에 무료진료를 한다고 광고를 냈다. 내외과를 다 보고 간단한 수술도 해주고 처방을 써주었는데, 전부 무료로 봉사하였다. 믿는 마음으로 성심껏 진료하고 신앙 전도를 해서 그런지 무료진료를 계기로 교회 신도 수도 증가하여 뉴욕의 350개 교회 중 4대 교회로 성장했다.

문득 옛날 한강백사장 천막촌 생각이 났다. 내 아내는 연세대 신과대학 출신이고 윤락 여성선도사업 '은혜원'에서 13년 경험이 있는 같은 밀알모임 회원이었다. 지도교사였던 정광섭 장로는 장가용 부친인 장기려 교수와 퍽 가깝게 지내 장가용 군이 밀알모임에 들어와 같이 의료봉사를 했다. 가장 절친했던 차절준 군도 같이 도와서 한강 백사장 천막촌, 응암동, 광나루 다리밑 등으로 토요일과 주일에 같이 봉사했다.

그러나 교회 신도 수가 3천 명으로 늘어나니까 만성 신부전증, 신장염으로 당장 투석이나 이식을 해야 하는 환자가 3명이나 발생했다. 교회 내 6년 후배인 홍준호 신장이식 전문의(서울의대 외과, 미국 외과)가 같은 구역에 속해서 이식을 부탁했지만 뉴욕 주 법이 가족 내만 가능하다는 이야기만 들었다. 할 수 없이 서울에 있는 사랑의 장기기증본부 정근모 이사장(서울대 입학 동기), 박진탁 목사와 접촉하고, 한양대 강종명(서울의대 11년 후배) 신장내과 과장과 장기이식에 대하여 상의하였다. 이들의 도움으로 1996년 6월 25일 사랑의 장기기증 뉴욕지부를 결성했고, 이식 가능성 여부를 위해 혈액형, 간염, 결핵검사 결과, 유전인자 DR, DQ 검사 등 모든 검사를 한후 1996년부터 1999년 내가 은퇴할 때까지 총 16명이 사랑으로 주고받는 장기(신장)이식수술을 받았다. 다행스럽게 하나님의 도우심으로 16명 모두 성공적인 장기이식수술을 받았다.

육체적 시련

나는 당뇨병이 심해지면서 심장관상동맥 4개가 막혀서 1999년 6월 30일부로 개업을 그만두고, 9월 15일 심장혈관우회술을 받았다. 그런데 Long Island Jewish Medical Center 흉부외과 과장의 실수로 지혈을 못한 상태에서 흉관(chest tube)을 박고 그 다음날 뽑아버리는 바람에 왼쪽 폐에 계속 혈흉이 발생하여 도저히 잠을 잘 수 없고, 매일 숨이 차서 견딜 수가 없었다. 병원에 가서 흉부 X-ray를 찍고 매일 1,300~2,000cc씩 뽑아냈지만 견딜 수 없어 결국 수술 10일 만에 다시 입원하였다. 다른 의사가 흉부내시경을 해보니 좌측 폐가 주먹만하게 줄어들어 있어 좌측 폐를 다시 팽창시킨 후 흉관 2개를 꽂고, 오른쪽에도 차있는 혈액 1,000cc를 뽑고 흉관을 삽입해 놓았다.

그 후 당뇨병이 심해지면서 당뇨병성 말초신경병증(diabetic peripheral neuropathy), 당뇨성 말초혈관질환이 생겨 다리로 내려가는 혈관들이 막히기 시작하여 잘 걷지도 못하고, 그야말로 사경을 서너 차례 거쳤다. 그때마다 내 처가 기도하면서 전문의와 간호원을 총동원시킨 결과 생명은 유지되었지만 잘 걸을 수가 없었다. 특히 왼쪽 다리가 더 나빠졌다. 장가용 군과 똑같이 되어가는 것이었다. 그러나 기도와 새벽기도회에서 은혜받고, La Guandia Hotel 주치의를 20년 이상 한 인연으로 헬스클럽의 평생회원권을 가지고 있어 새벽 기도 후 2시간 가서 수영장에서 억지로 걷고, 사우나, 더운 욕조에서 계속 자가 물리치료를 했다.

멈출 수 없는 봉사의 길

이 와중에 신장기증자 검사비, 서울 왕복 비행기표 등 관련 비용을 마련하기에 너무 벅차 2000년 사랑의 장기운동도 쉽게 되었다. 그러나 CBMC(기독실업인회)에서 1992년 4월에 시작한 일, 사랑의 장기운동, 사랑의 집짓기 2001년 지미 카터(전 미국 대통령) 프로젝트에 적극 참여하였는데, 우리 교회에서 집 한 채 값(38,500달러)을 미리 내고 자원봉사자 44명을 인솔하여 가서 그곳에서 봉사했다. 천안지역 아산에 82채 사랑의 집짓기에 국내외를 막론한 자원봉사자 5,000명을 치료하기 위해 파상풍 예방주사 100명분을 가지고 가서 요긴히 사용하였고, 개업할 때 내가 썼던 이동 심전도기, 초음파, 혈압기, 기타 의료기구 일체를 가지고 가서 사용한 후에 사랑의 집짓기 아산지부에 기탁했다. 5일간 봉사 후에는 지미 카터 부부, 정근모 장로 등과 입주자 전원에게 Key와 성경책 한 권씩 나누어주었다. 또 옛날 밀알 친구들과 파주에서 시작하여 대구, 진주, 영산강 유역, 전주, 아산 등 사랑의 집짓기에 사는 주민들을 방문 순회 진료한 후 미국으로 돌아왔다.

한편, 뉴욕에서 개업해서 구입했던 빌딩 두 채를 팔아서 그 돈으로 온전한 십일조로 탄자니아에 10만불짜리 교회를 지었으며, GPS, 이북선교, 고아돕기 등에 30만불 이상을 헌납하였다. 그러면서도 Baltimore 벧엘장로교회에서 2회에 걸쳐 자원봉사자를 모집하여 춘천과 천안에 사랑의 집짓기 운동에 보냈다. 사랑의 장기운동도 계속 되어 한국에 신장이식 환자를 보냈으며 치유를 위해 매주 기도 모임을 가졌다.

그해(2001년) 9월 11일 새벽기도 후 Marriott Hotel에서 수영을 하고 집에 돌아와서 TV 뉴스로 뉴욕 맨하탄의 쌍둥이 빌딩이 쓰러지는 장면을 생생하게 보게 되었다. 쌍둥이 빌딩은 뉴욕 Wall가에서 유명한 건물이었고, 그 중 한 빌딩의 맨 위층에 'Window of World View' 라는 식당이 있었다. 한국에서 오는 많은 손님들을 모시고 가서 저녁식사를 즐겼고, 나에게 미국식 정형외과를 가르쳤던 한두진 선생님을 모시고 간 일이 기억 속에 생생하게 남아 있는 장소였다. 그밖에 친우, 선후배들이 뉴욕에 오면 내가 직접 예약해서 자주 다녔던 식당이었는데 테러로 무너지는 장면을 보게 되어 몹시 안타까웠다.

중보기도로 시작하는 나의 일상

나는 Baltimore Turf Valley Resort Hotel의 수영장에서 2시간씩 걷고 하여 점점 회복되면서 거의 지팡이 신세를 지고 있던 것을 모면할 정도로 회복되었다. 이곳에서 노인들을 위해 의료강의를 여러번 했다. 한편 둘째 아들이 결혼하고 볼티모어로 이주하여 자녀, 손자, 손녀를 돌보러 이사했다.

지금은 매일 새벽 3시 반에 일어나 인터넷으로 소망교회 김지철 목사님의 시편강해를 시청하고, 밀알 중보기도운동을 매일 혼자서 하고 있다.

기도 대상자들은 참 많다. 나의 가족들, 첫째 아들 최광현, 둘째 아들 최성현, 며느리 최지숙, 손자 최지모, 손녀 최은혜, 셋째 아들 최명현(내년 달라스에서의 NFL superbowl의 성공적인 진행을 위한 기도), 정신지체와 뇌성마비로 고통받는 외손자들, 처남댁의 유방암 치유를 위한 기도를 하고 있다.

　내 동기생 차철준, 장태환의 손자들의 MR+CP, 췌장낭종을 가지고 있는 동기를 위한 기도, 동문의 식도암 수술 후 쾌유, 조세진(1971년졸) 동문의 건강, 공대 출신 후배 신장로의 아들 우울증을 위해서 기도하고 있으며, 벧엘교회 진용태 담임목사의 기도 제목들, 벧엘교회 Promise Center 건설을 위한 기도, 한국기독실업(KCBMC) 회장 김수웅 장로, 강현석 장로들의 기도제목, 조창남 장로(1960년 졸)의 건강회복, 최동수 장로 큰 아들 부부, 할렐루야교회에 부임하실 김승욱 목사, Walter Lee 목사 가족, 존스홉킨스에서 신장이식수술 28례의 성공적인 치료, 김보람 직업을 위한 기도를 하고 있다. 또, 서울의대 임정기 학장, 서울대병원 정희원 원장을 위한 기도 등 중보기도 대상자들의 이름을 일일이 부르며 그들의 서원 기도를 함으로써 여생을 마치려 하고 있다.

최지원

서울의대를 1961년에 졸업하고, 우리나라 최초의 외과 전문의가 되었다. 미국에서 개원하였다가 1999년 은퇴하였다. 의대 재학 시절부터 한강 백사장의 천막촌 거주민들을 대상으로 한 의료봉사 〈밀알모임〉 활동을 꾸준히 하였고, 미국 교포들을 위한 무료진료와 전도활동을 펼쳐 75명 남짓 하던 뉴욕 후러싱교회를 2천여명의 교인이 출석하는 교회로 부흥시켰다. 사랑의 신장나누기 운동과 사랑의 집짓기 운동에 동참하여 평생을 어려운 이웃을 위해 봉사하는 삶을 살았으며, 선친으로부터 물려받은 철원 땅 10만평을 북한 선교활동과 무료 의료선교사업, 주택사업에 사용하도록 인천 내리교회에 헌납하기도 하였다. 심장질환과 당뇨병으로 육체적 시련을 겪는 와중에도 평생을 이어온 봉사와 선교활동의 끈을 놓지 않고 여전히 섬김의 삶을 살아가고 있다.

하나님과 연건 크리스천 연합

최지은

(서울의대 소아청소년과 교수, 온누리교회)

설레는 마음으로 서울의대에 입학한 것이 엊그제 같은데, 벌써 32년이 흘렀습니다. 지금까지의 제 인생을 돌아볼 때 이곳까지 인도하신 하나님께 감사할 것뿐임을 다시 한 번 깨닫게 됩니다.

저는 모태신앙으로 자라다가, 초등학교 2학년 때 아버님이 위암으로 진단받은 지 3개월 만에 돌아가시면서 죽음이라는 것을 처음으로 심각하게 체험하게 되었고, 하나님께 간절히 기도하고 매달리는 것이 어떤 것인지 알게 되었습니다. 그리고 의사가 되겠다는 강한 소망을 갖게 되었습니다. 돌이켜보면 이러한 어린 시절의 어려움이 제게 인내와 훈련, 믿음을 성숙시키는 귀한 축복이었던 것 같습니다. 대부분 서울의대에 진학하는 학생들도 모범생이겠지만, 저 또한 사춘기의 방황 없이 의사라는 인생의 목표를 향해 한눈 팔지 않고 똑바로 그 길을 따라갈 수 있었고, 감사하게도 최고의 의대에 합격할 수 있었습니다.

의과대학 생활은 저의 상상과는 많이 달랐고, 우물 안 개구리처럼 살아왔던 제게는 많은 충격과 도전을 주었습니다. 천재성을 보이는 친구들, 공부뿐만이 아니라 음악 미술 체육 등의 다양한 분야에서 뛰어난 능력을 보이는 친구들, 경제적으로 아주 유복한 친구들이나 좋은 가문의 친구들을 알게 되면서 조금씩 위축되기도 하였습니다. 주로 칭찬을 받으면서 자라온 제가 실은 얼마나 부족한 자인지, 의대에 무사히 들어오게 하신 하나님이 얼마나 은혜를 주신 것인지 깨닫게 되었습니다. 그러던 가운데 연건 크리스천 연합이라는 서울의대 기독모임을 갖게 되었습니다. 당시 박재형 교수님, 이왕재 교수님이 주축이 되시고, 김진 선생님(정신건강의학과), 백남선 선생님(소아청소년과), 고 김현숙 선생님(재활의학과), 유영미 선생님(소아청소년과)과 우리 동기인 정유석(가정의학과), 최일훈(가정의학과), 강혜영(소아청소년과), 이희수(소아청소년과), 이선영(소아청소년과)과 함께 월 모임도 하고 아침에는 QT, 일주일에 한 번씩 점심시간에 박재형 교수님과 성경공부를 하였습니다. 여러 어려움을 깊이 나누면서 믿음의 형제자매의 교제가 얼마나 아름다운지, 얼마나 큰 축복인지 알게 되었고, 이러한 깊은 교제는 지금까지도 기독 소아과 모임에서 지속되고 있습니다. 당시에는 얼마나 귀한 사람들을 붙여주신 것인지 알지 못했지만, 같은 길을 가는 형제자매들이 큰 힘이 되고 평생의 동역자가 됨을 이제는 잘 압니다. 또한 저는 믿음의 남편도 믿음의 선배들이 소개를 해주어 만나게 되어 저의 중매쟁이는 하나님과 연건 크리스천 연합이라고 할 수 있을 듯 하네요.

저는 원래 의사가 되고 나서는 봉사하는 삶을 살고 싶다고 생각했었는데, 전공의 3년차 때 어머니가 돌아가셔서 동생들을 돌보며 소녀가장(?) 노릇을 하게 되었고, 결혼하고 나서는 남편과 아이들을 위주로 하는 삶을 살게 되었습니다. 그리고 전공의 과정 중에 다들 보는 대학원 시험에 한번 응시를 해보았는데, 뜻밖에 합격을 하게 되어서 석사, 박사 과정을 하게 되었습니다. 그리고 전임의 이후 남편이 미국에 연수를 가게 되었을 때, 미국 한인교회에서 알게 된 기초과학 교수님께 체계적으로 실험을 배울 수 있는 기회가 생겼고, 이런 경험을 발판 삼아서 실험실에서 월급을 받으면서 POST-DOC 과정을 할 수 있었습니다. 이때까지만 해도 여의사들이 대학교수로 발령받을 수 있는 기회가 무척 적었기 때문에 이러한 것이 어떤 도움이 될지 알 수 없었습니다. 괜한 고생을 하는 것인지, 그냥 남편이 연수를 하는 동안 놀다가 들어오는 것이 나은지, 고민이 되기도 했지만 공부를 해 보고 싶은 마음을 주시고 또 기회를 주신 하나님께 감사하며 실험실에서 계속 열심히 지냈습니다. 그러다가 귀국을 1달 앞둔 어느 날, 몇 년이나 연락이 없던 한 대학병원 선배로부터 취직 제안을 받고 너무나도 감사하게 그동안 제가 해온 대학원, POST-DOC 등의 경험을 충분히 다 살린 자리로 취직할 수 있었습니다. 그리고 귀국해서 지금의 보라매병원에서 현재까지 학문과 진료에서 보람 있고도 흥미로운 일을 할 수 있게 해 주셨고 또 전공의들, 학생들과 교제도 할 수 있어서 활기찬 생활이었던 것 같습니다.

그리고 5년 전부터 아프리카의 케냐, 차드 등에 연세의료선교센터와 온누리교회를 통해 진료봉사를 가게 되었고, 또 남편이 강의 봉사로 섬기고 있는 에디오피아 명성의대에 저도 학생 강의를 할 수 있는지 제안을 받아, 하나님께서 봉사하고자 했던 저의 젊은 시절의 꿈을 향한 길을 열고 계심을 보고 있습니다. 또 저의 자녀들이 자신의 진로를 찾아감에 있어 하나님께서 그들 마음에 두신 소원을 이뤄주시는 손길을 경험하였고, 우리 인생을 책임지시고 풍성하게 채우심을 다시 한 번 알게 되었습니다. 이제 인생의 후반전을 앞두고 하나님께서 또 어떤 길로 인도하실지 무척이나 기대되고 설레는 마음으로, 제 자신, 다시 한 번 열심히 준비하려고 합니다. 우리 귀한 믿음의 선배님들의 길을 잘 따라갈 수 있도록 그래서 후반전에서 더 귀한 열매들을 맺을 수 있도록 기도하고 기대하고 기다립니다.

최지은

서울의대를 1990년에 졸업하고, 서울대학교병원 소아청소년과에서 전공의 과정을 마치고 전문의가 되었다. 현재 서울의대 보라매병원 소아청소년과 부교수로 재직하면서 온누리교회에서 안수집사로 섬기고 있다.

눈동자같이 지켜 주신 하나님

최현림

(경희의대 가정의학과 교수, 광현교회)

"여호와께서 그를 황무지에서, 짐승의 부르짖는 광야에서 만나시고 호위하시며 보호하시며 자기 눈동자같이 지키셨도다." (신명기 32:10)

내가 경남 고성군 구만면의 시골 한 초등학교에서 학교를 다닐 때이다. 나보다 나이 12살이나 많은 바로 위의 형님은 당시 서울대학교 문리과대학 외교학과에 다니고 있었는데 방학 때면 고향인 시골로 내려와 방학을 고향에서 보내곤 하였다. 여름밤에는 마당에 평상을 차려놓고 모기가 달려들지 못하도록 근처에 모깃불을 펴두고 이런저런 이야기를 들려주었다. "이 집도 지은 사람이 있어 있는 것이고, 저 앞마당의 옥수수도 심은 사람이 있어 옥수수가 열려 있는 것인데 이 우주도 그냥 생긴 것이 아니란다. 누군가가 만든 분이 있기에 있는 것이지 저절로 생겨난 것은 아니란다." 위의 형님과 나는 같은 용띠로 나이 차이가 너무 많이 난다고 생각했는데 나중에 알고 보니 형님과 나 사이에 두 형님과 두 누님이 아주 어려서 돌아가셨다고 한다. 그런 형님은 내가 태어나서 죽지 않고 살아서 초등학교를 다니고 있었으니 꽤나 사랑스럽게 여기셨던 모양이다.

내가 살던 동네에서 초등학교까지는 들판이 있었고 걸어서 사오십 분은 걸렸던 것 같다. 초등학교 바로 뒤에는 작은 교회가 있었는데 별 관심이 없었다. 크리스마스 때에는 교회 근처의 동네 아이들이 교회에 과자 선물을 받으러 간다는 정도의 이야기만 듣고 알고 있었다. 그곳이 무엇을 하는 곳인지도 몰랐고 예수님, 하나님에 대해서 들어 본 적이 없었다. 그런데 형님 이야기를 통해 막연하나마 천지를 만든 하나님이 계신가 보다라는 생각을 하게 되었다.

초등학교 6학년이 되면서 부산으로 전학을 가게 되었다. 바로 위의 형보다 두 살 더 많은 큰 형님이 부산에서 토목사업을 하고 있는 이모부를 도와주고 계셨는데 부산으로 전학을 하는 게 좋겠다고 하여 이모 집에서 학교를 다니게 되었다. 이때부터 타향살이가 시작되었다. 당시에는 초등학교에서 중학교로 진학하기 위해서는 입학시험을 치러야 했는데 1년 동안 잘 적응하여 경남중학교에 진학할 수가 있었다. 이모부의 사업은 좋았다 나빴다 하여 나는 이모 집에만 계속 머물러 있을 수가 없어 부산의 친척집을 이집 저집 옮겨 다녀야 했다. 그럴 때마다 설움도 받고, 친척들의 눈치도 받아야 했다. 고향에 대한 향수병도 걸렸고, 이 세상을 지었을 하나님에 대한 믿음도 싹트기 시작했다.

마음속에 내가 만들어 낸 하나님에 대한 의존이 시작되었다. 어려서 형님이 대학 입학시험을 치거나 큰 형님이 사업을 하게 되면 새벽에 일어나 마을 동쪽 우물에 가서 몸단장하고 기원하던 어머니 모습이 떠올랐다. 어머니는 부처님인지 조상신인지 모르는 능력자에게 기원했지만 나는 어려움을 당할 때에는 마음속 하나님을 의지하고 기도했다.

부산에서 3학년이 끝날 무렵 이모부와 함께 서울로 사업처를 옮긴 큰 형님을 따라 서울로 고등학교 진학을 꿈꾸게 되었다. 깡촌에서 부산으로 다시 서울로 유학을 떠나 온 셈이다. 집안의 여유가 있어 떠난 유학도 아니고, 내 자신의 의지가 있어 떠난 유학도 아니었다. 집안 형편 때문에 부산에 더 이상 머물러 있을 수가 없어 서울로 떠밀려온 유학이었다. 창칼파동, 무즙파동으로 인한 입시제도의 변경으로 마지막 시험이 치러지는 경기고등학교 입학시험에 응시하였으나 낙방하고 말았다.

결혼한 큰 형님네 단칸방에서 얹혀살면서 앞으로 어떻게 살아야 할지 엄두가 나지 않았다. 여러 약국을 다니면서 수면제를 사 모아 한꺼번에 먹고 죽으려는 시도도 했다. 그때 나에게 다시 찾아오신 이가 하나님이셨다. 마음속 하나님은 나에게 희망을 주셨고 용기를 주셨다. '그렇다. 다시 일어서자.' 고등학교졸업자격시험(과거 대학입학자격시험)을 준비하기로 했다. 시험은 5월과 11월 두 번 예정되어 있었다. 두 번에 걸쳐 시험을 치러 40점 미만 과락이 없이 평균 60점 이상을 획득하면 다음 해 대학입학시험을 치를 수가 있었다. 큰 형님에게 부탁하여 간신히 고등학교졸업자격시험 준비 학원에 등록을 할 수가 있었다. 그런데 3달 정도 학원을 다니는데 시험이 그해부터 매 8월 한 번으로 바뀐다고 발표가 났다. 앞으로 남은 3달 동안 공부하여 한 번에 전 과목을 합격해야 하는데 자신이 없었다. 내가 알고 있는 전지전능하신 하나님께 매달 렸다. 학원 대신 독서실로 옮겼고, 지혜와 명철을 주시도록 기도하면서 시험 을 준비하였다. 중학교를 졸업한 지 6개월 만에 치러지는 시험이었다. 시험은 과거 연건동 서울 문리대 건물에서 치러졌다. 시험지를 받아들고 나는 눈물을 흘리면서 내 마음속에 계신 하나님께 서원기도를 했다. 이 시험에 합격하게 해 주시면 하나님이 원하는 모든 것을 하겠노라고. 시험은 과락 없이 전 과목 평균 61점으로 합격을 했다. 하나님은 내 기도를 들어주셨다.

나는 하나님을 더 알고 싶었다. 살던 동네 근처에 있던 장로교회로 나갔다. 중학교를 졸업한, 그렇다고 고등학생도 아닌 아무도 아는 친구가 없는 촌내 기가 고등부 예배에 나갈 수도 없었다. 대예배에 나가면서 성경 말씀을 읽기 시작하였다. 성경을 볼수록 내가 아는 하나님과 성경 속 하나님은 달랐다. 이 해가 안 가는 부분이 한두 군데가 아니었다. 어떻게 우상을 숭배한다고 잔인 하게 수많은 사람의 생명을 앗아갈 수 있다는 말인가? 극히 이기적인 하나님 이었다.

나는 하나님 말씀을 더 아는 것보다 우선은 내년에 있을 대학입학시험을 준 비하기로 했다. 종로학원 대입 종합반에 등록하여 몇 달을 다니는데 다시 다 음 해 경기고등학교에 4학급을 추가로 외부에서 뽑는다는 것이다. 이 발표가 있자 학원들은 고입 종합반을 만들었고, 같이 고입 시험에 낙방하였다가 후기 고등학교에 들어가 있던 중학교 동기들이 학교를 중퇴하거나 휴학하고 다시 고입반에 다니고 있었다. 먼 미래를 바라보면 2년 앞서 대학을 가는 것 보다 1

년 늦게라도 고등학교를 다시 가는 것이 낫겠다는 생각이 들었다. 큰 형님을 설득하여 고등학교 입학시험을 두어 달 남겨 놓고 다시 같은 학원 대입반에서 고입반으로 옮겨 다음해 경기고등학교 입학시험에 합격하게 되었다.

고등학교에 다니면서 교회 고등부에 등록하고 교회생활을 시작하였다. 내가 생각하던 하나님과 예수님에 대해 공부하기 시작했다. 새벽기도도 가끔씩 나가고 부흥회도 열심히 참석하였다. 방학 때 고향에 내려가면 부모님들에게 열심히 전도하기 시작하였다. 가끔씩 절에 나가셨던 어머님은 내가 교회에 나가는 것을 반대하지는 않지만 당신에게 전도는 하지 말라고 하셨다. 아버님은 내 이야기를 듣고 저녁마다 라디오로 기독교방송을 들으시고 나보다 성경 말씀을 더 잘 아시게 되었다. 한 번은 내가 여름 방학 때 고향에 갔을 때의 일이다. 집 안방에 신을 모시던 작은 제단이 있었는데 나는 그것을 몰래 뜯어내어 아궁이에 넣고 불살라버렸다. 나중에 어머니가 마실 갔다가 집에 오셔서 그 사실을 아셨다. 몹시 야단을 칠 줄 알았는데 '네가 그랬구나.' 한 마디 하시고 그냥 넘어가셨다. 차마 오랫동안 의지해 왔던 제단을 몸소 없앨 수는 없었는데, 내가 없애준 것을 다행으로 여기는 눈치셨다.

고등학교를 졸업하고 재수를 하여 서울 문리대 의예과에 합격하였다. 때로는 입주 과외도 하고, 학교 근처에서 방을 얻어 자취도 하였다. 대학에 들어오고 나서는 UBF(대학생성경읽기회)에 다니던 선배들로부터 인도를 받아 성경공부를 하기 시작하였다. 이때 성경공부를 통하여 하나님에 대한 지식을 많이 얻었던 것 같다. 그러나 지나칠 정도의 성경공부 시간은 나에게는 부담이 되었다. 아르바이트를 하여 등록금도 마련해야 하고, 다른 동아리 활동도

하고 싶어 하던 나는 도저히 감당하기가 힘들었다. 내 십자가를 지고 예수님을 따르기란 불가능하였다. 그렇지만 하나님의 존재를 믿고, 예수님이 살아 계신다는 믿음을 가진 나는 우선은 가족들을 전도하는 것이 첫 사명이라고 여겼다.

본과에 진학하면서 동숭동 산꼭대기에 작은 아파트를 얻어 어머님이 시골에서 올라와 고향에서 고등학교를 졸업하고 서울에 직장을 구하게 된 여동생과 함께 살게 되었다. 나는 어머니를 꾸준히 전도하여 마침내 교회에 등록을 시켜드리고 주일마다 같이 예배를 드리게 되었다. 얼마나 감사한 일인가? 어머님은 나보다 더 열심이셨다. 학교에서는 백승진 목사님께서 인도하시는 연건기독학생회 동아리 예배나 봉사활동 등에도 적극 참석하였다. 교회에서 주일학교 교사로도 열심히 봉사했다.

그런데 본과 2학년 때 갑자기 입영통지서가 날라 왔다. 대입 재수하면서 입대 신체검사를 받았었는데 2을종 판정을 받고 대학에 들어오니 재학생이라 연기가 되어 있었는데, 갑자기 병역법시행규칙이 바뀌면서 연기가 되지 않게 되었다는 것이다. 할 수 없이 학기 중간에 공군부대 방위병으로 가게 되었는데 의과대학을 다니고 왔다고 하여 기지병원에서 근무를 하게 되었다. 그곳에서 군의관으로 계시던 서울의대 선배이신 이병두 대위를 만나게 되어 다시 성경공부를 할 수 있게 되었다. 이 선배는 당시 UBF 목자로 섬기고 계셨는데 일거수일투족이 예수님과 동행하는 삶이었다. 이 선배의 삶을 보고 내 신앙생활을 많이 반성하게 되었다. 여호와 이레의 하나님께서 나를 위해 준비해 주신 것 같았다.

이 선배님이 제대를 하고 조금 후에 나는 다시 고향으로 거처를 옮겨 남은 6개월여 간의 군 복무 기간을 고향 면사무소에서 민방위 담당으로 근무하게 되었다. 시간적인 여유가 생긴 나는 모교인 초등학교와 면사무소와 인접한 구만 교회에 나가게 되었다. 어려서 막연히 알았던 그 교회에 마침내 다니게 되었다. 시골에 계시던 아버님을 교회로 모시게 되었고, 고향의 친지, 친구들과도 다시 만나 전도를 할 수 있게 되었다. 아버님은 여전히 저녁이면 기독교방송을 듣고 계셔서 교회에 나가시는 것을 주저하지 않으셨다. 아버님, 어머님을 예수님 앞으로 인도할 수 있게 되어 너무도 감사했다. 자식으로서 부모님에게 드릴 수 있는 최고의 선물을 드렸다고 생각했다.

군 복무를 마치고 복학하여 무사히 졸업을 하고, 서울대병원에서 가정의학과 수련을 받으면서 홍창의 교수님, 최규완 교수님, 허봉열 교수님 같으신 분들의 지도를 받고, 손병관 선생님 같은 믿음의 선배들의 지도를 받을 수 있게 하여 주시고, 계속하여 거처를 옮기실 때마다, 가는 곳곳마다, 어려움을 만날 때마다 하나님께서 간섭하여 어려움을 이겨내게 하시고, 보호하여 주시고 눈동자같이 지켜 주심에 우리 하나님께 감사와 찬송을 드립니다.

최현림

서울의대를 1981년에 졸업하고, 서울대학교병원에서 가정의학과 전공의 과정을 마치고 가정의학과 전문의가 되었다. 국립경상의대를 거쳐 경희의대 가정의학과 교수로 재직 중이다. 대한가정의학회 이사장, 대한노인병학회 회장을 역임하였으며, 경희의료원 기독봉사회장, 한마음봉사단 단장, 서울기독의사회장을 역임하였고, 현재 한국기독의사회 수석 부회장, 서울의대기독동문회 회장, 서울대학교 기독교총동문회 회장으로 섬기고 있다.

내 신앙의 힘이 분명했던 그 시절, 파키스탄

최형진

(서울의대 교수, 주님의교회)

처음으로 간증 글을 쓰게 되었습니다. 이번 기회에, 지난 저의 신앙을 돌아보고, 가장 신앙적으로 뜨거웠던 시절을 다시 되돌아보게 되었습니다. 부족하고 부끄럽고 서툴지만 개인적인 기억들을 적어봅니다.

저는 모태신앙으로 기본적인 신앙은 있었으나, 그다지 신앙이 매일매일 삶 속에 살아있지 않았던 중고등학교를 보냈습니다. 대학교에 들어오면서는 더욱 저의 삶은 신앙에서 멀어지게 되었고, 오히려 술과 친구들을 더 가까이 하는 삶을 살았습니다. 토요일 저녁에 술을 먹기 시작해서 아주 늦게 새벽까지 술을 마시고, 술이 덜 깬 상태로 교회를 가기도 하였습니다. 당시 신앙을 이끌어준 한 대학 친구의 손에 이끌려 교회 성가대 활동을 하였으나, 여전히 술과 방황의 시절이 대부분이었습니다. 술을 마시고 다음날 아침이면 후회를 하고, 후회하고 부끄러운 마음에 또 다시 친구들과 도피하듯이 술을 마시러 가는 일들이 반복되었습니다. 술을 마신다는 괴로움을 술로 잊고 지우는 모습이었습니다.

여러 가지 방황의 시절을 보내던 중 릭 워렌의 "목적이 이끄는 삶"을 읽고 교회공동체를 꼭 한번은 등록이라도 해봐야겠다는 다짐을 하게 되었습니다. 2004년 내과 전공의 2년차 말에 처음으로 교회 공동체 생활(사랑의교회 청년부 활동)을 시작하게 되었습니다. 중고등학교나 대학교 시절에 특별한 신앙의 동아리나 교회 공동체 생활을 하지 않았던 저에게는 매우 새로운 세계였습니다. 저는 선교사나 목사와 같은 분들은 저와는 다른 세계에 살고 있을 것으로 생각했고, 이들이 저와 만나서 서로 공감하며 이야기하기는 어려울 것으로 생각했었습니다. 하지만, 이 청년부 공동체에는, 선교사나 목사를 준비하는 친구들이 함께 웃고 떠들고 놀면서, 서로 공감하며 교제할 수 있었습니다. 이렇게 신앙의 친구들과 시간을 많이 보내면서 점점 삶이 변화되기 시작했습니다. 이런 신앙의 공동체 안에서 뜻을 함께한 몇 명의 형제들과 함께 저는 술을 끊기로 했습니다. 이 형제들 역시 직장 내에서 술을 권유받으며 술을 끊기 어려운 상황에 있었으나, 술이 본인의 신앙을 멀게 하는 것을 인정하기에 술을 끊고 싶어 하던 상황이었습니다. 이 형제들과 서로 격려하고, 회식이 있는 날에는 서로 연락하여 단호한 의지로 술을 거부할 수 있게 서로 힘을 주었습니다. 이런 형제들의 도움으로 저는 그동안 10년 가까이 중독되어 의지하던 술을 끊을 수 있었습니다. 이후 10년이 넘는 지금까지 술을 끊은 상태로 지내고 있습니다.

저는 특별히 해외 선교에 대한 꿈이나 생각은 없었습니다. 하지만, 청년부 공동체를 하면서 자연스럽게 은혜의 자리로 저를 이끌어 주셨습니다. 별 생각 없이 참석하게 된 모임은, 파키스탄 단기선교를 준비하는 모임이었고, 2006년 여름을 목표로 단기선교를 준비하게 되었습니다. 당시 파키스탄은 2005년 카슈미르 지진으로 난민촌이 북 파키스탄에 형성된 상황이었습니다. 저희 파키스탄 단기선교팀은, 북 파키스탄의 난민촌으로, 카라치에 있는 선한사마리아 병원의 선교사님들과 함께 의료선교를 다녀올 수 있었습니다.

이어서 다음해 2007년에도 저희 파키스탄 단기선교팀은 파키스탄 단기선교를 준비하고 있었습니다. 한창 파키스탄을 생각하며 선교준비에 집중하던 때였습니다. 2007년 7월에 분당샘물교회 아프가니스탄 피랍 사태가 발생하였습니다. 바로 1년 전에 다녀왔던 북 파키스탄이 아프가니스탄과 바로 옆이었고, 뉴스에 나오는 분당샘물교회 선교팀의 모습이 우리의 모습과 매우 닮았었습니다. 당시 매일매일 뉴스를 보면서, 그들의 일이 바로 나의 일로 느껴져서 매우 마음이 힘들었습니다. 그리고 결국 저희 파키스탄 단기선교팀의 2007년 파키스탄 일정은 취소되고 말았습니다.

그 다음해 2008년에 저는 공중보건의 2년차로 근무하면서, 다시 파키스탄 단기선교를 준비하게 되었습니다. 2년 전 다녀왔던 때와는 상황이 많이 달라져 있었습니다. 아프가니스탄 피랍사태도 있었고, 이전과 달리 파키스탄 내에서도 탈레반 등 이슬람 극단주의 등 위험한 세력들이 힘을 키우고 있었습니다. 2년 전 특별한 걱정 없이 많은 사람들이 모여 즐겁게 준비했던 것과는 달리, 이번에는 소수로 신중하게 팀원을 선발하고, 일정과 활동 내용도 조심스럽게 준비하게 되었습니다.

2008년 여름 파키스탄에 도착해서, 의료선교를 위해 시외로 버스로 이동하던 중이었습니다. 갑자기 총을 든 군인들이 버스를 세우는 것이었습니다. 차가 멈춰있던 시간 동안 많은 생각을 하게 되었습니다. 1년 전에 뉴스로 보았던 아프가니스탄 피랍사태처럼, 나도 이렇게 죽을 수도 있겠다는 생각을 했었습니다. '저 군인들이 내 머리에 총을 겨누었을 때 나는 흔들리지 않고 신앙을 고백할 수 있을까?' 생각하며 팀원들과 말없이 떨고 있었습니다. 그리고 '이렇게 부르실 수도 있구나. 부르시면 갈 수도 있겠구나.' 등의 생각을 하며, 마음이 낮아지고 있었습니다. 다행히도 버스는 다시 출발했고 우리는 무사하게 계획된 의료선교를 마칠 수 있었습니다.

파키스탄 카라치의 선교병원인 선한사마리아병원 옥상에서 선교사님들과 함께 올라가 주변을 보며 기도하는 시간이 있었습니다. 파키스탄의 하늘과 도시를 보면서, 저 높은 하늘에서 이 모든 것을 내려다보고 계실 하나님 생각을 하게 되었습니다. 이 모든 것을 태초부터 계획하시고 주관해 오신 하나님. 그리고 한국에 있던 우리 소수를 택하여 오늘 이 곳까지 인도하신 하나님을 생각하게 되었습니다. 저 높은 하늘에서 모든 것을 내려다보시는 하나님을 생각하면, 나의 작은 고민들과 두려움들은 참 작다는 것을 깨닫게 되었습니다. 이 날 이후로 종종 힘들어질 때면, 내 주변의 상황들을 내 시점에서 보지 않고, 저 높은 곳에서 하나님의 시점에서 넓게 보며 내려다보면서, 어려운 마음을 이겨내는 버릇이 생기게 되었습니다.

이렇게 파키스탄 단기선교를 다녀오면서 가장 은혜로웠던 시간은, 준비하는 시간이었습니다. 팀원들과 준비하면서 물질의 준비 보다는 기도로 준비하는 것이 더 중요하다고 마음을 모으고 선교를 떠나기 전까지 새벽기도를 함께 하기로 했습니다. 저는 전공의로 직장생활을 하고, 팀원들 모두 각자 직장생활을 하지만, 매일 새벽 모여서 기도로 마음을 모았었습니다. 이렇게 새벽기도로 준비하는 동안에는, 세상 모든 일들이 분명히 보였습니다. 세상일들은 두렵지 않았고, 분명한 주관자의 주관하심만이 분명히 느껴졌습니다. 어떤 상황에도 넉넉한 여유 있는 마음이 넘쳤었습니다. 감사와 기쁨이 가득했습니다.

이번에 간증 글을 쓰면서, 제 삶을 돌아보게 되고, 지금의 모습을 반성하게 되었습니다. 지금은 많은 것들이 두렵고, 하나님의 주관하심에 대한 신뢰는 약합니다. 지금은 신앙적으로 매일매일의 삶과 교회 공동체의 삶이 많이 무너진 상태임을 인정하게 됩니다. 청년의 때에, 파키스탄 땅과 함께 순수했던 신앙의 모습이 지금은 많이 변했습니다. 그동안 개인 신앙적으로도 교회 공동체적으로도 크고 작은 상처들에 움츠러든 나의 모습을 보게 됩니다. 이번 간증글을 기회로 다시 회복의 자리로 나아갈 수 있기를 바라고 기도해봅니다.

최형진

서울의대를 2002년에 졸업하고 서울대학교병원에서 내과 전문의 과정을 수료하고 내과 전문의가 되었고, 내분비내과 전임의 과정을 마쳤다. 충북대학교병원 내분비내과 임상교수를 거쳐 현재 서울의대 해부학교실 조교수로 재직 중이다. 주님의교회에 출석하고 있다.

찬송가 495장 :
내 영혼이 은총 입어 중한 죄 짐 벗고 보니

한만동

(구리 한외과의원, 동부광야교회)

내가 늙어서 그런 것일까? 옛날에 내가 어렸을 때 아버지께서 집안일이나 농사일을 하시면서 흥얼흥얼 부르셨던 옛날 찬송가들이 문득문득 생각이 날 때가 있다. 나는 어른이 되면서 찬송가 부르는 것을 잊어버렸나 보다. 찬송가는 그저 교회에서 예배 때나 부르는 것이 되어버리지 않았나 싶다. 그러나 책도 멀리하고, 모니터도 꺼버리고, 고요히 찬송가를 부르는 시간을 갖는 일은 언제나 우리의 영혼을 한없이 풍요로운 세계로 인도한다. 특히나 복음성가가 아니라 고전이 되어버린 옛날 찬송가는 우리에게 그런 넘치는 기쁨을 준다.

요즈음은 한가하게 길을 걸으면서 외우고 있는 찬송가를 부르는 재미를 쏠쏠하게 느끼는 날이 많아졌다. 비록 도심의 거리는 왱왱거리며 세차게 내달리는 자동차 소음이 가득하지만, 눈을 거의 감다시피 하고 찬송가를 읊조리듯 부르며 느릿느릿 길을 걸으면 어느덧 메말랐던 내 영혼은 하늘의 은총으로 촉촉이 젖게 된다. 나는 최근에 무슨 일이 있어서 이 찬송가 495장을 많이 음미하면서 걸어 다녔다. 여기 이 찬송가를 부르면서 느꼈던 감회를 옮겨 적어본다.

1절 내 영혼이 은총 입어

얼마나 설레고 간절히 기다려지는 말인가? 내 영혼이 깨어서 하늘의 영광을 누리기를? 그런데~ 그래서 중한 죄 짐을 벗게 되었다. 중한 죄 짐에서 완전히 해방된 기쁨! 그런데 나는 왜 이 시인의 고백이 낯설고 멀게 느껴질까? 과연 내가 죄인임을 절박하게 느끼며 살았던 때가 있었던가? 그렇다! 나도 분명히 그럴 때가 있었다.

지금으로부터 약 50년 전, 20대 초반의 어둠에서 방황했던 청년 시절, 방탕했던 그 시절에 주님을 만나서 나는 얼마나 감격했던가? 내가 눈물로 회개했을 때, 그 무거운 죄가 눈 녹듯 사라져 내렸던 그 감격의 날을 기억한다. 그러나 지금 나는 어떠한가? 내가 의로운 자가 되었기에 죄를 느끼지 못하는 것일까? 아니다! 결코 그렇지 아니하다. 다만 내가 둔감해졌기에 못 느끼고 있을 뿐이다. 나는 아직도 형제를 비판하고, 은근히 나를 드러내고 싶어 한다. 나의 의를 자랑하고 싶어 한다. 더욱 두려운 것은 그럼에도 불구하고 무디어져서 죄를 죄로 느끼지 못하고 있는 것이다. 오, 주님! 이제 손들고 주님 앞으로 나아갑니다. 이 죄인을 받아주옵소서. 그러나 자비의 주께서 이미 이 큰 죄인을 다 받아주시고 짐을 벗겨주신 것을 생각하니 감개무량할 뿐이다. 감격에 겨워서 힘차게 찬송을 부르며 계속 느릿느릿 걷는다.

그렇게 되니 슬픔 많은 이세상도 천국으로 화하도다. 그런데 나는 과연 이 세상의 슬픔을 얼마나 알고 있는 걸까? 이 세상에 태어나서 너무도 많은 혜택을 받아 누리면서 살아왔던 나! 편하고 인정받는(?) 직업, 행복한 가정, 아! 게다가 좋은 교회와 믿음의 형제들, 그들로부터 받은 이 많은 사랑! 그리고 형제들에게 말씀을 전하는 영광의 직분까지 받았으니, 나의 잔이 넘치는데, 나는 과연 얼마나 고난받는 형제들과 애환을 함께 했었던가? 받은 은사를 가지고 잘 섬겼던가? 그렇다. 나는 세상의 슬픔을 잘 모른다. 그래도 천국의 기쁨을 어느 정도 알게 해주신 것이 감사할 뿐이다. 그런저런 생각에 잠기면서 찬양하며 길을 걷는다.

할렐루야 찬양하세~ 내 모든 죄 사함 받고 주 예수와 동행하니 그 어디나 하늘나라~

또 다시 내 모든 죄 용서함 받았음을 찬양. 나의 죄에 대한 깊은 인식의 중요함, 반드시 있어야 함. 그리고 완전히 용서 받았음에 대한 확신, 기쁨과 찬양! 그것을 다시 생각하며 걷는다. 깊고 꾸준한 자기성찰 그러나 자책에 빠지거나 나의 오만한 모습에 집착하지 않고, 높으신 주님을 바라보며 그분의 크신 사죄의 은혜에 감격하며, 더 이상 죄책감에 머물지 않고 큰 기쁨으로 살게 된 것에 감격하며 매일 매일을 산다. 이것이 주와 동행하는 천국 백성의 삶이지. 그렇게 마음이 뜨거워지니 나도 모르게 목소리는 떨리고 눈시울이 젖는다.

2절 주의 얼굴 뵙기 전에 멀리 뵈던 하늘나라 내 맘 속에 이뤄지니 날로 날로 가깝도다.

그렇지 하늘나라는 내 마음 속에 있지. 내가 늘 하나님, 성령님, 예수님을 만나는 것이 바로 하나님 나라지! 죽어서 가는 저 세상이 아니고 바로 오늘 이 순간이 중요하지! 여기서 주님을 만나지 못하면 죽어서도 만나 뵐 수 없지. 아! 이 기쁨! 내가 오늘도 고난 중에 형제를 만나서 위로하고 내게 주신 은사를 따라 도움을 줄 수 있다는 사실이 얼마나 고맙고 감사한가?

3절 높은 산이 거친 들이 초막이나 궁궐이나 내 주 예수 모신 곳이 그 어디나 하늘나라

높은 산, 황량한 광야, 초가삼간, 대궐 같은 집 풍부하든지 궁핍하든지 어떤 경우에도 자족하는 법을 배웠다고 했던 사도 바울처럼 많은 인생경험은 못해 보았지만, 그래도 부족하지만 아쉬운 대로 이 협량한 자에게 하늘의 비전을 주셔서 주님을 알게 하시고, 우리 주 예수님을 모시고 사는 이 기쁨을 누리게 하셨으니, 내가 무엇이관대 이토록 아끼시고 온갖 좋은 천상과 지상의 기쁨을 맛보게 하시나이까? 오, 주여 나의 잔이 넘치옵나이다. 감격의 넘치는 마음으로 찬양을 부르고 또 부르다 보니 어느덧 대문 앞에 이르렀다.

한만동

서울의대를 1972년에 졸업하고, 적십자병원에서 외과 전공의 과정을 마치고 전문의가 되었다. 동부광야교회에서 장로로 시무하고 있으며, 장로들이 주일 설교를 담당하고 있다.

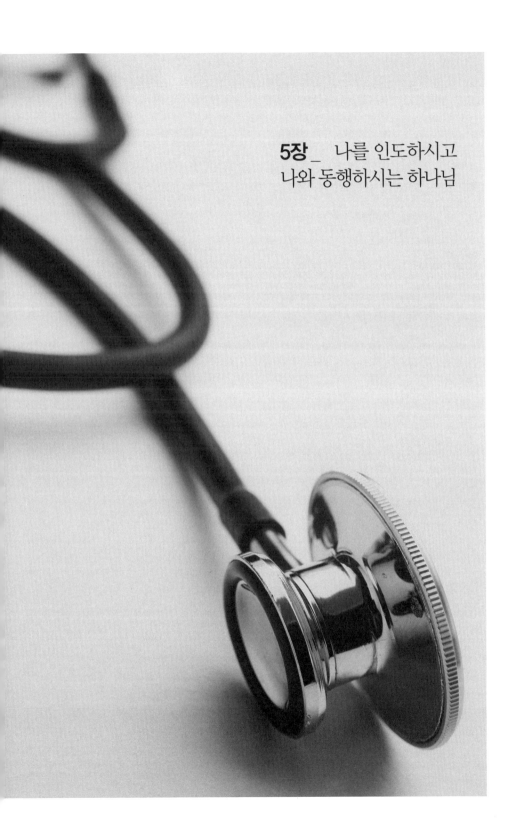

5장_ 나를 인도하시고
나와 동행하시는 하나님

정년 후의 제2의 인생

허봉렬

(서울의대 명예교수, 온누리교회)

내가 서울의대를 정년퇴임을 한지가 벌써 9년이 되었다.

정년 후의 나의 모든 삶은 때로는 더 자유롭고, 활기가 차고, 열정적이 되었으며, 생각하면 이 모든 일들이 하나님의 계획과 인도하심에 따라 모든 일들이 이루어 진 일임을 분명히 깨닫게 되었다.

정년을 2년 앞두고 집 근처에 있는 교회에서, 우리 집 전체 가족이 세례를 받게 되었다. 의사라는 직종을 대상으로 하는 전도 집회에 참석한 1,000여 명에 이르는 의사들 중에서 60여 명이 결신을 하고 세례를 받게 되었다. 그러나 우리가족은 일행과 함께 세례를 받지 않고, 아들 내외, 딸 내외를 포함하여 의사가 5명인 우리가족은 하용조 담임 목사님께서 특별히 양재교회에서 진행되는 특별집회 기간 동안에 3,000여 명의 국내외 신자들이 모인 가운데 따로 떼어서, 큰 축복 속에 세례를 주셨다.

세례를 받은 후 쓰나미로 20여만 명의 인명 피해를 본 인도네시아 수마트라 남단지역에 의료선교에 참가하였다. 같이 간 다른 의사들은 인도네시아 의과대학생들이 통역을 맡았으나, 나는 중학생인 선교사의 따님이 통역을 맡아 주었다. 많은 환자가 밀려왔으나, 손과 청진기가 닿으면 나도 모르게 환자의 병의 진단이 내려지고, 처치를 할 수 있는 신비한 체험을 경험하였다. 그날 저녁 선교사 말씀이 또래 아이들처럼 이때까지 놀기 좋아하고 멋만 내는데 관심이 많았던 딸이 갑자기 밤에 '아빠, 나도 의사가 되고 싶다.' 는 말을 하여 매우 놀랐다고 하였다. 그 후 그 학생은 인도네시아 고등학교를 마치고, 장학금을 받고 미국대학 예과 과정을 마치고, 금년 미국 의과대학 본과 2학년 학생이 되어 한국을 방문하였다. 예과 과정 마지막 여름방학에 한국을 방문하였을 당시 내가 근무하던 국립암센터에서 논문을 만들게 주선하여, 그 후 이것도 미국의과대학 선발에 도움이 되었으리라고 생각한다.

서울의대 퇴임식을 마치고, 바로 다음 주부터 국립암센터에 근무하게 되었다. 격일로 주 3일 일하기로 하고, 나머지 시간은 인생 후반기를 준비하는 시간으로 보냈다. 먼저 그동안 소홀이 했던 건강관리를 위하여 근교 등산을 하기로 하였다. 마침 등반에 관한 경험이 많은 친구가 있어 함께 북한산 등반에 관한 책자와 지도를 가지고 등반길을 계획하고 등반할 생각에 마음이 설레었다. 처음에는 매주 2회씩 등반을 하도록 하였다. 북한산 둘레길을 일주도 해보고, 청계산 등반도 하였다. 그리고 매일 한강 고수부지에서 매일 운동하고 걷기를 하니 한결 몸이 가벼워짐을 느꼈다.

　그리고 의료경영 고위과정, 보건복지정책 고위과정, 보건통계 고위과정, 생명과학 고위과정, 공공보건의료 고위과정, 장수과학 고위과정, eMBA, SNS 특별과정 등 다양한 분야에 대한 과정을 수료하였다.

　외국어능력향상을 위하여 당시 영어교통방송에 출연하던 Peter라는 캐나다인을 소개받아 지금까지 매일 대화를 나눌 기회를 갖게 되어 매우 유익하였다. 캐나다 사람으로 한국에서 아름다운 한국인 여자 분과 결혼을 하게 되었는데, 나에게 주례를 부탁하여, 최초로 영어로 주례를 하는 경험을 했다.

　Peter James는 1997년 세계 bluegrass music champion에 뽑힐 정도로 country music에 정통하고, 기타를 비롯한 여러 악기를 아주 잘 다루며, 원래 캐나다에서 회계사로서 지역의 상공회의소 회장을 할 정도로 리더십도 좋고, 모든 부문에 매우 정통한 사람이다.

　다발성경화증이라는 신경성 병이 있었으나 지금은 많이 회복되어 항상 명랑하고, 항상 많은 사람들과 대화하고, 친화적이고, 유머가 풍부한 사람이다. 모든 방면에 정확한 식견과 풍부한 지식을 갖추어 항상 감탄을 하게 한다. 우리는 mutual mentor로써 영어 대화뿐만 아니라 다방면으로 외국 문화를 서로 교환하는 좋은 친구가 되고 있다. Peter는 나의 영어 이름도 찰톤헤스톤 주연의 Ben Hur 영화의 Benjamin Hur로 명명하기로 하였다. 그래서 Ben Hur로 불리게 되었다.

　국립암센터 근무 5년을 마치고 경기도의료원으로부터 의정부의료원 원장으로 일해 줄 것을 요청받았다. 당시 의정부병원은 경영상태가 아주 나쁘고, 그에 따라 임금이 체불되고 노사관계가 가장 나쁜 병원으로 알려져 있었다.

집안에서는 모두 반대가 심하고, 만류하는 처지였다. 마침 그때 우리교회에서 특별집회가 있어 외국의 유명한 목회자들이 며칠간 하는 집회가 열렸다. 그때 우연히 Francis Chan이라는 목사님의 설교를 듣게 되었는데, 목사님 말씀이 아주 어려운 곳에서 불쌍한 사람들을 위하여 일을 하면, 많은 축복을 받는데, 현세에도 축복을 받을 뿐만 아니라, 천국에도 축복이 쌓이고, 자손 대대로 축복을 받는다고 하였다. 이 목사님은 미국에서 가장 어려운 동네에서 처음 목회를 시작하였는데, 집회를 하던 중, 집사가 교회에 돈이 없어서 참가자들을 위한 점심을 준비할 수 없다며 어떻게 할지를 걱정하고 있었다. 그때 목사님이 간절히 기도를 드리는 중에 어디서 전화가 왔다. "목사님, 여기는 슈퍼마켓인데 갑자기 정전이 되어 음식이 다 상하게 되었는데 혹시 목사님, 필요하세요?"라고 문의가 왔다. 할렐루야, 슈퍼에서 고기를 비롯한 각종 식품을 가지고 첫 목회를 잘 치렀다. 그리고 다음 해 이번에는 신도가 더 많이 늘고, 집회기간도 3일간으로 연장되었는데, 또 집사가 "목사님, 식사가 하루 분은 준비가 되겠는데 이틀간은 준비가 되지 않으니 어떻게 할까요?"라고 물었다. 이번에도 목사님은 간절히 기도를 드리는데, 이번에는 더 큰 마트에서 전화가 왔다. "목사님, 저희 마트에 갑자기 정전이 되어 음식을 모두 버리게 되었는데 필요하세요?"라고 문의가 왔다. 목사님은 어쩌면 이런 똑같은 일이 일어 날 수 있는가? 이것은 우연이 아니고, 하나님이 역사하신 필연임을 크게 깨닫게 되었다고 한다. 그리고 우리 앞에 넓고 쉬운 길과 좁고 어려운 길이 있으면, 좁고 어려운 길에 정답이 있다고 설교를 하였다.

지금 어렵고 힘들고, 불쌍한 사람들이 많이 있는 의정부병원이야말로 많은 봉사를 할 수 있는 축복으로 이끄는 좁고 힘든 길이 아니겠는가? 그동안 국립암센터에서 5년 동안 이러한 일을 감당한 능력을 충분히 준비하지 않았느냐?

경기도 지사실에서 의정부병원장 발령을 받고, 지사님 방에서 함께 사진을 촬영하고, 차를 마시는데, 지사가 무슨 할 말이 있느냐고 물었다. 그때 "제가 지금 병원장으로 발령받고 가는 의정부병원은 경영상태가 극히 불량하여 직원들의 임금이 체불되어 노사관계가 극도로 나쁘다고 듣고 있습니다. 저는 지금 질병과 싸우러 나가는 장수입니다. 병법에 보면 작전에 실패한 장수는 용서할 수 있지만, 경계와 군수에 실패한 장수는 용서할 수 없다고 듣고 있습니다. 임금체불을 즉시 해결해 주시기 바랍니다." 지사는 처음 듣는 이야기인데, 보사국장 어떻게 된 일이냐고 다그쳤다. 즉시 기획실에 연락하여 해결하도록 하라고 명령이 떨어지고, 긴급지원금을 허락받고 병원으로 돌아왔다.

Peter가 Dr. Ben 11월 11일이 무슨 날인지 아느냐고 물었다. 잘 모르겠다고 했더니 젊은이들은 이날을 빼빼로 데이라고 하여 빼빼로를 서로 나누는데, 가격이 비싸지 않으니, 빼빼로를 취임식 전에 전 직원에게 돌리는 것이 좋겠다고 의견을 보내 주었다. 빼빼로 겉봉에 전 직원에게 보내는 인사말을 다 써서 전 직원 이름을 하나하나 적어서 돌렸다. 겉봉에는 "자랑스러운 의정부병원 직원여러분, 이번에 새로 부임하는 원장 허봉렬입니다. 나는 먼저 직원이 행복하고, 환자가 행복하고, 병원이 행복해지고, 지역사회가 행복해지는 병원을 만들고 싶습니다. 병들고, 힘들고, 약한 환자들을 위한 부유하거나 가난하거나 지위가 높거나 낮거나를 가리지 않고 치료하는 최고의 병원을 만들도록 우리 다 같이 노력합시다."라는 편지를 붙여서 전 직원에게 돌렸다. 지사실에서 원장 발령장을 받고, 당일 점심시간에 병원으로 돌아오니, 식당에서 모두들 빼빼로를 잘 먹었다고 인사를 하여 첫날부터 자연스럽게 직원들과의 소통이 잘 이루어지는 계기가 되었다.

취임식을 치르고 다음날 전 직원들과 대담을 하게 되었다. 직원들이 힘들고, 어렵고, 모든 일이 안 된다고 불평을 하고 있었다. 그때 나는 직원들을 향하여 이렇게 말했다. "의정부병원은 지금 빙산을 향하여 다가가고 있는 타이타닉 호와 같습니다. 우리가 다 같이 힘을 합쳐 방향을 돌려놓지 않으면, 배는 파산하고, 여러분과 나는 다 함께 빠져 죽게 됩니다. 여러분, 의정부병원은 심각한 병에 걸려 있습니다. 영어로 병을 illness라고 하는데 제일 앞 글자의 'I'를 'We'로 바꾸어 보세요. 그러면 wellness(건강)가 됩니다. 의정부 병원에는 지금까지 'I'만 있고 'We'가 없었습니다. 내가 하면 어렵지만 우리가 하면 쉽습니다. 내가 하면 힘들지만 우리가 하면 즐겁습니다. 내가 할 수 없는 것을 우리가 하면 할 수 있습니다. 우리 모두라면 어떠한 일도 할 수 있습니다. 의정부병원은 I thinking 대신에 We thinking이 필요합니다."

병원 시설들을 한 번 둘러보니 많은 장비들이 너무 낡고 노후해 있었다. 직원에게 내구연한을 조사해 보라고 해놓고 4층 원장실에 돌아와 자리에 앉자마자, 어디에서 전화가 왔다. 내용은 어느 지자체에 복지부에서 시설 보강비로 47억을 내려 보냈는데, 그 지자체에서는 동일한 금액의 매칭펀드(matching fund)를 마련하기 힘들어 반납한 자금이 있는데, 의정부병원에서 쓸 의향이 있느냐고 물어보는 것이었다. '오! 하나님, 어쩌면 이렇게 즉각적인 응답을 주십니까?' 생각지도 않던 뜻밖의 제의에 눈물이 나도록 감격하여, 즉각 지원금을 받도록 하겠다고 찬성을 하고 일을 적극 추진토록 하였다.

우리병원에는 목사님이 두 분 계시는데, 한 분은 호스피스 자원봉사 담당

목사님이시고, 한 분은 미국에서 목회를 하시다가 귀국하신 은퇴 목사님이신데, 지역에 명망이 높으신 분이셨다. 병원에서 조그만 장소만 제공받고 특별한 지원도 없이, 병원 일요예배를 인도하시고 계셨다. 시간이 날 때마다, 원장실에 들러 어려운 병원을 위하여 걱정하고, 병원을 위한 간절한 기도를 올릴 때는 항상 나도 모르게 눈물로 시야가 흐려지곤 하였다. 그때마다 이 어려운 병원에 성령이 임재하심을 충만하게, 뚜렷하게 느끼곤 했다.

고용노동부가 주는 노사화합프로그램을 신청하여, 사업내용을 발표하고 어렵게 사업비를 지원받게 되었다. 취임 시 약속한 먼저 직원이 행복한 병원을 만들기 위하여, 행복 프로젝트를 실행하기로 작정하였다. 국립암센터에서 근무 시 어느 날 누군가 책 한 권을 보내왔는데, 보낸 사람의 이름도 없고, 왜 보낸 지도 알 수 없었다. 소냐류보머스키라는 미국 UC Riverside 대학교수가 쓴 책을 번역한 책으로 "How to be happy?"라는 책이었다. 책을 읽어보니, 기존의 행복 전도서와 다르게 과학적인 사실에 근거한 각종 행복활동에 대하여 설명이 잘되어 있었다.

내가 그동안 신경과학을 통하여 얻은 지식은 200억 개가 넘는 신경세포가 시냅스라는 조직을 통하여 서로 연결되어 무궁무진한 회로를 만들 수 있게 설계되어, 한정된 두뇌 용적에서 많은 인간 활동이 가능하다는 사실이다. 그리고 이 신경 시냅스는 반복적 활동으로 시냅스가 자라고 소통이 촉진된다는 사실이다. 소냐류보머스키의 책에 나온 12가지의 과학적으로 입증된 행복활동을 반복적으로 계속하면 고정적인 시냅스가 형성될 수 있겠다. 이들 큰 범주의 12가지 행복활동을 신경가소성의 원리(neuroplasty)에 적용하여 실행하기로 결정하였다. 한 가지 활동이 습관화되기 위해서는 비만이나 금연 활동에

견주어보아서 최소한 6개월 이상이 소요되리라고 추정하였다.

책에 나온 행복활동을 어떻게 현실적으로 적용할 것인지 고심 끝에 만들어 낸 것이 "사랑의 과수원 가꾸기 운동"이다. 영어로는 'SMART Happiness Orchard Program (SHOP)'이라고 명명하였다. 먼저 250여 명의 전 직원을 10개 군으로 나누기로 하였다. 10개 군은 기존의 수직조직이 아니라, 수평조직으로 병원내의 직위에 관계없이 전 직종을 골고루 분포하도록 나누었다.

의사직, 간호사직, 관리직, 경비, 조리, 시설 등 전 직원을 골고루 각 팀에 분산시켰다. 각 팀은 원하는 과일나무 이름으로 정하였다. 그래서 사과나무 팀, 배나무 팀, 감나무 팀, 밤나무 팀, 포도나무 팀, 복숭아나무 팀, 자두나무 팀, 호두나무 팀, 오렌지나무 팀, 살구나무 팀으로 정했다. 각 팀은 수평조직으로 병원 내 직위와 상관없이 오직 행복활동만을 위한 조직으로 간사가 정해져서 운영되도록 하였다.

우리가 특별히 고안한 행복프로그램 시설물은 홍익대학교 미술대학의 재능기부를 받아, 그 방면에서 가장 유명하신 교수 분과 대학원 제자가 와서 조형물을 제작 설치해 주었다.

이 프로그램의 특징은 SMART principle(Specific, Measurable, Attainable, Realistic, Timely)에 의거하여, 특별한 행복활동이 있고, input과 output을 측정할 수 있고, 실현할 수 있고, 현실성이 있고, 경시적 변화를 볼 수 있는 독창적 프로그램이다. input의 측정은 하루 행복활동을 한 가지씩 할 때마다, 자석이 붙은 해당 과일을 붙이도록 만들어졌다. output의 측정은 Oxford Happiness Questionaire를 사용하여 개인의 행복도를 측정하고, 환자 만족도, 병상 가동률, 경영성과 등을 측정함으로써 환자와 병원의 행복도를 간접적으로 측정토록 하였다.

한 가지 행복활동을 할 때마다 과일열매가 하나씩 해당 과일나무에 붙고, 그것이 모여 10개가 되면 10단위 크기의 열매로, 더 많아지면 50단위 크기 열매, 100단위 크기, 500단위 크기 등 직원들의 행복활동의 증가로 과일의 크기가 자라고, 많아지는 것을 가시화하였다.

설치물은 직원이 많이 다니는 외래 복도에 나란히 설치하여 전 직원이 항상 잘 볼 수 있게 하였다. 그리고 차갑고, 파리한 느낌의 조명을 따뜻한 주광색으로 바꾸었더니 병원이 한결 따뜻한 느낌이 들고, 파란 하늘과 구름을 그려 넣으니, 과수원의 느낌이 살아나는 듯하였다. 그리고 병원 복도 벽에는 지역 사진작가들의 협찬으로 각종 의미 있는 사진들을 전시하였더니 분위기가 크게 달라졌다.

매주 수요일 아침 8시마다 전 직원 조회를 실시하였다. 먼저 간단한 체조로 몸을 풀고, 병원의 미션, 비전 및 핵심가치를 전 직원들이 복창하였다. 그리고 전화응대를 함께 시연하고 원장이 직원에게 주는 말, 공지사항 알리기 등으로 정례화하였다.

직원 워크숍, 전 직원 중랑천 대청소하기, 전 직원 사패산 산행 등의 활동으로 병원 분위기가 일신되었다. 사랑의 과수원 가꾸기 운동으로 직원 간에 수평적 소통이 활발해졌다. 대부분의 행복활동은 상대방에게 베풀고 줄 때 참다운 행복을 얻을 수 있다. 즉 상대방에게 친절을 베풀고, 감사를 하고, 용서를 하고, 칭찬을 하고, 감정을 긍정적으로 바꾸고, 규칙적인 운동을 하고, 항상 즐겁게 웃고, 자기가 하는 일에 몰입할 때 얻을 수 있다. 행복활동을 통하여 친절하라고 말하지 않아도 스스로 친절을 베풀고, 쓰레기를 줍고, 어려운 사람을 안내하고, 스스로 병원 주위를 청소하는 직원들, 병원 주위 화단에 꽃을 심고, 가꾸는 사람들, 팀별로 병원 외벽 청소, 병원 기구 청소하기, 주말 제빵으로 빵을 만들어 환자들에게 제공하고, 어버이날에는 자발적으로 꽃바구니를 만들어 전 입원환자들에게 돌리는 사람 등 모든 활동이 자율적으로 이루어지니 참으로 놀라운 일이었다.

겨울에 눈이 오는 날은 원장이 먼저 내려가 눈을 치우기 시작하면, 삽시간에 직원들이 자발적으로 내려와 순식간에 눈을 치워 겨울동안 눈이 얼어붙는 일이 없어졌다.

연말이 다가와 각 직장마다 송년회를 하는데, 우리 병원은 그동안 키운 사랑의 과수원의 열매를 수확하는 행사를 개최하였다. '과수원 길'로 국민의 가수가 된 서수남씨, 최고의 여성 색소폰 주자인 한스밴드, 웃음치료의 대모 이임선씨, blue grass music champion Peter James, 우리병원을 자주 이용하는 안영미, 강유미 개그우먼을 홍보대사로 임명하여 모두 초청하였다.

지역사회의 유지들을 초청하여 사랑의 과수원 수확 대축제(Winter Harvest Festival)를 열었다. 이렇게 추운 날씨에 따뜻한 사랑의 열매를 수확할 수 있는 Winter Harvest Festival은 정말 멋진 행사였다. 직원들의 합창 공연, 고전무용, 초청 홍보대사들의 공연에 뒤이어 10개 팀의 금년 한 해의 수확을 카운트하고, 우승팀을 결정하였다. 서수남씨의 '과수원 길'을 함께 합창하며, 겨울 축제 행사를 마쳤는데, 참석자들은 여기저기서 눈물을 흘리는 사람들로 큰 힐링을 체험하였다.

이어서 진행된 연말회식은 각 팀에서 한 가지씩 음식을 장만해서 가져오는 Potluck party를 처음으로 시작하였다. 비용도 적게 들고, 음식의 질도 좋고, 무엇보다 전 직원의 화합의 의미가 매우 컸다.

이 사랑의 과수원 가꾸기 운동을 통하여 직원간의 소통, 공감, 이해, 배려,

화합을 저절로 이룰 수 있었다.

외부기관에서 각 병원의 리더십을 조사한 결과에 의하면, 의정부의료원은 병원장 리더십이 100점 만점에 93이라는 믿기 어려운 결과를 얻었다. 동일 기관에서 조사한 경기도 타 의료원의 결과는 60여 점, 많아도 거의 70여 점을 넘기기 어려웠다.

원장으로 부임한 이래 매일 전 직원들의 생일날에 생일 카드를 보냈다. 붓글씨로 직원들 개개인의 상황에 맞게 거의 매일 생일 카드를 써서 우편으로 발송하였다. 그리고 매월 마지막 금요일 점심시간에는 그 달에 생일이 있는 직원을 대상으로 공동 생일 축하파티를 해 주었다. 비록 재정이 허락하지 않아 생일 선물은 줄 수 없었으나, 생일 케이크와 미역국과 특별메뉴, 과일 등으로 생일상을 차려 축하했다.

하루는 지하철로 퇴근하느라고 의정부역에 있는데 전화가 왔다. 원장님실에 갔더니 방금 나가셨다고 하는데 지금 어디에 계시냐고 물었다. 지금 잠깐 거기서 기다려 달라고 하여 기다렸더니, 직원들이 각각 포장된 한 송이 장미꽃들을 한아름 안고 달려오는 것이 아닌가? 오늘이 나의 음력 생일임을 알고, 직원들이 장미 한 송이씩을 모아서 부랴부랴 서둘러 달려온 것이었다.

장미꽃 다발을 한아름 안고서 꽃장수처럼 경로석에 앉아 오는 동안 직원들에 대한 감사와 사랑의 감정으로 가슴이 뭉클하였다.

2013년 4월 진주의료원이 경영상 문제로 경남지사가 병원을 폐쇄한다고 하여 의료계뿐만 아니라 전국이 떠들썩하였다. 급기야 국회에서 특별국정조사단이 구성되어 전국에서 진주의료원, 서울의료원, 의정부의료원 등 세 병원이 지정되어 국정조사를 받게 되었다. 의정부의료원 역사상 처음으로 여야 국회의원 17명이 병원을 찾았다. 회의실이 협소하여, 수행원들과 보도진은 들어올 수가 없었다. 병원의 운영실태, 진료실적, 재무상태, 노사관계 등 모든 방면에 관해서 의원들의 날카로운 질문이 이어졌다.

한 의원이 병원장을 향하여 진주의료원 사태를 어떻게 생각하느냐고 물었다. 나는 이렇게 답했다.

"우리나라에 지방공공의료기관이 40개가 있는데, 이 중 30여 개는 일제시대에 건립되었고, 해방 후 우리나라 경제가 300배 성장하는 동안 새로 만든 공공의료기관은 10여 개에 지나지 않을 정도로 공공의료 투자가 미진했습니다. 사회복지가 잘 되어있는 유럽은 80% 이상의 병원이 공공의료기관이고, 의료의 시장화가 된 미국 일본조차도 20~30%에 이르는 실정에서 기존의 공공의료기관을 단순한 시장논리로 폐쇄하는 것은 옳지 않다고 생각합니다. 더구나 진주의료원은 설립 100년이 넘은 역사적으로 서부경남의 가장 중요한 공공의료기관으로 역할을 해 온 병원입니다.

안도현의 시 한편을 낭송하겠습니다.

'연탄재 함부로 발로 차지 마라.

너는 누구에게 한번이라도 뜨거운 사람이었느냐?

자신의 몸뚱아리를 다 태우고 뜨끈뜨끈한 아랫목을 만들었던 저 연탄재를 누가 함부로 찰 수 있는가?

자신의 목숨을 다 버리고 이제 하얀 껍데기만 남아 있는 저 연탄재를

누가 함부로 발길질 할 수 있는가?

이 시의 낭송으로 국정조사 분위기를 크게 바꾼 기억이 난다. 이때 논의된

사항으로는 공공의료 역할 수행으로 발생하는 착한 적자는 정부에서 수가를 보전해야 한다는 결정을 하게 되었고, 그날 저녁 보도에 공공의료 수행 중 발생하는 착한 적자는 정부가 보전해 주도록 하겠다는 청와대 발표가 있었다. 그리고 이것은 나중에 법으로 확정되어 실행 중이다.

SBS에서 의정부의료원을 대상으로 다큐를 촬영하겠다는 제의가 왔다. 타이틀은 '행복한 병원을 위하여'로 되어 있었다. 특정병원을 대상으로 한 최초의 다큐멘터리로 촬영이 무려 1개월 이상에 걸쳐 이루어졌다. 담당 PD와 촬영기사가 촬영 중 호스피스 임종환자의 마지막 아름다운 모습에 눈물을 흘렸다고 했다. 당시 새로운 최신 심초음파기기가 들어왔는데, 촬영할 마땅한 사람이 없어서 내가 직접 심초음파를 처음부터 공부하고, 촬영을 숙달하여 심초음파 인증 시험을 치르게 되었다. 아들, 딸의 만류를 뒤로 하고 눈이 많이 오는 날 필기와 실기를 오전 오후에 마쳤다. SBS PD가 얼마나 열심인지 심초음파 인증 시험 보는 현장에까지 따라와 인터뷰를 하는 바람에 정신이 빠져 자칫 실기 시험을 그르칠 뻔하였다. 필기시험은 100문제로 문제를 읽으랴, 영상을 보랴, 답안지를 작성하랴, 정말 정신없이 바쁜, 평생 처음 보는 시험이었다. 그래서 '아이들이 그렇게 만류했구나.'라고 생각했다. 재빠른 순발력이 많이 요구되는 시험이었다. 몇 달 후 합격을 통보받고, 병원 직원들과 아이들에게 자격증을 보여줄 수 있어 정말 다행이었다. 이 다큐는 SBS의 편집 방침에 의하여 편집되어 행복 프로그램이 잘 부각되지 못한 아쉬움이 있었지만, 당시 진주 사태로 촉발된 공공의료의 현장을 보여 줄 수 있는 다큐라고 생각된다. 이 다큐는 1시간짜리로 만들어져 전국 SBS 방송망을 통하여 방영이 되었다. 이렇게 어려운 병원을 알리는 다큐가 만들어져 방영될 수 있었다는 기적같이 놀라운 사실에 다시 한 번 하나님의 무한한 사랑과 은총을 깊이 느꼈다.

지자체의 행정이 얼마나 느린지, 부임 직후 확보한 예산이 임기 마지막 해에
야 겨우 집행되기 시작하여, 새로운 의료기기가 하나씩 들어오기 시작하였다.
병원 리노베이션도 본격 시작되었다. 병원이 워낙 낡아서 새 병원을 신축하
기까지 버티려면 일단 리노베이션을 하여 몇 년간을 버텨야 했다. 주차장이
협소해 시장에게 건의하여, 병원 앞의 미군부대 공여지에 무려 300여 대 주차
가 가능한 주차장을 만들었다. 그리고 시장에게 건의하여 상당한 예산을 투입
하여 의정부병원을 알리는 교통 표지판을 30여 개를 만들어 외지에서 오는 사
람도 쉽게 병원을 찾을 수 있게 하였다. 병원 리노베이션은 환자를 진료하면
서 좁은 공간을 활용하여 진행해야하기 때문에, 소음, 먼지 등이 많이 발생하
고, 진료에 많은 지장을 주어 환자 수가 크게 감소하고 진료 수익에 차질이 발
생하기 때문에 많은 병원장들은 재임 중 리노베이션에 대하여 별로 탐탁하지
않게 여기는 경향이 있다.
그러나 이것은 반드시 해야 할 일이고 피할 수 없는 일이라 생각하여 주말
에도 쉬지 않고 공사를 진행하였다. 대략 30% 정도의 진료수익 손실이 있었
는데, 당시 도의 재정상태가 어려워 손실 보전에 매우 미온적이었다. 공사를
진행함에 따라 병원수익이 줄고 직원들 봉급주기도 어려워져 가고 있었다. 이
때 병원 앞에 도로가 확장되어 병원 부지가 많이 포함되어 15억원 정도의 보
상을 받게 되었다. 이 금액을 병원 운영비로 돌려주기를 건의하였으나 도 당
국은 용도가 다르다고 냉담하였다.

많이 낙담이 되어 목사님과 상의하여 조찬 기도회를 갖게 되었다.

의정부의 많은 목사님들이 이른 새벽에 참여하고 직원들도 많이 참여하여 생각 외로 큰 성황을 이루었다. 병원장의 간증시간에 지금까지의 병원운영과 어려운 순간마다 하나님의 놀라우신 손길과 임재하심으로 문제를 해결해 주시는 영적 체험을 이야기 했다. 그리고 성경에 강도 만난 나그네가 다쳐서 쓰러져 있는데, 성직자도 그냥 지나가고, 지식인도 피해 지나갔으나 오직 비천한 사마리아인이 이를 보고 환자를 치료하고 여관으로 데리고 가 주인에게 치료비를 주고 치료를 부탁했다고 한다. 우리 의정부의료원은 기회, 돈, 지위, 교육 등 모든 것을 강도 만난 병들고, 힘들고, 약한 환자들을 돌보아 주는 선한 사마리아인과 같은 병원이 되고자 한다고 하였다. 많은 목사님들은 조찬 기도회 후 설렁탕을 나누면서 자기들이 오히려 많은 힐링을 받았다고 말씀하였다.

병원 리노베이션 공사가 진행됨에 따라 병원의 자금의 유동성이 어렵게 되고, 병원 앞 토지의 보상금을 전도해 달라고 노조에서 들고 일어나는 어려운 상황에 직면하였다. 복지부동의 공무원들을 상대해서는 도저히 생계가 어려운 처지에 놓인 직원들의 월급을 주기도 어렵겠다는 생각이 들었다. 그래서 병원을 책임지고 있는 병원장으로써 다른 결단을 내리기로 결정하였다.

의정부시에는 여야 국회의원이 한 분씩 있는데 두 분 다 각 당에서 최고 중진으로 있어 정치적 파워가 매우 강한 지역이다. 특히 의정부의료원이 소재한 지역구 의원은 의정부의 최고 거물 정치인으로 평소에도 우리병원에 환자 문제로 자주 방문하곤 하는데 이 문제를 상의하기로 하였다.

신속하게 일이 진행되어 의원실에서 도 당국에 이 문제를 부당하게 처리하는데 대하여 강력하게 질책하고, 담당 책임자를 국회 사무실에 호출하였다. 사태가 이렇게 급박하게 진행될 줄은 미처 몰랐는데, 담당 국장이 얼굴이 시뻘겋게 되어 그동안 한 번도 방문하지 않은 병원을 방문하여 병원의 유동성 경색을 풀게 되어, 직원들의 봉급은 연말까지 체불하지 않게 되었다.

지방공공의료원은 모두 포괄수가제로 운영되는데 수가가 원가에 훨씬 못 미치는 수가로 병원을 괴롭히고 있었다. 지방의료원 수가 구조를 알기 위하여 심평원회의에 의료원장으로 유일하게 참여하여, 전국 지방의료원 경영실태를 다 분석해 본 결과, 전국 40여 개 지방의료원의 진료생산 총액은 약 1조에 이르는데, 전국적으로 700~800억 원의 결손이 있다는 사실을 알았다. 포괄수가제의 낮게 책정된 조정계수를 바로 잡아 주면 해결되리라 확신했다. 복지부 담당자를 찾아가 국가가 할 가장 중요한 일은 security를 지키는 일인데, 국가 간의 security를 위해서는 국방이 있고, 질병과의 security를 위해서는 보건의료가 있다. 그러나 정부는 보건의료정책은 너무 민간에만 맡겨 시장실패의 대표적 예가 되고 있다. 현재 포괄수가제로 운영되는 지방의료원의 총 결손이 700~800억으로 추산된다. 이 금액은 신형 전투기의 날개 한 개 값에 지나지 않는데, 이것을 적절하게 처리하지 못하여 지난번 진주의료원 사태 같은 일을 겪지 않았는가? 이 문제 해결을 위해서는 현재 지나치게 낮게 책정된 조정계수를 올바로 잡아주면 다 해결될 수 있고, 보험공단 수준에서 할 수 있는 일이다. 그 건의가 장관에게 전달되고, 장관이 수가조정 계획을 발표하게 되었다.

어느 날 Canada에 있는 Peter의 아우 Ed Strauss의 메일을 받게 되었다. Ed Strauss는 Peter의 친 동생으로 파킨슨병을 앓고 있었는데, 지적 능력은 뛰어나지만 파킨슨병으로 말은 잘 할 수 없다고 한다. 그러나 하나님은 글을 쓸 수 있는 능력은 남겨주셔서, 주옥같은 성경에 관한 책을 60여 권이나 저술한 분이다. Peter 말로는 성경에 관해서는 어느 신학자보다 많이 알고 있다고 한다. Ed Strauss가 자기는 한 번도 Ben을 만나지는 못했지만 Peter 형으로부터 많이 들어 Ben을 잘 알고 있다고 했다. 자기가 기도 중 두 번이나 한국에 있는 Ben을 위한 기도를 해야겠다는 환상이 나타나, 2시간 정도 기도를 드리려고 생각하고 기도를 하고 있는데, 하나님께서 '더 이상의 기도를 그치고 Ben에게 이 말을 전해 주기 바란다.' 라고 하셨다고 한다. '그동안 Ben이 한 기도와 가난하고 어려운 사람들에게 행한 일들이 memorial offering으로 내 앞에 쌓여 있다. 이제 그것으로 충분하다. 나는 하늘의 시간에서, 나의 영역에서 Ben을 위하여 강력하게 일을 하겠다. Ben에게 이 말을 전해서 격려를 해주기 바란다.' 라는 메일을 받게 되었다.

  나는 발령을 받은 다음날부터 2년간의 최강도의 병원장 직분을 무사히 마치고, 전 직원들의 눈물과 아쉬움 속에 하나님이 약속하신 새로운 인생의 장을 열기 위하여 병원 문을 나섰다.

  의정부의료원 원장 직을 마치고, 나는 우연히 심장병학회에서 세종병원 박영관 회장을 만나 그 길로 일산 킨텍스에서 택시를 타고, 노원역 8번 출구에 위치한 선의세종노인전문병원에서 봉사하게 되었다. 노인병원은 평소에 근무하고 싶었는데 이렇게 기회를 주어서 감사를 드리고, 80여 명의 입원 환자를 처음 3개월간은 혼자서 진료하게 되었다. Foley catheterization, L tube insertion, tracheal cannula change, PEG change, cystostomy change, suture out 등 인턴이 할 모든 일들을 직접 해볼 기회가 생겼다. 치매 환자 치료, 파킨슨병 환자 치료, 중풍 환자 치료, 당뇨병 환자 관리, 고혈압 치료, 폐렴 환자 치료, 암 환자 관리, 요로감염 환자, 각종 골절 환자 관리, 수액치료, 진통제 치료, 항생제 치료, 항응고제 치료, 심부정맥 혈전 치료, 심방세동 치료, 심부전 환자 치료, 불면증 환자 치료, 치매의 정신행동장애 치료 등 많은 노인 환자를 치료 관리할 능력을 갖추게 되었다. 3개월 후 유능한 노인병 진료 경험이 많은 제자와 함께 일할 수 있게 되어 환자수가 크게 늘고, 많은 노인병 환자 임상경험을 갖게 되었다. 단순 흉부촬영과 단순 복부사진 및 척추 및 뼈 사진으로 이렇게 다양한 진료를 할 수 있음에 감탄하였다.

이 병원은 9층 로비를 병원교회로 활용하여 매주 금요일에 전 직원과 환자를 위한 예배를 드릴 수 있고, 그리고 매일 아침 시작 30분 전에 목사님을 모시고 직원예배를 드렸다. 이렇게 매일 예배로 하루를 시작하고, 금요예배로 한 주일을 마무리할 수 있는 병원에서 근무하게 됨을 또 하나의 큰 축복이라고 생각하고 하나님께 감사드렸다. 의정부의료원과 달리 마음이 편안하고, 환자 진료와 공부에 충분한 시간을 보낼 수 있게 되어 무엇보다 기뻤다.

그동안 Canada의 Ed Strauss가 'A Hobbit Devotional' 이라는 책을 발간하여 그 책이 한국어로 번역되어 읽게 되었다. 그 내용이 현재 한국의 상황과 너무나 유사하였고, 책의 모든 내용을 성경과 연계하여 설명하고 있었다. 출퇴근 시에 3번을 읽고 Peter에게 내가 본 가장 감명 깊었던 책이라고 말하였다. 금요예배를 인도하시는 전도사님이 기업인으로 한국 NGO 단체회장으로 선출되어, 내가 Ed Strauss라는 사람을 초청해 줄 수 있는지 타진하였더니 선의복지재단에서 초청토록 주선해 주었다. 항공권을 지불하고, 초청 일정도 보내었다. 초청 일정 중 하루는 선의세종병원교회에서 기도회를 갖게 되었고, 하루는 온누리교회 7시 새신자 예배에서 정재륜 목사님의 예배에서 간증시간을 갖게 되었다. Peter와 정 목사님이 Country song 복장으로 교단에 등단하여 Ed Strauss와 대담을 하였다. Ed Strauss는 비록 파킨슨병으로 언어장애가 있지만, 성자와 같은 성스러운 모습에 모두들 감명을 받았다. 주옥같은 60여권의 크리스천 책들을 발간하였으나, 항상 가난한 크리스천 저자라고 목사님이 소개하였다. 교회 1층 로비에서 Peter가 Country music을 공연하는 가운데, Ed Strauss가 앉아서 'A Hobbit Devotional' 사인회를 가졌다. 생각보다 많은 책이 팔렸다. 다음날 부천세종병원에서 숙박검진을 받게 되어 매우 기뻐했다. 제천 지방여행과 양재 온누리교회에서 간증시간을 가진 후 아쉬운 가운데 한국을 떠나게 되었다.

직원들이 걱정하던 요양병원 인증평가를 받도록 직원들을 독려하여 짧은 기간 내에 인증평가를 받고나니 직원들이 대단히 기뻐하고, 자신감을 갖게 되었다. 병원의 미션과 비전을 만들고, 이를 달성하기 위한 핵심가치를 만들었다. 즉 Safety First, Service Best, Strong Faith, Sweet Home으로 4S를 핵심가치로 삼고, 매일 직원 예배 후에 함께 복창하였다.

부천세종병원에서 부천시립노인전문병원을 위탁받게 되어, 박영관 회장이 나에게 도움을 요청하여 일단 응낙하였다. 그러나 먼저 위탁을 맡았던 병원에서 부천시와의 법적문제가 해결되지 않아 한 6개월을 기다리던 중, 어느 날 기도 중에 갑자기 전화가 와서 받았더니, 부천시립노인전문병원의 법적해결이 이루어져서 곧 인수받게 되었으니 준비를 하라는 전화였다. 아, 하나님이 새로운 병원으로 나를 부르시는구나하고 준비를 서둘렀다. 그동안 많이 정들었던 직원들과 환자들을 두고 떠나려니, 마지막 병원 전체 금요기도회에서 작별 인사를 하는데 나도 모르게 울컥 눈물이 쏟아졌다. 눈물을 흘리며 손을 놓지 않는 환자들을 떼어 놓고, 노인병에 관한 많은 배움을 준 선의세종병원과 아쉬운 작별을 하였다.

부천세종병원은 박영관 회장이 30여 년 전에 복사골로 알려진 소사라는 조그만 도시에 국내 최초의 민간 심장병원을 설립하였다. 많은 사람들의 우려에도 불구하고, 이제는 국내외 최고의 심장병원으로 까다로운 JCI 인증을 연속해서 통과하였다. 그동안 해외에서도 2,000여 명의 환자들에게 무료 심장수술을 실시해 국위선양과 국가친선에 크게 기여하였다. 내년에는 인천에 Mediplex라는 첨단병원을 개원하게 되어있다.

2016년 9월 1일부터 부천시로부터 부천시립노인전문병원을 위탁받아 지역사회의 공공의료에도 적극 참여하게 되었다. 부천시는 서울 근교의 인구 90만의 산업도시인데, 부천 국제영화제, 부천 필하모닉오케스트라 등 문화도시로 널리 알려지고 있다. 금년에는 2달 전 부천시는 3개의 보건소를 통합하고, 10개의 100세 건강실을 운영하도록 보건조직을 기능적으로 개편하였다. 그리고 인수 2일 전에는 부천시가 WHO가 정한 노인 친화도시가 되도록 내년부터 노인복지증진법을 시행하려고 준비하고 있다.

부천시립노인전문병원은 350병상의 신축한지 6년 된 최신병원으로 공간이 넓고, 채광이 잘 되어 노인 병원으로는 최고의 요건을 갖추었다고 생각되었다. 이제 부천시가 원하는 의료 요구에 따라 부천시의 유일한 공공의료기관으로서 공익적 공공의료를 감당할 수 있게 되었다. 의정부의료원에서의 혹독한 경영수업과 선의세종노인전문병원에서의 유익한 임상경험을 갖게 하여 하나님이 이렇게 새로운 계획을 세우시고 나를 부르시는구나 하는 생각이 든다.

주님 대단히 감사합니다!

Thy will, not mine, be done! 주님 제 뜻이 아닌 주님의 뜻대로 이루어지게 하소서!

허봉렬

서울의대를 1967년에 졸업하고, 서울대학교병원에서 내과 전공의 과정을 마치고 내과 전문의가 되었다. 그 후 한양대학교병원에서 심장내과 교수로 있다가 서울대학교병원 가정의학과 과장으로 스카우트되어 오랫동안 주임 교수와 과장으로 있으면서 우리나라 가정의학의 정립과 발전에 크게 이바지하였다. 서울의대 교수를 정년퇴직하고 국립암센터에서 수년간 근무를 하였다. 그 후 의정부의료원 원장 공채에 응모하여 원장으로 있다가 임기가 끝난 후 서울 노원구에 있는 선의세종노인전문병원에서 원장으로 근무했다. 2016년 9월부터는 부천시립노인전문병원 원장으로 근무하고 있다. 대한가정의학회 이사장을 역임하였다. 서울의대 정년퇴직을 2년 앞둔 2005년 전 가족이 세례를 받고 현재 온누리교회에 출석하면서 기독의료인으로서의 삶을 실천하고 있다.

나를 인도하시고 나와 동행하시는 하나님

허주선

(강남차병원 임상조교수, 현대교회)

저는 한없이 작고 부족하지만 제 삶에 행하신 하나님의 은혜는 값싼 은혜가 아닌, 크고 놀라운 은혜였습니다. 그 하나님의 은혜를 증거하며 하나님을 높이고자 합니다.

1. 청소년 시절, 예수님과의 첫 만남

청소년 시절, 제 삶에 있어 가장 큰 걸림돌이자 해결되지 않는 문제는 바로 저의 낮은 자존감이었습니다. 저는 어릴 때부터 제가 누군가에게 있는 그대로 용납되고 사랑받을 수 있는 사람이란 생각을 해본 적이 없었습니다. 늘 저의 단점만 보이고 제가 생각하는 이상에 도달할 수 없는 저 자신을 보며 좌절하고 절망하는 것이 익숙한 사람이었습니다. 그렇기 때문에 제가 다른 누군가에게 인정받고 받아들여질 수 있는 방법은, 열심히 공부하여 좋은 성적을 유지하는 것이라고 생각했습니다. 좋은 성적에도 불구하고 저는 제 자신을 칭찬한 적이 없습니다. 내면에는 늘 이런 성적 또한 저의 실제 실력이 아니라 우연히 이렇게 된 것이며 실제로 나는 똑똑하지도 않고 실력이 있지도 않다는 부정적인 생각에 사로잡혔습니다. 그랬기에 늘 언젠가 나의 실력이 드러날 것에 대한 불안감이 있었습니다.

그런 저에게 중학교 3학년 교회 여름 수련회는 특별한 시간이었습니다. 처음으로 저의 존재 자체로 누군가에게 받아들여지고 사랑받고 있음을 경험하게 되었습니다. 저녁 집회 후 기도회 시간이었습니다. 제 마음이 불덩이와 같이 뜨거워지며 마음속 깊은 곳에서 회개가 쏟아져 나오기 시작했습니다. 그때 마음속 이미지로 저에게 보여진 모습은, 가파른 언덕을 십자가를 지고 너무나도 힘겹게 올라가는 예수님의 모습이었습니다. 쓰러질 듯 비틀거리며 한 걸음 한 걸음 그 길을 오르시는 예수님… 아무것도 할 수 없는 저는 그 옆에 서서 그것을 바라볼 수밖에 없었습니다. 언덕의 중간쯤 올랐을 때, 예수님께서 저를 향해 얼굴을 돌리셨습니다. 구체적인 얼굴이 보이지는 않았지만, 너무나도 사랑 가득한 따뜻함이 느껴졌습니다. 그때 저에게 "내가 너를 사랑한다."는 그분의 말씀이 제 마음에 깊이 박혔습니다. 이전에 한 번도 누군가 저를 사랑한다고 느껴본 적이 없는 저에게 다가온 예수님의 사랑은, 말로 표현할 수 없는 것이었습니다. 그 감격과 기쁨에 주체할 수 없는 눈물을 흘렸고 그때 처음으로 방언 기도를 시작하게 되었습니다. 그것이 예수님과의 첫 만남이었습니다.

2. 의대에 대한 비전과 그 비전을 이루어 가신 하나님

청소년기에 저는 의대에 대한 비전을 품게 되었습니다. 고등학교 1학년 사회 수업 시간에 선생님께서 개발도상국의 어려운 상황과 함께 제대로 된 의료

혜택조차 받지 못한 채 죽어가는 많은 사람들에 대해 말씀해 주셨습니다. 그 이야기를 들으면서, 제 마음이 너무 아팠고 제가 의사가 되어 그런 환경에 있는 사람들에게 도움을 줄 수 있었으면 좋겠다는 꿈을 품게 되었습니다. 수업 시간에 의사에 대한 그 마음을 품었을 때, 제 마음이 너무 떨렸고 뜨거웠으며, 눈물을 흘렸던 기억이 납니다.

그 후 고 3 여름 때, 하나님께서 저에게 한 가지 약속을 주셨습니다. 주일 예배 때 여느 때와 다름없이 성가대에 섰고, 자리에서 일어나 성가를 불렀습니다. 그때 찬양이 "빛을 들고 세상으로"라는 찬양이었습니다. 그 찬양을 부르기 시작하자 제 마음이 너무나 뜨거워지고, 그 은혜가 감격스러워 도저히 찬양을 할 수 없을 정도였습니다. 저는 서서 찬양을 하지 못하고 계속 흐느껴 울다가 자리에 앉았는데, 그 순간 제 마음에 "내가 너를 서울대에 보내 주겠다."라는 하나님의 약속의 말씀이 들려왔습니다. 이전에 한 번도 그런 약속을 받아본 경험이 없었으나, 그때의 그 약속은 저에게 거의 확신과도 같았습니다. 저는 제가 정말 서울대에 합격한 것 마냥 기뻤고, 예배가 끝나자마자 화장실로 달려가 감격에 겨운 감사 기도를 올려드렸습니다.

하지만 그 약속이 바로 성취되지는 않았습니다. 제가 수능 시험을 봤던 그 해는, 시험이 너무 쉽게 출제가 되어 수능 만점자가 66명이나 배출된 해였습니다. 하지만 저는 평소 모의고사 때보다 더 낮은 점수가 나왔습니다. 그때의 좌절감은 이전에 한 번도 경험하지 못한, 절망 그 자체였습니다. 지금까지 열심히 해서 쌓아온 탑이 한 순간에 무너지는 것 같았습니다. 정말 세상이 무너진 것처럼 방에서 통곡하며 울었습니다. 그런데 울고 있는 그 순간, 제 마음에 하나님의 음성이 들려왔습니다. "이건 네가 잘못해서 벌어진 상황이 아니야. 내가 너를 위해 준비한 시간이란다. 내가 너를 더욱 연단하여 정금과 같이 변화시킬 거란다." 정말 신기한 것은, 그 음성이 들린 직후, 제 마음에 있던 절망감과 슬픔이 한 순간에 사라지는 것이었습니다. 제가 처한 상황은 더 이상 저에게 아무런 문제가 되지 않았습니다. 제 마음은 180도 바뀌어 절망이 기쁨이 되고 소망이 샘솟았습니다. 저는 서울대에 대한 기대를 내려놓고 지방이라도 의대에 합격만 한다면 어디든 가겠다는 생각에 몇 곳의 지방 의대를 지원하였습니다. 하지만, 다 떨어지고 대기순번으로 되어 있던 곳도 저의 바로 앞 두 번째에서 끊겨 저에게까지 순서가 오지 않았습니다.

어쩔 수 없는 상황 속에서 강북 종로학원에서 재수를 시작했습니다. 재수하는 그 1년의 시간을 보내면서, 하나님께서 왜 저에게 이 시간을 허락하셨는지 너무나도 명확히 알 수 있었습니다. 재수를 시작하면서 고등학교 친구 2명과 함께 학원 내 기독 모임을 시작하였습니다. 아침에 등원하자마자 말씀을 보고 나누며 점심시간에는 기도와 찬양하는 시간을 가졌습니다. 그 시간이 저로 하여금 하루를 살아갈 힘을 얻게 하였고, 제 안에 기쁨이 끊이지 않게 하는 시간이었습니다. 물론 이 모임에 대한 학원 측의 핍박이 심해, 경비 아저씨들께서 모임 중에 수시로 와서 혼을 내시고 모임을 가지지 못하도록 방해하셨습니다. 하지만 지속적으로 모임을 가졌고 나중에는 거의 30여 명의 사람들이 이 모임에 함께 하게 되었습니다. 그리고 종로 기도회라고, 종로학원에서 재수를 했던 선배들이 그 해 재수하는 후배들을 섬겨주는 모임이 있었는데, 토요일에 함께 모여 예배하고 교제하는 시간을 가졌습니다. 어려움 가운데서도 공동체를 통해 사랑과 큰 은혜를 누리게 하셨습니다. 재수 이전의 삶은, 제가 입으로는 하나님을 의지하고 하나님 영광을 위해 공부한다고 했지만 사실 저의 가장 깊은 중심은 제가 인정받고자 하는 목적을 이루기 위해 학업에 집중되어 있는, 제가 중심이 된 삶이었습니다. 하지만 재수의 시간을 통해 제 삶의 중심을 제가 아닌 하나님께로 돌려놓는 전환점으로 사용하셨습니다. 저에게는 제 인생의 터닝 포인트가 된 축복의 시간이었습니다.

재수한 그 해 수능시험을 봤습니다. 총점 자체는 그 전해와 큰 차이가 나지는 않았습니다. 역시나 저의 취약점이던 언어 영역에서 대부분의 점수가 깎였습니다. 하지만 신기한 것은, 딱 그 해에만 서울대 의대 정시 1차 수능 점수에서 언어가 빠진 수학, 과학, 영어 점수만 반영하였습니다. 그 다음 해에는 다시 전체 반영으로 바뀐 것으로 기억합니다. 그랬기에 저는 1차를 합격하고 2차 면접 및 구술을 통과하여 서울대 의대에 합격할 수 있었습니다. 지금도 그때의 상황을 생각하면 신기할 따름입니다.

그 일련의 과정을 경험하면서, 제 노력과 실력으로 서울대에 간 것이 아니라 정말 하나님께서 비전과 약속을 주셨고 시련을 통해 제 중심을 하나님께로 향하게 하시며 그 약속을 성취하시기 위해 대학입시 제도까지도 변경시키시는 하나님의 일하심이었다고 고백할 수밖에 없습니다.

3. IVF를 통한 공동체적 삶 경험

대학에 들어온 이후, 초반에 방황의 시간을 겪었습니다. 구체적인 목표를 달성한 이후 장기적인 목표 없이 어디에 에너지를 쏟아야 할지 막막하기도 하였고, 또 피상적인 대학의 인간관계에 상처를 받아 관계에 마음을 닫고 지냈습니다. 그 무렵, 우연히 한국기독학생회 IVF 선교단체의 홍보를 접하게 되었고, 그곳에서 처음으로 구체적인 성경 공부 방법론을 배울 수 있었으며 성경을 깊이 있게 해석하고 묵상하는 눈을 갖게 되었습니다. 또한 피상적 관계가 아닌, 정말 공동체적 삶을 누리고 사랑으로 섬기는 모습을 보며 깊은 감동을 받았습니다. 어찌 보면 저의 추한 모습을 다 드러내어도 제가 용납받고 사랑을 누릴 수 있었던, 예수님의 사랑을 저에게 가르쳐준 공동체였습니다. 본과에 올라온 이후에도 연건에서 IVF 활동을 지속하게 되었습니다. 정말 정신 없이 학업에 몰두할 수밖에 없었던 그 시간에, IVF 모임이 있었기에 지속적으로 하나님께 제 마음을 향하고 눈을 고정시킬 수 있었습니다. 때로는 시험 전날 모임에 참석하는 그 시간이 아까워 내면에서 학업과 이것을 병행하는 것이 힘들다는 압박감이 들 때도 있었지만, 그럼에도 불구하고 그 시간을 선택했을 때 하나님은 더 큰 은혜로 저를 채워주셨던 것 같습니다. 기독인으로서 공동체적 삶이 얼마나 중요한지 가르쳐준, 귀한 모임이었습니다.

4. 성령 체험

저의 신앙과 삶을 이야기함에 있어 성령님의 일하심은 빼놓을 수 없는 부분입니다. 저의 삶 속에서 성령님께서 살아 역사하시고 저를 만지시는 것에 대한 강력한 체험이 있어 나누고자 합니다.

한 가지는 의대 본과 3학년 여름에, IVF 내 의료인 모임인 나음누리 수련회에 참석했을 때입니다. 하루는 방에서 홀로 기도를 했습니다. 정확한 시간은 기억나지 않지만 오전 일정이 어느 정도 마무리되고 나서부터 저녁 집회 전까지의 시간이었습니다. 그때 저는 성령님이 제 몸을 강하게 만지심을 느낄 수 있었습니다. 저의 의지와 상관없이 제 팔이 돌아가고 알 수 없는 모양을 그리며, 앉은 상태에서 제 몸이 이리저리로 굽혀지고, 입으로는 방언 찬양을 했었습니다. 아마 누군가 저를 봤으면 술에 취했다고 할 정도였습니다. 그렇게 오랜 시간 동안 성령의 강한 역사를 체험한 것은 처음이었습니다.

두 번째는, 전공의 3년차 때 일이었습니다. 하루는 자다가 눈을 떴는데, 제 마음에 하나님을 너무나도 뜨겁게 찬양하고 싶은 열망이 강하게 일어나는 것을 느낄 수 있었습니다. 그 당시 병원 교회에서 기도를 하며 옆에서 기도하는 한 자매를 우연히 만났습니다. 그 자매에게 모르는 저를 위해 하나님께서 기도하게 하셨고 환상으로 너무나도 자유하고 기뻐하는 어린 아이의 모습과 순결한 흰 비둘기를 보여주셨다는 이야기를 듣게 되었습니다. 나눔을 하다가 몸이 아픈 제 동생 이야기를 하게 되었고 신유의 은사가 있는 목사님이 계시니 같이 가보자고 해서 동생과 함께 한 교회를 방문하게 되었습니다. 당시 그 교회는 지하에 있는 작은 교회였습니다. 간단한 나눔 후 예배가 시작되었습니다. 목사님은 강대상에, 저와 제 동생은 강대상을 기준으로 오른편에, 그 자매는 왼편에 이렇게 셋이 예배를 드렸습니다. 찬송가 기계 반주에 맞추어 찬양이 시작되었고 저희는 자리에서 일어나 찬양을 드렸습니다. "해 뜨는 데부터 해 지는 데까지" 이 찬양의 율동을 하고 있었는데 후렴구 "할렐루야~"에서 갑자기 저의 몸이 제 의지와 상관없이 강대상 앞 무대로 나가는 것이었습니다. 옆에서 제 동생이 붙잡으려 하였으나 소용이 없었습니다. 그리고 그 앞에서 저는 춤을 추기 시작했습니다. 그건 제 의지와 제 생각과 상관없이, 성령의 만지심 가운데 추는 춤이었습니다. 제 머리부터 발끝까지 성령님께서 다스리셔서 춤의 동작을 만드시고 발을 구르게 하시고 허리를 굽히게 하셨습니다. 그때처럼 그렇게 하나님 앞에서 자유하고 기쁘게 몸으로 찬양을 드린 것은 처음이었습니다. 얼마의 시간이 지났는지 모르지만, 어느 순간 성령님께서 저의 몸을 뱅글뱅글 돌리기 시작했습니다. 마구 돌아가는 몸을 보면서 다칠 수 있겠다는 두려운 마음이 순간 들었고 저는 강대상과 찬송가 반주 기계 사이의 좁은 공간에 넘어졌습니다. 그 후부터는 앉은 상태로 방언 찬양이 터져 나오기 시작했습니다. 마치 제가 하나님만을 청중으로 하는 성악가가 된 것처럼 하나님만을 높이고 찬양했습니다. 하나님을 찬양하는 것이 그렇게 기쁘고 좋을 수 없었습니다. 제 평생 잊을 수 없는 경험이었습니다.

지금도 깊은 기도의 자리에 나아가면, 성령님께서 저의 입술과 목소리와 제 몸을 다스리시는 것을 느낄 때가 있습니다. 이러한 경험은, 저의 영혼 뿐 아니라 육체까지도 온전히 다스리실 만큼 너무도 친밀하게 함께 하시는 성령님에 대한 강한 확증이요, 하나님의 살아계심에 대한 믿음의 기반이 됩니다.

5. 현재 나와 동행하시는 하나님

서울대병원에서 인턴, 전공의를 마치고 비전에 대한 고민을 하면서 길을 정하지 못해 잠시 진로에 대해 멈춰야겠다고 판단하고 신생아 전임의를 하지 않기로 결정하였습니다. 전임의 지원 마감 며칠 전, 자리 배정 과정에서 갑자기 공석이 생기면서 전임의 제의가 들어왔고 기도하며 우선 가보자 하고 시작하게 되었습니다. 사실 전임의 2년의 과정은 제 삶에서 영적으로 가장 어두웠던 시간입니다. 저의 시간과 에너지가 병원에 집중되어 있으면서, 하나님과 많이 멀어진 상태로 제 영혼이 메말랐던 시간이었습니다. 전임의 2년을 마치고 그 이후 진로를 고민하며 저의 영혼과 가정, 남편의 사역을 고려했을 때 아무래도 신생아중환자실 의사로 살아가는 것이 어렵겠다는 판단 하에 이 길을 떠나야 겠다고 결정했습니다. 그런데 2월에, 강남차병원에 계시던 신생아 선생님이 갑작스럽게 다른 병원으로 옮기기로 결정하시면서 자리가 비었고 이미 자리 배정이 끝난 상태에서 남아있는 저에게 이곳에 가지 않겠냐는 제안이 왔습니다. 왜 계속 길을 열어주시는지 알 수 없었지만 기도하며 또 다시 한 걸음 나아가 보기로 결정했습니다. 당시 다른 한 선생님이 저와 같이 지원을 했었는데 처음에는 그 선생님이 합격하고 제가 떨어졌다는 소식을 전해들었습니다. 그런데 갑자기 면접이라도 보러 오라는 말씀에 면접을 보게 되었고, 최종적으로 제가 강남차병원에 들어가게 되었습니다. 저의 계획과 무관하게, 하나님께서 열어주신 길을 따라 걸어오다 보니 지금 이 자리에 있게 되었습니다.

　지금도 저는 신생아중환자실 의사로서의 삶을 통해 하나님께서 저를 어떻게 사용하실지 잘 모릅니다. 여전히 저의 진로와 앞으로 나아갈 방향에 대한 고민이 있고, 하나님의 구체적인 계획이 어디에 있는지 모른 채 인도하시는 대로 걸어가고 있습니다. 저는 명예나 돈에 대한 욕심이 별로 없습니다. 제 마음 중심에는 하나님의 나라와 의를 위해 살고픈 갈망이 있습니다. 그런데 어떻게 하는 것이 그렇게 사는 것인지 잘 모르겠어서 그러한 마음으로 기도하던 중, 올해 4월 6일 새벽에 주님께서 저에게 "너는 잠잠히 가만히 있어라. 내가 하나님 됨을 보게 될 것이다."라는 말씀을 주셨습니다. 그때 저는 "주님, 잠잠히 가만히 있는 것은 어떻게 하는 건가요? 저는 가만히 있는 것이 뭔지 모르겠습니다. 우선은 문자 그대로 어떤 행동도 취하지 않고 주님께서 일하실 것을 신뢰하며 가만히 있겠습니다."라고 고백했습니다.

　그 이후 올해 초반의 시간을 보내며, 이전과 다른 하나님의 만지심을 경험하고 있습니다. 우선은 늘 굴레와도 같은 낮은 자존감의 회복입니다. 하나님께서 저를 너무도 사랑하셔서 창세 전부터 저를 택하셨고 거룩한 백성으로 구별하셔서 인도하신다는 그 확신이 저의 깊은 내면에 흔들리지 않는 믿음으로 자리하는 것을 느끼며, 저 스스로 하나님 안에서 저를 있는 그대로 용납하고 사랑하게 되는 것을 느끼고 있습니다. 그리고 의료의 영역에서 하나님을 인정하고 의지하는 것을 배우고 있습니다. 이전에는 환자를 치료하는 것은 저의 지식과 의술로 행하는 저의 영역이었습니다. 그러면서 스스로의 한계를 느끼고 또 환자가 안 좋아지면 심한 죄책감을 느껴 이 자리를 떠나야겠다는 생각을 많이 했습니다. 하지만, 지금은 치료하고 회복시키는 것 또한 하나님의 영역이며 저는 단지 보조자에 불과하다는 생각으로 환자들을 하나님께 맡기는 훈련을 하고 있습니다. 외래 시작 전에 간호사님과 함께 기도를 하며 외래를 방문할 환자와 보호자들을 치료하고 치유해주시도록 구합니다. 그리고 중환자실의 상태가 안 좋은 환자를 위해 가족들에게 중보기도를 부탁하고 저 또한 기도하는 마음으로 진료를 합니다. 외래에서 아무 것도 해준 것이 없는 환자의 보호자가 "선생님 외래 다녀가고 나서 좋아졌어요."라는 이야기를 할 때마다 속으로 "하나님이 일하셨구나."라고 생각합니다. 그리고 신생아중환자실에서 죽음을 앞에 둔 아이의 보호자에게 사망 가능성이 크다는 설명을 하는 순간, 하나님께서 제 마음에 구체적인 치료의 방향을 말씀해주셔서 기적적으로 아이가 살아난 경험도 있었습니다.

하나님은 저에게, 제가 무언가 열심히 해서 제 힘으로 이루는 것보다, 잠잠히 하나님과 동행하며 하나님께서 행하시는 일을 바라보고 기뻐하길 원하십니다. 크고 원대한 꿈을 보고 나아가기 이전에 저에게 주어진 오늘 하루의 삶을 하나님을 인정하고 의지하며 살아가기를 원하십니다. 그럴 때, 저도 알지 못하는 사이에 점점 하나님께서 가지고 계신 선하고 기쁘신 뜻을 따라 제 삶을 인도해 가실 것을 믿습니다. 그런 하나님께서, 사랑하는 여러분의 삶 또한 크고 비밀한 계획 가운데 인도하실 것을 믿으며 매일 하루의 삶을 하나님을 의지하며 걸어가시기를 기도합니다.

허주선

서울의대를 2008년도에 졸업하고, 서울대학교병원에서 소아과 전공의 과정을 마치고 소아청소년과 전문의가 되었다. 서울대학교병원에서 전임의를 마치고, 강남차병원 신생아중환자실의 임상조교수로 재직 중이다. 현재 남편이 교육목사로 사역하고 있는 방배동의 현대 교회에 출석 중이다.

하나님과 동행하는 광야는 현재 진행형

홍경택

(서울대학교병원 소아청소년과전임의, 나들목교회)

저는 신검을 통과한 남자라면 누구나 있을 군 생활을 '의사'라는 직업 때문에 나름 의미 있게 보낼 수 있는 기회가 있었습니다. 이전부터 눈여겨보던 한국국제협력단(코이카, KOICA)을 통한 국제협력의사로 해외파견 봉사를 하는 것이었습니다. 요새는 봉사 단원도 늘고, 해외 원조 활동 규모도 많이 늘고 해서 알고 계시는 분들이 많은 것 같습니다. 저는 대학 생활, 우연히 한국국제협력단 본부가 대학로에 있어서 이 단체에 대해 처음 알게 되었고, 군대를 대신해 봉사활동으로 대체할 수 있는 제도가 있다는 것도 알게 되어 학생 때부터 맘에 두고 있었습니다. 그렇습니다. 그렇게 저는 2년 6개월을 해외에서 의사로서, 봉사자로서 그리고 예수님이 보내신 작은 선교사로서 그곳에서 의미 있는 시간을 보냈습니다. 이것 때문에 이치훈 형께서 저에게 간증문을 부탁하셨는데, 이 글을 쓰는 지금도 간증문을 쓴다는 것이 부끄럽기도 하고, 막막하기도 합니다. 그래서 크게 부담 갖지 않고, 그냥 그 당시 저와 저희 가정과, 그 남미의 작은 나라에서도 살아 일하고 계신 하나님에 대해 담담히 써 보려 합니다.

저는 의대 본과 1학년 겨울에 하나님을 알게 되어, 영접 기도를 드리게 되었습니다. 어렸을 땐 전혀 기독교를 접할 요소가 없이 '유교적'인 가정환경에서 자랐습니다. 특히 아버지는 종교라는 것을 많이 싫어하신 분이셨습니다. 기억나는 일화 중 하나는 초등학교 5학년 때 좋아했던 여자아이가 여름성경학교에 저를 초대해 함께 갔었는데, 집에 와서 아버지께 엄청나게 맞았던 일이 있습니다. 그 후로 교회라는 곳을 가면 혼난다는 생각이 컸던 것 같습니다. 어지간하면 부모님의 말씀을 잘 따르며 크던 모범생 아들이었기에, 굳이 가정에 분란을 일으키지 않으려 했던 것도 있었습니다. 제가 아버지께 크게 반기를 들고 싸웠던 적이 있는데, 그건 고등학교 때 진로를 결정하면서였습니다. 자아가 형성되고 조금씩 제 삶에 대해 고민하면서, 저는 제 자신의 삶의 목표를 아주 호기롭게 '남을 위해 사는 삶'이라고 정했었지요. 지금 생각해도 신기합니다. 아버지는 작은 공장에서 공장장으로 계시면서 인쇄회로기판이란 것을 만드셨는데, 당시 자리가 위태로우시면서 창업을 따로 준비하실 때였습니다. 그러다 보니 아들은 안전한 공무원을 시키고 싶어 하셨죠. 저는 '남을 위해 사는 삶'을 살기 위해 의사가 되어야겠다고 결심합니다. 약 1년 동안 아버지와 이 문제로 심하게 대립했습니다. 결국 자식 이기는 부모 없다고 의대 진학을 허락하셨지만, 지금 생각해도 왜 남들은 못 보내서 안달인 의대를 안 보내시려 하셨는지 이해가 잘 안 갑니다. 덕분에 저는 단순히 남들이 하는 의사가 아닌 '어떤' 의사가 되어야 될지에 대해 심각하게 고민해 볼 수 있는 시간을 가질 수 있었습니다.

구구절절 옛날이야기를 쓴 것은, 이 당시의 이런 상황도 하나님께서 다 인도하셨다고 생각이 들기 때문입니다. 이런 고민 끝에 운 좋게 의대에 진학해서 하나님을 극적으로 만날 수 있었기 때문이죠. 단, 바로 만나진 못했습니다. 인간이 그렇듯 의대에 진학하고 나서 저는 이전의 고민은 잊은 채 교만이 하늘을 찌르며, 인생을 즐기기 시작합니다. 뒤늦게 남다른 재능을 발견하고 춤에 미쳐 지내기도 했고, 술도 원 없이 마셔보고, 의대생이란 타이틀에 우쭐하며 의기양양하게 살았던 것 같습니다. 본과로 진입하면서, 다시 고민이 시작됐습니다. 내가 이러려고 의사가 되려는 게 아닌데… 이러다 결국 '나 자신'만을 위한 직업적인 의사가 되겠구나. 그때 한 친구가 저에게 하나님을 전하기 시작했습니다. 워낙 저 스스로에 대한 자신감이 충만했기 때문에, 어떤 종교도 저를 설득할 수 없다고 자신할 때였고, 그 친구에게도 먼저 기독교의 교리를 물어보고, 제가 생각한 모순을 지적하면서 대화하곤 했습니다. 당시 저를 흔들어 놓았던 그 친구의 말이 기억납니다. 저는 기독교에서 말하는 '모든 사람이 죄인이다.'라는 것에 동의할 수 없었고, 오히려 기독교인이 아니어도 선행을 행하는 사람과 위선적인 기독교인을 비교하면서 기독교에서 말하는 '죄'라는 것이 무엇인지 질문했었죠. 당시에 저는 다시 맘을 잡고 열심히 아무에게 알리지 않고 혼자 지체 장애인 보호소를 주기적으로 방문하며 봉사활동을 하고 있었습니다(아마도 교만한 마음을 가진 채). 그 친구가 말했습니다.

"네가 봉사활동을 할 때 네 마음의 중심을 봐. 네가 정말 그 아이들을 사랑해서인지, 아니면 '이런 일을 함으로써 내가 참 괜찮은 사람이다.' 라고 느끼고 싶어서인지." 이 말은 지금도 저를 언제나 정신 차리게 하는 말이며, 분명 하나님께서 저를 사랑하셔서 저에게 들려주신 말씀이라 믿고 있습니다. 그 날 이후로 조금씩 하나님께서는 많은 사람들을 통해 스스로를 보여 주셨고, 말씀하셨습니다. 그리고 그 해 겨울 저는 영접기도를 하고 하나님의 사랑에 항복했습니다.

그 이후 영화처럼 드라마틱한 변화가 제 삶에 있진 않았지만, 조금씩 조금씩 마치 '남을 위해 산다.' 고 위장하면서 나 자신을 위해 살아가는 삶이 아닌, 진짜 하나님의 말씀대로 남을 사랑하는 삶을 살아가기 위해 노력했습니다. 물론 잘 안 되더군요. 그건 지금도 마찬가지입니다. 하지만 어떤 선택의 순간에 내 욕심보다 하나님께서 어떤 길을 더 좋아하실지 고민하고, 기도하며 조금씩 제 삶의 방향을 변화시키기 시작했습니다. 그 중 하나가 '소아청소년과' 를 택하고 '혈액종양분과' 를 택한 것이며, 다른 하나는 군 생활로 '국제협력의사' 를 택한 결단입니다.

국제협력의사로 해외파견을 간다는 건 두렵고 걱정되는 일이기도 했지만, 한편으로는 굉장히 설레는 일이기도 했습니다. 이 경험을 간증문으로 쓰는 게 부끄러운 이유 중 하나는, 저 역시 엄청나게 많은 것을 누리고 경험했기 때문입니다. 그게 다 하나님의 은혜이므로 간증문을 써야 할 이유가 되기도 합니다. 고생만 하고, 엄청나게 헌신된 봉사활동을 하고 돌아온 게 아니다 보니, 많은 사람들이 생각하는 것만큼은 아니라는 걸 먼저 꼭 말씀드리고 싶습니다.

해외로, 그것도 삶의 여건이 보장이 안 되는 곳에 간다 했을 때 가장 걸림돌은 가족의 동의였습니다. 특히 첫째가 막 태어나고, 열심히 회사를 다니며 승진가도를 달리던 아내에게 같이 해외 나가서 고생하자 하는 건 참 미안한 일이었습니다. 고맙게도 아내는 흔쾌히 승낙해 주었고, 저는 2013년도에 레지던트를 마치고, 군인으로서, 국제협력의사로서 새로운 삶을 시작합니다. 제가 파견 가게 된 곳은 남미의 심장이라 불리는 '파라과이' 입니다. 브라질, 아르헨티나, 볼리비아와 국경을 맞대고 있는 가난한 내륙 국가이죠. 당시 코이카에서 파라과이의 북부 지역에 병원을 지어줬고, 이 병원으로 한국 의사를 파견하게 됩니다. 이 북부 지역은 한국으로 치면 강원도 같이 경제 발전이 소외된 지역인데, 반군의 주둔지이기도 해서 치안이 다소 좋지는 않았습니다. 이렇기 때문에 의료와 같은 보건 서비스가 많이 취약했고, 이전 대통령이 이 지역의 대표 신부였기 때문에 특별히 병원 건축을 한국에 요청해 지어졌다고 합니다.

이제부터 제가 파라과이에서 만난 하나님을 말씀 드리고자 합니다. 지금 돌이켜보면 참 외롭기도 하고, 두렵기도 하고, 어려운 순간들이 많았지만, 유쾌하고 아름다운 기억이 더 많이 남는 건 매 순간 하나님께서 저와 저희 가정을 붙잡고 계셨기 때문입니다. 처음 혼자 도착해서, 외로움 속에 스페인어와 과라니어를 배우면서 공부할 때도, 병원에 가서 현지 의료진들에게 말도 못하는 학생 의사 취급을 받을 때도, 임신 6개월의 몸으로 18개월 된 첫째를 혼자 데리고 30시간 넘게 비행기를 타고 한국에서 파라과이로 오는 아내와 아들을 기다릴 때도, 하나님은 저와 함께 계셨습니다.

먼저 하나님께서는 너무나 좋은 사람들을 저희에게 보내주셨습니다. 저보다 1년 먼저 온 선임이 세 분이 계셨는데, 파라과이에 멍하니 홀로 온 저에게 그분들은 구세주와 같았습니다. 참 따뜻한 식사 대접과 좋은 조언들을 많이 들었습니다. 지금 생각하면 그분들이 없었으면 절대 2년 6개월을 버틸 수 없었을 겁니다. 무엇보다 신기했던 건 저희 가정을 포함해서 네 가정이 다 같이 하나님을 신실하게 믿으며, 공동체로서 살아갈 수 있었다는 점입니다. 파견지인 산뻬드로 라는 시골에서, 네 가정이 정기적으로 같이 성경 공부도 하고, 서로의 기도 제목을 나누며 중보하고, 말 그대로 이웃사촌처럼 이집 저집에서 함께 교제하며 삶을 나누던 기억은 저에게 참 감사한 기억으로 남아 있습니다. 지구 반대편 남미 파라과이의 아주 작은 시골 마을에서 하나님의 공동체를 이루며 지냈다는 것이 지금 생각해도 참 신기합니다. 한국에서는 아무래도 바쁜 삶에 익숙해지다 보니 아무리 교회 공동체 모임을 갖는다 해도 마음이 참 분주하기 쉬운데, 그곳에서는 현지 파라과이 사람들처럼 뜨랑낄로(평온한 상태)한 마음을 유지하며, 하나님의 공동체를 만들어 갈 수 있었던 것 같습니다.

또한, 너무나 사랑스러운 파라과이 친구들을 통해 저희와 함께 하셨습니다. 파라과이는 전통적으로 가톨릭 국가이지만, 가톨릭은 하나의 문화일 뿐이지 종교적인 색채는 많이 옅어진지 오래입니다. 대표적인 예로 절대 낙태는 하지 않지만, 10세 아이가 임신을 하는 일이 생깁니다. 음주에도 굉장히 관대하고, 성적으로는 생각보다 굉장히 개방적이고 저속한 농담도 매우 쉽게 하죠. 하지만, 사람들이 문화처럼 가지고 있는 뜨랑낄로는 참 배울 만합니다. 한국인으로서는 참 답답할 노릇이지만, 절대 서두르지 않고 모든 일에 뜨랑낄로를 외치며 즐겁게, 여유롭게 하고 있으니까요. 병원에 새벽부터 와서 5~6시간을 기다려 진료를 받아도 환자들이 절대 불평하지 않습니다. 물론 무료병원이라 그런 것도 있고, 안 그런 사람도 있지만, 모든 일에 그러려니 하고 만족할 줄 압니다. 참 신기했고, 어느덧 저희들도 동화되어가는 것을 느꼈습니다. 참 좋은 기분이었습니다. 무엇보다 제가 살던 마을 사람들의 사랑스러움을 잊을 수 없습니다. 서로 훤히 들여다보이는 가슴 높이의 철망을 경계로 살던 옆집의 루이사와 그녀의 딸 하스민, 그 옆집에서 항상 저희에게 먹을 게 있으면 가져다주던 실베리오, 로사 가정, 그의 듬직한 아들 구스타보, 저희 딸 돌잔치 때 큰 케이크를 해 주고 자주 놀러오고 했던 조산사 일세와 그의 남편 아또, 아들 헤수스 등 말하자면 끝이 없지만, 정말 외국인에 불과한 저희 가정을 가족처럼 여겨주고, 챙겨준 이웃들이 생각납니다. 이 나라의 가장 중요한 풍습 중 하나가 '떼레레'라는 시원한 차를 하나의 빨대 같은 것으로 서로 돌려 마시는 것이 있는데, 서로의 집에 방문하면 의자에 앉아서 모기를 쫓으며 떼레레를 마시며 2~3시간을 이 얘기 저 얘기 하면서 보낼 수 있습니다.

이렇게 좋은 사람들을 허락하시고, 평안한 파라과이의 시골 마을에서 지내면서, 저는 좀 더 이곳에서 제가 감당해야 할 역할이 무엇인지 고민할 수 있었습니다. 우선 첫 번째로는 병원에서의 진료였는데, 생각보다 이게 쉽지는 않았습니다. 처음에는 한국에서 지어준 병원이고, 내가 한국에서 온 의사니 인정해주고 고마워할 줄 알았습니다. 하지만 오히려 말도 잘 못하는 학생 취급을 당하니 참 난감했습니다. 병원장을 처음 만났는데 너는 뭐 하러 왔니 묻더군요. 3개월 동안 현지 소아과 의사 진료할 때 참관하라고 했습니다. 외래 진료 때 들어가 있으니, 전혀 저에 대한 배려는 없고, 특히 스페인어가 아니라 거의 다 토속어인 과라니어로 대화를 나누니 환장할 노릇이었습니다. 안 그래도 딱 한 달 동안 속성으로 스페인어 위주로 배우고, 과라니어는 4시간 정도 간단한 말만 배워서 바로 현장에 투입되었는데, 와서 보니 말을 할 줄 모르면 바보 취급을 당하겠구나 싶었습니다. 그리고 생각보다 나이 많은 자존심 센 현지 의사들이 많아, 저는 없어도 되는 존재처럼 보였습니다. 여기서 고민이 생겼습니다. 그냥 무난히 시간을 때우면서 보내볼까. 아니면 작은 거라도 내가 도움이 될 만한 것들을 찾아볼까. 하나님께서는 저에게 급하게 무언가를 이루기보다 천천히 천천히 진심으로 다가가라고 하셨습니다. 그리고 제가 무언가를 베푼다는 교만한 생각을 버리고, 그들과 함께 동화되어 그들의 필요를 찾고 공감할 수 있게 하셨습니다.

언어 공부를 정말 열심히 했습니다. 영어를 이렇게 배웠으면 참 좋았을 텐데 라는 아쉬움이 들 정도로. 그리고 말로 안 해도 되는 진료 활동을 고민했고, 심장과 뇌 초음파를 보기 시작했습니다. 한국에서 온 좋은 초음파 기계가 있어서 심 잡음이 들리는 아이들, 신생아 중환자실에 있는 미숙아 아이들의 심장, 뇌 초음파를 정기적으로 보기 시작했습니다. 또한 외래 진료를 볼 공간이 없어서 간호사실에서 진료를 보기 시작했습니다. 부족한 스페인어 때문에 부끄럽기도 했지만, 오히려 간호사 분들의 도움을 받을 수도 있어 좋았습니다. 또 현지 소아과 의사가 외래 진료를 마치고 나면, 그 후에 번호표를 못 받아서 진료를 못 받는 환자들의 진료를 따로 해 주기 시작했습니다. 점차 시간이 지날수록 이 나라 아이들이 자주 걸리는 기생충 질환, 호흡기 질환의 패턴을 알 수 있었고, 약물 이름에도 익숙해져 갔습니다. 무엇보다 한국에서 하듯 최대한 열심히 설명해 주었는데, 조금씩 환자들 사이에서 소문이 퍼졌고, 한국 의사에게 진료를 받기 원하는 환자들이 늘기 시작했습니다.

여기서 잠깐 우쭐할 뻔 했는데(저는 이렇게 항상 교만에 너무 쉽게 빠집니다.), 생각해 보니 저는 다시 한국으로 돌아 갈 의사이기 때문에 내가 현지 의사보다 인기가 많고 인정받는다고 좋을 게 없다는 생각이 들었습니다. 진료가 기본이기는 하지만, 결국 앞으로 장기적으로 이 지역의 보건이 좋아지려면 어떤 일을 해야 할까 고민이 되었습니다. 그래서 첫 번째로 매일 진료하면서 반복 설명했던 흔한 질환에 대한 내용들을 책으로 쓰기 시작했습니다. 워낙 책이 비싼 나라이기 때문에 사람들이 정보에 대한 접근이 떨어지고, 무엇보다 예전 한국처럼 약초로 민간요법을 많이 쓰는 게 익숙한 나라다 보니, 소아의 흔한 질병에 대한 기초적인 지식이 많이 부족해 보였기 때문입니다. 우리나라도 결국 환자 스스로가 의료 정보를 더 알게 되면서 나아진 부분이 있듯이, 이 지역 사람들에게도 그런 기초적인 건강 상식을 알려주고 싶었습니다. 열, 감기, 성장과 발달, 기생충, 잘 안 먹는 아이, 두통 등 총 8가지 주제로 나눠 최대한 알기 쉽고, 집에서 대처할 수 있고, 언제 빨리 병원에 와야 하는지 등을 썼습니다. 몇 번을 쓰다가, 내가 무슨 부귀영화를 누리겠다고 이 고생이냐 하며 접으려 했지만, 결국 8개월 만에 원하는 내용을 담을 수 있었고, 100 페이지 가량의 소책자로 만들어 병원과 지역 보건소, 그리고 코이카 사무소에도 기증하여 프로젝트 의료사업 때 계속 사용하고 있습니다.

　두 번째로 병원 차트 관리 시스템을 개선하기 위해 코이카 지원 사업을 시행했는데, 병원이 만들어지고 2년이 넘으면서 늘어나는 환자를 감당하지 못하고 차트가 분실되고 중복 작성되는 일이 비일비재하여 각 차트에 고유 번호를 부여하고, 환자 정보를 전산화하는 일이었습니다. 한국의 잘 갖춰진 전자 의무기록시스템에 비하면, 참 답답한 수준이지만, 이 역시 의료 진료 외적으로 병원의 향후 시스템 개선에 도움이 되었던 사업이었습니다.

아이들을 한 명 한 명 만나면서 그 순진한 눈망울과 외국인 의사를 신기하게 바라보던 호기심 어린 장난을 잊을 수 없습니다. 언제든 만족하고 이 정도만 하면 됐지 싶은 마음이 들 때 하나님께서 조금 더 이 지역 사람들을 긍휼히 여기시며, 제게 할 수 있는 일들을 보여 주셨습니다. 지나고 나면 참 보람차지만, 당시에는 일을 하면서도 내가 왜 혼자 사서 고생인지 많은 후회를 하기도 했습니다. 이러한 저도 사용하시는 하나님께 다시 한 번 감사드립니다.

함께 나누고 싶은 이야기는 그곳에서 만난 많은 선교사님들과 관련된 이야기입니다. 한 번은 코이카와 인연이 있으신 선교사님께서 본인이 섬기는 인디헤나(흔히 인디언이라 하는 토속인) 마을 추장 딸이 태어났을 때부터 척추 기형이 있어서, 한 번 검진을 받고 싶다 하셨습니다. 정형외과 질환은 잘 모르지만, 그래도 작은 도움이 될 수 있을 것 같아 저희 병원에 방문하셔서 이런 저런 검사를 하고 진료했던 일이 있었습니다. 그 이후로 파라과이에 30년 넘게 계셨던 그 선교사님 가정과 정기적인 교제가 시작되었고, 그분들이 섬기시는 인디헤나 마을에 한 달에 한 번씩 같이 방문해서 이동진료를 하게 되었습니다. 약 1년 6개월 정도 꾸준히 방문하면서 저 역시 그 마을 사람들과 친해지고 많은 것을 느낄 수 있었죠. 또한 30년 동안 묵묵히 여러 마을을 사랑으로 품으시고, 교회를 세우시고, 현지인 목사를 세우시기까지, 수고를 멈추지 않으시는 그 선교사님 부부의 모습은 저희 부부에게 많은 자극이 되었습니다.

또, 한국으로 귀국을 2개월 앞 둔 시점, 자동차를 팔기 위해 여기저기 알아보던 중 다른 도시에 파견 중인 다른 봉사단원으로부터 한국에서 막 오셔서 자리 잡고 계신 선교사님 부부를 소개 받게 되었습니다. 자동차가 꼭 필요하시다 하셨습니다. 처음에는 자동차를 팔 수 있겠다는 이기적인 마음이 컸었는데, 그 선교사님 부부와 교제를 하고 나니, 이 분들의 가지고 계신 이 파라과이 땅을 향한 사랑과 열정, 본인의 20세 된 딸을 2년 전 먼저 선교사로 보내신 모습 그리고 어려운 상황 속에서 교회를 세워 가시는 모습에 많은 도전을 받을 수 있었습니다. 하나님께서는 한편으로는 또 저희를 쓰셔서 그 선교사님 가정에게 도움을 주고자 하셨을지도 모릅니다. 저희는 너무 기쁜 마음으로 저희가 2년 반 애지중지하며 몰던 차를 그분들이 감당하실 수 있는 만큼만 돈을 받고 드릴 수 있었습니다. 한 2~3달 동안 어떻게 하면 차를 좋은 값에 팔 수 있을지 엄청 고민했었는데, 하나님의 답은 간단했습니다. 실제 돈을 받는 것보다 더 큰 가치를 배우고 팔 수 있어서 참 제 스스로가 부끄럽기도 했고, 하나님께 감사했습니다. 지금도 이 두 선교사님 부부와는 지속적으로 연락하면서 후원하고 있습니다.

마지막으로 파라과이에서 건강하게 출산한 제 둘째 딸을 말씀드리고 싶습니다. 파라과이 도착 4개월 만에 제가 일하는 시골 병원에서 현지 산부인과 의사의 도움으로 무사히 자연분만 하였습니다. 이것 역시 하나님의 큰 은혜라 생각합니다. 현지 이름으로 밀라그로스(Milagros) 즉 은혜가 충만하다는 뜻이고, 한국어 이름도 '은우' - 은혜가 넉넉하다 입니다. 파라과이 국적도 가지고 있어서 현지에서 인기가 참 많았죠. 은우 돌잔치를 현지 식으로 했는데, 코이카 다른 친한 봉사자들 10명 정도에 동네 주민 70명 정도가 와서 함께 교제하고 축하하는 시간을 가졌었는데, 제가 생각하는 파라과이에서의 가장 감동적인 순간이었습니다.

걱정과 두려움 때문에 도전하지 않았다면, 느낄 수 없었던 수많은 아름다운 추억들이 있습니다. 하나님께서 내가 함께 하니 두려워 말라 하셨기에, 이 모든 것들이 가능했던 것 같습니다. 참으로 감사합니다. 이제 저는 다시 한국으로 돌아와 어린이들의 암을 치료하는 소아 혈액종양 의사로 살고 있습니다. 하루하루가 어떨 땐 고통스럽고, 답답하지만, 굉장히 보람도 많은 직업입니다. 지금 저에게 허락하신 소명이 이런 아픈 질병으로 고통받는 아이들과 그 가정에 작은 도움과 위안이 되어 주는 것이라고 생각합니다. 편한 일을 하면서 지내고 싶다는 생각을 하루에도 수십 번 합니다. 하지만 파라과이라는 외딴 곳에서도 이렇게 인도하여 주시는 하나님이신데, 이 일 역시 하나님께서 인도하여 주시지 않겠나 싶습니다. 저 혼자 감당하기엔 너무 벅찬 일들로 가득하지만, 파라과이에서 하나님 믿고 의지했던 그 순간들을 잊지 않고, 지금 하루하루도 그렇게 감당해 내며 살아가겠습니다. 지금 이 순간도 하나님께서 저를 붙잡아 주십니다. 하나님과 동행하는 광야에서의 삶은 오늘도 현재 진행형입니다.

홍경택

서울의대를 2008년에 졸업하고, 한국국제협력단(코이카, KOICA)을 통한 국제협력의사로 남미 파라과이에서 복무하였다. 서울대학교병원에서 소아청소년과 전공의 과정을 마치고 소아청소년과 전문의가 된 후 현재 서울대학교 어린이병원 소아청소년과 혈액종양분과 전임의로 있다. 나들목교회에 출석하고 있다.

그저 주어진 대로 산다

홍창의

(서울의대 명예교수, 향린교회)

옛날 서울대학병원 소아과에 있을 때 자기 아기들을 데리고 나를 찾아왔던 어머니들이 요즘에는 내가 서울아산병원에 있는 것을 알고 이곳으로 찾아오는 일이 많은데, 이번에는 자기 손자나 손녀들을 데리고 온다. 완전히 한 세대가 지난 것이다. 그러면서 그 어머니들이 하는 말이 "선생님은 어쩌면 옛날이나 지금이나 꼭 같으세요. 하나도 늙지 않으셨네요." 물론 이것은 듣기 좋으라고 하는 말이기도 하지만 그래도 여러 어머니들에게서 같은 말을 듣다보니 진짜 그런가 하고 속으로 좋아하기도 한다.

옛날 친구들을 만났을 때도 "자네 어쩌면 그렇게 얼굴에 주름살 하나 없나? 무슨 좋은 건강법이라도 있는가? 있으면 좀 가르쳐 주게."라는 말을 많이 듣는다. 나는 그들에게 가르쳐 줄만한 어떤 비결도 가지고 있지 않으니 그저 웃어넘기고 만다.

사람이 건강하다거나 장수하는 데는 대개 두 가지 요소가 있는데 하나는 부모로부터 받은 체질이요, 다른 하나는 그 사람의 생활습관이다. 그중에서 더 중요한 것은 부모로부터 받은 유전적 체질이다. 그렇기 때문에 자기가 건강하다고 생각하는 사람, 자기가 장수하고 있다고 생각하는 사람이 있다면 그는 무엇보다 먼저 부모님께 감사해야 할 것이다.

물론 부모로부터 받은 체질을 가지고 얼마나 더 건강하게, 더 오래 사는가 하는 것은 그가 얼마나 건강에 알맞은 생활습관을 가지고 있는가에 달려 있다. 좋은 생활 습관이라는 것은 규칙적인 운동, 알맞은 식사, 체중조절, 금연, 절주, 충분한 수면, 스트레스 해소 등 이미 사람들이 귀가 아플 정도로 듣고 있는 내용이므로 여기서 새삼 말할 필요도 없다. 그런데 이런 생활습관 중에서도 매일 규칙적으로 운동을 하는 것이 무엇보다 중요하다.

나는 성북동에서 서울대학병원에 다니던 시절에 직장이 가까워서 출근하는데 시간도 얼마 안 걸리기 때문에 아침 출근 전에 성북동 성벽을 따라 산책을 하기도 하고 퇴근 후에는 집사람과 배드민턴을 치기도 하며 운동을 좀 하려고 노력해보았다. 그러나 이촌동의 아파트로 이사를 하고 서울아산병원에 출근하면서부터는 출근하는데 시간이 꽤 걸리기 때문에 아침 7시면 집을 나서야 하고, 집에 돌아오면 벌써 저녁 7시 가까이가 되어 운동할 시간적 여유가 없어지고 말았다. 일요일 하루라도 여유가 있으면 좋은데 일요일은 또 교회에서 대부분의 시간을 보내게 된다. 그러다보니 규칙적인 운동을 거의 못하게 되었다. 그러자 미국에 있는 딸이 아버지의 건강을 생각하여 운동기구를 보내주었다. 처음 얼마동안은 그것을 가지고 운동을 좀 해보았지만, 운동이 너무 단조로워서 차차 멀리하게 되더니 방안에 놓고 보는 장식품이 되고 말았다. 누가 와서 이 운동기구를 보면 내가 건강관리를 게을리하지 않는구나 하고 생각할지도 모른다.

내가 일본에서 고등학교에 다닐 때는 수업이 끝나면 모든 학생이 어느 한 가지 운동부에 들어서 운동을 통한 단체훈련을 받아야 했다. 나는 축구부에 한국 선배가 있어서 멋모르고 축구부에 들어갔는데 얼마나 훈련이 심한지 알 수 없었다. 오후 3시쯤 수업이 끝나면 저녁 5~6시까지 운동장을 뛰어야 했다. 방학 동안에 고향에 가서 쉬다가 개학이 되어 다시 운동을 시작하면 한 주일 동안은 다리가 너무 아파서 계단을 오르내리기가 힘들었다. 엘리트를 양성한다는 과거 일본의 고등학교는 육체적인 훈련도 이같이 지독하게 시켰다.

나는 그 덕택으로 지금도 산을 오르거나 계단을 오르내릴 때 젊은 사람들 못지않게 빨리 할 수 있다. 건강관리에 관한 책을 보면 우리가 건강을 유지하기 위해서는 계속해서 운동을 해야지 과거에 아무리 운동을 했다 해도 운동을 중단하면 과거에 한 운동이 소용이 없다고 한다. 그러나 내 경험으로는 고등학교 때 모질게 한 운동이 지금의 내 건강에 많은 도움을 주고 있다고 생각한다.

나는 지금까지 주어지는 대로 물이 흘러 내려가듯 살아왔다. 주어진 처지에서 마음 편히 살아왔다. 이것저것 따지고 재빠르게 대응하며 동료들과의 경쟁

속에서 악착같이 도전하면서 살아온 일은 별로 없었다.

육체적인 체질이나 주위의 환경은 내 마음대로 되는 것이 아니다. 그러나 내 마음은 어느 정도 내가 마음먹기에 달려있다. 공연한 도전, 경쟁심은 우리 마음에 스트레스만 준다. 마음이 항상 스트레스를 받는 것은 우리 건강에 가장 해로운 것이라고 생각된다. 주어진 처지에서, 주어진 자리에서 마음 편히 그러나 최선을 다하면서 살면 되는 것이다.

내 일생을 돌아보면 나는 생의 방향을 정하는 데 있어서도 요리조리 따져서 결정하는 일이 별로 없었다. 초등학교에서 중학교로 진학할 때에는 조부께서 평양 숭실학교로 가도록 하라고 하셔서 나는 별로 따져보지 않고 그대로 따랐다. 조부께서는 옛날 숭실학교의 한문 선생을 하셨고 또 숭실학교는 기독교학교로서 민족사상을 고취하는 학교였기 때문이다. 그 당시 내 실력으로는 아마 좀 더 이름 있는 중학교에 갈 수도 있었겠지만 나는 조부의 말씀에 그저 따랐다.

중학교에서 고등학교(舊制)로 갈 때에도 수학 선생님이 너는 일본 야마구치(山口) 고등학교를 가보라고 해서 아무것도 따지지 않고 그 학교로 갔다. 대학에 갈 때에도 고등학교 선배가 교토(京都)대학으로 오라고 하기에 다른 생각 없이 그렇게 정했다.

한국전쟁 당시 1·4후퇴 때도 서울대학교병원과 함께 그저 밀려 내려가다가 보니 제주도 한림으로 가게 되었다. 서울대학교병원의 부원장, 원장이 될 때에도 내가 그런 직을 맡으리라고는 생각해본 일도 없었다. 다만 그 당시 병원장이었던 권이혁 박사의 추천으로 부원장이 되었고, 얼마 안 되어 권 박사가 서울대학교 총장으로 부임하게 되면서 병원장이 되었다. 나에게는 서울대학교병원 같은 큰 병원의 원장이 될 만한 소질이 없었다. 권 총장은 나같이 경영 능력이 부족한 사람을 원장을 시켜놓고 아마도 답답한 일이 많았으리라 생각한다. 다만 그것이 계기가 되어 서울대학교병원에 소아병원의 건립, 가정의학과의 창설, 병원교회 시작 등 몇 가지 일들을 할 수 있었던 것은 큰 보람으로 생각한다.

나는 서울대학교를 정년퇴임하면서 몇 군데에서 오라는 데가 있었으나, 이문호 선배가 새로 시작하는 울산의대에 와서 새로운 교육과정을 개발하는 데 함께 일해보자고 해서 평소 관심을 가지고 있던 분야라 그저 따르기로 하여 서울아산병원으로 가게 되었다. 그래서 울산의대에 우리나라에서 처음으로 새로운 교과과정을 도입하는 데 도움이 된 것을 보람으로 생각한다.

결혼문제만 해도 그렇다. 학생들과의 모임에 나가면 자주 물어보는 질문 중의 하나가 젊어서 연애관계는 어떠했느냐는 것이다. 그런데 나는 연애를 해본 경험이 없다. 조부께서 중신아비를 통해 알아 본 여자와 사진 한 장을 교환하고 멀리 앉아서 선을 한 번 본 것밖에는 없었다. 그리고 일본에서 학교를 다닐 때 방학 중에 결혼식을 가졌고, 결혼 후에도 방학 때나 서로 만날 수 있었다.

내 자신을 살펴볼 때 나같이 사교적이지 못한 사람도 드물 것 같다. 사람 보는 눈이 어두워 한 번 만났던 사람을 잘 알아보지 못하기도 하고, 이름도 제대로 기억하지 못할 때가 많았다. 그래서 어떤 사람은 섭섭하게 생각하거나 자기를 무시한다고 생각했을지도 모른다. 어떤 사람들은 부드러운 미소와 듣기 좋은 말 한마디로도 사람을 사로잡는다. 이런 것은 서양 사람들이 더 잘하는 것 같다. 나는 화제에 오른 배우, 가수, 운동선수들의 이름을 잘 모른다. 주위에서 돌아가는 정보에도 캄캄하다. 병원 안에서 돌아다니는 뉴스도 집사람이 밖에서 듣고 와서는 내게 이야기해서 비로소 아는 경우가 드물지 않았다. 이것은 세상 사람이 말하는 '바보'에 해당하는 것이 아닐까? 누군가 나에게 건강의 비법을 물어본다면 나에게 특별한 방법은 없고, 억지로 말한다면 이와 같이 '바보'가 가질 수 있는 마음의 편안함이라고나 할까?

지금 일생을 지나고 나서 회고해 보면, 이렇게 그저 주어진 대로 마음 편하게 살아온 것이 결과적으로 내게 건강을 준 것이 아니었나 생각한다.

그저 주어진 대로 그곳에서 마음 편하게, 그러나 최선을 다하며 묵묵히 살아나가는 것(盡人事 待天命). 그것이 나의 건강법이라고나 할까?

홍창의

서울의대를 1947년 제1회로 졸업하였으며, 소아청소년과 전문의다. 서울의대 전임강사를 시작으로 35년간 교수로 재직하다가 정년퇴임하였고 이후 울산의대에서 10년간 교수로 재직하다 은퇴하였다. 서울대학교병원 소아과 과장, 가정의학과 과장, 서울대학교병원장, 서울대학교 보건대학원장 등을 역임하였다. 또한 우리나라 심도자법을 비롯한 선천성심장병의 진단법을 처음으로 국내에 도입하고 최초로 국어로 된 소아과학 교과서를 저술하였다. 대한소아과학회 회장 및 이사장, 대한가정의학회 초대회장, 대한혈액학회 초대 학술위원장, 대한의공학회 회장, 대한순환기학회 회장, 아세아소아심장학회 회장. 인도주의실천운동의사협의회 초대 이사장 등을 역임하였다. 향린교회 창립멤버로서 오랫동안 장로로 시무하였고, 서울대학교병원 기독봉사회 초대 회장, 한국기독의사회 회장, 서울의대기독동문회 초대회장을 역임하였다.

목사와 의사로 만드신 주님의 은혜

황승주

(새오름가정의원 원장, 목사)

어 느덧 60 중반이 된 지금 지나온 삶의 과정을 돌이켜보니 하나님의 말
씀 두 가지가 절실하게 다가온다.

"내가 나 된 것은 하나님의 은혜로 된 것이니 … 수고하였으나 내가 한 것이 아니요,
오직 나와 함께하신 하나님의 은혜로라." (고전15:10)

이 말씀은 바울이 예수님과 교회를 핍박했음에도 불구하고 하나님께서 크신 은혜로 회개시켜 구원해 주셨을 뿐 아니라 사도로서의 사명을 주셔서 주님의 복음을 위해 열심히 일하게 한 것에 대한 감사의 고백이다. 다른 사도들보다 더 많이 수고하여 일했지만 그 모든 것이 스스로 한 것이 아니라 하나님의 은혜라는 말씀이다. 물론 부족하기 한량없는 나를 바울과 비교할 수 없지만, 내가 지금까지 살아있고 예수님을 믿은 후 목사로서 부름 받아 일해 왔으며 특히 말기암 환우들을 위한 호스피스에 힘쓰고 있는 것이 전적으로 하나님의 은혜임을 고백한다.

"당신들은 나를 해하려 하였으나, 하나님은 그것을 선으로 바꾸사, 오늘과 같이 많은 백성의 생명을 구원하게 하시려 하셨나니." (창50:20)

창세기 마지막 장에 나오는 이 요셉의 말은 아버지 야곱이 죽은 후 요셉의 형제들이 요셉을 죽이려했던 악행에 대해 보복을 받게 될까 봐 두려워 요셉 앞에 가서 엎드려 자신들의 죄를 용서해달라고 빌었을 때 한 말이다. 형들이 요셉을 미워해 죽이려고 했다가 애굽으로 팔아버리는 악을 저질렀지만 하나님은 그것을 선으로 바꾸시어 요셉을 큰 믿음과 능력을 갖춘 탁월한 인물로 키우셔서 애굽 백성 뿐 아니라 동족 이스라엘 백성도 기근에서 살려내는 큰 일을 하게 하셨다는 고백이다. 악을 선으로 바꾸시는 참으로 은혜로운 하나님의 일하심을 느낄 수 있는 말씀이다. 나도 요셉의 형제들처럼 악을 행하기도 하고, 요셉처럼 악한 일을 당하기도 했으나 주님은 그것을 선으로 바꾸셔서, 오늘날 말기암 환우들을 돕고 영혼을 구원하시는 주님의 일에 동참할 수 있게 된 것을 무한하게 감사한다.

1. 어린 시절

내가 태어난 곳은 황해도 남쪽 연백군이다. 1950년 12월 3일. 2남 5녀 중 막내로 태어났으나 기다리던 아들을 낳았다고 좋아할 겨를도 없었다. 6.25전쟁 중 공산군의 점령 하에 있어서 아버님이 공무원을 돕는 직책에 있었다고 그들에게 농토도 다 빼앗기고 쫓겨났다가 다시 중공군이 몰려와 전전긍긍하고 있던 시기였기 때문이다. 이북군대가 다시 가까이와 정든 고향과 삶의 터전을 다 버리고 피난을 가야 하는 처지가 되어 태어난 지 10일 만에 누님 등에 업혀 황해도 남쪽의 작은 섬으로 나왔다 한다. 섬에 도착해 보니 갓난아이가 혹독한 겨울 추위에 얼어서 죽은 것같이 보여 아버님이 숯불을 피우고 그 위에 녹였다. 그 뒤 엄마 품에 안겨 한참 후에 앙앙 울음을 터트려 살았다고 한다. 전에는 몰랐으나 예수님을 믿은 후에 "아하, 그때도 하나님이 살려주셨구나!" 하고 깨닫게 되었다.

나는 어려서 잘 몰랐지만 무의도 섬으로 피난 온 우리 가족들은 살기 위해 모진 고생을 해야 했다. 더구나 월남 후 약 3년 정도 지나 아버님이 바다에서 돌아가시는 불행이 닥쳐와 어머니와 형님 누님들은 엄청난 슬픔과 고난을 겪으며 살아야 했다. 그런데 내가 초등학교 3학년 때 들에 나가 놀다가 살모사 뱀에 물려 가족들에게 큰 부담을 주게 되었다. 왼쪽 다리가 심하게 붓고 헛소리까지 하는 상태라 다음 날 인천으로 와 기독병원에서 수개월 입원해 치료받고 그 후 2차례나 더 재수술을 하는 고생을 하게 되었다. 그래도 장애는 면했다고 어머니께서 안도의 한 숨을 쉬셨던 것을 생각하면 어머니의 사랑을 결코 잊을 수 없다. 병원에 입원해 있으면서 의사선생님들이 진찰하고 치료하시는 것이 선망의 대상이 되어 "나도 크면 의사가 되어야지!" 하고 생각하게 된 것은 당시에는 몰랐지만 역시 하나님의 큰 은혜였다. 고난 체험 중에 의사의 소망을 가지게 하셨던 주님의 섭리가 확실히 느껴진다.

그 후 인천에서 중·고등학교를 다니면서 공부에 열중하게 되었다. 다른 재능이나 취미도 별로 없으며 공부를 하면 성적도 좋아지고, 가족들도 공부 잘해야 한다고 늘 격려하니 자연히 공부에 집중하게 되었다. 고등학생이 되어서는 학비가 덜 드는 국립대학에 진학하기 위해서 입시공부에 매달릴 수밖에 없었다. 고1~2 때 중학생을 가르치며 아르바이트 입주도 하곤 했으나 고3 때는 누님의 도움으로 하숙하며 입시공부에 몰두했었는데 지루하고 왜 이래야 되나하는 의문도 많이 생겼다. 그때 마침 연세대 철학과 김형석 교수님이 와 강연을 하시는데 "사람은 인생의 목적을 분명히 가져야 한다. 그래야 후회 없이 살고 죽을 때도 후회 없이 죽을 수 있다."라는 말이 가슴에 꽂혔다. '아, 그렇다! 내 인생의 목적을 찾아야겠다. 지금은 안 되니 대학 들어가고 나면 반드시 찾자.' 하고 결심하게 되었다. 지금 생각해보면 인간의 영적 요구 중 생의 의미와 목적에 대한 요구가 절실했던 것이다. 지금까지 그 말이 내 인생을 끌어오고 호스피스에도 연계된 것을 보면 그 교수님의 말씀을 통해 주님께서 나를 깨우쳐 주신 것을 감사하지 않을 수 없다.

또 잊혀지지 않는 것은 어머니의 때에 맞는 충고의 말씀이다. 고3 때 공과대학을 가려하다가 마음도 좀 멀어지고 입시과목 공부하기도 어려워, 어려서의 꿈처럼 의대에 가고 싶은데 돈이 많이 들어 고학으로 공부하기도 힘들고 6년의 기간이 길어 결정을 못하고 있었다. 그때 영등포에서 누님들과 같이 계시던 어머니를 찾아뵙고 고민을 말하니 어머니가 갑자기 "사내놈이 뭘 그리 망설이냐, 하고 싶으면 결심하고 시작하면 되지!"라고 말씀하시는 것이었다.

평소 어머니의 태도나 말씀과 다른 돌발적이고 과감한 말씀에 놀라기도 했으나 왠지 모르는 용기가 생겨 의대에 가기로 결정을 내렸다. 지금 생각해 보니 주님께서 어머니를 통해 말씀해 주신 것이 아닌가 싶다. 정말 그 어려움 가운데서도 조건 없이 품어주신 어머니의 사랑과 격려가 나를 키워주셨던 것을 잊을 수 없다.

2. 의사의 꿈과 학생운동

1969년 다행히 의예과에 합격하게 되자 바로 아르바이트를 하면서 예과 2년간 인생의 의미와 목적 탐구에 몰두하게 되었다. 주로 서양철학 중 실존주의 책들을 많이 보다가 나중엔 우리나라 철학자들의 서적을 통해 인생의 의미와 목적 그리고 무엇을 하며 살아야 할까를 고민하였다. 그런데 아무리 책들을 뒤져도 확실한 결론을 얻을 수 없었다. 이론이 너무 많고 그 이론들을 종합 분석한 철학교수의 결론도 '인생의 보편타당한 삶의 길은 없다.'는 것이었다. 결국은 주어진 시대 안에서 자기실현을 해 가는 것이 인생의 바른 길이라는 얘기였다. 고래서 고민 끝에 나는 공부를 열심히 해서 의학교수가 되어 의학연구를 통해 인간생명에 도움을 주고 내 인생의 보람을 느끼면 되겠다고 결론을 내렸다. 그래서 본과 올라가기 몇 달 전부터 해부학 책을 사다가 예습을 하고 본과 1년 동안 공부에 몰두하게 되었다. 공부가 재미도 있고 성적도 잘 나오니 자부심도 느끼며 장학금도 받게 되어 걱정 없이 공부하며 지내게 되었다. 나 스스로는 몰라도 다른 사람이 보기에 독선적인 공부벌레가 된 것이었다.

그런데 뜻하지 않은 일이 생기기 시작했다. 1971년 학생 군사훈련 문제를 놓고 반대, 수용논쟁을 벌이는데 뭐가 옳은지 판단이 안 되는 것이다. 정부와 학생간의 갈등 속에서 어떻게 해야 하는지 몰라 고민하게 되었다. 그러다가 위수령(1971년 10월)이 내려 도서관에서 공부하다가 쫓겨나는데 가슴이 울컥하고 왜 이래야 되나 하는 의분이 솟아났다. 그 후 친분이 있던 같은 학년 운동권 학생들과 대화를 나누게 되고 우리나라의 정치경제 현실에 대한 책들을 읽으면서 우리나라 사회현실에 대한 비판 의식이 생기기 시작했다. 그러면서 생의 방향에 대한 고민이 시작되었다. 이 사회와 역사가 엉망으로 되어가고 있는데 내가 의학자가 된다 해서 그것이 정말 바르게 사는 것일까? 정말 후회 없이 사는 것일까? 이 나라의 젊은 지성인이 사회의 극심한 부조리를 외면하고 공부만 한다면 잘못된 것이 아닌가? 판자촌 빈민지역에 의료봉사활동을 갔다 오면서 '의학의 깊이를 더하는 연구보다 의료혜택을 더 많은 사람들에게 나눌 수 있게 하는 것이 더 중요하지 않나' 하는 생각도 하게 되었다.

수개월간의 깊은 고민 끝에 방향을 바꾸기로 결정을 내렸다. 그 후부터는 공부는 뒷전이고 우리나라 정치, 사회, 경제, 역사 등 사회과학 세미나, 운동권 모임, 후배교육 등에 몰두하면서 이 나라 역사를 바로잡는 일에 투신하는 것이 인생의 의미와 목표가 되었다. 그렇게 학생운동에 깊이 빠지게 되었는데, 그 근본 이유가 내가 생각했던 것 이외에 무엇이 더 있었는지 지금도 잘 모르겠다. 내 속에 숨겨진 어떤 나서고 싶은 욕구가 있었는지, 정말 역사에 남는 일제시대 독립운동가 같은 사람이 흠모되었는지, 세상물정 모르는 이상주의 젊은 청년의 의협심이었는지, 곁길로 나가 헤매다가 주님 품으로 돌아오게 하시는 하나님의 섭리였는지? …

아무튼 그 결과로 1974년 1월 본과 3학년 유신반대 시험거부 사건 이후 경찰에 쫓겨 도피생활을 하다가 1974년 4월 민청학년사건 연루로 제적당하고 실업자 신세가 되었다. 그 일로 인해 우리가족들에게 너무나 큰 충격을 안겨 주었으나 당시에는 그리 크게 느끼지 못하고 계속 사회운동을 할 궁리를 하며 사회 경제 역사에 대한 책을 읽으면서 시간을 보내고 있었다.

그런데 의외의 더 큰 폭풍우가 몰아쳐 왔다. 1975년 11월 서울 구로동 형님 댁에 기거하면서 일본어 영어 등으로 된 사회과학 책들을 보고 있는데 갑자기 군대 지프차가 와서 나를 연행하여 보안사 취조실로 데리고 간 것이다. 식구들은 물론 나도 누가 왜 데려갔는지 전혀 몰랐다. 가서 지하취조실에 갇히고 보니 너무나 뜻밖의 일이 벌어져 있었다. 재일교포학생 하나가 일본에 있을 때 이북에 가서 간첩교육을 받고 서울의대에 침투하여 우리들을 부추겨 반 정부데모를 하게 했다는 것이다. 우리가 간첩의 하수인으로 시나리오가 짜져있어 이제는 꼼짝없이 고문받다가 형식적인 재판에 넘겨져 사형을 당하게 된 것이었다. '아, 이제는 다 끝났구나, 죽었구나.' 하는 충격으로 정신이 없었다. 절망감과 허무함에 당장 죽고 싶은 생각뿐이었다. 일어나 자살을 하려했으나 그럴 수 있는 곳이 아니었으니 당장 미쳐버리고 싶었다. 정신세계가 찢어지는 것 같은 느낌에 안절부절 못하였다.

3. 하나님의 부르심

그런데 그 상황에서 갑자기 '정말 하나님이 계실까? 계시다면 이 억울함을 호소해 볼 수 있지 않을까? 캄캄한 지구에 태양이 떠올라 빛을 비추듯 희망을 찾을 수 있지 않을까? 하는 생각이 나는 것이었다. 극심한 공포 속에서 조사받으면서 그래도 주는 밥도 먹고 잠도 조금씩 자며 견딘 것이 지금 생각해 보면 기적 같은 일이었다. 아마도 주님의 보호덕분인 것으로 생각된다. 약 2개월간의 혹독한 조사를 받은 후 미결수로 재판을 기다리며 6개월을 서대문구치소에서 지내게 되었는데 보안사 지하실에서 갑자기 하나님 생각이 났던 일이 잊혀지지 않는다. '왜 그때 하나님 생각이 났을까? 정말 하나님이 살아 계신가?' 당시 나는 기독교를 싫어하고 불교를 좋아했었다. 인간이 어디에서 와서 어디로 가는지와 존재의 궁극적 의미를 불교에서 찾고자 불교경전도 많이 사보고 해탈의 경지가 그리워 시내의 절에서 있던 모임에 가서 좌선도 따라해보곤 했었다. 그런데 갑자기 닥쳐온 극한 상황에서 내 속에 있던 모든 생각, 의미, 삶의 목적, 의지가 다 날아가버렸을 때 평소에 거부했던 하나님 생각이 난 것이 예사롭지 않게 느껴졌다. 그래서 감방 안에서 성경책을 얻어 읽게 되었다. 한번 다 읽고 나니 이해 안 되는 것도 많았지만 정말 하나님이 계신 것 같은 느낌이 들었다. 그런데 확실히 알 수는 없으니 답답하여 나가면 신학공부를 해 봐야겠다고 결심하게 되었다.

1976년 7월 7일 긴급조치, 반공법, 국가보안법 위반으로 기소되어 받은 1심 재판에서 유죄판결을 받았으나 다행히도 집행유예로 출소하게 되었다(최근 2015년 6월 그 사건의 재심에서 모두 무죄가 선고되었다.). 감옥을 나온 다음 해인 1977년 4월경부터 신학공부를 시작하게 되었다. 운동권에 있다가 제적된 학생들이 기장 선교교육원에 모여 주로 기독교장로회 한신대 교수들을 통하여 신학을 배웠으니 지금 생각해 보면 성경을 편파적으로 해석하긴 했지만 당시는 맘에 드는 분위기에서 재미있게 공부할 수 있었다. 그런데 이론적으로 성경과 신학의 여러 과목들을 배워도 머리로 이해는 되지만 마음에 믿음이 다가오지는 않았다. 그러는 과정에서 '기독교도 역시 종교일 뿐이다.' 라는 생각이 들고 다시 사회운동을 더 깊이 있게 해 보아야겠다는 쪽으로 마음이 기울었다. 그런 생각으로 무리하게 일하다가 1978년 8월 몸에 병을 얻게 되었다.

여름에 땀을 많이 흘리고 기진한 후 쉬어도 회복이 되지 않았다. 소화가 안되어 제대로 식사도 못하고 잠도 못자 몸이 점점 수척해 갔다. 신학수업을 쉬면서 진찰받고 약도 먹는 등 이런저런 방법을 동원해 보아도 몸은 조금도 좋아지지 않았다. 나중엔 서울대병원에 입원해 종합검사를 받았는데 나타난 이상소견이 없어 아무 병도 없다는 판정을 받았다. 단지 정신과 교수님을 만나 수면제를 처방받고 퇴원하니 답답하기 그지없었다. 2년 가까이 되자 병의 고통이 점점 심하게 다가왔다. 몸이 괴롭고 힘이 없으니 마음도 너무 외롭고, 답답했다. 지금 생각해보면 자신의 질병으로 아내와 주위 분들에게 큰 부담을 준 것이 참 미안하나 당시는 스스로 괴로우니 남 생각은 조금도 못하고 침울하게만 지냈다. 그런데 그런 병고의 체험이 지금 환자들의 마음을 이해하는데 큰 도움이 되는 것을 보면 정말 하나님은 우리 인생의 '모든 것을 합력하여 선을 이루게 하신다.' 는 것을 새삼 느끼게 된다.

1980년 정권이 바뀌어 복학이 허락되었으므로 학생운동으로 제적되었던 동료들은 복학을 했으나 나는 병고로 인해 학교에 갈 수가 없었다. 일단 휴학하고 건강을 회복하여 다시 의학공부를 할 생각으로 노력했지만 몸은 조금도 호전되지 않았다. 주위에서 기도해보라고 권하는 말을 자주 들었지만 기도를 어떻게 하는 것인지 경험도 없고 억지로 해 봐도 되지 않았다. 그래서 그 해

초 가을에 요양을 하러 강원도 옥계로 가게 되었다. 아는 목사님의 빈 집이 있어 그곳에 가서 은어 낚시질을 하며 혼자 산과 바닷가를 걸어 다니면서 휴양을 하였다. 심심하니 나무로 십자가도 만들어 보고 스스로 밥을 지어 조금씩 먹으며 좋은 환경에서 지내니 조금 나아지는 것 같았는데 한번 감기에 걸린 후 다시 전과 같이 되어 마음이 어두워졌다.

때마침 그 지역 옥계교회에 주일마다 나가 예배에 참석했다가 목사님과 약속한 바가 있어 찾아가 상담을 하게 되었다. 내 얘기를 들은 목사님은 당신의 체험을 들려주시면서 두 가지 말씀을 해 주셨다. "당신이 목사가 될지 의사가 될지는 하나님만 아시니 하나님께 시간을 정해놓고 기도해 보라. 그러면 주님이 응답해 주신다." "사람이 뜨겁든지 차갑든지 해야지 미지근하면 안 된다." 그 말을 듣고 '정말 내가 확신 없이 미지근한 상태로 있어서 이대로는 안 되겠구나. 확실한 신앙을 가지기 위해 결단하고 기도해야 하겠구나.'는 생각이 들었다. 그런데 내가 의사나 목사가 되는 여부는 내가 결정하는 것이지 하나님이 정해주신다는 것이 이해되지 않았고 더욱이 기도하면 알려주신다는 것이 과연 현실적인 일인가 믿어지지 않았다.

그런데 이상하게도 목사님의 말이 잊혀지지 않고 계속 마음을 자극하여 뭔가 결단을 해야 한다는 압박감이 사라지지를 않았다. 나이가 30이나 되었으니 결단을 내려 목숨을 걸고 기도해봐야겠다는 생각이 들기도 하는데 한편 겁도 났다. 지금까지 인간적인 의지로 버텨왔는데 그것을 포기하고 하나님을 의지하며 기도하다가 만일 어떤 해답이 없으면 실망하여 죽을 것 같은 두려움이 생겨 결정을 못하고 고민 고민을 하게 되었다. 그런데 마침 그날 저녁 그 집에 기거하시던 목사님 한 분이 오셔서 상담을 청했다. 그랬더니 그 목사님이 자신이 신학공부를 하다가 그만두고 방황하다가 병들어 고생하는 중 예수님을 만나는 체험을 하고 다시 돌아온 것을 말해주시면서 "예수님을 만나라. 그러면 다 해결된다."고 충고해 주셨다. "그래요? 그러면 어떻게 만나지요?" "그 것은 사람마다 다 다르니 열심히 구해보라. 주님이 인도해 주신다. 내가 보기엔 당신도 가까이 온 것 같다."하셨다. 고민하다보니 그날 자정이 넘어가게 되어 에이 모르겠다하고 15일을 정하고 기도를 시작했다. 책상 앞에 '하나님 정말 살아계십니까? 저는 어떻게 해야 합니까?'라고 써 붙여놓고 시작했다.

그렇게 기도를 시작한 후 여러 가지가 달라지는 것이 확실히 느낄 수 있었다. 첫째 눈물이 한없이 흘러나오는 것이었다. 전에는 '하나님은 눈물의 기도를 들어 주신다.'는 말을 듣고 눈물 흘리며 진지하게 기도해보려 해도 전혀 안 되더니 그때는 억제할 수 없이 눈물이 흘러나와 주위에서 누가 볼까봐 걱정스러울 정도였다. 회개의 눈물, 슬픔의 눈물, 간구의 눈물을 흘리며 기도하고 나면 뭔가 되어가는 것 같은 느낌이 들어 희망이 생겼다. 두 번째 변화는 성경말씀이 하나하나 깨달아지는 것이었다. 전에는 성경을 지식적으로 좀 이해했지만 이제는 영적인 면에서 줄거리가 잡히면서 배운 것이 구슬 꿰지듯 연결되었다. 특히 '왜 믿어야 하는지'가 깨달아질 때는 마음이 시원하고 기쁨이 솟았다. 마치 창문이 열려져 시원한 바람이 들어오듯 눈에는 안 보이지만 말씀의 깨달음이 오니 성경보고 묵상하는 시간이 매우 즐거웠다. 세 번째로는 일상생활이 내 맘대로 안 되고 누가 조절해 주는 듯하였다. 전에는 책을 좀 보면 피곤하고 소화가 더 안 되어 괴로왔고 밤에는 잠이 안 와도 누워 쉬어야만 아침에 일어나 겨우 움직일 수 있었는데, 성경을 보다 보면 밤늦게 누워도 잘 자고 아침에 잘 일어나며, 밥을 먹어도 소화여부는 신경 안 쓰고 잊어버리게 되었다. 누가 눕히고 재우고 깨우며 먹게 하는 것 같았다. 3일이 지나니 확실히 다르다는 것이 느껴져 과연 '성령께서 함께 계시며 이끌어주고 계시구나.' 하는 것을 알 수 있었다. 때로는 어려운 시험도 있었으나 날마다 주님께 한발 한발 다가감을 느낄 수 있었다. 그러면서 내 생각과 주장을 다 내려놓고 주님 말씀만 받아들이겠다는 깊은 회개를 하게 되고 예수님을 믿는 믿음으로 죄 사함을 받고 하나님의 자녀 되는 큰 영광이 진심으로 사모되었다. 나도 확실하게 그 은혜를 받고 싶으나 내 뜻대로 되지 않고 '만일 사실이 아니면 어떻게 하지?' 하는 의심이 없어지질 않아 답답하였다. 그리하여 "너희 믿음이 사람의 지혜에 있지 아니하고 다만 하나님의 능력에 있게 하려 하였노라.(고전2:5)"는 말씀대로 '주님의 능력으로 되돌아올 수 없는 믿음을 주십시오.' 라고 간구하게 되었다.

기도를 시작한 지 9일째 되는 저녁 조금 일찍 자고 나서 밤새 기도해 볼 생각으로 잠깐 자고 깨었는데 이상하게 누가 목을 껴안고 입을 맞추고 있었다. 언뜻 아내가 몰래 와서 그러나 하는 생각이 들어 '누구야' 하며 손으로 더듬었으나 잡히는 것은 아무것도 없었다. 갑자기 '주님이 오셨다' 는 느낌이 들어 놀라서 일어나며 눈을 떴지만 보이는 것은 아무것도 없이 등으로 거룩한 손길이 쓰다듬듯이 따뜻한 기운이 느껴졌고 마음에서는 찬송가 257장이 흘러나왔다. "마음에 가득한 의심을 깨치고 지극히 화평한 맘으로 찬송을 부름은 어린 양 예수의 그 피로 속죄함 얻었네." 그리고 마음이 지극히 평안했다. 먹구름과 소나기가 지나가고 새파란 하늘이 드러나는 듯했다. 당연히 하나님이 계셔서 품어주고 계신데 왜 죽냐 사냐 하면서 고민을 했을까! 아직 멍멍하긴 하지만 조용하고 차분한 마음으로 저녁을 조금 먹으니 뱃속이 꾸룩꾸룩하며 막혔던 것이 뚫어지는 것 같은 느낌이 들었다. 그날 밤을 잘 자고 다음날 상담했던 목사님을 찾아가니 "그것이 바로 예수님을 만난 것이다. 들어올 때부터 얼굴 모습이 다르더라. 전에는 세상근심 다 짊어진 사람처럼 찌푸린 얼굴이더니 이번에는 빙글빙글 웃으며 들어오더라."고 하시며 축하해 주셨다. 그리고 누가복음 15장의 둘째아들을 맞아주시는 아버지의 포옹장면을 얘기해 주셨다. 정말 누가복음 15장 20절의 말씀을 그대로 내게 체험시켜 주신 것을 보면서 성경말씀은 그대로 하나님의 말씀임을 확신할 수 있었다. 목사님을 만난 후 늘 다니던 강 위의 다리를 건너오는데 정말 신비로운 기쁨이 넘쳐서 하늘을 붕붕 날아가는 듯하였다. 기쁨이 넘치는 마음으로 '하나님은 정말 살아계시다'고 외치고 싶은 마음이 솟구쳐 울렸다. 그리고 누가 와서 뺨을 때려도 화가 안 나고 '형제님, 하나님을 아세요?' 라고 말할 것 같았다.

이런 거듭남의 감격을 맛본 후 마음속에서 '이제부터는 주님의 말씀을 전하며 살고 싶다.'는 생각이 솟아났다. '어떻게 답답하게 앉아서 의학공부를 하겠나, 살아계신 주님의 말씀을 외치면서 살아야지.' 하는 마음이었다. 그런데 한편으로는 하나님 말씀을 잘못 전하면 어떻게 하나 하는 겁이 나서 '내 마음대로 할 수 없으니, 주님의 뜻을 알려 주십시오.' 라고 기도하게 되었다. 그 후 15일 끝에 가서 꿈으로 선명하게 예배를 인도하는 사역자로 부르셨음을 알려주시어 주께서 택하여 부르셨구나 하는 마음을 가지고 집으로 돌아오게 되었다.

건강은 좋아져 다행이나 신앙과 생각이 너무 크게 변한 나의 모습은 아내에게 큰 충격이었다. 또한 신앙생활의 경험이 없이 갑자기 큰 변화를 겪게 되었으므로 여러 가지 치우친 일들로 혼란이 생기기도 하였다. 주위에서는 남은 의학공부 2년을 마치고 신앙적인 일을 하라는 분도 많았으나 내 마음은 그렇게 할 수 없었다. 매일 성경과 기도에 몰두하지 않으면 살 수 없었다. 목회를 하기로 결단하고 기도하였다. 그리하여 신학공부를 마무리하고 1981년 3월 경기도 용인군 남사면의 한 농촌교회에 전도사로 가게 되었다.

4. 농촌목회와 원목사역, 그 후의 실수와 고난

처음 간 교회는 교인이 약 15명 되는 작은 교회였다. 교회를 세우신 목사님이 계신데 나중에 알고 보니 교인들과의 다툼이 생겨 목회는 안 하시기로 하고 전임 전도사를 구하여 내가 가게 된 것이었다. 목회 경험이 전혀 없는 내가 하나하나 배우면서 일을 하는데 너무 많은 어려움이 있었다. 그래도 산에 올라가 기도하고 나면 마음이 편해지고 희망이 생겨 지속할 수 있었다. 생활환경도 매우 열악하여 갑자기 시골로 내려간 두 아이의 엄마인 아내의 고생도 참으로 심했다. 그때 나는 사역에만 치중해 가족의 고통을 잘 모르고 살았는데 후에 들어보니 내가 아내와 아이들의 고생을 너무 무시하고 지냈구나 싶어 매우 미안했다.

교인들이 아니더라도 마을 분들이 아플 때나 어려움이 있으면 적극적으로 도와주니 지역주민들의 호응은 좋았으나 교인들과 목사님과의 갈등이 깊어져 힘들었다. 그 문제를 해결하려고 금식기도를 하다가 몸이 지쳐 큰 어려움을 겪기도 했다. 결국은 그들의 갈등으로 인해 다음해 5월 그 교회를 떠나게 되었다. 그동안 일한 것과 말씀을 전한 것들이 허사가 된 것을 보며 통곡의 눈물을 흘리고 그 옆 마을의 전궁교회로 옮기게 되었다. 그곳은 비교적 화목하고 안정된 교회라 별 어려움 없이 안정된 생활을 할 수 있었다.

　그런데 2년 후 목사안수를 받을 날이 가까이 왔는데 마음이 개운치 않았다. 내 마음이나 주위 목회자들의 모습이 성경과 거리가 있는 것 같은데 '이대로 목사안수를 받아도 되는 것인가?' 하는 갈등이 깊어져 부근 기도원에 가서 기도에 몰두하게 되었다. 그곳에서 깊이 깨닫고 성령의 임하심을 체험하여 새로운 용기를 얻게 되었다. 그러고 나니 교회 신도들의 신앙이 미지근하여 발전이 없는 것이 보였다. 그때부터 기도와 성경공부에 열중하여 성도들의 신앙이 새로워지는 많은 경험을 하며 교회가 발전하게 되었다. 또 아픈 분들이 많아 의료적으로 도우니 성도들과 마을 사람들이 호응이 커졌다. 또한 아내가 보건진료원으로 진료를 담당하여 큰 도움이 되었다. 실제 농촌에서 살아 보니 도시와는 큰 격차가 있어 많이 낙후되어 있었다. 교회도 마찬가지였다. 교회는 마을마다 있지만 목회자들이 3~4년 있다가 모두 떠나고 사람이 자주 바뀌니 교인들은 목회자를 신뢰하지 않았다. 특별한 일이 있어 한 주만 교회를 비워도 도망간 것이 아닌가하는 의심들을 하였다. 그런 모습들을 보면서 마음이 아파 나는 농촌을 떠나지 않고 계속 농촌목회를 해야겠다는 생각을 하게 되었다. 지금 보면 나나 우리가족의 여러 성향이 농촌생활에 적합한 것이 아닌데 무리하게 했구나 생각되지만, 당시는 어려운 농촌교회를 두고 떠난다는 것이 주님의 일꾼으로 할 일이 아니라는 생각이 확실하여 교회를 옮기라는 주위 분의 충고를 거절하였다. 그런데 8년이 넘자 나도 지쳐 몸이 약해지고 아내도 여러 가지 스트레스로 매우 힘든 상태가 되었다. 그래서 일도 제대로 못하게 되고 선배 목사님의 충고도 적절하다고 생각되어 1989년 8월, 농촌목회를 마무리하게 되었다.

8년 5개월의 농촌목회 생활을 접고 서울로 와 일자리를 찾았으나 적절한 곳이 없었다. 원목으로 일할 자리를 찾았으나 갈 곳이 없었다. 일자리도 없고 수입도 없고 건강도 안 좋은 상태에서 생활과 마음이 많이 힘들었지만 푸른 하늘을 쳐다보며 희망을 가지곤 하였다. 한참을 찾다가 마침 서울아산병원이 세워졌던 때라 그곳에서 병원선교를 개척하는 일을 시작하게 되었다. 비종교적인 병원이었으므로 선교에 힘든 일이 많았지만 동문과 신자들의 도움으로 일하면서 병원의 공식적인 위치는 아니지만 1990년 5월 신우회 지도 목사로 일할 수 있게 되었다. 그런데 상담학이나 신학공부 등을 더 하고자 하다가 사람을 잘못 만나 의외의 곁길로 빠져나가게 되었다. 시한부 종말론에 빠져 신우회 지도목사 일도 그만두고 엄청난 실패와 타격을 입게 된 것이다. 돌이켜보면 너무나 어이없고 창피한 일이 아닐 수 없다. 아내를 비롯한 가족에게 크나큰 상처를 입히고 모든 삶의 기반이 부서져 버리는 일을 당하고 말았다. 내가 너무 어리석고 세상물정에 무지몽매하여 당한 일인데 세상은 너무 간악하다는 생각에 몸서리쳐졌다. 정말 다행인 것은 하나님께서 그 사망의 음침한 골짜기에서 다시 건져주시고 나의 치명적인 단점을 깨달아 고치면서 새롭게 서게 해 주신 것이다.

5. 다시 의사의 길로

제 정신이 들어 다시 살길을 찾을 때 의대 복학의 가능성이 있다는 소식을 접하게 되었다. 하나님의 일을 끝까지 하기로 서원했으므로 그 길을 가야 하는데 혹시 또다시 다른 길로 빠지는 것이 아닌가 하는 우려도 있었으나 이 기회에 2년이라도 공부하여 의대를 졸업하고 새로운 가능성을 열어보자는 생각으로 재입학을 추진하였다. 20년이 지났는데 과연 공부를 할 수 있을까? 학비는 어떻게 마련하나? 하는 염려도 있었으나 절망 가운데 있던 아내가 희망을 가지면서 격려하여 1994년 3월 본과 3학년으로 의학공부를 다시 시작하게 되었다. 20년 전보다 기억력과 체력이 절반 이하로 떨어지고 전에 배웠던 것도 다 잊어버려 힘들었지만 단단히 각오를 하고 예습, 복습을 하며 꾸준히 공부하니 차츰 적응이 되어갔다.

나이도 먹고 여러 사회경험을 한 것이 환자를 대하는 데는 도움이 되었고 기독 동문들을 비롯한 같은 학년 후배들이나 옛 동기들, 선배님과 교수님들이 여러모로 도와주어 큰 힘이 되었다. 참으로 주님은 물론 도와주신 여러분들께 감사드린다. 지금 보면 정말 그때 의학공부를 다시 시작한 것이 참 잘했구나 싶다. 잘못을 합리화하는 것인지 몰라도 하나님께서 다시 의사의 길로 인도하시기 위해 험한 구덩이에 빠지는 것도 허락하신 것이 아닌가 싶기도 하다. 그런 일이 없었으면 아마도 의학공부를 다시 하지 않았을 것 같다. 또한 내 안에 주님께서 주신 의학공부와 의사의 일에 잠재력이 있었구나 생각된다. 전혀 불가능해 보이던 것이 하나하나 되어왔기 때문이다. 2년 공부를 마치고 자신감이 생겨 인턴도, 3년간의 가정의학과 수련의 과정도 잘 마칠 수 있었다. "내게 능력 주시는 자 안에서 내가 모든 일을 할 수 있느니라.(빌4:13)"는 말씀이 새롭게 체험되는 기간이었다.

6년간의 의학공부와 수련을 마치고 나니 어느덧 나이 50이 되었다. 그동안

좌나 우로 치우치며 방황했던 것들이 일단락되었으니 이제부터는 정말 주님의 뜻을 따라 치우치지 않고 제대로 일하며 살아야겠다고 생각하고 일자리를 찾는 중에 이곳 시흥시의 신천연합병원 가정의학과로 오게 되었다. 신천연합병원은 학생시절부터 같이 활동하며 친밀하게 지내던 선배이신 양요환 원장님과 동료들이 지역사회의료를 위해 세운 병원으로 인턴 때부터 응급실 당직 아르바이트를 해왔던 병원이었다. 1999년 레지던트 3년차 때 양원장님이 원목실을 개설하려 하는데 원목으로 일하면 어떻겠느냐고 제안해서서 3월부터 주말에 와 환우님들을 모시고 예배를 드리기 시작했었다. 진료와 함께 병원목회를 하는 것이 적절하다고 생각하여 2000년 2월부터 가정의학과 진료와 원목의 사역을 같이 하게 되었다.

6. 호스피스의 사명

그러던 중 2001년부터 찾아오는 말기암 환자를 돌보게 되었다. 관심을 가지고 그분들의 신체적 통증이나 여러 증상들을 관리해 드리며 마음의 위로와 영적인 지지를 해 드리니 도움이 되었다고 해서 감사했다. 내 스스로도 고통 중에 인생을 마감하는 분들을 돕는 것이 매우 보람있게 느껴졌다. 한 번은 부천시에 사시는 50대 초반의 한 위암말기 환자가 입원하여 "너무나 허무하다."고 괴로운 심정을 토로하였다. 먹고살기 위해 그렇게 애써서 이제는 좀 살만하다 했더니 이렇게 고생만 하다 가게 되었으니 정말 인생이 허무하다는 것이었다. 육체적 고통도 심하지만 그 마음의 고통이 더 심한 것을 보면서 육신의 돌봄과 함께 영적인 돌봄이 매우 중요함을 깨닫게 되었다. 그래서 잠시 퇴원했을 때 그분의 집을 방문하여 진찰과 위로도 하며 예배를 드렸다. 다행히 예수님을 믿고 세례를 받은 후 임종하게 된 그분을 보면서 호스피스의 중요성을 깨닫고 이 일을 위해 주님께서 나를 목사와 의사로 만드셨구나 하는 확신을 가지게 되었다.

그 후 호스피스 완화의료에 대해 배우면서 혼자 할 수 있는 일이 아니므로 지역의 여러분들과 함께 호스피스를 위한 봉사단체를 만들기로 하여 새오름 호스피스(구 시흥호스피스)를 창립하게 되었다. 지역의 목사님들을 비롯하여 뜻있는 분들이 참여하여 해마다 호스피스 교육을 하면서 입원하는 환자나 가정의 환자를 돌보았다. 신천연합병원이 협조하여 병원 안에 팀도 만들고 5개의 전용 병상을 허락해주어 입원하시는 말기암 환자들을 돌볼 수 있었다.

그러면서 호스피스에서의 영적 돌봄에 관심을 가지고 공부하던 중 국립암센터의 표준 교육을 받은 후 영적 돌봄 강의를 내게 부탁하여 말기 환자에 대한 영적 돌봄 강의를 지속하게 되었다.

2007년 7월 기회가 되어 영국, 아일랜드, 독일의 호스피스 기관들을 견학하게 되었다. 특히 현대적 호스피스의 효시인 영국의 성크리스토퍼 호스피스를 보면서 많은 감명을 받았다. 시스리 손더스 여사가 간호사, 복지사, 의사를 하면서 개척해온 과정과 균형 잡힌 전인적 돌봄으로 모든 환우들을 무료로 돌보고 많은 비용의 60%를 후원금으로 충당해 나가는 것을 보며 우리나라에도 이런 기관들이 곳곳에 생겨야 하겠다는 생각을 가지게 되었다. 그리하여 귀국 후 바로 호스피스센터 건립기금 모금운동을 시작했다. 신천연합병원은 작은 규모라 전용 병동을 만들 수 없고 전문적인 호스피스 팀도 만들 수 없는 형편이라 독립기관을 세워 지역사회 중심의 호스피스를 발전시켜야한다는 생각에서 한 것이었다.

독립 호스피스 기관을 세우는 것이 쉽지 않은 일이라 고심하며 기도하고 국내 여러 기관들을 찾아다니며 배움의 기회를 가졌다. 샘물호스피스, 수원기독호스피스, 모현호스피스, 춘천호스피스, 전진상의원 등에서 많은 것들을 배울 수 있어 감사하고, 서울대병원, 서울성모병원, 부천성모병원, 충남대병원 등 대학병원의 체계적인 완화의료를 접하며 배워 도움을 받았다.

2014년 새오름호스피스 창립 10주년을 맞아 새오름호스피스 완화의료센터를 세우기 위해 본격적인 준비를 하였다. 독립 건물을 세울 재력이 부족하여 고민하다가 마침 병원을 위해 세워진 건물의 한 층을 임대할 수 있어 크게 무리하지 않고 시작할 수 있었다. 동역자 목사님이 계셔서 큰 힘이 되었고 많은 지역 분들의 정성이 모여 가능하게 되었다. 어려운 문제 중의 하나는 같이 일할 간호사를 구하는 것이었다. 다행히 호스피스에 사명감이 있는 간호팀장이 오게 되고 간호사 3명이 모이게 되어 4명의 적은 수가 모여 시작할 수 있었다.

드디어 2014년 3월 20일 새오름가정의원의 이름으로 개원하고 24일부터 기다리던 입원 환우를 받아 돌보게 되었다. 2015년 10월 현재까지 개원 후 1년 반을 지내오는 동안 주님의 인도하심과 많은 은혜를 경험하게 되었다. 무엇보다도 오신 분들과 가족이 대부분 만족하고 잘 계시다 가셔서 감사하고, 그 중 새로이 예수님을 영접하고 세례 받은 후 하늘나라로 가신 분들이 많아 주님이 일하시는 현장이라는 느낌을 가지게 되었다. 재정적자, 간호사 등 인력부족, 예상보다 적은 입원 환우 수, 좁은 공간에서의 어려움 등이 있었으나 귀한 일꾼들이 하나하나 모이고, 2015년 7월 15일 완화의료보험수가가 시행되면서 재정에 도움이 되고 건물의 한 층에 병실과 시설을 더 확장할 계획을 추진하게 되어 감사할 뿐이다. 2016년 초부터는 14병상 이상으로 확장하고 완화의료 도우미제도도 시작하여 환우 섬김의 체계가 제대로 이루어진 지역사회 중심의 호스피스 완화의료센터가 거의 완성되리라 기대한다. 그렇게 되면 1년 정도 후에는 가정 호스피스를 활성화시킬 수 있는 방법을 마련하고, 지역에 호스피스를 잘 알릴 수 있는 활동을 더 적극적으로 하며 다른 기관들에도 도움이 될 수 있는 활동을 하고자 한다. 또한 연구와 교육에도 힘을 기울이며 나아가 다른 지역에 지역사회 중심 호스피스가 세워지는 것을 도울 수 있기를 바라고 있다.

앞으로 시간이 가능하다면 호스피스 완화의료의 영적 돌봄에 대한 연구를 하고 싶다. 사망에서 우리를 건져내서서 영생의 빛으로 들어가게 하시는 것이 주님이 호스피스를 하게 하신 궁극적인 목적이라 생각되기 때문이다. 정말 주님 은혜로 죽음을 뛰어넘어 빛의 세계로 가는 분들을 볼 때 기쁨이 넘치고 가족들이 큰 힘을 얻는 것을 보게 된다. 2010년 10월 담도암으로 고생하던 65세의 한 장로님이 입원 18일 후 상태가 나빠져 임종이 가까이 온 것으로 판단되어 가족을 모아 예배를 드리고 자녀들에게 말씀을 하시도록 주선하였다. 환우님은 큰 아들에게 믿음을 권하면서 마무리 말씀을 하셨다. 그 후 4일이 지나 임종이 가까워 1인실로 옮겼는데 그 다음 날부터 오히려 정신이 맑아지고 마음에 기쁨이 넘쳐 "참 좋아요. 내 일생에서 제일 기뻐요. 정말 감사해요." 하며 계속 웃고 지내셨다. 처음에는 의아해 '정말일까?' 했는데 계속 그런 모습을 보여 안 믿던 동생도 감동을 받고 가족 모두가 축제 분위기라고 부인이 환한 얼굴로 말하였다. 우리 팀원들도 감동을 받고 '호스피스가 생애 최고의 사랑과 기쁨을 맛보게 하는 것'이라는 말이 실감이 났다. 그래서 감사의 마음으로 예배를 드리며 축하를 해 드렸다. 죽음 직전에 주님의 충만한 은혜를 맛보신 좋은 예가 되었다. 영적 돌봄이 깊이 있게 이뤄질 때 이런 은혜가 넘치는 일들이 일어나고 성령님의 나타나심이 눈에 보일 정도로 확실해지며 환우님들이 영생의 빛으로 나아가는 것을 볼 수 있다.

우리나라는 종교나 영적 경향이 다양하므로 각자에 맞는 영적 돌봄 방법이 더 연구되어야 한다. 대다수의 기독교인들도 습관적 신앙이나 이 세상에 목적을 둔 종교생활 정도에 머물러 있는 경우가 많아, 주님의 구원의 뜻을 이루기 위해서는 더 깊은 기도와 영적 돌봄의 연구가 필요하다고 느낀다. 이것은 우리나라 전체의 호스피스를 위해서도 도움이 되리라 생각된다. 지금도 호스피스에서 제일 체계가 안 잡혀 있고 제대로 안 되고 있는 부분이 영적 돌봄이기 때문이다.

앞으로 좋은 후배 의사를 만나 호스피스 완화의료의 경험을 전하고 물려주어야 하는 것도 중요한 일로 생각된다. 호스피스에서 의사의 역할이 매우 중요한데 의료적인 일에 익숙해야 하는 것은 물론이고 환우와 가족의 심리 영적인 측면에도 관심을 가지고 팀원 전체가 사랑으로 하나가 되도록 힘쓰는 것이 필요하다. 이를 위하여 계속적인 경험과 수련, 연구가 필요하다. 특히 통증관리에 대해 "꼭 해야 한다. 뜻이 있으면 길이 있다."는 신념을 가지고 방법들을 찾으니 다른 병원에서 통증관리가 힘들었던 분들도 많이 호전됨을 경험하였다. 목회자의 역할도 역시 중요함은 더 말할 필요가 없다. 환우와 가족을 위해 예수님의 심정으로 영적 돌봄을 하고자 하는 목사님을 만나 같이 배우며 일하고 싶다. 사역면에서 이제부터는 후배들을 찾아 돕고 함께하다가 일을 넘겨주는 것이 매우 중요한 일로 보인다.

지금까지의 삶을 볼 때 잘못하고 치우친 것이 참 많아 주님은 물론 가족과 주위 분들에게 죄송스런 마음이다. 그런데 이 못난 것을 주님이 만세전에 사랑으로 택하셔서 죽음에서 건져 영생을 주시고, 큰 잘못 속에서도 때마다 건져내셔서 다시 세워주신 것을 진심으로 감사드린다. 일도 중요하지만 이제는 주님을 뵈올 때 부끄러움이 없도록 주님의 성품을 닮아가는 것이 더 중요하다고 생각된다. 그래서 누가 썼는지 모르나 '목회자들의 기도'를 늘 드리며 다짐한다.

주여 -
목회자가 되기 전에 성도가 되게 하시고,
지도자가 되기 전에 인간이 되게 하소서.

하나님의 영광을 부르짖으면서 내 영광 구하지 않게 하시고,
하나님 중심 외치면서 내 중심으로 살지 않게 하소서.
하나님보다 인간의 머리수를 의식하지 않게 하시고,
하나님 위한다는 명분으로 내 실리 채우지 않게 하시며,
희생을 부르짖으면서 나를 살찌우지 않게 하소서.

자기우상 자아도취에 빠지지 않게 하시며,
양들의 아픔을 알게 하시고,

그들을 위해 손해보는 것을 두려워하지 않게 하소서.

죄의 자리를 떠나는 것을 지체치 않게 하시며,
내게 대한 정당한 비판을 수용하게 하시고,
내게 주신 사명 내 생애에 이루게 하시며,
내가 부르다 죽을 찬양 "하늘가는 밝은 길이" 되게 하소서.

예수님의 이름으로 기도드립니다. 아멘.

황승주

서울대 의예과를 1969년에 입학하여 1973년 민주화운동 관련 사건으로 제
적당하였다가 1994년에 재입학하여 1996년에 서울의대를 졸업하였다. 제
적 기간 중에 한국기독교 장로회 선교교육원 신학부를 졸업하고 목사 임직
을 받고 농촌교회에서 시무하였다. 그 후 서울대학교병원 가정의학과에서
전공의 수련을 받고 가정의학과 전문의가 되었다. 한국호스피스완화의료
학회 부회장을 역임하였으며, 신천연합병원 원목 및 가정의학과 과장을 거
쳐 호스피스 환자를 주로 보살피는 새오름가정의원 원장으로 재직 중이다.
〈 병상에서 신음하는 당신을 위하여〉 등의 저서가 있다.

받은 복을 세어보아라

황현상

(마취과 전문의, 재미)

우리는 매일의 삶을 이끌어가면서 앞을 바라보기보다는 뒤를 돌아보며 내 삶을 가늠하는 경우가 너무도 많다. 내가 이 일을 선택하지 않고 저런 일을 했었더라면 좀 더 나은 삶을 살고 있지 않을까 하는 생각을 한두 번 안 해본 사람은 없을 것이다. 어느 누구라도 현재의 삶이 내가 이룰 수 있는 최상이라고 생각하는 사람은 극히 드물다고 생각한다. 나도 예외는 아니다.

내가 New York Downstate에서 수련을 끝마칠 즈음 과장이 나를 불러 그곳에 남아 있으라고 권고했을 때, 그것을 받아들였다면 아마도 뉴욕 근교에서 개업을 했을 것이고, 그랬으면 지금의 내 삶의 형편이 좀 여유롭지 않았을까 하는 생각을 할 때가 종종 있다. 이것이 우리 인간에게 주어진 욕심의 한계라고나 할까?

그러나 우리의 마음이 편하기 위해서는 현재의 내 환경에서 만족할 줄 아는 지혜를 터득하는 것이 상책이라고 생각한다. 내가 믿는 예수님은 이런 말씀을 하셨다. "너희 중에 누가 염려함으로 그 키를 한 자나 더할 수 있느냐?" "내일 일을 위하여 염려하지 말라. 내일 일은 내일 염려할 것이요, 한 날의 괴로움은 그날에 족 하니라."

결국 우리는 이미 지나간 일에 대한 아쉬움으로 속을 태우며 쓸데없는 에너지를 소모하고 있을 때가 너무도 많다.

나는 지금 내 생을 돌아보며 내가 받은 복을 열거해 보려고 한다.

1950년 12월 5일 평양을 떠나 피난길에 들어섰다. 대동강 가에 도착하여 보니 셀 수 없이 많은 인파가 불에 타다 남은 목조 가교를 건너기 위해 아비규환 그 자체였다. 많은 사람이 인파에 깔려 부상을 당하는 가운데서도 우리 일행은 무사히 6시간 만에 건널 수 있었다.
19일 간의 보행으로 서울에 도착하기까지 한 번도 폭격이나 군인들의 총격의 피해를 받지 않았던 것이 그냥 우리의 행운이었을까?

황해도 어느 곳에서 미군들이 우리 피난민들을 해주 방향으로 가도록 하고 신막 쪽으로 가는 철로 길을 막고 있었다. 그때 나의 부친이 해주 방향으로 가려면 배를 타지 않고서는 더 남행을 할 수 없으니 우리는 신막 방향으로 가야 한다면서 미군 병사들이 식사 교대를 할 때까지 기다리자고 하였다. 몇 시간을 기다려 드디어 그 방향으로 길을 들어 설 수 있었다.

뒤에 들리는 말에 의하면 해주 방향으로 갔던 많은 피난민들이 다시 북쪽의 고향으로 돌아갔다고 한다.

어떻게 그런 생각이 우리 부친의 머리에 떠올랐을까 하는 생각을 하면서 보이지 않는 큰 손(하나님)이 움직여주었다고 믿는다.

인천 항구를 통해 미국 상선 빅토리호를 타고 제주도에 무사히 도착하여 1952년 4월까지 피난민 생활을 하였다. 내가 정착한 월정리라는 곳에 1951년 2월쯤 인천에서 수십 명의 감리교인들이 와서 월정감리교회를 세우고 또 학교를 그해 연말 그들이 떠날 때까지 운영하여 영어를 배울 수 있는 기회를 얻고, 교인 생활을 할 수가 있었다.

1년 반 후 부산으로 나와서 고등학교를 2년 2개월 만에 졸업하고 모두가 갈망하는 서울대학교 의과대학에 합격하여 6년 만에 졸업할 수 있었던 것도 같은 맥락으로 믿고 있다. 졸업 후 해군 군의관으로 갈 수 있었던 것도, 또 내 아내 명조를 만난 것도 내 자신이 어떤 특별한 노력을 해서 된 일은 없다.

1965년 도미하여 St. Paul, MN를 거쳐 Youngstown, OH에서 마취 전문의 과정을 마친 것 그리고 필요한 시험 과정들을 한 번의 시도로 다 통과 한 것, 모두가 나에게는 하나님께서 주신 복이라고 생각한다. 4남매의 자녀를 키우

면서 그들이 원하는 대로 공부할 수 있도록 재정적인 부담을 할 수 있게 하여
주신 것 또한 감사의 제목이다. 그들은 지금 어엿한 직업인들로 자기들의 몫
을 하고 있다(변호사 1명, 의사 3명).

내가 은퇴를 할 때 많은 사람들이 최소한 수백만 달러의 은퇴 연금이 있어
야 된다고 하였으나, 나는 그 반도 못되는 액수를 가지고 용감하게 은퇴를 하
여 아직도 원금을 축내지 않고 살고 있다. 내게 부족한 것보다는 받은 복이 더
많음을 항상 느끼며 하나님께 감사하며 행복한 삶을 즐기고 있다.

황현상

서울의대를 1961년 졸업하고, 해군 군의관을 마치고, 도미하여 성바울병원
과 영스타운병원에서 마치과 전공의 수련을 마치고 마취과 전문의가 되었
다. 현재 슬하에 변호사 1명과 의사 3명의 자녀를 두고 있다.

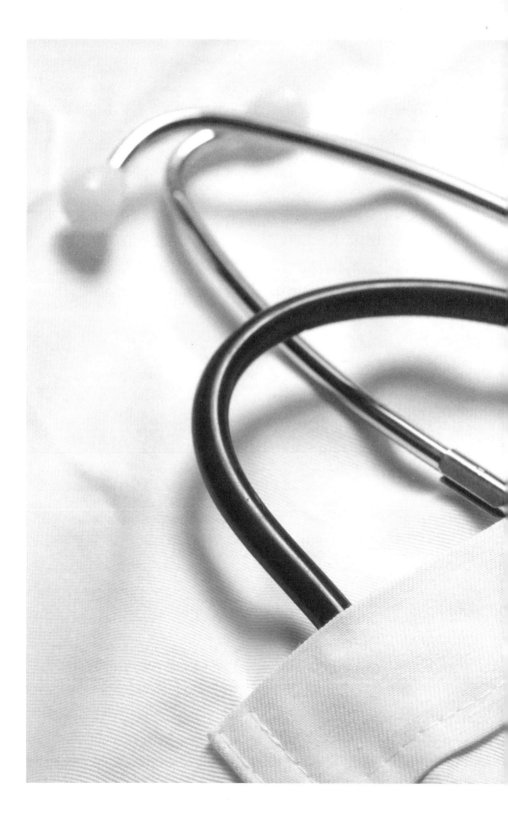

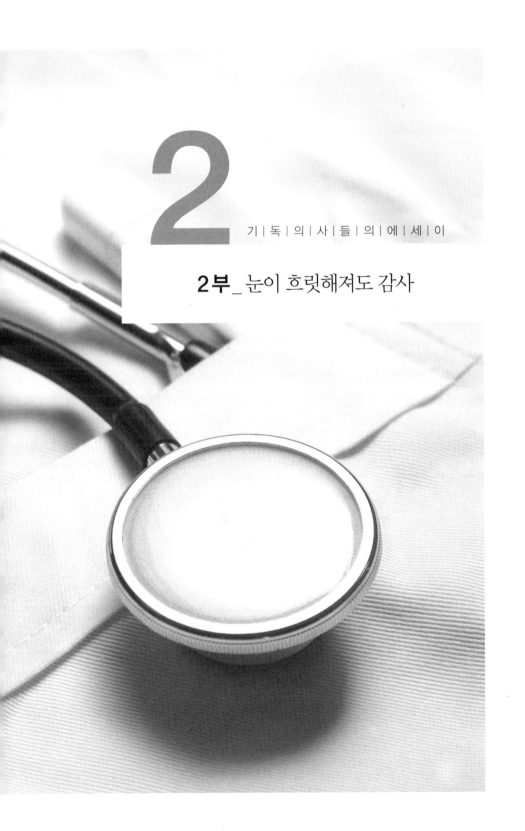

2

2부_ 눈이 흐릿해져도 감사

_눈이 흐릿해져도 감사

찰스턴에서의 연수기
미국 연수, 어디까지 가봤나?

권형민

(서울대학교 보라매병원 신경과 교수, 양재 온누리교회)

한 유명 조사기관의 발표에 의하면 지난 수년간 미국에서 가장 여행하고 픈 도시 1위는 화려한 뉴욕이나 유서 깊은 보스턴이 아니라 사우스캐롤라이나(SC) 주의 자그마한 도시 찰스턴(Charleston, 1670년 정착 시작)이라 한다. 우리나라 사람들에게 다소 생소한 찰스턴은 과거 남북전쟁이 시작된 곳이며 영화 '바람과 함께 사라지다'의 촬영지로 알려져 있는데, 우리나라 같으면 경주 같은 도시라고 이해하면 좋을 것이다. 식민지 시대 미국 남부의 중심지로 노예무역과 거의 수면과 맞닿은 평탄한 옥토가 많아(SC를 Lowcountry 라고 부르기도 함) 농장 중심의 농업이 발달한 탓에 엄청난 부와 영화를 누렸다고 한다. 남북전쟁 때는 북군의 대규모 공격이 가까스로 피해

갔기에 옛 건물이 고스란히 남아 현재까지도 남부 고유의 아름다운 자태를 뽐내고 있었다. 우리나라 교수 내지 의사들에게 생소한 이곳을 연수지로 정한 데에는 내 나름의 몇 가지 이유가 있었다.

미국 연수 출발 10개월 전까지 나와 우리 가족은 연수를 가느냐마느냐 쉽사리 결정하지 못하였다. 가장 큰 이유는 큰 아들이 벌써 중학교 1학년이었기에 그 애가 우리나라에 돌아와서 적응하는 데는 상당한 무리가 있었기 때문이다. 그 대안으로 나와 초등학교 3학년이 되는 작은 아들만 미국으로 가는 경우를 생각할 수 있었는데, 가족이 떨어져 지내는 것은 우리 가족으로서 도저히 상상할 수 없는 일이었다. 하지만 인생이라는 게 계획대로만 되지는 않는 법! 평소 둘째 아들을 지극히 평범하게 키워 미안한 마음이 많았던 우리 부부였기에 아내의 설득과 아들을 위한다는 마음에서 부자(父子) 미국연수라는 새로운 분야에 도전하게 되었다. 하지만 새로운 인생 장르 개척에 대한 설렘과 도전에 앞서 앞으로 겪어야 될 여러 가지 난관을 생각하니 막막하였다. 가족이 떨어지는 생이별과 혼자서 아들 양육을 해야 하는 것과 또 남들보다 훨씬 팍팍한 삶 가운데서 연구에 도전해야 한다고 생각하니 앞이 캄캄하였다.

미국 연수를 결정하고 나서는 연수지가 문제였다. 나의 연수 기준은 첫째, 남들이 잘 가지 않는 곳, 둘째, 집 렌트비가 저렴한 곳, 셋째, 교육과 치안이 좋은 곳, 넷째, 한인이 많지 않은 곳, 다섯째, 유명한 뇌졸중학자(strokologist)가 있으면서 나의 사정을 봐줄 수 있는 곳이었다. 이 까다로운 기준을 통과할 곳이 과연 있겠나 싶었지만 다행스럽게도 잘 아는 대학 후배가 찰스턴에서 전공의 과정을 밟고 있었고 그곳 생활과 병원 분위기에 대한 상세한 정보를 주어 일은 일사천리로 진행되었다. 그리하여 사우스캐롤라이나 의과대학에 계신 Marc I. Chimowitz 교수에게 연수 허락을 받았고, 2014년 2월 10일 나와 둘째 아들은 미국 땅을 밟았다.

처음에는 서로가 불안하여 우리 네 식구 모두가 동행하여 2주간을 같이 보 냈다. 그런데 그곳에 도착하자마자 유래 없는 ice storm이 닥쳐 모든 관공서 가 문을 닫는 바람에(이곳은 한겨울이라도 좀처럼 기온이 영하로 내려가지 않는다.) 전기, 수도 등록이 지연되었고, 우리는 낯선 이국땅에서 처음부터 고생을 겪게 되었다. 하지만 우리보다 4개월 먼저 연수 오신 명지병원 박종호 선생님 가족의 도움과 한국 분을 위해 헌신적으로 도와주시는 부동산업자의 도움으로 정착에는 큰 문제가 없었다. 이윽고 찰스턴에서의 2주를 보내고 나 서 우리 가족은 생이별을 하였다.

이제부터는 새로운 주부로서, 아이의 전적인 양육자로서, Chimowitz 교수 의 첫 해외 연수자로서 임무가 막중하다고 생각하였다. 무엇보다 한국 음식 을 유난히 좋아하는 까다로운 아이의 입맛 때문에 요리에 많은 시간을 보냈 다. 아침 6시 30분에 기상하여 아침밥을 하고 오전 7시 조금 넘어 아이를 학 교에 차로 데려다 주고난 후 병원에 가서 연구를 하고 오후 2시 반경에 아들 을 데려오는 일은 분주하기 그지없었다. 왜 그렇게 시간이 빨리 가는지 하루 가 정말 빠르다고 느껴졌고 우리 나라의 엄마들이 얼마나 위대한지를 알게 되었다. 솔직한 심정으로 아이를 키우는 것이 논문 한 편 쓰는 것보다 몇 배 나 어려워 보였다. 하지만 아들을 위해 이렇게 시간을 보내는 것이 그에게는 잊을 수 없는 순간이므로 매사에 최선을 다하려고 하였다. 인터넷으로 요리

레시피를 찾아가며 새로운 요리에 도전하였고 돼지고기 보쌈, LA 갈비, 돈까스, 된장찌개, 떡국, 잔치국수, 카레라이스, 짜장밥, 스파게티, 계란말이, 오징어무침, 오뎅볶음 등 요리에 일가견이 생겼다. 이렇게 되자 나의 요리 실력은 어느덧 옆집에 있는 한국서 연수 오신 가족들도 초청해서 식사도 몇 번 대접할 정도는 되었다. 주말마다 아들과 함께 남부의 자연을 만끽하려고 자주 나갔고 운동을 싫어하는 아들을 위해 테니스도 같이 하려고 노력하였다. 남북전쟁의 발발지인 Fort Sumter, 1670년 찰스턴 정착지, Donelley Wildlife, 패밀리 파크, 마이너리그 야구장도 찾아다녔고 자동차로 5시간이 넘는 거리에 있는 애틀란타도 수차례 다녀왔다. 아들의 봄방학, 추수감사 주간에는 올랜도 디즈니랜드, 스모키마운틴, LA와 라스베가스 여행도 하였다. 여름 방학기간에는 네 가족이 다시 합류하게 되었다. 나는 우리 가족이 두 집 살림을 하는 동안 매일매일 아내와 전화 통화 하였지만 다시 만나게 된다고 생각하니 너무너무 가슴이 설레었다. 결혼하고 나서 이렇게 보고 싶은 적이 없지 않나 싶었다. 애틀란타 공항에서 만나는 순간 멋지게 포옹하면서 눈물을 흘릴 생각까지 미리 하게 될 정도였다. 하지만 공항에서 둘째 아들이 저 멀리 엄마를 발견하자 큰 소리로 '엄마' 라고 부르고 엉엉 울기 시작하더니 나의 계획은 언제 그랬느냐는 듯이 물거품이 되고 말았다. 공항에서 모든 사람들이 우리에게 주목을 하던지라 나는 어쩔 줄 몰랐고 아들을 달래기에 바빴다. 여태껏 어린 아들은 내게 엄마 보고 싶다는 내색 한 번도 안 했는데 그동안 아빠를 위해 잘 참아주었다고 생각하니 더 가슴이 찡해 나도 모르게 눈물을 하염없이 흘렀다. 그렇게 우리 가족은 공항에서 진한 이산가족 상봉을 재현하였고 꿈같은 한 달을 찰스턴과 미국 동부/캐나다 투어를 하면서 달콤한 가족애를 나누었다.

Chimowitz 교수는 내가 한국에서 둘째 아들만 데리고 온 사정을 잘 이해해 주었고 나에 대해 많은 배려를 해주었다. 출생이 유태인인데다가 뇌졸중 분야의 이정표와 같은 WASID, SAMMPRIS 연구의 책임연구자로서 2013년 AHA에서 수여하는 임상 뇌졸중 분야의 최고상을 받은 연구자이기에 자부심이 매우 큰 분이라고 생각했다. 하지만 이 분은 후배를 통해 들은 대로 겸손하고 학문 외적인 부분에 있어서도 배울 점이 많다는 것을 알게 되었다. 한 번은 그곳 병원 레지던트들과 함께 Chimowitz 교수의 집에서(병원에서 매우 가까우므로) 뇌졸중 세미나를 가졌다. 그 자리에서 한 전공의의 논문 발표가 끝난 후 Chimowitz 교수가 코멘트를 하였는데 그 요지는 '중요하고 변치 않을 것이라 여기는 지식이 언젠가는 뒤집히는 경우가 있으니 학자는 언제나 겸손해야 한다.' 는 것이었다.

내일이면 육십 세를 바라보는 대가의 입에서 나온 소리라서 내게는 마음속 깊은 반향이 있었다. Chimowitz 교수는 내게 SAMMPRIS CRF를 처음부터 열람시켜 주었고 좋은 아이디어가 있으면 같이 연구를 하자고 제의하였다. 또한 내 개인컴퓨터에서 모든 환자의 CT/MRI를 볼 수 있게 PACS를 설치해주었다 (이로써 재택근무도 가능하게 되었다). 나는 평소 이 데이터에 관심을 가지고 보았던 지라 심한 뇌동맥협착이 있는 환자들에서 소혈관질환(small vessel disease)이 예후에 어떤 영향을 미치는지를 보고 싶다 제안을 하였다. Chimowitz 교수는 연구를 실제적으로 진척되게 여러 연구자들을 소개시켜 주고 뒤에서 밀어주었다. 그 결과 2015년 국제뇌졸중학회에 우리의 연구를 발표하였고 임상적 중요성을 인정받아 JAMA Neurology에 채택이 되었다. 여기서 놀란 것이 하나 더 있는데, Chimowitz 교수는 그 논문의 제1저자는 물론 책임저

자까지 나에게 양보한 것이었다. 이는 아이디어가 완전히 내 것이었으니 본인이 SAMMPRIS 책임자라 할지라도 교신저자까지 내게 주어야 한다는 것이었다. 나는 이 부분에 대해 놀라지 않을 수 없었다.

나의 미국 연수 생활에서 빼놓을 수 없는 또 하나의 부분은 한인 교회와 한국 사람들일 것이다. 나와 우리 가족은 그분들에게 많은 은혜를 입었다. 그분들은 순수한 사랑으로 나의 처지를 잘 헤아려 주었고 때때로 우리 가족의 부족한 점을 채워주셨다. 같은 크리스천이었지만 그분들에게서 풍겨져 나오는 순수함은 내게는 도전을 넘어 신선한 충격으로 다가왔다. 나는 그동안 한국에서 바쁘다는 핑계로 신앙에 있어 매너리즘에 빠져들고 있었지만 그곳 한인교회에서의 삶을 통해 새로운 도전을 받았고 어떻게 살아야 하는지에 대해 많은 것을 생각하게 되었다. 이국땅이라는 힘든 환경 속에서 신앙을 지켜나가고 진정한 공동체를 이뤄나가는 그분들의 모습이 내게는 모두 감동의 드라마와 같았다.

그동안 한국에서 학회 일과 병원 일로 무척 바쁜 일상을 보내다 남들과 색다른 연수생활을 할 수 있었던 것은 내게 너무나 소중하고 감사한 1년이었다. 어린 아들과 평생 잊지 못할 추억을 만들고 가족 모두의 소중함을 몸소 체험하는 뜻깊은 순간이었다. 우울해지려는 감성을 색소폰 연주로 달랠 수 있어 좋았고, 미국 동포 친구를 사귀어 평생 하지 않을 것만 같았던 골프를 시작한 것도 행운이 아닐 수 없었다. 큰 아들은 아빠가 곁에 없는 동안 중2병을 제대로 앓았지만 항상 정신적으로 교류를 하였더니 이제는 든든한 나의 오른 팔이 되어서 고마울 따름이다. 이 모든 시간을 나와 동행해주신 하나님께 감사드린다. 오늘 여기까지 있게 해주신 서울대학교 신경과학교실의 선생님들과 선후배 모두께도 감사를 드린다. 또 미국에서 동고동락한 명지병원의 박종호 선생님 가족과 아주대병원의 임용철 선생님 가족에게도 감사를 드린다. 지난 일 년이 꿈에서도 아련하고 그 생각만 하면 오늘도 입가에 미소가 절로 난다.

권형민

서울의대를 1998년에 졸업하였고, 서울대학교병원에서 신경과 전공의 과정을 수료하고 신경과 전문의가 되었다. 현재 서울대학교 보라매병원에서 신경과 교수로 재직 중이며, 교육연구실 교육수련담당과 서울의대 의예과 담당을 맡고 있다. 대한뇌졸중학회와 대한신경초음파학회에서 활동 중이다. 양재 온누리교회에 출석하고 있으며 HUB대학부 멘토를 맡고 있다. 서울의대기독동문회 이사를 맡고 있다.

눈이 흐릿해져도 감사

김종철

(충남의대 영상의학과 교수, 대전 마중물교회)

누구나 다 늙게 마련입니다. 지극히 정상적인 과정입니다. 세월이 지나도 늙지 않거나 어린 나이인데도 늙어 보이는 것은 엄연한 질병입니다. 나이를 먹어가노라면 몸 구석구석이 (어리거나 젊었을 때보다) 점점 더 약해지고, 탈·고장이 잘나고, 병이 들 수도 있습니다. 얼굴도 노쇠해지면서 주름살이 많아지는 노안(老顔)으로 바뀌곤 하지요. 머리카락이 하얗게 변해서 그 백발이 노안을 뒤덮으면 노인 티가 완연하게 드러나지요. 백발이 되었다고 너무 비관할 필요는 없습니다. 백발은 공의로운 길에서 얻는 영화의 면류관일 수 있기 때문입니다.

나이가 들어가면서 시력이 떨어지고 시야가 좁아지고 눈이 점점 침침·흐릿해지는 이유는 무엇일까요? 물론 의사·의학자인 제가 생리적·의학적인 노화 현상으로 생기는 노안 혹은 노시에 관하여 상세·장황하게 설명할 수 있습니다. 사람들은 늙어감에 따라 대부분의 경우, 안구에 있는 수정체의 탄성과 굴절력이 줄어, 원근에 의한 초점거리 조절력이 약해져서 가까운 곳, 즉 코앞이나 눈앞의 것이 잘 보이지 않게 됩니다.

하지만 그런 것 이외에도 다음과 같이 더 중요한 원인도 있지 않을까 싶네요. 철이 조금이라도 들었다면, 젊었을 때처럼 절대 한 치도 손해 보지 않고 전혀 양보하지 않고 작은 이익을 누구보다 먼저 차지하려고 눈에 핏발이 서도록 노려보고 있지만 말라는 가르침 아닐까요? 돈벌이에 혈안이 된 채 돈에 목매느라 안압이 올라가는 위험을 이제는 피하라는 충고 아닐까요? 어떤 사람의 장점·강점·특이점에만 눈길을 주고, 단점·약점·결점에는 눈을 감아서 '눈에 뵈는 게 없는 사람'이 되라는 잠언 아닐까요?

"사랑은 눈 먼 것이 아니다. 더 적게 보는 게 아니라 더 많이 본다. 다만 더 많이 보이기 때문에, 더 적게 보려고 하는 것이다."라는 폴란드 태생의 미국 성직자인 랍비 줄리어스 고든 (Rabbi Julius Gordon)의 말은 정말 심오하지요?

산전수전 다 겪고 온갖 풍파와 격랑 속에서도 죽지 않고 살아남은 역전의 노장이니, 이제는 어떤 일이 닥쳐와도 촐랑거리지 말고 지그시 눈을 감은 채 마음을 다스리는 절제의 미덕을 주위에 보여주라는 충언 아닐까요?

매사를 조금 거리를 둔 채 떨어져서 느긋 · 무심 · 무덤덤 · 담담하고 여유롭고 너그럽게 (주관적이 아닌 객관적으로) 바라보면서, 어떤 일이 벌어져도 '아무렴, 그럴 수도 있지'라는 긍정 · 수용 · 포용의 눈길을 줄 수 있어야 한다는 권고 아닐까요?

독수리 눈처럼 두 눈을 딱 부릅뜨고 모든 것을 악착같이 다 보아서 옳고 그름을 가려야 직성 풀리던 질풍노도의 시절을 지났으니, 이제는 정말 봐야 할 것만 보고 나머지에는 눈을 감아 보지 말거나 안 보이는 척 하라는 지혜를 가르치는 말 아닐까요?

눈에 독기를 올려 쏘아보는 기운으로 눈총을 주거나 눈에 힘만 준다고 문제가 다 해결되는 것 아니잖아요? 이제 제 안에서 불쑥불쑥 튀어나오려고 하는 살기 · 독기는 온전히 왕따시켜 지구 밖으로 내던져 버리렵니다. 그 대신에 나이가 들수록 눈에 총명한 기운 즉 총기가 넘치고 눈매가 서글서글하고 눈길이 포근한 사람이 되고 싶습니다.

그리하여 어질고 도타운 마음씨와 덕스러운 얼굴빛인 덕기(德氣)가 충만한 사람으로, 즉 너그럽고 어진 도량과 재능을 갖춘 사람 즉 덕기(德器)로 농익어 가길 원합니다.

"눈은 마음의 창"이라고 하지요? "Eyes are the window to the soul."라는 영어 표현과 똑같은 것이 참 신기하기만 합니다. 동양과 서양을 뛰어넘어 사람들의 생각이 어쩌면 이렇게 동일한지요.

초보 조각가가 사람의 얼굴을 조각할 때에는 나중의 수정 보완을 위해 가능한 한 코는 크게 하고 눈은 작게 새긴다는 불문율이 있다고 하네요. 코는 처음에 크게 만들어야 나중에 작게 깎을 수 있고, 눈은 처음에 작게 새겨야 나중에 크게 고칠 수 있기 때문이랍니다. 노쇠할수록 점점 눈살을 찌푸리면서 눈을 좁혀야 잘 볼 수 있지만, 마음의 창인 두 눈이 삶의 지혜와 포용으로 드넓어진 노인의 마음을 반영하듯 커질 수 있으니까 얼마나 다행이고 감사한 일인가요.

오랜 삶의 여정에서 온갖 고생을 마다하지 않은 두 눈이 예전처럼 초롱초롱하거나 반짝반짝 빛이 나지는 않지만, 시력 저하와 시야 축소에도 불구하고, 지혜·공감·이해·경험의 눈빛은 눈물겹도록 찬란하게 빛을 발할테니까, 늙어간다고 실망할 필요는 전혀 없습니다.

특히 나와 같은 영상의학과 의사들은 종일 여러 개의 모니터를 넘나들면서 의학 영상을 판독하느라, 양쪽 눈이 여느 사람들보다 훨씬 더 혹사를 당하지요. 그러다보니 안구건조증, 건성안에 시달릴 때가 적지 않습니다. 이 안과 질병은 눈물 자체 또는 눈물의 한 가지 성분이 부족하거나 눈물막이 과도하게 증발되는 바람에 눈물막이 안구 표면에 충분한 윤활 작용을 나타내지 못하여 안구 표면이 건조하게 되고, 이로 인해 눈의 불쾌감 및 자극 증상이 유발되는 병이지요.

그래서 넘치도록 수고하고 있는 제 두 눈을 자주 쉬게 하면서 피로를 풀고, 또 진심어린 위로와 격려로 두 눈을 정성껏 다독거려주고 있지요. 눈이 뻑뻑하거나 충혈되고 앞이 뿌옇게 보이는 증상이 심해지면 인공 눈물도 사용하긴 하지만, 되도록 컴퓨터나 스마트폰 사용 중에 적절한 휴식을 취하고, 의식적으로 눈을 자주 깜박거리거나 잠깐이라도 눈을 지그시 감아 안구를 눈물이 적셔주도록 애쓰고 있답니다.

머리에 하얀 새치가 생기면 생길수록, 인자한 눈을 통해 상대방이 제 진심을 느낄 수 있도록, 자신감과 친절을 담아 서로의 눈을 정답게 쳐다보면서 삶을 나눌 수 있길 바랍니다.

몸은 예전 같지 못해도 아직 볼 수 있음은 너무나 감사한 기적 아닐까요? 나이 들수록 감사가 넘치는 사람은 자신뿐만 아니라 주위를 환하게 밝히는 등불이 될 게 분명합니다.

"가장 축복받는 사람이 되려면 가장 감사하는 사람이 되라."는 미국의 제29대 부통령이자 제30대 대통령이었던 존 캘빈 쿨리지 2세(John Calvin Coolidge, Jr.)의 말이 제 가슴에 깊숙이 파고드는 걸 보니, 저도 나이를 먹긴 먹었나봅니다. 그래도 철이 좀 더 들어가고 있으니까 천만다행이지요.

김종철

서울의대를 1979년에 졸업하고, 국립경상대학교 의과대학을 거쳐 현재 충남대학교 의학전문대학원 영상의학과 교수로 재직 중이다. 대한비뇨생식기계 영상의학회 회장, 대한초음파의학회 감사 등을 역임하였다. 수필가이며, 〈돛단배 하늘 높이 띄우고〉 〈성스러운 성에 성공하자〉 〈팔푼이 행진곡〉 등의 저서와 공저가 다수 있다. 현재 대전 마중물교회 안수집사로 섬기고 있다.

학회를 참석하고 나서

남상윤

(전 충남의대 산부인과 교수, 스와질란드 선교사)

학회 참석차 케이프타운 하버브릿지호텔에 투숙한 적이 있다. 체크인 하는데 '4층 옥상 수영장에 가면 전망이 좋다'고 안내해주었다. 전망 좋다는데 가보지 않을 이유가 없었다. 올라가 보니 수영장은 볼 품 없지만 전 망은 역시 좋았다. 평화로운 항구 모습을 볼 수 있을 뿐 아니라 건물 사이로 〈테이블 마운틴〉과 〈라이온 헤드〉가 잘 보였다. 그런데 〈라이온 헤드〉를 보면 서 왜 〈라이온 헤드〉일까(?) 하는 생각이 들었다. 내가 보기에는 차라리 침팬 지 헤드였기 때문이다. 위키페디아를 찾아보니 〈테이블 마운틴〉에서 바라보 면 라이온 헤드같이 보인다는 거였다. 어느 한 곳에서 바라본 모양을 가지고 이름을 짓는다는 것이 우스워 보이긴 했지만 누군가 그렇게 지었으니 그렇게 부를 수도 있겠구나 생각했다.

우리나라 지명에도 비슷한 경우들이 적지 않다. 전북 진안에 있는 산은 말의 귀 모양으로 보인다 하여 마이산(馬耳山)이라 지었고, 예천군 지보면은 마을의 지형이 여성의 외음부를 닮았다 하여 그것을 거꾸로 부르면 나오는 지보로 붙여졌다는 설이 있다. 물론 고려시대 지보암이란 곳의 이름을 땄다는 설도 있지만. 대전은 한밭(큰 밭)을 조선 초기 한자화하여 대전이라 붙여졌고, 용인시 유방동은 냇가를 따라 버드나무가 무성히 자라 '버드실' 이라 불렸는데 역시 한자로 바꿔 유방동으로 이름 지었단다. 유성 온천동은 온천이 있어서, 고양시 식사동은 임금이 식사하고 간 적이 있어서 지어졌다. 부산 광복동은 일본인들이 많이 거주하던 지역으로 광복 직후 다 쫓아내고 그렇게 지었고, 거제의 망치리는 경치가 좋아 그렇게 붙여졌다. 일제의 잔재가 남아 있는 곳도 있는데, 인천 송도는 인천에 드나들던 일본의 전함 마츠시마의 한자 표기를 딴 것이다(松都의 일본 발음이 마츠시마). 일제의 잔재주를 볼 수 있는 지명도 있다. 강릉의 왕산면이 그것인데, 왕산은 고려의 마지막 왕인 우왕의 전설에서 붙여진 것으로, 우왕이 폐위된 뒤 2개월 간 강릉에서 유배생활을 하다가 살해되었는데 불사이군의 충정 어린 민심이 그를 기려 마을 이름을 왕산(王山)이라 붙였다. 그런데 일제가 '王' 자 앞에 일본을 상징하는 '日'을 붙여서 '旺山'(성할 왕)이라 변경하였다가 2년 전에 옛 이름을 되찾았다. 보신각 종이 있는 종로도 마찬가지다. 조선시대에는 종 때문에 '鐘路' 라 표기했는데 일제는 민족 말살 정책의 일환으로 종로라는 명칭을 깎아내리기 위해 '종' 자를 쇠북을 의미하는 '鐘' 에서 술잔을 의미하는 '鍾' 자로 바꿔버렸었다가 광복 50주년이던 1995년 '역사 바로 세우기 사업' 의 일환으로 되찾게 된 것이다.

학회에 참석하고 보니 많은 변화도 엿보였다. 첫째는 참석자가 많이 줄어든 것이다. 개최지 때문일 수도 있지만 세계 경제 사정이 좋지 않아 그런 것이 아닌가 생각되었다. 게다가 비슷한 성격의 학회가 너무 많기 때문이기도 할 것이다. 이번에 참석한 학회는 IUGA 학회인데, ICS, EUGA, AUGS, GFI 등 적지 않은 학회가 있어 참석자가 분산되었기 때문일 것이다.

둘째는 언제부터인가(?) 연제 발표 시 자신이 연결되어 있는 회사가 있는지 숨김없이 털어놓는 슬라이드를 비춰주었는데, 이번 학회에서는 아예 연제 제목과 발표자가 언급되기도 전에 'Disclosure' 슬라이드가 먼저 비춰졌다. 어떤 연자는 슬라이드를 비추면서 '나는 아무런 편견이 없으며 다만 증거의학을 맹신할 따름'이라는 말까지 했다. 학회를 평가하는 survey 질문 중에도 'Did you detect any commercial bias in any of the presentations/ speakers? If yes, please explain.'이라는 것이 있었다. 그만큼 많은 연제들이 돈에 연결되거나 bias를 가져올 수밖에 없는 무언가가 있었다는 증거일 것이다.

편견은 누구나 가지고 있다. 불량한 음식 대신 잘 조리된 음식 먹는 것을 좋아하는 것과 같은 대부분의 편견은 도움이 된다. 그러나 인식의 지름길은 문제를 일으킬 수 있다. 그 지름길이 돈과 연결되어 있다면 참으로 불행한 일이다. 그런데 요즘 적지 않은 교수, 고위공직자, 국회의원, 법조인까지 돈과 연결되어 부정과 불의를 저지르는 것을 보면서 안타깝기 그지없다. 이들도 일하기 전에, 선거나 법률 제안 전에, 판결하기 전에 〈나는 돈과 아무런 관련이 없다〉는 선언을 하고 시작했으면 좋겠다.

돈과의 거래가 없다 하더라도 자신의 가설을 옳다고 주장하기 위해 연구 계획, 데이터 수집 및 분석 그리고 연구 발행 단계에서 편파적인 방법으로 수행한다면 이 또한 문제이다. 물론 이 반대의 경우도 있는데, 폐경 여성의 호르몬 치료에 대한 연구가 그것이다. WHI에서 시행한 호르몬치료 연구에서 대상군의 연령을 잘못 설정하는 바람에 가설이 뒤집히는 결과를 가져와 수많은 여성을 놀라게 하고 산부인과 의사가 호르몬제 처방을 꺼릴 수밖에 없도록 만들었던 것이다.

또 지난 7년간 여당과 야당이 한 것을 보면 편견이 너무 심한 것이 아닌가 생각된다. 똑같은 사안을 두고 보는 견해가 어찌 그리도 다른 지? 사사건건 부딪히기만 하는 것을 보면 사팔뜨기도 보통이 아니라 악성 사팔뜨기들이다. 소신 있는 몇 명의 반란도 일어날 만한데 그런 경우를 거의 본 적이 없으니 참으로 안타깝다. 이들이 과연 나라를 위하는 건지, 자기 패거리를 위하는 건지 도무지 알 길이 없다. 물론 긍정적인 생각과 부정적인 생각이 있을 수 있다. 물이 반 컵 남아 있을 때 '겨우 반 컵밖에 없다' 고 부정적으로 말할 수도, '아직도 반 컵이나 남았다' 고 긍정적으로 볼 수 있다. 그러한 경향은 생각하는 주체의 선택에 달려 있으니까. 그러나 그걸 가지고 국회 문까지 닫아 놓고 거리로 나가 떠들어 댔으니 본인들이 되돌아 봐도 〈웃겼다〉고 할 것이다. 어느 누구도 완벽할 수 없다는 것을 알아야 하는데 자신은 '완벽하고 문제가 없다' 고 생각하기에 사사건건 상대를 향해 책임을 전가하고, 애매한 희생양을 만들어 악순환을 겪었던 것은 아닌지?

최근 한국교회를 걱정하는 소리가 적지 않다. 물론 그렇게 말하는 사람부터 문제이기는 하지만 그러한 소리를 흘려들을 것도 아닌 것 같다. 사실 작금 성도나 목회자나 할 것 없이 너무나 물질욕, 세속주의, 기복주의에 물들어 있고 특히 목회자들의 명예욕, 권력욕, 자기도취, 업적주의 등을 보면 심히 위험한 수준에 빠져 있는 걸 본다. 이제 한국교회는 외적 관심에서 내적 관심으로 의식을 전환해야 한다. 특히 목회자들은 말씀을 깊이 묵상하고, 그 결과물을 가지고 성도들을 올바른 가르침으로 인도해야 할 것이다. 그리고 매 순간, 설교전 다음과 같이 털어놓을 수 있으면 좋겠다.

'나는 정치와 권력과 명예에 관심이 없습니다.'
'나는 돈과 성공을 신으로 보지 않습니다.'
'나는 오로지 성경말씀과 성령의 역사만을 의지합니다.'

물론 이러한 선언은 목회자뿐 아니라 모든 성도, 특히 지도자급 성도들에게도 마찬가지로 필요하다. 그래서 이제 한국교회가 하나님만을 사랑하고, 사랑과 정의가 조화를 이루는 성숙한 신앙으로 무장되었으면 좋겠다.

남상윤

서울의대를 1979년에 졸업하고, 서울대학교병원에서 산부인과 전공의 과정을 마치고 산부인과전문의가 되었다. 이후 충남의대 산부인과 교수로 재직하다가 2014년 정년퇴직을 하고, 스와질란드에 의료선교사로 파송되어 선교사로 섬기고 있다. 대전천성감리교회에서 장로로 시무하였고, 현재 스와질란드 Potter' s Wheel Church(국제교회)에 출석하고 있다. 대한산부인과학회, 대한부인암학회, 대한비뇨부인과학회 이사 및 감사를 역임하였으며, 한국기독의사회 회장, 서울의대기독동문회 회장을 역임하였다.

콘트라베이스
- 신집사의 성가경연대회 -

신현호

(단국의대 제일병원 내과교수, 소망교회)

현재 30년 이상 출석하고 있는 교회의 남선교회는 성인 남성 교인들을 5년 정도의 연령별로 구분하여 나누어지며, 각 남선교회 안에는 다시 교육부, 문화부, 봉사부, 선교부, 연구개발부, 전도부, 친교부 등의 여러 부서로 구성되어 있다.

매달 한 번씩 각 남선교회 별로 찬양과 예배드리는 시간 외에 외부 강사를 초빙하여 특별 강연을 듣기도 하는 월례회 모임이 있다. 그 중에도 매년 5월에는 각 부서별로 회원의 부부가 함께 참가하는 성가 경연대회가 열렸었다. 부원이나 부인중에 음악가나 성가대원이 있을 수도 있지만 거의 대부분은 음악을 전공하지 않은 일반 교인들이었다. 이 성가대회를 준비하기 위해 2월부터는 매주 한 번씩의 요일을 정하여 저녁시간에 음악실이나 교육실 등의 미리 배정받은 일정한 장소에서 합창 연습을 늦은 밤까지 하곤 했었다. 각 부서마다 조금씩 차이는 있지만 대략 30~40명 정도가 한 팀이 되었다. 지금으로부터 꼭 12년 전에는 제3남선교회 봉사부의 일원으로 아내와 함께 합창연습에 참여하게 되었다.

부장과 차장을 비롯한 많은 부원들은 내 목소리가 좋다고 대환영이었다. 나는 베이스 파트에 가담하였다. 지금은 새찬송가에 수록된 '여기에 모인 우리'라는 지정곡과 자유곡으로는 '목자의 노래'라는 성가를 정하여 지휘자의 지도에 따라 모두들 합창 연습에 열심이었다. 그런데 어느 날 지휘자가 갑자기 베이스 파트만 불러보라고 하고, 그 다음에는 한 소절씩 따로 개인별로 한 사람씩 부르게 하였다. 조금 불안감은 들었지만 차례가 되어 평소대로 부르니 나의 발성 자체가 베이스의 본래 음보다도 너무 낮다고 지적을 해 주었다. 가장 큰 현악기인 '콘트라베이스'가 낼 수 있는 음을 목소리로 내고 있다고 하였다. 즉, 인간의 목소리로는 내기 어려우며 악기만이 낼 수 있는 음을 가지고 있다고 하였다. 다른 부원들도 모두 신기해하였다. 그런데 자주 '음 이탈' 현상이 일어나므로 조심해서 음정은 일정하게 맞추어 달라고 부탁하였다.

그 후부터 지휘자는 연습 중간중간에 부드럽게 리듬을 타는 식의 어법으로 "네~, 소프라노~, 계속 올려 나가시고요~.", "테너도~ 자신감 있게~ 그렇게 하시면 됩니다~."등의 격려를 하면서 베이스 파트에 대해서는 "네~, 베이스도 좋습니다~. 콘트라베이스도 (음정은) 맞추어서 잘 따라 오세요~."하는 식으로 베이스와 '콘트라베이스'를 구분하여 지시하기 시작하였다. 단원들의 개인별 음의 높낮이와 음색까지 구분하고 확인해 내는 음감을 가진 지휘자의 실력에 감탄이 저절로 나왔다.

막상 성가경연대회 당일에 각자의 위치 선정에서 부장은 나를 제일 중앙 지점에 서게 하였다. 바로 앞의 왼쪽은 알토, 앞의 오른쪽은 소프라노, 바로 왼쪽은 베이스, 오른쪽은 테너 파트였다. 이렇게 하여 4개 파트의 중심점에 자리 잡게 된 것이었다. 인물이 출중해서 그런가 하고 잠시 착각했지만, "신 집사님, 마음 편하게 하고 부르세요."라고 말하는 부장의 배려 섞인 한마디에 그 의미를 금방 알아 챌 수 있었다. 콘트라베이스, 베이스, 테너, 소프라노, 알토 파트를 자유자재로 넘나드는 나의 광범위한 음역을 고려하여 가급적 심사위원들에게 잘 포착되지 않을 만한 안전지대를 나에게 제공해 준 것이었다.

지정곡 및 자유곡의 성가 합창이 끝나고 좌석을 꽉 매운 수많은 청중들의 박수갈채를 받으며 단상에서 부원들과 함께 내려오는데, 앞에 서있던 지휘자가 성큼 나에게 다가 와서 악수를 청하면서 조금은 나지막한 목소리로 얘기하였다. "신 집사님, 정말로 감사합니다." 순간 부근의 다른 사람들은 이해가 잘 가지 않는 듯이 이 광경을 물끄러미 잠시 바라보고 있었지만, 그 감사의 의미를 나 혼자만은 금방 감지할 수 있었다. 무대 위에서의 마지막 결전의 순간 내내 계속 목소리는 내지 않고 입만 크게 벙긋거렸던 것이었다. 최종 심사 결과 우리 부서가 일등을 한 후 뒤풀이 모임에서 부장을 비롯한 많은 부원들이 일등의 공은 나에게 있었노라고 야단들이었다.

그 다음 해 지정곡은 '십자가의 길 순교자의 삶'으로 정해졌고 각 부서 팀별로 정하게 되는 자유곡은 우리의 지휘자가 심사숙고하여 정해 주었다. '주는 우리의 피난처' 라는 제목의 성가였다. 조용하고 차분해 보이는 지정곡과

대비와 균형이 잘 이루어질 거라고 하였다. 즉, 박진감 넘치며 템포도 조금 빨라서 경쾌해 보이기도 하는 곡이었다. 새롭게 연습을 시작하면서 나는 부원들에게 테너 파트로 옮기겠다고 주장하였고 아무도 반대를 하거나 시비를 거는 사람은 없었다. 그런데 이번에는 목소리를 제대로 내어 보겠다고 선언하자 모두들 긴장하기 시작하였다.

지휘자도 실력과 통솔력을 겸비하고 정성을 쏟는 대단한 분이었지만 부원들 모두도 잘 순응하면서 열심히 연습하고 노력하여 또 다시 일등을 하였다. 그 당시 들뜬 분위기에서 분명한 기억은 나지 않지만 심사위원장은 조금 재미있게 각 팀들의 장단점에 대해 강평을 해 주었었다. 불문율로 2년 연속하여 같은 부서에 최우수상을 주지 않게 되어 있었지만 워낙 진지하고 정성으로 준비한 모습들이 보이고 다른 부서 팀들과는 음악적 실력에서도 너무 월등한 차이를 보여서 할 수 없었을 것이라고 우리들은 추측하였었다. 정말 부원들의 노력도 대단했었는데 그 이유 중 하나는 목소리 큰 나의 음을 감춰 주기 위해서는 모두들 합심하여 더 큰 소리로 정확하게 부르는 연습을 해야 했던 점도 있지 않았을까 하고 생각해 보았다.

지휘자가 빙그레 웃으며 말하기를 알토 파트가 좀 약한 것 같은데 다음번의 성가경연대회에서는 내가 알토를 좀 도와주면 어떻겠느냐고 농담 반, 진담 반으로 제안하였다. 그러나 그 당시의 다음 해에는 내 나이에 맞는 상위의 제4 남선교회로 올라가야 했으므로 지휘자의 요청을 들어 줄 수가 없는 안타까움(?)이 있었다.

지금에 와서 그 당시의 여러 상황들을 되돌아 볼 때 과연 나는 음악적 감각이 둔하여 음을 제대로 나타내지 못하는 사람이라고 정의되는 음치(音癡)였던가? 아니면 음을 다스리는 사람이라는 뜻의 소위 '음치(音治)'의 경지에 가까이 가고 있지 않았었는가 하고 조심스럽게 웃으면서 자문해 본다.

하여튼 분명한 사실은 그 당시에도 병원의 업무 그리고 학회의 활동 등으로 그렇게 바빴던 와중에 교회 행사 참여에도 열정적이었던 기억은 스스로 지금의 마음을 뿌듯하게 만들어 주기도 한다. 최우수상 팀에게만 주어지는 특별 행사로 성가경연대회 다음 주의 수요 예배 시간에 교회의 본당에서 담임 목사님의 칭찬이 곁든 소개 후에 강단 앞 중앙에서 합창을 2년 연속으로 두 번이나 했다는 사실은 정말 노력의 결실로 이루어낸 커다란 보람이었다고 생각해 본다. 이러한 과거의 경험들을 바탕으로 하나님을 더욱더 찬양하면서 현재와 미래로 계속 이어져 나가는 아름다운 믿음의 자산으로 남겨지기를 소망해 본다.

우리의 서울의대 기독동문 모든 분들이 주님이 주시는 기쁨과 여유를 가지고 파도와 거친 풍랑이 오더라도 피난처이신 주님을 늘 믿고 의지하면서 승리하시기를 그리고 감사하는 마음도 함께 충만하시기를 우리 주 예수님의 이름으로 기도드립니다. 아멘.

신현호

서울의대를 1978년에 졸업하였고, 순환기내과 분과전문의다. 단국의대 제일병원 내과교수로 재직 중이며, 진료부원장을 역임하였다. 대한고혈압학회 기획이사와 총무이사를 역임하였고, 한국지질·동맥경화학회 이사장과 회장, 대한비만학회 회장을 역임하였다. 현재 서울대학교 총동창회, 의과대학 동창회 및 서울대학교 의과대학 기독동문회 이사를 맡고 있다. 소망교회 의료선교부 차장과 경찰선교부 의료팀장으로 섬기고 있다.

나는 장애인입니다

원장원

(경희의대 가정의학과 교수, 충신교회)

지금이야 한국사회가 성숙해서 그렇지 과거에는 장애인이라고 하면 보살펴주고 양보해주어야 할 대상이라고 생각하기보다는 가까이하고 싶지 않은 사람, 열등한 사람 그리고 불쾌하고 때로는 지저분한 사람으로 생각하기 십상이었다. 전쟁 후에 많은 장애인들이 갖가지 해괴한 모습으로 혹은 험상궂은 행동으로 구걸을 하러 다니는 모습을 흔히 경험했기 때문이 아닌가 싶다. 심지어 어떤 사람은 장애인을 나와는 다른 인간 종으로 착각하는 사람도 있는 것이 아닌가 싶을 정도로 장애인에 대한 차별이 매우 심하던 시절이 있었다.

에피소드 1

초등학교(그때는 국민학교였다.) 때 심하게 다리를 절던 남자 친구가 있었다. 그 시절에 흔한 일이었듯이, 아마도 소아마비를 앓아서 그랬던 것 같다. 그 친구 아버지는 조그만 가게(지금으로 말하면 마트)로 생활을 해나가던 분이었는데 과자와 음료도 팔고 연탄 배달도 같이 했던 것 같다. 그 친구가 사는 곳이 우리 집 바로 윗동네여서 자주 만나곤 했는데 그 친구 아버님은 자신의 가게에서 막걸리를 드시고 취해있는 경우가 잦았던 것 같다. 그 가겟집 친구는 꽤 공부도 잘했으나 개구쟁이에다가 성격이 조금 모가 나 있었던 것 같다. 무슨 일이었는지 정확히 기억이 나지는 않지만 조금만이라도 내가 자신의 마음에 들지 않으면 내게 "빙신!!!"이라고 말하곤 했다. 그때는 몰랐다. 왜 그 친구가 나를 병신이라고 놀려대는지….

에피소드 2

역시 초등학교 때 일이다. 초등학교 4학년 때부터인가 갑자기 시력이 나빠져서 검은 뿔테에 안경알 주변으로 동그라미가 여러 개 그려지는 근시안경을 쓰고 다닐 때였다. 혼자 동네에서 조금 떨어진 한적한 길을 걷고 있을 때였는데 내 앞에서 걸어오던 사내놈이 느닷없이 내 얼굴의 안경부위를 주먹으로 가격을 하고는 유유히 사라지는 황당한 일이 있었다. 무슨 심사가 뒤틀린 일이 있어서 지나가다가 내게 분풀이를 한 것 같았다. 안경이 깨졌는지 기억이 없지만 눈과 코가 만나는 부위에 안경코가 강하게 눌러서 심하게 아프고 깊은 상처가 나지 않았나 싶다. 너무나 통증이 심해서 '악' 소리 한번 질렀을 뿐 그 사내놈에게 대들거나 주변 사람에게 그놈을 잡아달라고 부탁할 엄두도 나지 않았다. 다만 내 자신이 한심해서 눈물만 흘렸던 것 같다. 그때는 몰랐다. 내가 보호받아야 할 취약한 장애인이란 것을….

에피소드 3

중학교 다닐 때였다. 가르치시던 과목은 생각나지 않는데 조금 마르고 까탈스러운 남자 선생님 수업이었다. 그런데 그날의 말씀은 평생에 잊지 못하고 있다. 선생님 왈, "여러분들 모두 따지고 보면 다 장애인들이다." 어쩌면 그날 장애아 친구가 수업 시간에 딴 짓을 하다가 선생님에게 들켰고 선생님이 그 친구를 앞으로 나오게 해서 혼을 내는 와중에 학생 누군가가, "병신…"이라고 야유했는지 모르겠다. 나는 선생님의 입에서 나온 이 뜻밖의 말에 매우 놀란 한편, 이게 무슨 헛소리인가 하고 생각했는데… 끝까지 선생님 말씀을 듣고 보니 정말 옳으신 이야기였다. "안경을 쓰고 있는 사람들도 눈에 장애가 있는 것이므로 모두 소아마비나 귀머거리와 다를 바 없는 장애인이다." (아마도 이런 말씀도 하셨던 것으로 생각된다). "마음에 병이 들어 있는 사람들도 다 장애인이다." 선생님께서는 장애인의 사전적인 의미를 알려주셨을 테다. "장애자란 신체의 일부에 장애가 있거나 정신적으로 결함이 있어서 일상생활이나 사회생활에 제약을 받는 사람이다." 나는 시력이 매우 나빠서 안경을 쓰지 않고는 일상생활이 힘들기 때문에 장애인에 해당된다는 사실에 큰 충격을 받았다.

에피소드 4

역시 같은 중학교 때였다. (지금도 존경하는) 여자 국어 선생님이 내게 큰 가르침을 주셨다. 그 중학교는 큰길에서 골목길을 따라 100m 정도 걸어 들어가야 학교 정문이 나오는 곳에 위치해 있었다. 어느 날 아침 학교 등굣길에 바로 그 골목길에서 그 국어 선생님을 만나서 같이 걷게 되었다. 혹시라도 늦지 않으려고 학교 정문을 향해 제법 빠른 걸음으로 선생님과 같이 걷고 있었던 것 같다. 그런데 중간쯤 왔을까 싶은데 옆에서 그 국어 선생님께서 갑자기 내 팔을 잡아 끄시면서 (조용한 목소리로) 천천히 걷자고 하시는 것이 아닌가. 나는 갑작스런 선생님의 말씀에 어안이 벙벙해서 무슨 일 때문에 그러시냐고 여쭈었다. 선생님은 그냥 이유는 묻지 말고 천천히 걷자는 것이었다. 얼마간 속도를 상당히 늦추고 나서야 선생님께서 이유를 이야기해주셨다. 아까 바로 우리 앞에 다리를 심하게 저는 학생이 걷고 있었는데, 그 학생을 우리가 추월하게 되면 그 학생은 자신의 불편한 다리를 더 원망하게 될 테니 천천히 뒤쫓아 걷자고 했다는 것이었다. 아닌 게 아니라 앞을 쳐다보니 한쪽 다리가 불편한 학생이 한 손으로 불편한 다리를 붙잡아가면서 기우뚱기우뚱 하면서도 열심히 걷고 있었다. 비록 자신은 열심히 걷지만 야속하게도 온전한 다리를 가진 학생들이 한결같이 앞질러 가고 있었다.

나는 그 국어 선생님으로부터 수업시간에도 많은 가르침을 받았지만 등굣길에서의 그 사건으로 인해 평생 잊지 못할 교훈을 얻었다.

이제 나는 아프고 장애를 갖고 있는 환자들을 돌보는 의사가 되었다. 장애가 있던 친구와의 경험, 내가 장애자라는 충격적인 깨달음, 장애자로서 낯선 사람에게 맞았던 경험 그리고 중학교 국어 선생님의 장애자에 대한 태도에 대한 가르침은 의사가 된 이후로 지금까지 환자를 진심으로 이해하고 배려하는 데 큰 밑거름이 되고 있다. 의사로서 가장 중요한 덕목은 머릿속에 들어 있는 의학적인 지식보다도 몸과 마음이 불편한 환자에 대한 연민이라고 생각하기 때문이다.

그리고 의사 자신도 사실은 장애인이란 것을 먼저 깨달을 때 환자를 진정으로 대하게 되고 겸손한 자세로 환자의 눈높이를 맞추어 환자를 볼 수 있다고 생각한다.

원장원

서울의대를 1987년에 졸업하고, 한림의대를 거쳐 경희의대 가정의학과 교수로 재직 중이며, 경희의료원 기독봉사회 회장을 역임하였으며, 홍보부장을 맡고 있다. 대한가정의학회 총무이사와 대한노인병학회 간행이사를 역임하였으며, 현재 대한노인병학회 학술이사를 맡고 있다. 이촌동 충신교회에 출석하고 있다.

1970년대 빈민 진료의 추억

이건재

(강원대학교병원 재활의학과 교수, 주님의 교회)

서울의대 기독학생회는 1970년대부터 도시영세민에 대한 무료 진료를 시작하였다. 아마 그 전에도 산발적으로 있었던 듯하다. 내 기억에 그렇단 이야기다.

한국은 해방 후 이승만 대통령 집권 하에 미국식 민주주의와 자본주의 시장 경제를 도입하고 건국의 틀을 잡았으나 북한의 남침으로 인하여 경제적으로 피폐해졌고, 위생 상태의 불량으로 인하여 콜레라, 뇌염, 장티푸스는 연례행사가 되었다. 지금은 없어진 천연두와 소아마비 환자도 그 당시는 흔히 보는 질병이었고, 뇌염·콜레라가 전국을 휩쓸면 학교에서 여러 명이 사라지곤 했다. 그리고 전쟁 후라 어찌 그리 상이군인은 많고, 도처에 음성 나환자가 돌아다녔는지… 무서워서 인적이 드문 곳은 가지를 못했다.

문둥이가 아이를 유괴하고 간지럼 태워서 죽여 간을 빼먹으면 병이 난다는 흉흉한 괴담이 돌던 때이다. 두메산골 이야기가 아니다. 60년대 초반 서울 사대문 근처, 요새로 치면 강남 3구 이야기다. 병원 문턱이 높아 주로 약국이나 민간요법, 혹은 한방에 의존하여 침을 맞았던 기억은 지금도 선하다. 학질이라 하여 말라리아 치료로 유럽에서 유행했던 동종요법이라는 이열치열(열나는 사람을 더 덥게 하여 치료) 치료법도 보았고, 기생충 보유율이 95%에 달해 아침 조회 중 입으로 회충을 토하는 것도 여러 번 보았다. 매년 회충약인 산토닌을 모든 학생들에게 먹이는 게 연례행사여서 굶은 상태에서 먹으면 하늘이 노랗고 나중에 대변에서 회충 사체를 확인하고는 하였다.

지금은 하진 않지만, 쥐와 파리가 들끓어 쌀도 축내고 전염병의 매개가 되어서, 쥐를 잡아 그 꼬리를 제출하는 숙제가 있었고, 파리를 그 당시 있었던 유엔 성냥갑에 넣어 제출하는 숙제도 있었다. 전 국민의 영양상태가 좋지 않았던 시절이라, 비타민을 복용하는 게 자랑이었던 시절이었고, 시골에서는 소변 대변도 꼭 자기 밭에서 해결하여 그 인분을 비료로 취급하던 시절이니, 질병과 기생충이 만연할 수밖에 없었다.

그런 와중에 초등학교 2학년, 3학년 때, 부패와 장기집권에 반대하는 4.19 의거와 무능한 장면정권의 반기를 든 박정희 소장의 5.16 혁명이 일어났다. 그 당시 국민 소득은 80불 정도, 필리핀이나 버마, 태국보다 훨씬 못 살고 아프리카 잘 사는 국가보다도 못한 수준이었다. 살이 찐 사람은 요새 비만이라 하여 경원의 대상이 되지만, 그 당시는 사장님이라 하여 부러워하였다. 북한에 비만이 없는 것을 보면 이해가 될 듯하다. 의료적으로 서양의학과 한의학이 큰 축을 이루었으며, 약국이 거의 일차진료를 담당하던 시절이었다.

박정희 대통령의 경제개발계획으로 인한 산업화와 도시화로 수많은 공장이 생기고 시골의 농어민이 서울 등의 대도시로 직장을 구하러 많이 상경하였으며 대도시는 지금처럼 아파트가 없었으므로 서울 변두리, 영등포, 청량리, 미아리 등 부도심 주변의 야산이나 청계천 부근에서 판자촌 등 달동네를 형성하고 있었다. 이런 상황에 의대 기독학생회를 포함한 송촌, 송정, 카사 등 진료 서클의 주말을 이용한 도시 달동네 진료와 방학 때의 농어촌 진료는 많은 도움이 되었었다.

처음에는 청계천에서 개척교회를 하시던 김진홍 목사와 같이 활동하였고 청계천 한양대 근처인 송정동에서 진료를 하다가 청계천 철거 후에는 경기도 화성군 남양면 독정리에 독일의 후원으로 교회를 세워 가지고 사역을 하셨고, 지금은 구리시에서 교회를 담임하고 계신다. 송정동 이후로 1976년엔 미아4동 돌산, 당시 삼양동이라고 불리었던 달동네에서 진료를 하였는데, 삼양동 버스 종점에서 언덕을 한참 올라가 개척교회에서 간단한 약과 드레싱 세트를 가지고 레지던트 선생님과 홍창의 교수님 등 스태프들과 함께 했던 기억이 나며 지금처럼 고령화가 진행되었던 때가 아니라 어린이나 젊은 환자도 제법 있었다. 주로 호흡기나 소화기, 혹은 관절 등 근골격계 질환 등이 주종이었고, 영양실조나 감염성 질환 등 기생충 질환도 적지 않았다. 보통 30명에서 50명

수준으로 환자를 보았고, 약은 제약회사에서 도움을 주었다. 조금 심한 분들은 대학으로 연계시키기도 하였고, 근처 병원에 인계하기도 하였는데, 보험이 안 되던 시절이고 약국이 일차 의료를 담당하였던 때였고, 병원의 수가가 상당이 높았던 때라 맹장수술 하느라 집을 팔았던 시절이다.

1977년 500인 이상의 직장보험이 시작된 연유도 그 당시 남북한이 유엔에 가입이 안 됐던 상황이었고, 단지 세계보건기구의 주재관을 파견한 상태였는데 당시 동아일보에 맹장수술 비용이 없어 죽은 환자의 이야기가 대서특필되었는데 북한 주재관이 남한 주재관에게 '자기들은 사회주의식 의료로 돈이 없어 죽는 사람은 없다.' 며 남한 주재관에게 이야기하였다. 그 당시 남북한의 경제규모가 비슷하였고, 우리가 북한을 추월한 것은 일차 석유 파동으로 중동 건설 붐이 일어난 70년 중반 이후인 듯하다. 결국 그 이야기는 박정희 대통령에게 보고되었고, 1977년 의사단체의 반대에도 불구하고 500인 이상의 사업체에 의료보험이 강제 실시되었고, 1979년엔 사립학교 교원과 공무원 그리고 1989년 7월에는 전국민 의료보험이 실시되었다.

기독학생회 주말 진료는 그 후 사당동 총회신학회 뒷산 달동네 희망교회로 옮겼는데, 그곳은 정명기 목사와 강명순 사모가 도시 빈민을 위하여 공부방, 탁아소 등을 운영하고 있었다. 강명순 사모는 나중에 부스러기 선교회를 운영하고 이명박 대통령 때 한나라당 비례대표 국회의원 1번으로 선출되어 국회에서 보건복지위원으로 일하셨고, 지금도 부스러기 모임을 이끌고 계신다. 그 후 진료지를 성북구 하월곡동 돌산의 달동네에 있는 동월교회로 옮겼고, 10여 년 전 돌아가신 허병섭 목사님이 목회하고 있었는데, 그 지역은 나중에 이동철 국회의원과 작가 황석영이 쓴 '어둠의 자식들과 꼬방동네 사람들' 의 모델이 되었던 곳이다. 이 책은 그 당시 베스트셀러였고, 이장호 감독이 안성기를 주연으로 제작한 영화도 큰 히트를 쳤었다.

하월곡동 동네 진료는 계속되어 90년 초까지 공릉동에 개업하고 있었던 내가 환자를 하월곡동에서 의뢰받아 본 기억이 난다. 또 한편으론 여름 겨울 방학을 이용한 하계 동계 진료가 있었는데, 여름엔 강원도 겨울엔 경기도 화성군 독정리에 있는 김진홍 목사의 활빈교회에서 하였다.

강원도는 횡성군 강림리 삼척군 미로면 지금은 태백시가 된 황지예수원 등에서 하였는데 보통 30에서 50명 정도의 의대생 간호학과생 레지던트 및 스태프 선생님들이 참석하였다. 아직 임상경험이 없는 저학년 위주로, 여름·겨울 성경학교도 동시에 진행하였고, 저녁시간을 이용하여 수양회 프로그램을 진행하였다. 기간은 보통 진료와 성경학교 6일 정도였고 진료인원은 하루 100여 명, 성경학교 인원 50명 정도 된 듯하다. 또 예방보건이라 하여 가정방문하여 계몽과 질병예방 교육하는 활동도 했었고, 주민들을 모아서 교육도 했으며 초등학교 운동장에 선교영화 '이기풍 목사전' 을 주민들과 같이 관람하기도 했고, 그 당시 귀했던 소프트볼을 가지고 가서 주민들과 시합도 하고 학교에 기증하기도 하였다. 기생충이 많던 시절이라 콤반트린이라는 광범위 항생제를 모든 주민에게 일괄적으로 나누어주기도 했다. 나름 어려운 시대에 보람 있는 일이었던 것 같다. 아마 지금 동남아 수준 생각하면 될듯하다.

그래도 그 당시 땀 흘리며 활동했던 학생들이 지금 국가의 의료정책의 수립에 기여하였고, 아직도 현장에서 열심히 자기 본분을 다하고 있고, 대통령 주치의도 맡고 있는 걸 볼 때, 기독학생회 때의 경험이 많은 도움이 된 듯하다.

이건재

서울의대를 1980년에 졸업하고, 서울대학교병원에서 재활의학과 전공의 수련을 마치고 재활의학과 전문의가 되었다. 공릉동에서 재활의학과 의원을 개원하고 있다가 강원대학교병원으로 자리를 옮겨 현재 강원권역별 재활병원장과 강원의대 재활의학과교실 주임교수로 있다. 주님의 교회에 출석하면서, 서울의대기독동문회 이사로 있다.

그의 나라와 그의 의를 구하는 기도

이진학

(서울의대 명예교수, 지구촌교회)

"그런즉 너희는 먼저 그의 나라와 그의 의를 구하라. 그리하면 이 모든 것을 너희에게 더하시리라." (마태복음 6:33)

우리는 매일 수많은 기도를 하고 있다. 교회는 물론이고 방송과 텔레비전에서도 끈질긴 기도로 원하는 결과를 얻은 간증이 "때가 찰 때까지 기도하라"는 교훈과 함께 우리를 기도하게 한다. 때로는 어느 교회, 어느 목사님의 기도와 안수가 더 영발이 있다고 하여 수소문해서 먼 길을 찾아가기도 한다.

필자는 진정한 기도 응답에 대해 생각하다가 예수님의 열두 제자의 일생을 떠올리게 되었다. 잘 알려진 바와 같이 요한을 제외하고는 모두 끔찍한 방법으로 순교하셨고 예수님도 십자가에서 인류 역사상 가장 고통스러운 죽음을 맞으셨다. 그러면 예수님과 그 제자들은 기도가 부족해서 죽음을 당하셨을까, 아니면 끔찍한 죽음을 당하게 해달라고 기도하셨을까?

그렇지는 않은 것 같다. 마태복음 26장 39절에 "내 아버지여 만일 할 만하시거든 이 잔을 내게서 지나가게 하옵소서. 그러나 나의 원대로 마시옵고 아버지의 원대로 하옵소서."라고 기도하신 것을 보면 예수님이 원하신 바는 십자가의 죽음이 아니고 죽음의 고통을 피하는 것이었지만, 본인 소원이 이루어지는 것이 아니고 하나님의 뜻대로 따르겠다고 기도하셨다.

즉 하나님의 뜻은 때로는 우리에게 고통을 주고 죽음까지도 원하시는 것을 알 수 있다. 그러면 이런 사실을 우리가 알고도 예수님과 같은 기도를 할 수 있을까? 과연 예수님의 제자들과 예수님은 결국 죽음을 당하는 것이 하나님의 뜻이라는 것을 아시고 어떤 믿음과 마음으로 기도를 하셨을까?

사실 우리는 수많은 기도를 하지만 누구에게 기도하는지, 또 기도하는 자신이 누구인지 깊이 생각하지 않고 기도하는 경우가 많다. 우리 기도의 대상은 천지를 창조하시고 불가능한 것이 없으신 만능의 주(主)이시다. 기도하는 우리는, 그러하신 하나님이 자기 아들을 고통 속에서 십자가에 죽게 하시고 구원하신 사랑하는 그의 자녀이다.

그리고 기도에 앞서서 이미 그의 아들의 죽음과 부활을 통해 기도하는 우리에게 영생을 먼저 주셨다(요한복음 3:16 "하나님이 세상을 이처럼 사랑하사 독생자를 주셨으니 이는 그를 믿는 자마다 멸망하지 않고 영생을 얻게 하려 하심이라."). 즉 우리는 이미 영생을 가진 존재로서 기도하는 것이다. 따라서 기도는 창조자이고 전능자인 하나님께 그의 아들의 목숨과 바꿀 만큼 그의 사랑을 받고, 이미 그 아들의 죽음과 부활을 통해 영생을 얻은 우리가 이 세상을 살면서 간구하는 것이다.

그렇다면 우리가 무엇을 구해야 할지는 명백하다. 이미 영생을 얻은 우리는 세상에서는 도저히 얻을 수 없는, 세상 것이 아닌 그의 나라와 그의 의 밖에는 구할 것이 안 남은 것이다. 이미 영생과 천국을 얻은 우리가 이 세상에서의 소원, 즉 크고, 많고, 보암직하고, 먹음직한 것만 구한다면 하나님 보시기에는 참으로 답답하고 섭섭한 노릇이 아닐까, 이미 수십억 재산을 주었는데 돈 1,000원을 안 준다고 계속 섭섭해하고 떼를 쓰는 아이를 보는 심정과 같으실 것이다.

물론 모든 것을 아뢰라고 하셨으니, 우리의 어려움과 두려움, 간절한 소원을 아뢰는 것은 주님이 하라고 하신 당연한 일이다. 그러나 병원에 와서 의사의 이야기는 듣지 않고 자기 생각만 이야기하고 의사의 처방은 받아들이지 않고 환자 스스로 치료방법을 정하여 고집하는 어리석음을 우리가 범하고 있지 않은지 생각해보아야 한다.

우리의 기도는 이렇게 해 달라는 것이 아니라, 이 일을 통한 하나님의 뜻을 알게 해 달라는 기도 그리고 하나님 뜻대로 이루게 해주시고 그것을 받아들이는 믿음과 깨달음을 달라는 기도, 즉 그의 나라와 의를 구하는 기도밖에는 할 것이 없다.

빌립보서 4장 6-7절에 보면, "아무 것도 염려하지 말고 다만 모든 일에 기도와 간구로 너희 구할 것을 감사함으로 하나님께 아뢰라. 그리하면 모든 지각에 뛰어난 하나님의 평강이 그리스도 예수 안에서 너희 마음과 생각을 지키리라." 하였다. 모든 것을 아뢰면 다 이루어 주신다고 하신 것이 아니고 예수 안에서 너희 마음과 생각을 지켜 주신다는 것이다.

이 글을 쓰는 기간에 이 나라의 국민인 것이 부끄러운 "세월호 대참사"가 일어났다. 마음이 아파 텔레비전 뉴스를 보기가 힘들고 그럼에도 매일 밥을 목으로 넘기고 있는 내 자신이 어처구니가 없다. 그들의 생명을 구해 달라는 수많은 기도와 부르짖음이 나라 전체를 기도 소리로 메우고 있지만, 처음 발표한 생존자 숫자는 오히려 줄어들고 있다. 이러한 상황을 우리는 어떻게 받아들여야 하나?

전능하신 하나님이 파도를 멈추고 공기를 불어 넣으셔서 그들을 구해 달라는 기도는 당연하고 모두 동참해야 한다. 그러나 그것만으로 끝날 일은 아닌 것 같다. 그러한 기도에도 불구하고 수많은 생명, 정말 얼마 살아보지도 못한 금쪽같은 우리 자식들의 죽음에는 이 나라의 어른들을 꾸짖으시고, 특별히 이 땅의 기독교인과 교회를 향한 하나님의 분노의 메시지가 있다고 생각한다. 구해달라는 기도와 더불어 우리의 잘못을 회개하는 기도가, 그리고 주의 말씀을 듣고자 하는 침묵이 필요하다.

그동안 "세계에서 제일 큰 교회, 선교사를 세계 두 번째로 많이 보내는 한국 기독교"라고 하면서 얼마나 교만했던가. 마치 하나님의 축복과 사명은 한국 기독교가 독차지하고 있는 양 으스대던 우리의 모습을 돌아보아야 한다. 세계에서 제일 큰 교회들은 각종 형사사건과 세습과 호화 건축시비로 얼룩져 있는데, 그 일을 행한 목사님, 교회 그리고 교인들은 아직도 그것이 하나님의 일이라고 강변하고 있다.

결코 크고 많은 것이 하나님의 영광을 드러낸다는, 세상 가치를 축복으로 삼은 기도 응답이 어떤 결과를 가져 왔는지 한국교회의 현실이 너무나 확실하게 보여 준다. 부자가 되어서 하나님 영광을 빛내고자 했던 한국기독교의 목표는 이제 수정되어야 한다. 성경(마태복음 19:24)에도 "다시 너희에게 말하노니 낙타가 바늘귀로 들어가는 것이 부자가 하나님의 나라에 들어가는 것보다 쉬우니라 하시니"라고 하지 않았는가.

결코 우리의 자그마한 성공이 주를 영광되게 하지는 못한다. 이 우주 만물을 지으신 주님 앞에 50만 명의 교회를 지키는 것이 무엇이 대단하고, 수천 명의 선교사를 보내는 것이 무엇이 대단한가? 설교할 때마다 입는 신학 박사 가운이, 감독회장이라는 타이틀이, 자기 아호를 붙인 건물이 무슨 의미가 있는지 우리는 회개하고 반성해야 한다.

그렇다면 우리가 그의 나라와 그의 의를 위해 기도할 수 있는 방법은 무엇인가? 사실 우리 인간은 마땅히 기도할 줄을 모른다. 필자를 포함한 우리가 인간의 마음으로 기도하면 아무리 높은 인격을 가진 성직자라 하여도 그의 나라와 그의 의를 위해 기도하기는커녕 결국은 세상의 기준으로, 세상 것을 하나님의 영광이라 생각하고 기도할 수밖에 없다. 그의 나라와 그의 의를 위하여 기도하는 방법은 결국 우리가 기도하지 않고 우리 속에 계신 성령이 기도하게 하는 것이요, 그렇게 되기 전에는 우리 속에 계신 성령이 우리 대신 기도하게 해 달라는 간구가 우리의 기도가 되어야 할 것이다.

> "이와 같이 성령도 우리의 연약함을 도우시나니 우리는 마땅히 기도할 바를 알지 못하나 오직 성령이 말할 수 없는 탄식으로 우리를 위하여 친히 간구하시느니라."(로마서 8:26).

이진학

서울의대를 1972년에 졸업하고, 서울의대 안과학 교수로 재직 중 서울대병원 의료사회사업실 실장, 서울대병원 박물관 관장, 서울대병원 임상의학연구소 소장을 역임하였고, 한국 콘택트렌즈 연구회 회장, 한국외안부 연구회 회장, 한국 백내장 굴절 수술학회 회장, 대한안과학회 이사장 등을 역임하였다. 현재 여주고려병원 안과에 재직 중이다. 서울대학교병원 기독봉사회 회장, 월간 건강과 생명 편집위원, 기독교 안과선교회 초대 회장, 기독교 대한감리회 안디옥교회 장로, 서울대학교병원교회 장로로 섬기었고, 현재 막내 사위가 시무하는 지구촌교회에 나가고 있다. 〈두가지 목숨〉, 〈예수 안 믿고 어떻게 사세요?〉 등의 간증집이 있다.

진료실에서 만난 나그네들

이충형
(올바른서울병원 내과센터, 푸른마을교회)

평소 알고 지내던 이주민 건강 지원 단체인 희망의 친구들 간사님께 전화가 왔다. 구체적인 상황은 잘 알지 못하나 난민 가정의 여성과 아이가 호흡 곤란으로 대학병원에 진료를 받으러 가야 하는데 혹시 진료를 받으러 갈 수 있는 방법이 없는가 물어보셨다. 적십자 병원의 희망진료센터도, 외국인근로자 등을 위한 응급의료비 지원도 받을 수 없는 사각지대에 있는 분이라서 제도적 혜택을 받을 수 없는 상황이라고 했다.

우선 정확한 상황 판단이 중요하겠다는 생각이 들어 우선 오실 수 있다면 내가 일하고 있는 의원으로 모시고 와서 진찰을 해보면 좋겠다고 말씀드렸다.

며칠 후 이 난민 가정을 돕는 한국인 활동가 한 분과 천식으로 호흡곤란을 겪고 있는 다섯 아이의 엄마인 난민 여성 한 분과 17개월 된, 멀리서도 쌕쌕 거리는 소리가 들리는 아이와 통역을 위해 함께 온 15세의 둘째 딸을 진료실에서 만나게 되었다. 이 난민 가정은 3년 전에 아프가니스탄에서 한국으로 이주하여 난민 지위를 신청하게 되었고 다행히(?) 난민으로 인정을 받아 한국에 체류 중이었다. 아이들의 아버지는 이태원에서 먼저 한국에 들어와 있던 먼 친척의 일을 도와주며 가정의 생계를 꾸려가다가 6개월 전부터 일자리가 없어져서 수입도, 건강보험의 혜택도 받을 수 없는 상태였다.

진찰을 해보니 아이의 엄마도 아이도 천식으로 꾸준히 흡입기 치료를 잘 하면 큰 문제 없이 지낼 수 있을 것 같았고, 굳이 대학병원 진료가 필요한 상황은 아니라는 생각이 들었다. 하지만 문제는 '돈'이었다. 이주민을 위한 여러 정책이 있지만 이 분들은 정확하게 정책의 틈새 속에 빠져 있는 상황이었다. 건강보험이 없어서 일반 수가로 진료비와 약값을 지불하면 두 사람의 진료비와 약값이 매달 15만원은 들 것 같았다. 진료는 무료로 한다고 해도 꾸준히 약을 복용해야 하는 만성 질환의 약값을 어떻게 정기적으로 감당할 수 있을까? 머리가 복잡했다.

우선 급한 불을 끄기 위해 한국 누가회 출신 의료인들이 참여하여 세운 의료복지 NGO인 아름다운 생명사랑을 통해 1개월 치 약값을 긴급으로 지원했다. 그리고 아이들의 아버지가 직장에 다닐 때까지 아니면 적어도 1년 정도 의료비를 지원받을 수 있는 단체를 알아보았고, 다행히 당시 내가 일하고 있던 이랜드 의원의 협력단체인 이랜드 복지재단의 인큐베이팅 사업을 통해 1

년 치 약값을 지원받을 방편이 생겼다. 이후 6개월 동안 천식 약을 복용하며 증상 조절이 잘 되었고, 다행히 아이들의 아버지가 직장에 다시 취직을 할 수 있게 되어 기쁜 마음으로 약제비 지원을 종결할 수 있었다.

이 땅에 나그네로 와 있는 이주민들을 만나게 되고 난 이후 가끔씩 여러 사정에 있는 이주민들의 이야기를 접하게 될 때가 있다. 미흡하나마 도움을 드릴 수 있을 때도 있지만 아무런 도움을 드릴 수 없을 때도 있고 서로의 기대치 차이와 소통의 어려움으로 생기는 어려움 등으로 마음이 불편해질 때도 있다. 그럼에도 불구하고 일상의 삶을 그저 살다가 이렇게 만나게 되는 이주민 한 분의 사연은 내가 누구이며 이 사회 안에서 어떤 지점에서 살고 있는가를 생각하게 해주는 거울이 되기에 나에게 뜻깊은 사건이 되는 것 같다.

현재까지 국내에 난민 신청을 위해 입국한 사람은 약 1만 명이며, 그 중 5% 정도인 500명만이 난민 지위를 인정받을 수 있었고, 30% 정도의 사람들은 난민 지위는 아니지만 '체류 허가'를 받아 국내에 머물고 있다. 작년 시리아 난민 아이 쿠르디의 죽음으로 잠시 한국 사회에 난민에 대한 관심이 생기기도 했으나 이후 프랑스 테러, IS의 위협 그리고 기독교 안에 퍼져 있는 이슬람의 위협에 대한 경고 등으로 난민이나 이주민들에 대한 한국 사회의 시선은 그렇게 호의적이지 않은 것 같다. 다행히(?) 난민 또는 인도적 체류 허가를 받은 분들의 삶도 만만치 않은 경우가 많다. 건강을 잘 유지하고 있는 분들도 있지만 정치/종교적 박해를 피해 고국을 떠나다가 신체적/심리적 상처를 몸과 마음에 가진 채로 한국에 와서 노동을 통해 일상생활을 영위하기 어려운 분들도 많이 있다. (기독교인들은 종교적 박해의 피해자라는 인식이 강한데, 한 번씩은 기독교인들의 종교적 박해를 피해 난민이 된 무슬림을 만나게 되기도 한다.) 한국에서 생명을 보존하고 살아가고 있지만 이곳은 그들에게 또 다른 난민 캠프이며, 새로운 꿈을 꾸기에는 척박한 땅인 듯하다.

예전에 읽은 책에서 슬럼 지역은 없어질 수 있는 일시적인 가난이 아니라 체제를 유지하기 위해서 필수적으로 존재하는 공간이라는 글을 읽은 적이 있다. 여러 가지 이유로 난민이 되는 사람들도 잠시 있는 존재들이 아니라 전 세계적인 이 체제가 유지되기 위해서 필수적으로 발생할 수 밖에 없는, 하나님 나라의 완성 때까지 우리 곁에 더불어 살아갈 수밖에 없는 분들이 아닐까? 구약의 예언서들에서는 가난과 압제의 원인을 개인의 게으름이나 잘못으로 탓하기 보다는 가난한 사람들을 억압하고 착취하는 왕과 부자들, 그리고 불의한 제도에서 그 책임을 찾는 경우가 더욱 많은 것 같다. 한 나라의 정치·사회가 안정되기 위해 기도하고 난민이 줄어들도록 행동해야겠지만, 우리와 늘 함께 있는 가난한 사람들을 기억하라는 말씀을 주셨던 예수님의 가르침을 기억하며 나는 어떻게 내 삶의 한 켠에 이분들의 삶을 기억하는 자리를 만들어갈 수 있을까?

죄인의 자손으로 태어나 하나님의 구원의 완성을 기다리는 우리는 모두들 날 때부터 하나님의 어그러진 형상들이다. 더욱이 우리가 살아가고 있는 체제는 우리 안에 흔적으로 남아 있는 하나님의 형상을 드러낼 수 있도록 요청하는 것이 아니라 더욱더 이기적이고 경쟁적인 존재로 살아가도록 우리를 이끌어 가고 있는 것 같다. 거대 이야기가 사라진 포스트모던 시대라고 하지만 우리는 신자유주의라는 또 다른 거대 이야기의 강력한 영향력 아래에서 불안에 마음을 빼앗긴 채 자기 계발과 자기 경영에 강제로 몰입하고 있는 것 같다.

내 삶 역시 이러한 사회의 영향 아래에서 자유롭지 못한 것 같다. 오히려 나는 내 입으로는 하나님 나라의 사랑과 공의를 이야기하지만 실제로 나의 행동과 삶은 이 체제에서 성공하고 살려면 어떻게 살아야 하는지를 보여주는 신자유주의의 형상의 삶인지도 모르겠다.

날마다 내 마음을 불편하게 하는 것은 나보다 뛰어나 보이는 동료들에 대한 열등감이며, 누군가에 대한 경쟁과 시기심이다. 생존의 불안에 대한 기사와 광고가 날마다 내 눈과 귀를 자극하는 가운데서 10년, 20년 뒤, 당장 몇 년 뒤에 어디서 어떻게 일해야 하는가에 대한 고민으로 일상의 시간을 보내고 있다. 물론 나는 다른 많은 사람들에 비해 일에 대한 자율성의 보장, 스스로 결정할 수 있는 범위가 넓고, 분절적이지 않고 통합적인 관점으로 일할 수 있으며, 그에 맞는 경제적인 보장을 받으며 살아가고 있다. 하지만 일상의 나의 삶은 이 땅에서 하나님의 언약 백성으로 하나님의 형상을 드러내고 살아가라고 말씀하신 그 가르침에서 한 발 떨어진 삶인 것 같고 언약 백성의 삶, 축복의 삶을 살기 위해 나의 삶의 배치를 어떻게 만들어가야 할지에 대해서도 막연하기만 하다.

생존의 불안이라는 정서가 우리를 지배하는 가운데 우리는 어떻게 나보다는 남을 위해 사셨던 예수 그리스도의 삶을 따라 살아갈 수 있을까? 우리 안에 있는 죄악된 본성을 좇아서 살아가는 것이 아니라 본래의 온전한 하나님의 형상을 회복하기 위한 삶을 어떻게 살아갈 수 있을까? 이 체제 속에서 이미 만들어져 있는 그늘진 자리에 있는 이들 곁에서 조금이나마 마음을 나누고 살아갈수는 없을까?

이웃을 사랑하는 삶을 살아가기 위해 역설적으로 나는 나 자신과 더욱 잘 만나가야겠다는 생각이 든다. 나와 만나주셨던 예수 그리스도가 주셨던 기쁨, 부족한 것이 많지만 나눔을 통해서 누렸던 기쁨, 돈으로 불안을 잠재우는 것이 아니라 관계의 기쁨과 공동체의 사랑으로 그 길을 걸어가는 것에 대해 곰곰이 묵상하며 세상 속에서 방향을 잃지 않고 푯대를 향한 삶의 여정을 잘 살아내고 싶다. 세상 속에서 살아가며 내 안에 프로그램화된 욕망을 넘어 하나님 형상의 본래의 욕망을 회복하기 위해 하나님 앞에 잠잠히 묵상하는 삶을 더욱 살고 싶다는 간절한 마음이 생긴다.

또한 관계가 중요하며, 내가 평소에 무엇을 보는가라는 시선이 중요한 것 같다. 한 연구자의 영장류를 대상으로 한 연구에 따르면 자연 상태에 살아가는 영장류들은 비단 약육강식, 적자생존이라는 경쟁 논리로만 살아가는 것이 아니라 상황에 따라 이타적인 행동이 더욱 많아지기도 하고, 이기적인 행동이 더욱 많아지기도 했다. 또한 내가 이미 알고 있던 동료에 대해서는 더욱 이타적인 행동이 많아지는 반면 내가 잘 알지 못하는 동물에 대해서는 이기적 행동이 더욱 많아졌다고 한다. 서로 나누는 시선이 중요하다. 관계가 중요하다는 것이다.

가족 이외의 친밀한 관계가 점점 단절되며, 직장에서나 학교에서도 동료나 친구의 관계가 아닌 경쟁의 관계 안에서 살아가고 있는 것 같다. 뉴스에서 너무나 흔하게 보는 전쟁에 대한 소식은 나와 같은 한 사람의 죽음으로 소식을 접하기보다 무덤덤하게 소식을 접하게 만드는 것 같다. 나와 관계가 단절된 한 생명의 죽음은 나에게 아무런 공명을 일으키지 못하는 것 같다. 끊어진 피아노 줄 같은 것이다.

여러 가지 이유로 어려운 처지에 있는 분들에게 찾아가 만나고 느끼고 보고 듣는 것이 중요한 것 같다. 그래야 내 몸이 느끼고 기억하게 되는 것 같다. 나에게 있는 작은 역량으로 그분들을 도울 때도 있지만 그분들 역시 나에게 주는 도움이 큰 것 같다.

이주민들과 맺은 작은 끈 하나를 놓치지 않고 살았으면 하는 바람이다. 도움이 필요한 이웃들의 소식이 내 마음과 자주 공명하고, 비록 모든 것에 반응하지 못하더라도 그 소식으로 인해 깨어 있는 삶을 살게 되면 좋겠다.

또한 바라기는 서울의대기독동문회의 많은 지체들과 함께 작지만 촘촘한 사랑의 그물망을 짜서 제도가 해결하지 못하는 환난 중에 있는 이웃들을 돕는 삶을 살아가면 좋겠다. 십자가의 사랑과 공동체의 추억으로 맺어진 우리들의 관계가 누군가에게 생명이 되는 삶을 기대해본다. 겨울이 가고 봄이 오는 것처럼 성령의 단비가 내 마음에 내려 굳은 마음을 녹여주시고, 내 자아가 십자가에 못 박히게 되고, 주님께서 주시는 새로운 정체성으로 일상을 살아내길 기도해본다.

이충형

서울의대를 2004년에 졸업하였고, 가정의학과 전문의다. 현재 올바른서울병원 내과센터 및 건강검진센터에서 일하고 있다. 학생 시절 한국 누가회에서 훈련받았으며, 현재도 한국 누가회 사회부 협력간사, 학원학사 사역부 협력 간사로 함께 하고 있다. 푸른마을교회를 섬기고 있으며, 푸른마을교회 지체들과 함께 강북구에서 의료복지법인 아름다운 생명사랑을 세워 이웃들을 만나가고 있다.

꿈을 이룬 배경식 목사님 이야기
1985년 31년 전, 48년 인생 첫 감격적인 해외 나들이를 기념하여

장영길

(장소아청소년과의원, 은광교회)

김 포 동편 출발지 앞에서 우리부부는 기념촬영을 하였다. 지금의 해외 여행은 인천공항이지만 그 당시에는 김포국제공항에서 해외를 오가 던 시절이다.

비행기는 한국을 떠나 바레인에 도착했다. 인생은 떠나는 연습을 해야 한 다. 언젠가는 정든 사람들을 두고 주님 앞으로 가야 한다. 곽선희 목사님의 새 벽 기도회마다 종말론적 인생에 대해 말씀하신 것을 상기했다.

제다로 갔다가 취리히에 도착했다. 그 당시는 직항로가 아니고 여러 번 갈 아타는 항로여서 아내(김혜영)는 지루한 여행에 괴로운 모양이다. 마음을 조급하게 먹으면 빨리 죽는다고 말씀해주신 아버지 친구 윤길중 변호사님의 경험담을 얘기해주었다. 오랜 옥중생활에서 느긋하게 지낸 경험을 하신 분이기 때문이다.

마지막으로 Swis Air를 타고 독일 Stuttgart로 향하였다. 이 비행기는 보잉 747에 비하면 장난감 같은 작은 것이었는데 스위스 취리히와 독일 스투트가르트간만 왕래하는 마을버스 같은 역할을 하였다. 승무원은 남녀 두 사람뿐이고 유니폼을 입지 않고 평상복에 명찰만 달고 있었다. 이 작은 비행기는 창경원에서 타본 놀이비행기 기분으로 30분을 쾌청한 날씨에 그림처럼 아름다운 들판을 내려다보면서 비행했다.

공항에 마중 나온 배경식 목사님과 6년 만에 반가운 재회를 하였다. 30킬로미터 떨어진 목적지 Tuebingen으로 향하였다. 배 목사님 부부는 7개월 된 장남 인열이와 아파트 5층에서 살고 있었다. 이 아파트는 이규호씨가 유학을 마치고 떠나면서 여러 전세 희망자를 물리치고 한국교민에게만 대여했다고 한다. 역시 동포애 많은 분이어서 박정희 대통령 시절에 장관과 대학총장을 지내셨다.

8월 12일 월요일, 아침에 배목사님 안내로 학생기숙사로 가서 김지철 목사님을 만나 뵈었다. 78년에 은광교회에 오셔서 설교한 적이 있으니 나는 곧 알아볼 수 있었다. 부부와 두 아기와 같이 와 계셨다. 한국교회에 대해 얘기를 나누었다. 후에 안 일이지만 고등학교 후배여서 성직자의 길을 택하게 된 것을 귀하게 생각했다.

내부분의 학생들이 법·의·공과를 최고 가치로 여기던 학교에서 성직자의 길을 택하였기 때문이다. 소망교회 담임과 장신대 이사장으로 섬기고 계신데, 정년 은퇴가 얼마 남지 않으신 걸로 안다.

다음날 한인수 목사님을 만나 뵈었다. 한 목사님은 뉘른베르크에서 수년간 루터연구로 신학박사과정을 밟고 계셨다. 우리 부부는 한 목사님과 배 목사님과 호텔에서 아침식사를 하면서 끝없는 대화를 나누었다. 한 목사님은 집에 가서 점심을 같이 하면서 더 이야기하자고 권유했으나 일정관계로 아쉬운 이별을 하였다.

한 목사님은 증경총회장을 역임하신 한완석 목사님의 자제분으로 할머니 어머니와 온가족이 신실한 기독교 가문 출신으로 올곧은 성품을 지니신 분이다. 한완석 목사님은 말년에 간암을 진단받으셨는데 치료보다 하나님 나라를 선택하셨다. 누구나 흉내낼 수 없는 결단이었다.

한인수 목사님도 부전자전같은 선택을 한 것 같다. 박사학위 건이 주임교수와 대학원생의 주장이 다를 때 학생이 죽는 시늉이라도 해야 되는데 한인수 학생은 그렇게 못해 박사학위보다 고국 행을 선택하지 않았나하는 추측이다. 13년 만에 귀국한 한인수 목사님의 에너지는 놀라울 정도이다.

필리핀 선교와 진주 말씀의 교회를 개척하시고, 진주에도 배목사님의 장남

배인열(그때 7개월 아기) 전도사를 파견하여 진주 말씀의 교회를 담당하게 했고, 호남교회 춘추지 편집을 맡아 호남 출신 목회자를 일일이 발굴하여 후세에 기록을 남기는 귀한 일을 하고 계신다. 이 잡지에는 은광교회 김종대 목사님을 우리가 아는 것보다 더 세세하게 기록하고 있다. 호남교회 형성 인물을 위시한 10여 권의 저서를 출간한 쉴틈 없는 놀라운 정력가이시다.

우리는 저녁 7시에 Moltmann 교수를 만나러 넥카강으로 갔다. 강에는 카누모양의 길다란 목선과 신학부 학생과 조교들이 10여 명 나와 있었다. 몰트만(당시 59세) 교수 부부가 남방을 입고 끈달린 슬리퍼 차림으로 우리를 맞아주었다. 독일 사람들은 검소하고 꾸밈없는 인상을 풍겼다.

넥카강은 아름다운 풍경으로 둘러싸여 있었고 물은 맑지 못하였으나 연못같이 고요했다. 긴 막대기로 강바닥을 밀면서 가는 것을 보니 깊지는 않았다. 강 하류로 서서히 밀고 가는데 우측에는 유서 깊은 스티프트교회가 보였다. 아치모양의 3개의 다리 밑을 지나 강의 하류에 형성된 삼각지에 내렸다. 준비해온 김밥과 고기 넣은 샐러드를 저녁식사로 대접받았다. 교수님은 남한 수해구호물자를 북한에서 보내준 84년에 그때 마침 한국에 다녀왔다고 하시면서 남북이 서로의 의견이 다르다고 해서 전쟁을 하고 죽일 필요가 있느냐고 했다. 청춘 남녀들이 마음껏 뱃놀이를 즐기는 평화롭고 유유자적한 넥카강 풍경은 파라다이스 그것이었다. 식사하면서 나는 배 목사님의 학위논문에 대한 이야기를 꺼냈다.

일찍 부모를 여의고 어렵게 살아온 처지를 말하고 앞으로 빨리 학위를 받으면 한국에서 신학대학 교수와 한국교회에 큰 역할을 할 것이므로 깊이 양찰해

달라고 부탁했다. 이 세계적인 신학자이신 몰트만 교수는 한국인 제자만 해도 상당히 많다. 넥카강 선상교실에서 제자들은 교수님과 농담 정담으로 격의 없는 대화로 이어지는 장면을 목도하면서 위엄의 벽을 넘을 수 없는 한국의 사제지간의 대화와는 비교가 안 되는 분위기를 볼 수 있었다. 밤이 깊어도 낮처럼 밝은 오로라의 넥카강은 고요하기만 했다.

배 목사님 초청으로 난생 처음으로 독일 8개 도시와 구라파 몇 나라를 여행하게 된 것은 하나님께서 배 목사님을 은광교회 교육전도사로 보내주셨기 때문이다. 75년부터 은광교회에서 광나루 장신대까지 학교공부와 교회일로 정신없이 뛰었다. 주일에는 학교 기숙사에서 아침식사를 안 주니까 7시에 굶은 채로 교회까지 버스를 2번 갈아타고 1시간 30분 걸려 교회에 도착하면 교사기도회 후에 주일학교가 시작되고 녹초가 된다. 토요일은 5시부터 7시까지 학생모임을 하면 학교 기숙사에 못가고 교회 2층 다락에서 애들과 통행금지 시간이 되는 줄도 모르고 이야기꽃을 피웠다. 잘 데가 없으면 교회 다락방과 김명호 장로님 댁에서 신세를 지기도 했다. 독일 유학을 떠나기 전까지 6년간 교회학교 총무와 교육목사 업무와 더불어 김종대 목사님의 모든 일을 도와드렸다. 특히 김 목사님의 설교원고가 산더미처럼 많은데 독특한 필체를 해독하기가 난해하여 설교집 3권을 탄생시키는 데는 그야말로 난산이었다. 지하철과 컴퓨터가 없던 시절의 상황이다.

배 목사님은 은광교회를 사직하고 독일유학을 떠났다. 유학생활에 제일 힘든 일은 경제적인 문제였다. 또한 고국에서는 5.18 광주사태로 수많은 무고한 시민이 희생되었다는 소식을 듣고 어찌할 바를 몰랐다. 유학을 포기하고 귀국

해야 되겠다는 고민에 싸여 1주간 금식기도로 하나님께 매달렸다. 그때 마침 장영길·김혜영 장로로부터 편지 한 통을 받게 되었다. 신실하신 편모슬하에서 어렵게 고난을 겪고 자라왔고 은광교회에서도 굶어가면서 교육전도사 시절을 보낸 목사님이 유학의 꿈을 포기할 수 있느냐 한국교회를 위해 그렇게 걱정하지 말고 학업에 매진하라는 내용이었다. 이렇게 해서 위기를 넘기고 그 이후 장학금도 받게 되고, 여유가 생겨 끼니를 굶으면서 지내는 동료들을 오히려 도울 수 있었다.

우리교회 성백용 목사님의 경우도 미국 유학시절 어려움을 겪은 경험을 설교 중에 잠깐씩 비칠 때 가슴이 아팠다. 배 목사님은 독일 유학 12년에 신학박사 학위를 받고 금의환향하여 한일 장신대 교수로 23년간 봉직하여 명예교수로 정년 은퇴하였고 102년된 봉상교회 신앙공동체를 16년간 섬기며 몰트만의 희망의 신학을 기다림의 신학으로 구체화시켜 활발한 활동으로 헌신하고 있다.

31년 전 그때 그 문하생들과 특히 고물 벤츠차로 우리를 태워준 건장한 우베 학생은 잘 있는지~~ 꿈을 이룬 배 목사님이시여, 다시 한 번 몰트만 교수와 그 제자들과 함께 둘러싸여 넥카강에서 만나볼 수 있을까요?

장영길
서울의대를 1964년에 졸업하고, 장소아청소년과의원 원장으로 있다. 서울의대기독동문회 회장을 역임하였고, 서울 은평구 은광교회 원로장로로 있다.

크리스천 특히 젊은 목사님에게 꼭 추천해주고 싶은 영화, 심야식당 - めしや

조광열

(분당고운세상피부과원장, 삼일교회)

심야식당(深夜食堂)을 보셨나요? 크리스천이면 꼭 봐야 할 영화 같아서요.

기본적으로 주인공이 신토(神道, しんとう) 신봉자이긴 하지만 식당 주인과 같은 삶을 살아야겠다는 생각이 드네요.

특히 앞으로 한 교회를 이끄실 젊은 목사님들에게 강추!!!

심야식당은 영화로도 나와 있고 드라마는 10편씩 시즌3까지 30편으로 되어 있어요. 다 재미 있어요. 오리지널 만화도 있는데 우리 첫째 아들은 만화도 봤답니다.

심야식당은 신주쿠 중심 유흥가 한복판 가장 외진 골목 안에 밤 12시부터 아침 7시까지 문을 여는 허름한 밥집(메시야, めし-밥 や-집)이다.

주인장 마스타는 가난하고 중년 독신남이지만 정성껏 음식을 장만한다. 가격도 너무 착하다. 아주 소박한 버터라이스 같은 밥으로 미슐랭 감식가에게마저도 감동을 주는 한 사람의 추억과 영혼마저도 녹이는 인품과 사랑이 담겨져 있다.

묵묵히 제 일을 하지만 주변 사람들에게 각자 유니크한 삶의 가치를 깨닫게 해주는 따뜻한 마음의 양식도 제공하는 메시야(めしや: 밥집) 주인장 마스터야 말로 메시야(Messiah; メシア로 めしや와 발음이 같음) 구세주라는 작가의 숨은 의도가 있는 것 같다.

일본 신토를 근간으로 기독교 용어까지 포용하려는 의도가 보이지만 어쨌든 한국 기독교의 현재 위치에 처해 있는 윗물에서 시작되는 총체적 난관을 극복해 나가는데 좋은 참고가 될 만한 영화이다.

메시야 마스터 본인도 고난으로 가득 찬 상황에 처해있지만 종교적 차원으로 극복하고 승화된 인격으로 주변 가까운 사람들을 감싸주며 정죄 없는 소통과 따뜻한 감동의 치유가 일어나는 공동체를 형성해 나간다.

메시야에서는 착한 가격 한화로 6000원 짜리 돈지루(豚汁, 일본식 돼지고기 된장국) 음식 하나만 팔지만 고객이 원하면 그 사람만의 추억의 일본 음식들이 등장한다.

　작가는 사회에서 배척하고 정죄하는 모든 문제를 포용하는 신토라는 종교 속에 일본의 정서가 깊이 밴 음식들과 일본인들의 앞이 철벽 같은 절망적인 삶들을 정성껏 잘 배합해 나가는 주인장이 작은 구세주(Messiah: メシア)로서 밥집(메시야, めしや) 공동체를 평강으로 이끌어 가는 요즈음 보기 힘든 잔잔한 여운의 대박 픽션을 성공시켰다.

　여태 본 수 십 편의 일본 영화들은 일본 선교 부장을 해야 하기에 자의반 타의반으로 봤다면 심야식당은 영화 포함 드라마 31편을 3일 만에 마파람에 게 눈 감춘 듯 다 보았다.

　너무너무 감동적이었다.

　나도 앞으로 기독교인으로서 말씀을 성령님께 의지하며 나만의 죄들을 회개하고 순종하고 자복하고 실천하는 삶을, 또 주변 사람들에게도 더 헌신적으로 예수님의 평강으로 요리해주는 사람으로 매일 거듭나야겠다.

　물론 진정한 메시야 구세주가 누구인지 예수님이라는 복음을 전도하는 게 목표여야 할 것이다.

　돼지생강구이(부다니쿠노 쇼가야키-豚の生姜き, 돼지고기에다 생강, 간장, 설탕으로 양념하여 후라이팬에 구운 요리), 간부추볶음(레바니라-レバニラ,

돼지 간이랑 부추를 볶은 요리, 니라-부추), 빨간비엔나소시지(아까이윈나소
세이지, 赤ウィンナソセジ, 한쪽 끝을 세로 8군데 잘라 볶으면 문어 다리같이
휨), 계란말이(타마고야끼, 卵き), 오차즈케(お茶漬け), 야키오니기리(きおに
ぎり, 구운주먹밥), 생선조림(니자까나, 煮魚) 등의 일본 고유의 또 퓨전의 음
식들과 함께~

피로에 지치고 능력에 절망하고 패배감, 배신감, 빈곤감에 잠 못 이루는 일
본인들의 마음속을 잘 헤아려 같이 잘 버무리며 각기 인생의 독특한 참 맛을
깨닫게 해준다는 드라마이다.

심야식당 영화에서는 특히 도호쿠 대지진 쓰나미의 아픔을 잔잔히… 그러
면서도 심도 있게 정밀하게 애국적으로 잘 묘사했다.

우리도 세월호나 연평해전 같은 것을 너무 직접적으로 논픽션 영화로만 만
들지 말고 좀 더 깊이 있고 사려 깊은 전문적인 예술의 각고 끝에 우리나라 전
통의 깊은 맛과 함께 우려내는 영화나 드라마로 승화시켰으면 좋겠다.

모든 걸 포용하는 신토라는 심오한 종교의 드라마틱 해석으로 세상에서는
정죄뿐 절대로 용납할 수 없는 것과 절망적인 삶을 마냥 놓고 싶은 하층 루저
도 심야식당 내에서 메시야 마스터 앞에서 공개되고 그만을 위한 정성스런 음
식과 함께 따뜻한 정이 오고 간다.

게이의 야쿠자에 대한 짝사랑, 친구의 애인과 결혼하는 자식 딸린 이혼녀,

유흥가 도루코탕 출신 아내와 제2의 심야식당 운영, 나체쇼 등 유흥가만 섭렵하는 늙은이의 휴식처 등 사회적으로는 도저히 용납이 안 되는 이들을 세상적 구원으로 이끄는 사역을 메시야 밥집 마스터가 잔잔히 이루어내고 있다.

한국에서도 허가를 받고 한국판 심야식당을 방영 중이지만 드라마 콘텐츠와 접목되는 한국 음식에 대한 깊은 고찰과 지친 한국인 영혼에 대한 정서적 배려라는 접근 방법을 좀 더 연구할 시간을 가지고 한국적 레시피로 독특하게 이끌어 갔으면….

충분히 일본 드라마와는 또 다른 감동의 잔잔한 힐링 드라마가 되었을 텐데 아쉽다.

여하튼 유흥가 골목 안 허름한 이층집 아래층에다 심야식당을 연 얼굴 한쪽 전체를 지나가는 험악한 칼자국 상처마저 지닌 외로운 니코틴 중독 독신남 마스터가 밤 12시부터 아침 7시까지 홀로 몸이 부서져라 세상 온갖 잡동사니 인생들까지 걷어 먹이며 그들의 삶을 반짝반짝 빛나게 해주는 세상적 메시야 역할을 한다는 것은 우리 크리스천들에게는 엄청난 희망의 도전이 된다.

앞으로 한 교회를 이끄실 젊은 목사님들에게 뿐 아니라 우리 각자 크리스천들에게 맡겨진 절망적인 외로운 빈곤한 상황 속에서도 작은 예수 메시야적인 삶을 살 수 있다는 미래의 각자 유니크한 공동체들의 천국을 공유하는 교회의 희망을 보여 준다는 느낌이다.

물론 논픽션 세상에서는 성경말씀과 성령님께 의지하면서 매일 나만의 죄를 회개하고 자복하고 삶속에서 실천함으로써 나의 십자가를 지는 작은 예수 메시야적인 삶과 복음 전파가 가능할 것이다.

조광열

서울의대를 1981년에 졸업하고, 현재 분당 고운세상 피부과 원장으로 근무하고 있다. 삼일교회에서 12년차 일본선교부장을 맡고 있다. 인터넷 선교를 기고 중이며, 〈바다의 알프스 리비에라에 마음을 담다〉 〈유럽, 작은 마을 여행기〉 등 여행 작가로서 활동하고 있다.

우리나라 일주여행

최규완

(서울의대 명예교수, 새문안교회)

금년은 우리가 대학을 졸업한 지 만 50년이 되는 해이다. 혼인한 지 50주년이 되는 해를 축하하기 위하여 금혼식을 치르는 것처럼, 우리도 금년에는 졸업 50주년을 기념하여 금축제(金祝祭)를 열었다. 실제 졸업한 것은 3월이었지만, 모교의 개교기념일에 맞추어 10월 중순에 행사를 가졌다.

5년마다 한 번씩 졸업 기념행사를 치러왔지만 금년에는 "자랑스러운 금축제"라고 하여 제법 크게 판을 벌였다. 동문들이 기고한 글들을 모아 400쪽이 넘는 기념문집을 발간하고, 모교 강당에서 국내 · 외의 80여 쌍의 동창생 부부들이 참석한 의미 있는 기념식을 거행하였으며, 모교의 구석구석을 둘러보는 이른바 홈커밍 행사를 가졌다. 저녁에는 시내 중심가에 있는 큰 호텔에서 성대한 기념 만찬도 열었다. 그러고는 그 다음 날부터 열흘간에 걸쳐 각자의 형편에 맞추어 며칠간씩의 국내관광 여행과 문화 탐방 행사를 가지면서 지난날의 추억을 되살리고 오랫동안 간직했던 회포를 푸는 기회도 가졌다.

우리 부부도 6박 7일의 여정을 골라 국내 일주 관광여행을 함께하였다. 70여 명의 동창 부부들이 석대의 관광버스에 나누어 타고 매일 열 두어 시간의 강행군을 한 여행이었지만, 별로 지루하다는 느낌이 들지 않은 좋은 여행이었다. 여행지의 선택에서부터 숙식을 하는 장소에 이르기까지 모든 일정을 짜기 위하여 현지를 미리 답사했다는 행사 준비위원들의 노고에 걸맞는 보람이라 생각한다. 뿐만 아니라 버스와 식탁의 좌석 배정에도 될수록 여러 사람들과 접할 수 있도록 배려한 덕분으로, 오랫동안 보지 못하던 친구들과 함께 웃고 떠드는 여정이 경치를 구경하고 유적지를 탐방하는 것 못지않게 뜻깊은 일이 되었다.

나는 이번 여행을 하면서 몇 가지 중요한 사실을 깨달았다.
무엇보다도 먼저 우리나라가 참으로 아름답고 멋있는 나라라는 것을 알게 되었다.

비교적 세계여행을 많이 한 탓에 외국의 풍광도 많이 구경하였다. 미국이나 중국과 같이 땅이 넓은 나라의 자연 경관은 웅장하기 그지없으며 일본이나 유럽같이 문명을 자랑하는 나라의 산수는 인공적인 미관의 자태를 마음껏 뽐내고 있다. 그러나 우리나라에는 규모도 크지 않고 인위적인 꾸밈도 없지만, 우리나라 고유의 단아하며 순결한 아름다움을 맛볼 수 있었다.

우리 여행의 첫 날에는 기을 비 때문에 바깥의 경관을 감상하지 못했지만, 다음 날부터는 엿새 동안 내내 화창하고 쾌적한 초가을 날씨가 잇달아 아름다운 경치를 마음껏 즐길 수 있었다. 첫 날에는 바쁜 일정 탓으로 일몰이 지나서야 도착한 순천만의 갈대밭과 철새 도래지를 제대로 보지 못한 아쉬움을 남겼지만, 그 다음 날들에 이어진 한려수도의 관광은 그야말로 환상적이었다. 모노레일 기차로 들어간 여수의 오동도 정상에서 내려다본 여수 순천만의 풍광들, 버스를 타고 들어간 신선대에서 쳐다본 해안절경들, 케이블카로 올라간 통영의 미륵산에서 내려다본 한산섬과 그 주위의 보석과 같은 섬들 그리고 유람선을 타고 왕복한 소매물도와 그 주변의 기암괴석들은 말로만 듣던 한려 해상 국립공원보다 그 이름다움이 훨씬 더했다.

또한 강릉의 경포대, 양양의 하조대, 낙산사의 의상대, 고성의 청간정을 거쳐 화진포의 성으로 이어지는 강원도 동해안의 절경은 관동팔경의 일부로써 아름답기도 하거니와, 벽옥같이 깨끗한 바닷물이 보는 이의 마음까지 정결하게 씻어주었다. 다소 인공적이기는 하였지만 해운대 동백섬의 누리마루공원, 경주의 안압지 야경, 강릉의 선교장(船橋莊)의 정원 등은 아름답기도 하거니와 이야깃거리가 풍성한 볼거리들이었다. 다만 이번 여행에서는 계절이 약간 일러 단풍 경치를 만끽하지 못한 아쉬움을 남기고 왔다.

이렇듯 아름다운 볼거리에 뒤지지 않게 먹을거리도 다양하여 우리가 평소에 접하지 않던 여러 가지 음식들을 맛볼 수 있었다. 광주의 흑두부 보쌈 정식, 광양의 매실한우 불고기, 거제의 성게 비빔밥과 아구찜, 해운대의 별난 생선들의 회정식 등은 모두가 별미였다. 경주에서는 점심으로 쑥부쟁이의 채과 정식 그리고 저녁에는 요석궁에서 최부자 가정식을 들면서 옛 이야기도 많이 들었다. 단양의 장다리 마늘 정식, 평창의 곤드레 돌솥밥 그리고 강릉의 서지 초가뜰에서 강원 농가정식을 만끽하고, 마지막 날 귀갓길에는 화진포에서 동치미 막국수로 요기를 하였다. 이러한 음식들은 맛이 있고 없고를 떠나 색다른 음식으로 우리나라 여러 지방의 전통음식들이었다. 우리와 같은 여행길에 꼭 맞는 먹거리들이었다.

다음으로 나는 골프를 치지 않고도 재미있고 유익하며 운동을 곁들여 할 수 있는 여행도 있음을 깨달았다. 며칠간의 여행을 계획할 때는 으레 좋은 골프장이 있는가를 먼저 짚어보면서 여정을 짰었지만 이번과 같이 산업시찰을 하고 선조들의 고적을 답사하는 길이 명승지를 유람하는 길과 잘 섞여 짜이면 구태여 골프를 치지 않아도 되겠다고 생각했다. 날마다 꽤 먼 길을 걷고 언덕을 오르내리다보니 하루에 1만 여 보는 족히 걷게 되었다. 골프로는 18홀을 걸으면서 라운딩하는 것과 맞먹는 운동이다.

화성의 기아자동차 공장과 울산의 현대중공업 현장을 견학할 때에는 그 짧은 시간에 세계적인 경제대국을 일구어낸 우리 민족의 저력에 한없는 자부심을 느꼈다. 이러한 위업을 이끌어온 정치 지도자들과 경제인들에게 새삼스레 존경의 마음을 보내면서, 이 모든 일이 일어나게 인도해주신 하나님의 섭리에 한없는 감사를 드렸다.

우리가 탐방한 문화 유적지는 수도 없이 많았다. 승주의 송광사, 경주의 불국사, 양양의 낙산사 같은 사찰에서는 꼭 불교의 신앙을 가지지 않은 사람들도 고승들의 깊은 신심을 생각하며 경건한 마음을 가지게 되었다. 한편 여수의 진남관과 통영의 충열사를 둘러 볼 때에는 싱웅 충무공 이순신 장군의 위대하심을 다시 한 번 생각하게 되었다. 보성의 고인돌 공원, 감포 해변의 문무대왕 수중릉, 경주의 첨성대와 천마총, 영월의 청령포 솔숲, 정선의 아라리 민속촌 등을 관광하면서는 우리나라의 역사를 다시 배우는 시간을 가졌다.

한편 경주의 최부자가 고택, 안동의 하회마을, 강릉의 오죽헌, 허균 · 허난설헌기념관, 매월당 김시습기념관과 화진포의 이승만 기념관 등을 방문하면서는 선현들의 높은 기개와 깊은 지혜에 머리가 숙여졌다.

셋째로 내가 이번 여행길에서 깨달은 점은 미국에서 온 동창들이 한국에 사는 동창들보다 훨씬 더 건강하고 활동적이었다는 것이었다. 길을 걷든지 언덕에 오르든지 맨 먼저 가 있는 것은 미국에서 온 친구들이고, 가이드들의 설명을 열심히 듣고 질문하는 것도 대부분 미국 친구들이었다. 우리 내외도 비교적 걸음걸이가 빠르고 산에도 쉬 오르지만, 우리들이 정상에 도달하면 어김없이 미국 사람들 몇 명이 먼저 와 있곤 했다. 또 어떤 친구들은 새벽에 일찍 일어나 숙소 주변 산책로를 뛰거나 걷는 것을 목격했는데, 이것 또한 우리 부부보다 한 발 앞서 있었다. 물론 미국에서 먼 길을 떠나 이번 축제에 참석한 동문들은 모두가 건강하니까 올 수 있었겠고, 그러니 그들은 모두 활기가 넘쳐 보였다고 생각할 수 있다. 그러나 발을 다쳐 목발을 짚고 다니는 친구, 허리가 아파 지팡이를 짚고 다니는 친구 그리고 최근에 항암치료를 받아

회복한 친구들도 끝까지 따라다니는 것을 보면 꼭 그렇게만 생각할 수는 없다고 여겨진다.

그렇다고 국내에 사는 친구들이 모두 허약했다는 이야기는 결코 아니고 다만 여행에 참가한 동창들이 적었기에 그렇게 보였을 것으로 생각된다. 또 멀리서 온 친구들을 배려하는 마음으로 뒤를 따라다녔을 수도 있다고 생각했다. 다만 여행의 참여도가 다소 저조한 점에 관하여는 좀 생각할 필요가 있다고 본다. 벌써 몇 번씩 가본 곳을 다시 가기가 싫었을 수도 있고, 또 앞으로 얼마든지 가볼 기회가 많을 테니 이번에는 참가하지 않았을 수도 있다. 그러나 내가 이번 여행길에 분명히 느낀 것이 있다. 옛날에 가본 곳도 오랜만에 다시 가보니 완전히 새로운 곳을 보는 듯하기도 했고, 무엇보다도 오랜만에 친구들과 함께 하는 여행은 새로운 정을 느끼게 해주었다.

여행 도중의 어느 만찬석상에서 내가 한 가지 제안을 했었다. 앞으로 10년 후, 우리의 대학졸업 60주년을 기념할 때에는 금강석 축제라고 이름을 붙여, 금강산을 여행하는 계획을 해보자고 했다. 60주년의 혼인을 기념할 때 우리나라에서는 회혼(回婚)이라고 하여 잔치를 베풀지만, 서양에서는 금강석혼(Diamond Wedding)이라고 하여 크게 축하행사를 갖는다. 그래서 우리도 금강석처럼 귀한 우리들의 졸업 60주년 행사를 우리나라에서 가장 아름답다는 금강산에서 치르면 좋겠다는 뜻이었다. 물론 우리 모두가 그때까지 살아 있고, 우리나라의 남과 북이 통일된다는 전제 아래에서 말이다.

적어도 이번 여행에 참가했던 모든 친구들이 그때까지 건강하게 사는 것은 문제가 아닌 것같이 보였고, 우리나라의 통일도 그때까지는 이루어질 전망이 보인다. 그러나 일의 계획은 사람이 할지라도, 그 일의 성취는 하나님께 달린 것이니(잠언 16: 1), 우리는 오직 최선을 다하여 건강관리에 힘쓰고 하나님의 뜻을 기다릴 뿐이다.

최규완

서울의대를 1961년 졸업하고, 서울대 의대 교수로 재직하는 동안 기독의학 생회 지도교수로 섬겼으며, 대한유전의학회장, 대한소화기내시경학회장, 대한소화기병학회장, 대한헬리코박터연구회장 등을 역임하였다. 노태우 전 대통령 주치의를 맡았고, 국민 보건복지 향상에 기여한 공로로 국민훈장 모란장, 옥조근정훈장을 받았다. 삼성의료원 원장과 건국대의료원장을 역임하였다. 서울새문안교회 장로, 서울대학교 기독봉사회 회장, 서울시 기독 의사회 회장, 한국기독의사회 회장, 서울의대기독동문회 회장 등으로도 섬겼다.

빅데이터 시대

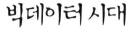

최현림

(경희의대 가정의학과 교수, 광현교회)

"내가 네게 큰 복을 주고, 네 씨가 번성하여 하늘의 별과 같고 바닷가의 모래와 같게 하리니." (창세기 22:17)

내가 어려서 살던 경남 고성군 구만의 당산 마을은 최씨들의 집성촌이어서 온 동네 사람들이 친척들이었다. 마을을 통틀어도 100여 명에 지나지 않은 것 같다. 내가 초등학교를 다닐 때는 내 또래 아이들만 알면 되기 때문에 불과 30여 명만 알고 지내면 크게 생활하는데 불편함이 없었다. 초등학교에 다니면서도 200여 명의 친구들이 한 학년을 이루고 있었으니 그중에 같은 반을 한 친구들을 알면 되었다. 알아야 하는 친구들도 적었고, 알아야 하는 친척들도 적었기 때문에 노트 두세 페이지에 이름을 적어두면 되었다.

부산으로 전학을 가 중학교에 들어가서는 식구들과 반 친구들만 알면 되었고, 공부에 따라가기 위해서는 다른 사람들과의 교제가 그다지 필요하지 않았으므로 많은 다른 사람들을 알 필요도 없었다. 헤어져서 몇 년이 지나면 그냥 잊어버려도 좋았다. 그러던 것이 고등학교를 졸업하고, 대학교를 졸업하고, 사회생활을 할수록 더욱 많은 사람들을 알아야 했다. 교회에서, 직장에서, 학회에서, 각종 모임에서, 심지어 국제사회로 활동무대가 넓혀지면서 어려운 외국 사람들의 이름도 기억해야 하게 되었다.

온 세계가 지구촌이라고 불리는 한 생활 공동체가 되었고, 지구촌 인구는 서력기원 전후로 2~3억 명으로 추산되는데, 세계 인구를 실시간으로 측정하는 Worldometers 기준으로 보면 2016년 7월 말 현재는 75억여 만 명에 이른다. 실로 외동아들 이삭을 번제로 드리라는 하나님의 명령에 순종한 아브라함에게 내린 하나님의 축복 덕택으로 그 자손들의 숫자가 하늘의 무수한 별과같이 늘었고 광활한 바닷가의 모래같이 늘어났다. 하나님은 75억만 명 중의 하나인 나를 얼마나 기억할까? 아무리 무소부재하시고 전지전능하신 하나님이시라도 그 많은 사람들의 일거수일투족을 일일이 기억하고 아실 수 있을까?

오늘날 우리가 사는 세상은 어디를 가든지 흔적을 남기고 살아가고 있는 세상이 되었다. 그 흔적들은 데이터가 되고 정보가 된다. 이제까지 기존의 데이터 처리 능력으로는 감당하지 못하던 정보들은 새로운 분석기법들이 등장하면서 이전에는 데이터라고 취급되지 않던 정보들도 데이터로 취급하게 되니 이것이 빅데이터다.

빅데이터는 이전 방식으로는 처리가 어렵던 엄청난 데이터의 분량을 의미할 뿐만 아니라 텍스트, 사진, 음원, 동영상 등 다양한 데이터의 종류를 의미하며, 데이터가 생성되어 그 데이터가 필요한 사람들에게 전달되어 처리될 때까지의 속도를 의미한다. 그래서 빅데이터는 데이터의 규모(volume), 데이터의 다양성(variety), 데이터의 속도(velocity)의 3가지 속성을 지니는데 이를 '3V'라고 한다.

데이터가 이렇게 많이 늘어나게 된 것은 무엇보다 디지털화된 전자기기의 덕분이다. 거기에 인터넷과 SNS(social network service)의 활성화, 무선 데이터 사용의 증가, 센서의 등장으로 사물지능네트워크(M2M; machine to machine)나 사물인터넷(IoT; Internet of Things)의 발달이 이를 부채질하였다. 또한 데이터 처리를 위한 하드웨어의 발전과 비용 하락이 빅데이터를 저장할 만한 공간을 제공해 주었다.

예를 들어보자. 내가 아파트를 떠나 병원으로 가는 길에 아파트 출입구에 설치된 CCTV에 촬영된 동영상이 디지털로 저장되어 자료로 남는다. 전철을 타려고 출입구 게이트에 카드를 갖다 대면 승차 시간과 승차 역에 대한 기록이 디지털로 남는다. 마찬가지로 하차하면 하차 시간과 하차 역에 대한 기록이 남는다. 병원에 들어서면 출입증 카드를 갖다 대는 순간 나의 출근 시간의 기록이 남는다. 컴퓨터 앞에 앉아 진료를 시작하면 진료 시작 시간과 진료한 환자의 이름, 약 처방, 검사 처방, 검사 결과에 대한 기록들이 고스란히 데이터로 기록에 남는다. 스마트폰으로 상을 당한 친구에게 조위금을 보내면 그 기록도 보낸 시간과 함께 고스란히 은행 전산망에 자료로 남는다. 카톡으로 친구에게 글이나 사진을 보내면 그 기록과 내용도 고스란히 남고, 인터넷으로 인터파크에 가입을 하고 물건을 구매하면 나의 정보가 거기에 고스란히 남는다.

IBM에 따르면 전 세계에서 매일 생성되는 데이터는 250만 테라바이트(TB)에 해당하며, 이 중 90% 이상이 지난 2년 동안 생성된 것이라고 한다. 페이스북에 지금까지 올라온 사진의 수는 400억 개에 이르는데 사진을 포함한 각종 글, 동영상 등 페이스북에서 다루는 총 데이터의 규모는 하루에만 500TB에 이른다고 한다. 데이터의 크기를 바이트(byte)란 단위로 세는데 몇 년 전만 하더라도 1,000바이트를 킬로바이트(KB)라하여 KB 단위가 귀에 익숙하더니 어느새 그것의 1,000배 되는 메가바이트(MB), 또 그것의 1,000배 되는 기가바이트(GB)란 단위가 귀에 익숙하게 되었다. 이제는 그것의 1,000배 되는 테라바이트(TB) 단위의 저장 하드도 실제로컴퓨터 옆에 두고 사용하게 되었다. TB의 1,000배가 되는 페타바이트(PB), 그것의 1,000배가 되는 엑사바이트(EB), 그것의 1,000배가 되는 제타바이트(ZB), 그것의 1,000배가 되는 요타바이트(YB) 단위가 등장하고 있으니 데이터의 양이 얼마나 늘어날지 상상하기조차도 힘들다.

사람의 유전체는 30억 쌍의 염기세포로 구성되어 있는데 이를 해독하는 데이터 분석 작업이 2003년에 인류 최초로 이루어졌는데, 이제 100달러만 내면 자신의 유전체 지도를 수일 내에 알 수가 있는 세상이 되었다. 이러한 빅데이터의 처리 기술은 의학뿐 아니라 각 분야에서 일어나고 있다. 실제로 트위터나 구글, 야후, 아마존에서는 이러한 빅데이터를 이용하여 영업에 활용하고 있다.

이러한 빅데이터의 의미의 중심에 서 있는 데이터는 이전의 정형적 데이터가 아니고 비정형적 또는 비구조적 데이터이다. SNS 상의 글, 사진, 동영상, 인스턴트 메신저 그리고 블로그나 인터넷 상에 사람들이 올리고 남긴 글, 사진 또한 각종 센서로부터 만들어진 자료들이다. 이 수많은 데이터로부터 원하는 정보를 체계적으로 얻어 내기가 불가능할 것 같지만 빅데이터를 효과적으로 수집, 분석하여 가치 있는 통찰을 얻고 이를 최종 사용자에게 비기술적 언어로 사용자에게 전달하는 데이터 과학(data science)이 등장하였다.

빅데이터 시대에는 스마트 기술이 발전하여 프라이버시를 포함하여 개인의 모든 정보가 본인의 동의 여부와 관계없이 저장되어 자신도 모르게 유통되고 활용되는 경향이 있다. 정부와 기업은 이러한 개인정보를 다양한 방식으로 수집하여 정부 정책 수립이나 마케팅에 활용하고 있다. 개인은 사회 전체의 안전 등을 위해 정부나 공공기관이 자신의 정보를 CCTV, 인터넷 등을 통해 실시간으로 수집하고 축적하는 것을 암묵적으로 동의하고 있다. 그러나 이 과정에서 개인정보 유출과 프라이버시 침해와 같은 위험성이 항상 존재한다. 이를 위해 '개인정보보호법'이 제정되었지만 법의 제정만으로는 부족하고 기술적 보완이 반드시 필요하다. 오늘도 인터넷 쇼핑몰의 인터파크에서 1,000만 회원의 정보가 유출되었다는 기사가 인터넷에 올라와 있다.

하나님은 인간을 축복하여 하늘의 별과 같이 바닷가의 모래와 같이 번성하게 하셨지만 이 수많은 사람들과 이들이 만들어 낸 사물(things)들 사이에서 만들어지는 데이터는 그 보다 훨씬 많고 복잡하다. 이 많은 데이터들을 수집하고 분석하고 통찰할 수 있는 지혜를 주신 것도 하나님의 축복이 아닌는지.

최현림

서울의대를 1981년에 졸업하고, 서울대학교병원에서 가정의학과 전공의 과정을 마치고 가정의학과 전문의가 되었다. 국립경상의대를 거쳐 경희의대 가정의학과 교수로 재직 중이다. 대한가정의학회 이사장, 대한노인병학회 회장을 역임하였으며, 경희의료원 기독봉사회장, 한마음봉사단 단장, 서울기독의사회장을 역임하였고, 현재 한국기독의사회 수석 부회장, 서울의대기독동문회 회장, 서울대학교 기독교총동문회 회장으로 섬기고 있다.